歐美近代教育史

巴特斯 著
劉伯驥 譯

中華書局印行

歐美近代教育史目次

自序
第一章　歐洲啓蒙運動……一
第一節　人們所賴的機構……一
一、政治的機構……一
二、經濟的機構……七
三、宗教的機構……九
第二節　人們所賴的思想……一〇
一、社會思想的啓蒙主義……一一
二、新世界眼光……一四
三、人類本性中自然法則……一六
四、學識與智力的自然法則……一八
五、學藝與科學的社會任務……二一

第三節　教育機構的組織與管理……二六
一、普魯士由國家的與教會的管理……二六
二、法蘭西對全國教育的觀念……二九
三、英格蘭的私人管理……三一
四、其他各國教育的管理……三三
五、教育之貴族的與民主的成分……三四
六、教學職業的地位……三五
七、教育上不屬學校的機構……三五
第四節　教育之目的、課程與方法……三六
一、土語的小學……三九
二、中等教育……四一
三、高等教育……四四
四、教育方法的新觀念……四七

第二章　美國啓蒙運動……五三

第一節　人們所賴的機構……五三

一、政治的機構……五三
二、經濟的與社會的機構……五七
三、宗教的機構：大喚醒……六一
第二節　人們所賴的思想……六四
一、良好公民資格的政治與經濟思想……六五
二、世界眼光與人類本性……六九
三、學藝與科學的社會任務……七〇
第三節　教育機構的組織與管理……七五
一、學校之宗教的與私人的管理……七五
二、市鎮的與區域的管理……七七
三、州對教育的關心……七八
四、聯邦對教育的關心……八〇
五、學校給養的類型……八二
六、高等教育的管理……八三
七、教學職業的地位……八六
八、教育上不屬學校的機構……八七

第四節　教育的目的、課程與方法……八八
一、推陳出新的目的……八八
二、初等學校……八九
三、中等學校……九一
四、高等教育……九六

第三章　十九世紀的歐洲

第三章　十九世紀的歐洲……一〇四
第一節　人們所賴的機構……一〇四
一、社會組織的大模型……一〇四
二、大社會的行動計劃……一〇八
三、政治的機構……一一一
四、經濟的與社會的機構……一一九
五、宗教的機構……一二三
第二節　人們所賴的思想……一二五
一、唯心論、進化論與宗教間的衝突……一二五
二、世界眼光與人類本性……一二七

三、學習與智力……一三三
四、學藝與科學的社會作用……一三五
第四章　十九世紀歐洲的教育……一四六
第一節　教育機構的組織與行政……一四六
一、法蘭西教育的民族主義與自由主義……一四七
二、德意志教育的民族主義與保守主義……一五一
三、英格蘭教育的保守主義與自由主義……一五四
四、教學職業的改進……一五九
第二節　教育之目的、課程與方法……一六二
一、初等教育……一六三
二、中等學校……一六七
三、高等教育……一七一
四、教育的理論……一七五
第五章　十九世紀的美國……一八一

第一節　人們所賴的機構……一八一
一、政治的機構……一八二
二、經濟的與社會的機構……一八九
三、宗教的機構……一九九
第二節　人們所賴的思想……二〇四
一、世界眼光與人類本性……二〇五
二、學習與智力……二〇九
三、智識的社會任務……二一二

第六章　十九世紀美國的教育(一)

第六章　十九世紀美國的教育(一)……二二五
第一節　教育機構的組織與管理……二二五
一、公立學校辦法的成功……二二六
二、學校中美國制度的成形……二四五
三、教學職業的開始……二五三
四、教育上不屬學校的機構……二五七

第七章　十九世紀美國的教育(二)……二六一
第一節　教育的目的、課程與方法……二六一
一、教育的目的……二六一
二、初等教育……二六五
三、中等教育……二七二
四、高等教育……二八四
五、美國教育理論之發展……二九二
第八章　二十世紀的歐洲……二九八
第一節　人們所賴的機構……二九八
一、國際的政治關係……二九九
二、國家政治的發展……三〇九
三、經濟的與社會的機構……三一八
四、宗教的機構……三一九
第二節　人們所賴的思想……三二二

一、世界眼光……三二二
二、人類本性……三二四
三、學習與智力……三二六
四、學藝與科學的社會任務……三二九

第九章 二十世紀歐洲的教育

第九章 二十世紀歐洲的教育……三三五
第一節 教育機構的組織與行政……三三五
一、英格蘭……三三五
二、法蘭西……三四〇
三、德意志……三四二
四、俄羅斯……三四五
五、教學職業的任務……三四七
六、教育上不屬學校的機構……三五一
第二節 教育的目的、課程與方法……三五四
一、小學教育……三五四
二、中等教育……三五八

三、高等教育……三六一
四、教育的世界合作……三六七

第十章 二十世紀的美國……三六九

第一節 人們所賴的機構……三六九
一、國內政治的趨勢……三六九
二、國際的關係……三七九
三、美國經濟上的矛盾……三八三
四、社會的趨勢……三八五
五、羣際的關係……三八八
第二節 人們所賴的思想……三九二
一、社會的思想……三九三
二、世界眼光、人類本性與智慧……三九六
三、訴諸傳統……三九七
四、訴諸科學……四〇二
五、訴諸實驗主義……四〇七

六、學藝與科學的社會任務……四一二

第十一章　二十世紀美國的教育……四二八

第一節　教育機構的組織與管理……四二八
一、使教育平等的機會……四二八
二、聯邦參與教育……四三二
三、行政與管理上的趨勢……四三六
四、組織上的改變……四四一
五、教學職業的改善……四四六
六、教育上不屬學校的機構……四五四
第二節　教育的目的、課程與方法……四六〇
一、目的之再解釋……四六〇
二、初等教育……四六二
三、中等教育……四六六
四、高等教育……四七〇

自序

美國學者撰寫教育史，除譯本外，約以班達（F. V. N. Painter）爲最早（一八八六），大衞遜（Thomas Davidson）次之（一九〇〇）。至哥倫比亞大學師範學院孟祿（Paul Monroe）教授，一九〇五年，始撰教育史讀本（A Text-book in the History of Education），一九〇七年，又有教育史概要（A Brief Course in the History of Education），一九一三年，輯成希臘羅馬教育史資料書（Sourcebook of History of Education for the Greek and Rome），由一九一一至一九一九年，復編有教育百科辭典（Cyclopedia of Education）五卷。此皇皇巨著，蜚聲學府，開啓後賢，學者翕然嚮風。約在同時，賓夕法尼亞大學教授格萊夫斯（Frank Pierrepont Graves）對此門亦勤於操觚，一九〇九年開始，完成中世紀以前教育史，一九一〇年有中世紀教育史，一九一三年復有現代教育史，頗風行一時。後兩部，吾師吳康先生曾譯爲中文。此外，泰勒（William James Taylor）有教育史綱要（Syllabus of the History of Education, 一九〇九）、湯普生（M. M. Thompson）有教育史大綱（An Outline of History of Education, 一九一三）、馬考米克（Patrick J. McCormick）有教育史（一九一五）、杜根（Stephen P. Duggan）

有教育史學生讀本（A Student's Textbook in the History of Education，一九一六）、波義亞（Charles Clinton Boyer）亦有教育史。此雖深淺各異，精粗有別，自是教育史一門，教學、專修用書始略備。

早在一九〇二年，史丹佛大學教授克伯利（Ellwood P. Cubberley）撰有教育史講義綱要（Syllabus of Lectures on the History of Education），至一九二〇年，復著教育史（楊亮功先生譯為中文），又編有教育史讀物（Readings in the History of Education），為供研究教育史參考原始資料之書，與孟祿之資料書相類似。後兩種書既出版，風靡一時，教育史權威，由是自東徂西，克伯利教授遂與孟祿齊名。竊思孟祿之書，長於分析，網羅史實，鈎稽哲理，對於教育思想源流，剖析闡釋，綱擧目張，儼然獨樹一幟，不愧為當時之宗師；克伯利之書，則以博贍勝，精於考據，對於文化背景、歷史淵源、文物典制、學說理論，蒐輯靡遺，推敲質實，引經據典，前哲嘉言懿行，宛晤一室，乃其最大之特色。一九三九年，吾師阿麥克（John C. Almack）與桑德斯（Lester B. Sands）合編教育史圖表（History of Education Chart），繭絲牛毛，條分縷析，二千年教育文化之體系，學術思想之模型，縮寫成表，卷藏一幅之上，猶宋黃幹之於晦翁，堪為克伯利名著之輔翼，而教育史全套綱領，一覽瞭然，治斯學者應奉為圭臬。一九二二年，寇魯（P. R. V. Curoe）亦撰有教育史。直至一九四〇年，又有兩新著面世，一為酒特（Edgar W. Knight）之二十世紀教育（Twenty Centuries of Education）；一為伊比（F. Eby）及亞魯烏德（C. F.

Arrowood)合著古代及中世紀教育之歷史與哲學(The History and Philosophy of Education Ancient and Medieval),前者體裁新穎,後者卷帙雖巨,不免有博而寡要之嫌也。

曩昔余入史丹佛大學肄業,初受教育史於考爾化(Walter V. Kaulfers)教授;專修研究,則隨阿麥克教授之指導,兩教授皆爲克伯利之門人。考爾化教授講課之餘,指定學生閱讀杜根之書,而阿麥克教授則介紹迺特之作,蓋前者爲大學部課程,杜根之教育史,簡練條暢,適於初學之修習;後者對研究生言,迺特之二十世紀教育,執簡御繁,觀點清新,一隅三反,有開朗耳目之功,是以孟祿之書宜讀,克伯利之書宜讀,此書亦宜讀也。

自第二次世界大戰後,美國學者之治教育史,大多雖仍舊貫,循既定之綱領,顧其能突破藩籬,別開生面,以另一體裁出之者,一爲耶魯大學教授布魯巴差爾(John S. Brubacher)撰教育問題史(A History of Problems of Education);一爲哥倫比亞大學師範學院副教授巴特斯(R. Freeman Butts)著教育之文化史(A Cultural History of Education),皆於一九四七年出版,直到一九七二年。像古得(Harry Gehman Good,一九四七)、柯爾(Luella Cole,一九五〇)、穆赫尼(James Mulhern,一九五九)、波德(William Boyd, 一九六五)、梅爾(Adolph Erich Meyer, 一九六五)、佛洛斯特(S. E. Frost, 一九六六)、賓達(Frederick M. Binder, 一九七〇),及波文(James Bowen, 一九七二)等,名家迭出,新著不下十種。紀事述言,除接寫戰後教育的演變外,觀點或隨政治而趨新,或以社會學解釋,或強調西方文明之背景,或探考歷史哲學的根基，其餘多事抄襲，不脫前人之窠臼。夷考布魯巴差爾之教育問題史，以教育目的、政治與教育、教育哲學、教育心理學課程等教育內蘊的十九個問題為中心，由古及今，追溯源流，以明其本末之作。巴特斯所著教育之文化史，從教育與文化之互相影響而構想，又本乎教育與社會之密切關係而立論，如以文化為經，則其衍生之各種教育為緯；如以教育為本，則政治、經濟、社會，以及思想信仰，皆為枝葉矣。作者自言：「撰著此書之目的，並非如許的著重歷史新研究，作為有助於教育史教學的復興，及改進歷史方法對教育問題的效用。此種冀圖，試把社會科學的若干眼界與學識，以及由各種哲學、心理學，與教育作家的資料，予以闡明，合一爐而共治，以謀教育工作者的助益。此書由著者過去十五年，主要在哥倫比亞大學師範學院的經驗，此不祇有教授教育史，而且亦有教授叫做教育基本原理學科的機會，由是而產生。」（原書自序）

此書是將該教育之文化史第二篇歐美最近教育的傳統十一章迻譯而成，改其名為歐美近代教育史。通常治西洋教育史，自文藝復興以後，繼之以宗教改革，工業革命，西歐各國既崛興，政治與社會，風雲多變，思想益趨龐雜，故祇能根據思潮，像理性主義、自然主義、心理學傾向、科學傾向、社會學傾向，及國家制度的發展，以綜述近代教育的全貌，蓋以思想為主流，兼該文物體制而豁然貫通焉。此書則異是，以世紀來類分，肇自啓蒙運動，卽緊接理性主義時期，展開十八、十九、二十的三個世紀。每個世紀，分述歐美兩方面；每方面先論政治、經濟、宗教、社會之機構及文化科學之思想，透視教育的背景，追溯教育的源流，然後對此三百年歐美教育之制度、方法、課程，與理論，細說其內容，推究其演變之迹。從表面來看，良以按世紀而鋪陳，雖略嫌重複與呆板，但此嘗試的著作，條理清晰，系統分明，對於教育過程之前因後果，交互關係，和盤托出，似較他書詳備，可爲治西洋教育史者更得深一層的了解。故特爲譯出，俾供學者作補充的讀物。

此書由美國教育家所撰著，對於近代世界之政治、經濟、文化、思想，係基於戰後美國優越感的觀點寫成，見仁見智，應由讀者自己抉擇。「Nationalism」一字，在歐洲可譯爲民族主義，但在美國，根據事實，應譯爲國家主義。至於原書所引述之人物，其生卒的年期，亦經譯者檢考補充，一併說明。

中華民國六十七年二月六日劉伯驥書於美國舊金山

歐美近代教育史

第一章　歐洲啓蒙運動

第一節　人們所賴的機構

十八世紀所見政治上和經濟上的大競爭，實際上是展開一全球性進行。十八世紀的列強，計有英格蘭、法蘭西、普魯士、俄羅斯，和奧地利。大部份戰爭，是由這五強從各種結盟而相鬥，可是所有戰爭，根本上原由英法兩國因爭奪殖民地霸權，遂導致堅持的和漸進的敵對行動。是以自一七一五年使宗教改革的競爭，大部份已流爲基於爭奪殖民地的商業利益和政治優越的民族權益的競爭了。

一、政治的機構

英帝國的基礎　歷經綿延戰爭的結果，英國一躍而爲十八世紀攫取最強大殖民地的霸權。在一種包括美洲在內的最重要國際戰役之中，有西班牙王位繼承戰爭（美國人譯文稱它爲女王安妮之戰，一七〇二—一七一三），其結果簽訂烏得勒支（Utrecht）條約，將歐洲的直布羅陀與米諾卡（Minoca）島，美洲的紐芬蘭（Newfoundland）、阿加底亞（Acadia）、哈得遜（Hudson）灣，讓與英國；奧地利王位繼承戰爭（喬治王之戰，一七五六—一七六三）；及七年戰爭（對法國與印度之戰，一七五四—一七六三），其結果，在簽訂巴黎和約的條款下，英國取得印度，從法國手中奪取加拿大，及由西班牙割讓佛羅里達（Florida）。在奧地利繼承之戰，英國聯同奧地利對法普作戰；在七年戰爭中，英國又勾結普魯士對法奧交鋒。一七六三年巴黎和約，使英國昂然挺立爲世界領導商業與殖民地的覇主。越數年，雖因遭逢美國革命後損失新大陸的十三州，但其地位依然維持不變。

同時，在三島國內，國會已增強其政治的權力，而傾向商業的中產階級，亦增加其在國會的力量。法王路易十四雖然能控制中產階級而可任其驅使，但英國的中產階級實際上却利用國王和海陸軍，以達致維護其自己殖民地和商業的目的。自威廉、瑪利（Mary，一六八九—一七〇二）、安（Anne，一七〇二—一七一四）王朝後，國會便產生漢諾威（Hanover，一七一四—一九〇一）王室的統治，喬治一世（一七一四—一七二四）、二世（一七二四—一七六〇）、及三世（一七六〇—一八二〇）時，亦證明國會授給中產階級之權益，稍爲答應的。

法國的專制主義與革命　當十八世紀之初，法蘭西是世界的和歐洲的巍然一大國。路易十四運用狡黠的策略，建立政府一個極端中央集權的制度，掌握一切的權力。他曾苦心擘劃地把神權的意識來闡明其絕對的權力，包括經濟的、宗教的，以至政治的事情。至於提高關稅、管理商業與貿易的精密條例、苛稅，及嚴格控制海陸軍與財政，皆由其創立，遂使法蘭西成爲自給自足而高度中央集權化。可是，當路易十五（一七一五—一七七四）長時期的王朝，迭與英格蘭及其他各國交戰，使法蘭西遭受損失者，不祇其殖民的覇權，而且對其在歐洲的領導地位—以迄於拿破崙的時期。

在國內，法蘭西被引發革命之前夕的幾種趨勢所撕破。中產階級（布爾喬亞 Bourgeoisie ）在十八世紀變爲非常強大。從事商業者、零售商、製造商、商店主，及工匠，雖然受着波旁王族（Bourbon ）各王所設的種種限制，但已開始興盛起來。他們覺得本身有逐漸茁壯的力量，便開始大聲疾呼要求自由貿易，解除政府的束縛。此外，農民階級也逐漸比歐洲其他各國大部份的爲強大，大約有百分之七十已脫離農奴身份而獲得自由，並享有五分之二的土地。當他們要求改革的時候，歷遇各王的峻拒，於是貴族、教士、中產階級，及農民，遂準備聯合採取最激烈的步驟，以爭取其更大的自由。

海外殖民地戰爭，既導致經濟的災禍，加以政府之揮霍無度，横征暴斂，日甚一日，而社會的不公平未嘗改善。這種情勢，使醞釀革命的時機，便趨於成熟了。因此，當路易十六於一七八九年宣告破產時，一百七十五年來首次召開三級會議（States-General，一七八九年法國大革命前由教士、貴族，和第三階級代表所組成）。由於教士與貴族對於形式發生爭執，第三階級決定保留會議，以迄於達成憲法的修正爲止，自稱爲國民大會（National Assembly，一七八九—一七九一），進行廢除封建的義務和特權，起草一七九一年的成文憲法，以建立一有限度的君主政治，廢止王位傳長制，解放殘餘的農奴，沒收教會的土地，教士改爲由人民選擧的官職，及抑制教會的傳道會。人權宣言宣佈自由原則，奠定了十九世紀大部份民主憲法的基礎：人是生而賦有自由，在權利上一律平等。主權在民，統治權的原則繫於人民的手中。自由既存在於不能侵犯他人的任何動作的自由權之中，因此應有宗教、出版、結社的自由。法律是共同意志的表示，故人民應參加法律的制訂。人民的權利，尤其財產權，除非經過法律的正當手續，是不能侵犯的。

這次革命，中產階級當會滿意而停止政治的和經濟的要求改革之進行，但工人和農民則否，在第二次革命及較激烈行動的時期中，他們所主張的更爲前進。這可由立法議會（Legislative Assembly，一七九一—一七九二）來代表。在這時期，政黨分爲兩派：一爲溫和的中產階級共和黨之吉倫特黨（Girondists），另一爲激烈的民主主義者激進派的雅客賓黨（Jacobins）。根據一七九一年憲法的條文，路易十六被迫宣誓接受這憲法，成爲立憲君主政治。然而他和王后瑪琍安東尼（Marie Antoinette,）立即設法逃亡，欲聯結貴族保王黨的逋臣，俾從友邦獲得援助。奧地利與普魯士遂立即對法蘭西作戰，以保持日耳曼貴族在萊茵河西部貼近法國邊界的地區封建制之權。

因此，第三次革命是醞釀着，國民會議（National Convention）宣佈第一共和（一七九二—一八〇四），表決路易十六和瑪琍安東尼的死刑，頒佈一七九二年的憲法，實行對奧地利、普魯士、英格蘭、西班牙，及荷蘭的聯軍作戰。同時，激進派對抗吉倫特黨的發動內戰又獲勝。激進派既能實行對外戰爭，遂以鐵腕統治法蘭西。他們正式宣佈一七九三年憲法，比以前所訂立者更爲前進，設法推行普遍選舉權，並取消有財產資格始得投票的限制。這一恐怖朝代，從一七九三年六月至一七九四年七月間，由羅伯斯庇爾（Robespierre，一七五八－一七九四）統治，直至新七月其被處在斷頭臺爲止。中產階級發生反感，且藉拿破崙之助，政權遂被溫和勢力所奪取。

這時表面上雖然尚稱爲第一共和，但由中產階級設立五人執政團（Directory，一七九五－一七九九），以阻止宗社黨及民主主義份子之復辟。當拿破崙從事於歷次戰役出現爲一偉大軍事領袖時，共和第三期開始在執政官政府（Consulate，一七九九－一八〇四）統治下，根據一七九九年憲法授予拿破崙以實際上獨裁的權力。一八〇二年，拿破崙被任爲終身執政官，隨於一八〇四年自任爲皇帝，第一共和便告終。中產階級的勝利，比其支持拿破崙所意料者爲多。然而法國革命把民主主義的理想散播於歐洲，並警告法國人民誓與君主政治不兩立，而協助歐洲人民從其暴君之專制統治中爭取自由。自由、平等、博愛，雖然許多地方於帝王的手中遭受了挫折，但亦足證明爲有力的結合。

普魯士的興起　戰略上處在中歐而同時站在東西強鄰對峙的通衢中，普魯士於十八世紀戰爭中所表現的，不祇對實力無傷，而且是日以增強及擴張的。直至這時期，勃蘭登堡（Brandenburg）已成爲一個強大的藩邦（Feudal State），勃蘭登堡之選帝侯，在神聖羅馬帝國的政治中，扮演一大角色。且當腓特烈一世（Frederick I，一六八八－一七一三）變爲普魯士第一位國王以及勃蘭登堡選帝侯之時，事態產生的形式，更爲明顯。在威廉一世（Frederick William I，一七一三－一七四〇）統治下，普魯士王國已成高度的中央集權化，文官制度建立，強大的陸軍亦經產生。迨至腓特烈大帝（Frederick the Great，一七四〇——一七八六）統治下，普魯士一躍爲政治的與軍事的強國之冠，爾後且清算歐洲的命運。

當奧地利繼承之戰時，腓特烈大帝聯合法國及巴伐利亞（Bavaria）對抗奧地利與英國，佔領了具有潛力的西里西亞（Silesia）領土。其後，他發動七年戰爭，作爲防衞戰，以免奧地利恢復西里西亞。對奧俄戰爭後，腓特烈大帝獲得奧俄同意，於一七七二年首次將波蘭瓜分。他力言謂波蘭業已衰落，故以歸日耳曼人的統治爲宜。況這塊領土無論如何是屬於日耳曼的，因爲條頓騎士早在數世紀前已征服它了。普魯士首先進入波蘭者，蓋以阻止奧俄的同樣行動。總而言之，這是地理上與軍事上需要的問題。最後，全歐將藉一個強大的普魯士而受益，以其爲一個抵禦俄羅斯入侵的堡壘。

除了擴張普魯士的領土，及冀圖把其他日耳曼的與非日耳曼的邦國在其統治下之外，腓特烈大帝着手從內部作種種改革，抽收保護關稅、分配免費穀物，及減低稅率，以求自給自足。因此他能夠在普魯士建立一個強大而世襲的君主政治，不祇增強他自己的權力，而且使緩和那些商人和下等階級的不滿情緒，以免像在法國釀成革命運動的實力，故腓特烈大帝在十八世紀享有歐洲開明君主的令譽。

俄羅斯的崛興與神聖羅馬帝國的沒落　在十七世紀末期及漸進至十八世紀之際，俄羅斯在彼得大帝（Peter the Great，一六八二——一七二五）統治下，開始西向歐洲擴張，佔奪波蘭及瑞典的領土。彼得大帝冀圖輸入西方的習俗和文化，遂派遣留學生、邀請歐洲人訪問、簽訂貿易協定、改變俄羅斯的日曆以迎合西方的辦法、介紹西方服飾與算數法，並建立學校、醫院，及印行新聞紙。又在西陲建立聖彼得堡（St. Petersburg，即今列寧格勒），象徵其威儀，爲俄羅斯生活的中心，以代替傳統的莫斯科。加德琳大帝（Catherine the Great，即加德琳二世，一七六二－一七九六）繼續努力西方化的進行，希望修正法律及普設學校。她和日耳曼的腓特烈大帝及奧地利的約瑟二世（Joseph Ⅱ，一七四一－一七九〇），常被譽爲十八世紀開明的君主。

由於法蘭西擁有實力，哈普斯堡皇族（Hapsburgs）隨而喪權失柄，神聖羅馬帝國不過流爲在中歐及南歐地理上領土的名詞。當利奧波德一世（Leopold I，一六四〇－一七〇五）之時，法國虎視於西，土耳其漸迫於東，統一日耳曼的迷夢，隨被打破了。西班牙於十七世紀末衰落，加以十八世紀西方列強的競起，此殖民地的帝國，逐漸的繼續被剝奪。意大利常遭受法蘭西、奧地利，及西班牙軍隊的侵略，弄至四分五裂，其各邦亦一蹶不振了。

二、經濟的機構

對於十八世紀經濟的發展，主要的是在中產階級、零售商、從事商業者、製造商、企業家、商店主、工匠等之增加權力與聲望。尤其重要的，十八世紀最大的國家，像英格蘭、法蘭西、普魯士等國，那些中產階級是算最強的。在改革時期，那發動資本主義的商業革命，當十八世紀躋至最高點。改革時期商業資本主義的主要觀念，在使中產階級靠國家力量以爭取殖民地，俾接濟充分原料於製造商，及供應市場以推銷其製成的產品。迨中產階級財富與權力增大時，他們就想解除由政府操縱的限制。這種刺激自由競爭的資本主義，便出現於十八世紀。

爲着渴求殖民地，英、法、西、葡、荷等國，在宗教改革時期展開拓殖的活動。一六八七年，英國已佔有北美洲東岸；法國佔有印度、加拿大東部，及現在美國的中部；西班牙佔有現時美國的西部、墨西哥、中美洲，及南美洲西部；葡萄牙佔有南美洲東部；荷蘭佔有印度尼西亞。當一七八三年以前，殖民地勢力的平衡，由於殖民地戰爭的結果而改易，法國失去印度及其在北美洲東部的屬土而落於英人之手；英國亦失去北美洲的十三州。一七八三年後，殖民地形勢保持相當穩定，以迄一八八〇年，開拓殖民地帝國主義的新階段，導致二十世紀世界大戰，爲其厲階。

在歐洲各國之中，農人大致上處於極端貧窮的狀態。貴族仍擁有很大經濟的與社會的特權，豁免由君主的征稅，而有向農人課稅之權。農人要向許多機構，像向地主、向教會，及向君主納稅。例如法國，封建領主有權在其境土內征收過境的商業稅；凡運往巴黎的貨物，在途中被領主、市鎮、公路、橋樑的業主所征之稅，多至二十種。稅款的征收，常由銀行家或商業經紀包收，他們預繳款額於政府，然後獲准包征稅款，以抵償其預付之數。面對這種情形之下，故法國的農人和中產階級，表示極爲不滿，寧願支持法國的革命。同樣，英國的中產階級，爲着爭取關於貿易與商業較寬的條例，亦渴望掌握國會的控制。

各城市工匠與工人階級仍保持過時的同業會制度，常常冀圖維持他們的長期保守的獨占，以對抗資本主義企業家的侵佔，然而國內制度削弱了這種舊式的同業會，工人的新組合便開始出現了。在十八世紀，這些組合大部分為慈善團體，指定以濟助貧病的會員，並在道義上與行為上，共敦如兄如弟的情誼。至於有組織的工人運動，首要的在十九世紀以現代形式出現，因為工業與工廠制度的發達，遂有工會組織的需要。

三、宗教的機構

歐洲大多數國家，一種合法建立的教會是為服務宗教儀式最普通的機構。在意大利、西班牙、法蘭西、及神聖羅馬帝國的各邦，天主教堂就是國家的教堂；在英國，則為英格蘭教堂；在日耳曼各邦，無論路德派、喀爾文派，或天主教堂，皆於三十年戰爭結束，一六四八年威斯化里亞（Westphalia）和約所安排的。十八世紀宗教機構的發展，最值得注意者，是許多新宗教團體及教堂的出現，始於改革運動，蓋欲以改善國教。在日耳曼路德派境土內，虔信派的（Pietistic）運動，由斯賓納（Philip Jacob Spener, 一六三五—一七〇五）、佛朗凱（August Hermann Francke, 一六六三—一七二七），及辛禮道夫（Count Nikolaus Von Zinzendorf,一七〇〇—一七六〇）領導下產生，提倡復興及改革路德教會。在英國，美以美聖公會（Methodist Episcopal）教堂出現，也同樣的從事於復興運動的努力，以改革英格蘭教會。美以美教會在約翰（John, 一七〇三—一七九一）及威斯理（Charles Wesley, 一七〇七—一七八八）領導下，冀圖以更多的信仰、情感、感覺，來代替教會的形式主義和尚禮主義。浸信派（Baptists）亦同樣獲得許多信徒。教友派（Quakers）

代表一種激烈的抗議，反對國教最大權威的地位。

其他許多無論大小的宗教團體，在十八世紀啓蒙運動中，因啓迪較開明態度的結果，開始獲得力量與信心。這些團體致力於宗教復興運動的感覺，風靡於歐美兩洲遼濶的地區。這種運動既成這樣廣泛展開的，故歷史家稱之爲對稀有現象的「大喚醒」（Great Awakening）。人民以數十萬計，感受宗教有時達到過度興奮之情感主義的狂熱，遂紛紛加入各派宗教的團體。這種運動是一種最重要之制度化的現象，影響到各國，特別對英格蘭、日耳曼，和美國的教育，以及剛才所說過政治與經濟的發展。傳教士的精神，從非正式的以及有組織的方法中，激勵各種教育的與慈善的努力。「大喚醒」感化大衆以達道，這給與啓蒙運動思想如下的討論，是很重要的。

第二節　人們所賴的思想

啓蒙運動（Enlightenment）一詞，是關於十八世紀把捉人們想像的思想之全部範圍。啓蒙運動乃一種反動，以反對宗教改革之絕對論的和權力主義的制度。它是一種抗議，反對君主專制政體，反對強制的經濟制度，反對嚴分的社會各階層，反對宗教的權力主義，反對不合科學原理的世界觀，反對人類本性原罪的學說，及反對以古代與中古眞理與智識的觀念作爲智識生活的支配。這些抗議，基本上是在平民、在科學，與在人類理性中一種增長的信念。故這階段亦稱爲「理性的時期」，表示希望與信仰，認爲人類憑思維就能改革其制度，以爲促進公衆福利的方法。除了這種人道主義的推進之外，增長民主主義的信念，用爲歐美大自由傳統的基礎。

宗教改革家冀圖對他們的反對專制主義的辯明，用公式表示「自然法則」的觀念，作爲藉之以攻擊所有確立勢力的形態之一種工具。他們訴諸「本性」與人類的「天賦權利」視爲超越羣體繼承的權利，此不過保持對他們自己的特權而排除人民大衆的。這種自然法則的觀念，係由世界新科學觀念假借而來，應用於人類活動的幾乎所有的範圍。中產階級雖然利用這些觀念以增進他們自己的利益，同時他們的努力終使濶步邁向於自由與民主主義的大道。

一、社會思想的啓蒙主義

政治的自由主義　當十八世紀肇始之前，政治的自由主義，已由陸克（John Locke，一六三二—一七〇四）於其所著政府論（Treatise on Civil Government）清楚地與有效地宣佈了。陸克採用「契約的理論」以辯明由一中產階級的國會來代替國王的絕對權力。這契約是一種同意，由公民代表授權於政府，而政府也同意保護公民的天賦權利。這種權利，卽所有公民天賦之生活、自由、及財產的權利。

根據這國家憲法的見解，政府必須依靠公民的同意，還要通過他們的代表授與才執行其權力。陸克觀念的自由主義方面，透露他堅持公民自由作爲所有公民的天賦權利。他對專制主義的憂懼，是在其國家的「警察觀念」理論被顯示出來，根據這理論，它的權力是僅限於權利的保護，政府除了保護天賦的權利之外，不能侵犯個人的權利。陸克之中產階級的方位，在他的主張財產是天賦的權利和擁有財產者謂之公民的定義，表達出來。

政府的三個機構視爲需要的：立法（代業業主）對於妨害生活、自由，與財產的天賦權利之罪犯，必須下以定義；司法必須公平的科予這些罪犯的處罰；行政必須執行立法的法律與司法的判決。如果政府這些機構相衝突，立法當爲最高權，以其爲公民的主權所支持；如這些代表辜負了人民的利益，全面變革是說明其有正當理由的。美國憲法的規劃者大多依據陸克的自由主義，對於立憲制度與產權的理論，不難看出其底蘊。

在法蘭西政治改革家之中，孟德斯鳩（Montesquieu, 一六八九—一七五五）著有法意（Spirit of the Laws），表示何以法律依靠人民最高的意志，故使適合於人民，由是而制訂的。他在政府的立法、司法、行政三部門中，詳細說明「抑制與平衡」的作用。那比孟德斯鳩或陸克幾種色彩更急進的是盧騷（Jean Jacques Rousseau, 一七一二—一七七八）。根據他的民約論（Social Contract），全民的意志是國家基本的主權。天賦權利不祇包括生活、自由，與財產，而且對於全民的康樂與福利，作普遍的追求。自從政府的宗旨是改善全民的福利，政府的代表必須根據全民的意志，並非僅屬於業主的。這種急進的民主觀念，給予法國與歐洲被壓迫人民以很大的撫慰，並對美、法的革命有深刻的影響。陸克及孟德斯鳩所倡中產階級的立憲政體，由美國哈密爾敦（Alexander Hamilton，一七五七或一七五三－一八〇四）等人所師法；盧騷的民主人道主義，則由傑佛遜（Thomas Jefferson，一七四三－一八二六）等人仿效。大體而論，自由的、公共的，與民主的教育之起因，歸功於法國自由主義的人道主義比英國自由主義的個人立憲主義爲多。

自由主義與自由競爭的資本主義　無論如何，法蘭西的自由主義是由於一種共同展望所激發，這種展望寄託一種信仰以爲人類共同工作就能夠改善他們的共同命運；英格蘭的自由主義，則寄託於個人主義的展望爲多。英格蘭自由主義中這種粗野的個人主義，乃從其更大注意於生活上經濟方面而來。由陸克的衍生而由亞丹士密（Adam Smith，一七二三－一七九〇）達至最高峯，反對改革派之商業資本主義，終歸於自由競爭的資本主義的學說。士密所著原富（Wealth of Nations）一書說得很清楚，謂如非受政府限制，則個人的努力會達致適當的生產。個人深知何謂對自己和對社會是善的，故自然法則不宜干涉，蓋以其會自動地能實現全善的。

這裏再訴之於本性。人類基本上由牟利的經濟欲望所激發，乃天性使然。這是急於獲得財富，使世界足用；倘若人類沒有這種固有的牟利動機，則貨品永不會生產。「經濟人」的觀念是亦根據於其他經濟的自然法則，這法則最重要的是供求律。根據自由競爭經濟的法則，當貨品在一個無限制的市場開放於自由競爭時買賣，價格將常達於其自然的高度。售者欲得可能最高的價格，而購者則欲求最低的價格。如售者競爲傾瀉，會趨向於迫使價格下降，而在購者競求，則刺激價格上漲：對貨品求過於供，則價格提高。欲容許這種自然的過程以掌理政府，必須任商業於自然－由此自由競爭的資本主義。在法國，許多同類的學說，是由奎內（Francois Quesnay，一六九四—一七七四）及堵哥（Baron de I'Aulne Turgot，一七二七—一七八一）倡導，叫做重農主義（Physiocracy），在文義上釋作「自然的規律」（Rule of Nature）。這些學說，有助於替美法兩國革命的鋪道。

因此，歐洲的自由主義顯出兩大部份：個人主義的、自由競爭的自由主義；與集體主義的、人道主義的自由主義。這兩部份的相互作用，表現美國以及歐洲政治和經濟生活之發展的特性，以迄於現在。十九世紀與二十世紀的美國商人，傾向於提高個人主義的與自由競爭的理想，以便排除人道主義的理想，強調公衆利益有賴於無限制的私人投資。社會改革者於政治的、經濟的，及教育的業務，趨向於提高人道主義的理想，歷兩世紀之久。

二、新世界眼光

啓蒙運動中許多智識生活，是從宇宙的科學研究與解釋而來，這種研究與解釋是根據一種新科學。代表這種新科學比其他任何人爲傑出的是牛頓（Sir Isaac Newton，一六四二—一七二七），其劃時代著作物理學的數學原理（Mathematical Principles of Natural Philosophy），一六八七年出版。在宗教改革時期，由科學造成無限的進步，牛頓稍用公式表示「自然的法則」，保持科學的信仰以迄於十九世紀之末。由於對萬有引力律及因果律苦心經營的結果，宇宙被認作在絕對空間與時間中，原子活動一種有秩序的體系，在構造方面，本質上簡單的與不變的，依循固定的定律，這定律在一種因果的與不變的方式中活動。宇宙被視爲好比一件大機器，並非聽從於任性的、新奇的、或神意介入的，乃爲自然的與根據數學的定律而活動。科學的「自然的法則」，在生活與思想的其他範圍，變爲對科學的與「自然的」解釋的模式。

科學家的工作與牛頓學說解釋的流行，引起一新世界的觀念，其最極端的則爲唯物主義。唯物主義者（像拉米特理 Julian de La Mettrie 一七〇九－一七五一，多爾巴慈 Baron Paul Henri Dietrich d' Holbach 一七二三－一七八九，艾爾維許 Claude Adrien Helvetius 一七一五－一七七一等）立卽遽下斷語，除在原子形體中實質之外，並沒有其他的存在，而原子是根據機械的自然法則活動。他們當卽淘汰一種精神世界，一種靈魂，或一種心理本體的一切概念。在極端相反的是唯心論者，像英格蘭教會的柏克利主教（Bishop George Berkeley，一六八五－一七五三）。他深感唯物之說不利於宗教，激烈攻擊科學與唯物論，堅持主張世界的本質是精神的與心理的。爲着辯明宗教的原理與證明天主的存在，他用心作成唯心論的觀念，謂所有可見的物體，實際上不過是在天主意志中的感覺。物體似在空間和時間中存在，因爲天主的意志歷盡空間和時間而永恒存在。物質的本體僅爲幻覺中一種想像物，但因爲感覺的變更，其品質亦跟着變更了。

宇宙的中庸觀念，在啓蒙時期智識份子中變爲最流行的是自然神教（Deism）。由福爾泰（Voltaire，一六九四－一七七八）所代表的奉自然神教者，冀圖接受牛頓學說的科學解釋，因此打破傳統的基督教一神論（Theism），但仍未達到唯物論的那麼深遠。根據一神論來說，世界儼如一副大機器，依循自然法則而動作，但天主是宇宙的起緣與創始者。天主所以被信仰者，並非在六日創造世界及能隨意干預一個人的本體，祇爲超出物質的宇宙之偉大神祇，即使自然法則一旦動作時天主也不能干涉。實在，這要非難天主的智慧和力量，以意味着祂創造其造物之後，尚須干涉。奉自然神教者攻擊神蹟、超自然的啓示錄（新約末卷），及神意的觀念，此乃傳統的宗教信仰最重要的；他們祇接受科學的研究、數學的說明，及人類理智能夠接受與形容的。

三、人類本性中自然法則

啓蒙時期許多思想家的基本嘗試，是稍對人性設想，歸於牛頓所描述宇宙之一類。在這嘗試中傑出的人物是陸克，略隨理性論的笛卡兒（René Descartes, 一五九六－一六五〇）及霍布斯（Thomas Hobbes, 一五八八－一六七九）之十七世紀的傳統。陸克基於牛頓學說增強其觀念，首從科學方法苦心探討人性的法則。他的基本假定，人性並非誕生時在胎孕中預成的，而爲環境對誕生時有機體之未成形的與柔軟的原質衝擊的結果。同時，陸克並非成爲一個極端的唯物論者；他相信靈魂與心靈有某種獨立的特質，在這種意義來說，他對於十八世紀猶如笛卡兒之對於十七世紀一樣。他由傳統的宗教觀念改變到相當距離，但他試把舊觀念的道德價值適應於新範疇而已。

極端論者之依隨陸克猶如他們依隨笛卡兒的一樣。關於靈魂或心靈的存在作爲在人性中一種獨立的因素，唯物論者傾向於一極端的。有些唯物論者，像吐蘭（John Toland, 一六七〇－一七二二）

、拉米特理、艾爾維許、霍爾巴哈等，認爲人性完全是唯物論的，像靈魂或心靈離卻軀體活動而存在，是沒有這一回事；其他唯物論者，像哈特利（David Hartly，一七〇五——一七五七）承認靈魂與軀體之間有些區別，但這種差異，祇爲一種程度而非類別。其他極端的，唯心論者像柏克利說，人性的本質是靈魂或可感覺的心靈；軀體是爲着依靠靈魂的精神作用而存在。休謨（David Hume，一七一一——一七七六）採納柏克利的觀念，另外有幾個步驟而得到懷疑論；他認爲無需假定靈魂的存在，祇係存在不過是一連串感覺與經驗。不祇物質世界是假想的，而且靈魂與心靈也是假想的。因此，討論人性意見的範圍，始於相信人性是心與物。唯物論者相信人性完全是物；唯心論者相信人性完全是心；懷疑論者則以爲物心兩者皆非的。

也許在十八世紀關於人性最重要的觀念略避免這些問題，而本身向着善惡的問題。這裏盧騷的思想，以其激烈的反對那以爲人性是固有邪惡與帶原罪而誕生的舊觀念，變爲極重要的。盧騷趨向於相反的極端，堅持謂人性本質是良善的，孩童天賦有正當的與生俱來之衝動力，祇有社會習俗才造成個人之邪惡、貪婪，與敗壞的。這是人性的自然法則，對過去兩世紀之社會的與教育的實施，有很大影響。此外，生長這種理論，謂人性是可使變成完美的與能夠養成永久的良善。當與社會的人道主義理論相結合時，這種對於人類可使變成完美的信念，爲感化歐洲尤其是美洲生活的大傳統之一。這和增長的信仰相合，全人類基本的平等與尊嚴，及對每個人的尊重，遂變爲西方文明之民主主義遺產的一部份。

四、學識與智力的自然法則

關於人類理性的行動和人民學習的方法，其重要思想家之中，陸克堅持他的經驗論學說，作有系統的說明。從最簡短的言之，他側重經驗與環境作爲智識與學問的來源，而攻擊當日之宗教的與精神的意念，認爲思想乃全人類誕生時天賦的。陸克對心智的研究，應用培根與牛頓科學的觀念，試圖發現學問的自然法則。由於世界新科學的說明所感動，他主張孩童並非生而有先存的心智或靈魂，或關於天主、正義、道德的天賦意像（Idea），或其他各種價值。反之，照陸克的觀點，孩童新降生的僅具有好像一塊空白板（Blank table, tabula rase），在空白板之上，由外界而來的感覺是使得深刻印象而印入的。因此，意像、價值、與智識，實起源於外界的及他人的經驗。

單純的意像，來源有二：卽感覺與反省。感覺者，是經過五種感官而來，引起關於外物的形狀、大小、數量、顏色、品質之簡單的直覺。反省者，內覺是獲得關於個人心中的記憶、判斷、與意志的內在動作的意像之能力。關於道德行爲和社會的及自然的關係之複雜意像，由是產生，像心靈運用超於無經驗的感覺，及將簡單的直覺，併入於較複雜的聯合。陸克的名著，像理解的行爲（Of the Conduct of the Understanding）及人類悟性論（Essay Concerning Human Understanding）二書，對於歐洲及美國的教育觀念，有很大的影響。

在他們的經驗觀點中，更極端的像休謨、哈特利、康狄勒（Etienne de Condillac, 一七一五一一七八〇），其見解皆以感覺論（Sensationalism）著名。他們幾乎獨有的側重於五種外部的感覺爲觀念的來源，而拒絕考慮陸克的反省之內在能力。因此，他們常被傳統派激烈攻擊，以其排除心靈的作用而僅側重於軀體，視爲智識之具。感覺論最重要的觀點是感覺與觀念結合的理論。始由休謨啓發，繼由哈特利宏揚，聯想說（Associationism）乃爲十九、二十世紀許多實驗的與科學的心理學之先驅。根據哈特利的理論，學習的基本自然法則，是各種感覺常經過充分的反覆在神經系統中遺留長久的效果；當各種不同感覺是常常充分聯合時，一個感覺的發生將想起其他的記憶。因此，單純的意像是祇靠聯合而併入複雜的意像。聯想說的原則便衍生許多像神經鍵的連接（Synaptic connections）、制約作用（Conditioning），及頻數（Frequency）與近因（Recency）等理論。

無論如何，在十八世紀思想家之中，經驗論和感覺論並未獨霸。它們立說是新奇而聳動聽聞的，雖爲學者推戴，但唯理主義（Rationalism）仍佔優勢，尤其在學校、大學，及教會爲然。唯理主義有其大衞道者，首推日耳曼哲學家的萊布尼茲（Baron Gottfried Wilhelm Von Leibnitz，一六四六－一七一六）。萊布尼茲攻擊陸克謂觀念並非天賦的，他堅持着經驗雖可以使出現觀念，但經驗不會創造觀念。自從宇宙是由天主創造一個有理性的：可理解的常則，唯有理智（並非感覺經驗）方能得到全面的及確信的觀念，例如數學。

唯理主義其他最著名的衞道者，又有日耳曼大哲學家的康德（Immanuel Kant，一七二四－一八〇四）。他被休謨懷疑的經驗論的極端但不願放棄感覺經驗的正確性所困擾，遂着手調和休謨的經驗論和萊布尼茲的唯理論。因此，他自己所著批判論（Critical Philosophy）有幾分是中庸之道，志在調和科學與宗教。依康德的觀點，智識是由兩個要素所形成：㈠智識的原料，是逐一由經驗而來的外界之印象所形成（就是後天的要素—感覺）；㈡智識的法式，這是給予經驗以組織及常則之內心的範疇所形成（就是先天的要素—觀念）。或許以一個壓印器，作粗拙的例證，這雖能預言將鑄成一個什麼樣的銀圓，但不能預言對其提供的原料是否爲銀、金、銅等等；同樣情形，內心將需要對智識給予某種法式，而不論或許經驗的什麼原料，內心將計算事物，將由按等分類事物，與將在發生事物中領會因果關係，不論是否處理蘋果、犬，抑或人民。

這些內心的範疇，康德稱之爲先驗哲學的（Transcendental）範疇。它們存在於內心中較先及超過經驗的外界，它們存在於所有理性的內心之中。康德認爲有一引致我們經驗的外界，但他堅持謂我們不能證實它，因此不能識別它。我們所知者僅爲我們內心所命令的印象與感覺。並且，我們不能認知什麼勝過或超過經驗，但能相信有這一領域的存在。他爭辯謂我們不能證明天主的存在，或靈魂不滅，或意志自由，但他接受在信仰上它們的存在，因爲他相信在道德觀點上，它們應該存在；因此，他在道德觀點上確信它們實有的。康德於是信仰一個不能被理想或科學侵入的超自然界，祇保留宗教的領域。他對於歐洲與美國的哲學有極大影響，而協助以維持唯心論與唯理主義來對抗唯物論及經驗論的攻擊。

然而學習的觀念最後與唯理主義發生尖銳衝突的是自然主義的學說，盧騷在其名著愛彌兒（Emile

）一書曾最明白說出了。溯性善的學說而來，盧騷的理論說：當小孩根據他的自然衝動而讓其自由發展與生長之時，學習最適當進行。約束與懲罰應該摒除，而供應一恰當的環境，俾小孩參加那些他所感興趣的活動。顯示它與經驗論的密切關係，自然主義堅信最好的學習，起於處理自然物體、手工藝，與在自然方面的人物。學習受妨碍的，是太泥於要記憶唯理主義所宣佈的工具，卽數學、語文，與各書本。自然主義在許多方面雖然是極端的，但其口號（自由、生長、興趣，與活動）告訴現代「進步教育」的解釋者，已爲前代所熟知了。一九二〇年進步教育家這個宗系的外觀，是瞭然的。

五、學藝與科學的社會任務

從未有一代像十七世紀末及十八世紀的學者與智識份子，對智識能改良社會一觀念，會這樣確信。從自然科學受其暗示，他們覺得學習及實行研究所有學藝與科學，最爲重要。因而，十八世紀幾乎使全部智識的有組織體，成爲一大進步。

科學與數學　超卓的展開智識的範圍是科學家與數學家，玆略言之。研究天文與物理部門的進程是牛頓，以公式說明其萬有引力律，在科學上開一新紀元。他的科學的與實驗的方法，在許多科學部門中，對於其他學者提供一種工具。重要的進步，像光學、熱學、磁學、水力學、機械、電學，及化學，是從其研究而得。華倫哈特（Gabriel David Fahrenheit，一六八六－一七三六）的水銀寒暑表、紐哥曼（Newcomen）的氣壓蒸汽機、及瓦特（James Watt，一七三六－一八一九）的蒸汽機，在這些發明的技術之應用中，是顯著的部份。商業的與製造的發明並進，像達貝（Darby）之煤炭製煉的改良、克里頓（Clayton）之由煤炭氣體的蒸餾，硫酸商用的製造、凱伊（Kay）的紡織梭（Fly Shuttle）、哈格里夫（James Hargreaves，一七七八年卒）的多軸紡績機，以至改良運河、道路，與航行交通，皆同樣證明。當十八世紀末期最後利用蒸汽機時，所有這些發展，可能構成十九、二十世紀的新工業社會，在全部歷史中最重要社會的發展之一。

與這些發展相平行，由於牛頓的創作使其顯著及萊布尼茲微分學的發展，數學向蔚爲巨觀的進步。生物學的科學，資料的極大部份業已搜集，地球與自然的物體，由此類有能幹的科學家像林奈（Carolus Linnoeus，一七〇七—七八）者爲之分類。無論如何，少數的法則或理論發展到結合各資料爲有效的通則；化學、地質學、生物學、生理學與醫學，要俟至下一世紀靠達爾文和巴斯德（Louis Pasteur，一八二二—一八九五），才進一步發展。然而對於學校及高等學校應準備新題材，以向古典的及傳統的科目之權威來挑戰。最後，僅需提到陸克、栢克利、休謨、利德（Thomas Reid，一七一〇—一七九六）、萊布尼茲、康狄勒、拉米特理、哈特利、艾爾維許，及康德之名，以指出哲學大進步，是在十八世紀造成。

語文技術　一般來說，古典語文從各種手段維持其在各學校與大學之支配的地位，但顯然的證明在多方面已見到式微了。牛頓雖然於一六八七年以拉丁文撰寫他的數學原理，但從十八世紀之末起，大多科學與哲學的論者，是用本國語撰成。甚至較重要的，在新聞紙、雜誌、論說、小說，與戲劇中，是一種新土語散文體裁的創作。各名家創作一種正確的與明朗的英語散文，有德雷敦（John Dryden, 一六三一—一七〇〇）、斯威夫特（Jonathan Swift，一六六七—一七四五）、阿狄遜（Joseph Addition, 一六七二—一七一九）、約翰生（Samuel Johnson, 一七〇九—一七八四）、狄福（Daniel Defoe,一六五九—一七三一）、理查生（Samuel Richardson,一六八九—一七六一）、費爾丁（Henry Fielding,一七〇七—一七五四）、哥德斯密（Oliver Goldsmith, 一七二八—一七七四），及斯特恩（Laurence Sterne, 一七一三—一七六八）。在法國，無人能駕凌福爾泰、盧騷、狄德羅（Denis Diderot, 一七一三—一七八四）、孟德斯鳩，及康道塞（Marquis de Condorcet, 一七四三—一七九四）之上。對於戲劇一門，德雷敦、韋策利（William Wycherley, 一六四〇?—一七一六）、康格里夫（William Congreve, 一六七〇—一七二九）皆採用英國的通俗語言：葛奈爾（Pierre Corneille,一六〇六—一六八四）、莫里哀（Jean Baptiste Poquelin Moliere, 一六二二—一六七三），及賴辛（Jean Baptiste Racine, 一六三九—一六九九），則用法語。詩亦傾向土語，像德雷敦、及波普（Alexander Pope, 一六八八—一七四四）傾其雋語與諷刺語於韻文的啓迪智慧之一種，與十九世紀早期之浪漫主義詩作顯明的對比。最重要者，土語是進而爲他們自己所有的了。法語實際上變爲上流社會、外交，及國際會話的共通語言，而英語與德語則用爲文雅的、明白的，與「堪尊重的」而已。

社會科學　當十八世紀，由於學者及哲學家尋求社會的自然法則時，社會科學遂開始改進其地位。陸克、孟德斯鳩、盧騷、福爾泰、狄德羅、及亞丹士密，極注意於政治和政治的經濟。布拉克斯東（William Blackstone, 一七二三—一七八〇）之在英國與孟德斯鳩之在法國，皆忠誠服務而致力於法律的改進。歷史的研究受科學態度的影響，證件開始處理好像科學資料的聚集、分類、查核、批評，及搜尋對風聞或權威之漠不經心的和太易接納的證據。對社會的與文化的歷史比從前更注意，而對政治的、軍事的，與宗教的歷史卻較少。福爾泰放濶歷史的範圍特別有興趣，尤其宗教的、法律的、社會的，以至政治的、經濟的各部門廣大的範圍中，所需許多改革，希望得到歷史的辯明。在這時期，基本的大量歷史的著作是與激勵科學的研究同樣樂觀，相信歷史在本質上是有秩序的、單純的、與屬於自然法則的。「前進」應稱爲歷史的基本法則；世界是不斷的獲得進步，哲學家相信人類將來保持比過去更爲優異的。

藝術與音樂　一般來說，十八世紀音樂部門的外觀，並非像科學部門那樣有創作的和隆盛的。建築、彫刻，及圖畫的文藝復興與理想，仍爲王族大多所愛好並專擅之，因爲他們是藝術的主要顧客。路易十四的凡爾賽（Versailles）成爲歐洲所有王宮之富麗的與風尚的模範。堂皇、整齊，與古雅變爲智識階級的理想，然後讓與路易十五造成洛可可（Rococo,十八世紀歐洲流行的一種華麗建築的款式）風格的形式主義和高度文雅的。在英國，列恩（Sir Christopher Wren, 一六三二—一七二三）改作意大利的建築款式以迎合英人的採用，齊本德里（Thomas Chippendale, 一七一八？—一七七九）、海普懷特（George Hepplewhite, 一七八六年卒）、及雪里頓（Thomas Sheraton,

一七五一—一八〇六）曾爲大廈及貴族地主邸宅設計一種適當的傢具。一般來說，藝術傾向於矯飾的及因襲的，迎合特權階級的奇想與意趣。圖畫側重於畫像，—王室的、著名的、或富裕的人物之肖像，以倫諾茲（Joshua Reynolds，一七二三—一七九二）及蓋恩茲博拉（Thomas Gainsboraugh，一七二七—一七八八）之作品爲代表。音樂方面，最大創作的天才是日耳曼人，像巴哈（Johann Sebastian Bach，一六八五—一七五〇）、格魯克（Christoph Gluck，一七一四—一七八七）、與莫札特（Wolfgang Mozart，一七五六—一七九一）、（以及生於德國的英人作曲家韓德爾，George Frederick Handel，一六八五—一七五九），恢復音樂至像以前曾保持大藝術之一的地位。

知識就是力量　啓蒙時期最特有的要素之一，是瀰漫着傳教士對於改革的熱誠。由於改革的熱誠納入宗教的熱情之故，啓蒙運動的狂熱是要求各種制度的改革，及組成各種運動以對羸弱者、貧窮者、被迫害者，及不幸者之濟助。由十七世紀末至十八世紀初，來自英國的自由主義所薰陶，展開啓蒙運動的宣傳，於十八世紀中期及末期，在法國已建立最高點，而變爲法國革命意識形態的前驅。宗教改革家引人興趣的不祇訴諸日見增長之智識的與中產的階級，並勤於蘇人民大衆之困。對公共消息的媒介，大爲增加，其種類有新書、小冊子、新聞紙、雜誌、百科全書、辯論、科學院、圖書館，及博物館。

也許所有這類表現最著名的是百科全書（Encyclopedia），由狄德羅及達蘭貝特（Jean D'Alembert）主編，福爾泰、盧騷、孟德斯鳩、康道塞、多爾巴慈、艾爾維許、戴蒲芬（George de Buffon，一七〇七—一七八八）、堵哥、拉米特理及其他則爲助編者，由一七五一年一七七二年在法國出版。諷刺着各種迷信、虐待與偏執，百科全書的編纂者爲求出版自由及其公民自由、改革嚴酷的與不公平的法律，及消除貧窮、疾病、奴役、殘忍與戰爭而編撰。這裏再爭取公民自由、宗教與政治自由，和普及教育，訴諸人類的天賦權利，以反對特權與傳統，而爲西方人道主義民主政治的遺傳奠下基礎。經過這番努力，我們所知道的公共教育，已開其端倪了。

第三節　教育機構的組織與管理

啓蒙運動的教育之組織與管理，反映於政治、經濟，與宗教各機構所發生的變化。全國的政府變爲更強的，教育由國家管理的觀念惹人注意，尤其在日耳曼與法蘭西，已採取初步使其成爲實事。民主主義的與自由的力量加強，教育變爲民主政治一種必需的作用。中產階級獲得權勢，教育的目的與內容，採取新方針，以滿足他們的利益。新宗教的觀念與機構變爲佔優勢的，教育便接受新鮮的宗教推動力。全部看起來，啓蒙運動的萌芽性質給予教育一種新人道主義的意識，而在十九世紀使其實現。

一、普魯士由國家的與教會的管理

全國管理的開始　在宗教改革中，藉路德及其信徒的努力，於日耳曼各邦創立學校之公共—宗教的制度，啓蒙運動時期，統一的普魯士貫徹國家的管理，超過任何其他歐洲各國。在這進行中，許多激勵是來自虔信派的宗教狂熱者，這教派由佛朗凱（August Hermann Francke, 一六六三—一七二七）所領導，他把握人道主義的虔願以幫助不幸者以及宗教的宏願以傳布福音。佛朗凱在哈勒（Halle）建立一套機構，實際上經營一完全教育制度的全部。佛朗凱主持一所收容窮人與孤兒的自由學校，一所本國語小學程度的日耳曼學校，一所爲收費學生而設中學程度的文科中學（Gymnasium），一所高級科學學校（Pädagogium），本爲貴族學生而設，但後來略似一所科學的高等學校（Academy），最後，一所師資訓練的機構，培養大學生以備在小學及拉丁學校的教學。佛朗凱承普魯士王威廉一世（Frederick William I, 一七九七—一八八八）的支持與注意，他在普魯士設立學校數百間，以佛朗凱的學校爲模範，並於一七一三與一七一七年頒佈學校法，強迫家長遣送子女入學。貧苦兒童的學費，應由團體代爲繳納。一七三七年，普通學校法（General School Code）規定，由政府資助以建築校舍及支付學校教師的薪俸。

在普魯士，國家的管理向前再進一步，當虔信派的教士和教育家赫卡（Johann Hecker，一七〇七—一七六八）聯同腓特烈二世（Frederick II, 一七一二—一七八六）合作時，腓特烈對於貧苦與被壓迫者誠有一副慈善的心懷，但沒有對民主政治堅強的願望，給予他們的作業有表示。他徵召和佛朗凱共同工作的赫卡起草著名的一七六三年普通全國學校條例，這是奠立普魯士國立小學教育制度的基礎。

在這些條例中，宗教與讀寫能力是佔優勢的關心，國家確立標準，交由教會來主理。學生限定由五歲至十三歲入學，學校授課時數也規定的。兒童要通過由教會所負責辦理的國家考試，督察員受命對學校經常視察與督導。教師要領取教學執照，並須由國家督察員及教會之宗教會議所批准，方能聘用。課程、教科書、及教師資格是詳細規定。一七六五年，腓特烈二世對天主教之邦的西里西亞（Silesia），頒佈相同的學校條例，這邦是征服奧地利所割讓而來。凡此是趨向教育歸國家管理之重要的過渡步驟，重要的原則雖已奠下，但遇極大的反對，因此施行從未完全實現。

完全的國家管理 普魯士學校建立國家權力統治的最後步驟，來自越數載後的一七八七年，在腓特烈二世統治下，學校條例規定，學校監督權應由教士之手轉而交由國家教育部掌握。巴士多（Johann Bernhard Basedow，一七二三——一七九〇）對於教育著作及其所創的汎愛學舍（Philanthropinum），甚爲著名，首倡學校由世俗管理之說，是有影響力的。他主張所有對教派信仰的兒童，應有公平的進入公共學校；在這方面，他反映自法蘭西的新思想。一七八七年的學校條例，設置一個中央教育部，管理所有中小學校。並制定畢業試（Leaving Examination），所有在中等學校的畢業生必須通過這試，方准升進大學。爲着權力主義的目的而在國家管理下公共學校的原則，由是在日耳曼建立起來。這繼續在法蘭西施行，以建議設立一種教育由國家管理的民主制度。

二、法蘭西對全國教育的觀念

十八世紀之初，法蘭西學校的管理與給養，大部份操在天主教各傳教會之手。例如小學程度，基督教學校的兄弟會（Institute of the Brothers）對貧窮的與不幸的兒童而開設慈善學校，已濶步推進，女修士的幾個傳教會，亦對女子授給小學的教學。耶穌會士及小禮拜堂的神父則支配中等教育的部門。無論如何，耶穌會士在政事方面具有勢力的，往往變爲代表虐待的與不公平的舊政權之象徵。因此，他們的學校於一七六四年便被關閉，而這類傳教會，由一七七三至一八一四年亦被羅馬教宗所抑制了。這世紀的中葉，編纂百科全書者及其他人士，開始鼓動一種全國性教育制度，獨特的由國家管理。人道主義的民主意識常常爭辯，謂教育應該是普遍的、免費的、強迫的、與世俗的。未幾，這種思想變爲法國革命主要的部份。

當革命黨發表創立一個嶄新的與更民主的社會時，他們認識教育應作爲造成及維持這新社會的方法，多麼重要。在法蘭西革命的第一階段，關於教育的幾篇聲明，曾經草擬。在議會的報告中，一七八九年的三級會議（State-general）發出不平之鳴，對於公共教育有各種要求，卽減少古典的而更側重於現代與實用的學科。當國民大會（National Assembly）召開之時，米拉波（Comte de Mirabeau, 一七四九—一七九一）與達雷杭（Charles Maurice de Taileyrand, 一七五四—一八三八）起草世俗教育的計劃，寧以民族主義的而非宗教的展望，來培育人才。在一七九一年憲法之下，立法的議會曾提議一種免費的公共教育。所有最用心作成的計劃，是由康道塞應立法議會之請而起草的。

康道塞提出完全國家制度的學校計劃，供應全體兒童以平等機會、免費、強迫、及普遍的教育。其目的是培養國家的公民，在世俗管理之下，以達到公民的、國家的、與民主政治的效益。他提議全國在兒童步行距離內遍設小學，每間約可容納數百人。其次，中等市鎮設立中級學校以供給平民稍高深的教育。第三，在最大市鎮設立中等學校或市立中學，不祇供給正統的教育，並供給廣泛的各種學科，以應人民的需要。最後，設立九間國立中學（Lycee），供給高等的及專門的教育而代替傳統的大學。在全部制度之上，冠之以全國藝術與科學會（National Society of Arts and Sciences），學者由此可以盡力對全部教育制度以影響。康道塞的計劃並未實行，但其提供理想，爾後具體表現於其他計劃及法律之中。

共和建立後，國民會議（National Convention）曾幾次冀圖設置學校的國家制度，並由沒收傳教會的物業及對其抑制以破壞教會的學校。一七九四年拉堪祿法（Lakanal Law）規定每一千居民應設立小學一所，不祇教授法文的讀寫算、地理、與自然學科，並且教授愛國歌及故事，以及諄諄教授人權宣言的主義，好像美國青年授以獨立宣言及憲法一樣，以逐漸灌輸共和的理想。一七九五年法規定每幾十個地方行政區應設立小學一所，以教授讀寫算；每三十萬人應設立中等或中級學校一所，以教授古典的及現代的學科，收容由十二歲至十八歲的學生。

此等被指定以代替古典中等學校的學校，曾設立許多間，但它們顯然的走在其時代之前，而並非有相當好計劃和供以教職的，因此當拿破崙於一八〇二年創設其中等教育的制度時，它們便衰退了。國民會議並冀圖設立藝術、音樂、醫學、工程、與科學等幾間高等學府，但當法蘭西革命後期的紛擾之日，資金是非常不穩定。倘若第一共和自己有能力維持一眞正民主的基礎，法蘭西可能在歐洲成就教育上最早民主的制度，但由拿破崙表現及其後十九世紀波旁王朝復辟的反動，教育之貴族型的重建，維持幾個世代之久。

三、英格蘭的私人管理

當十八世紀時，英格蘭教育的管理與給養，仍由宗教的與私人的把持，最佔優勢的在宗教的慈善會之手。學校的給養，是由英國國教的教區、不從國教的教會、私人捐贈、與爲着這目的而組設之捐款會所支持。這些會最大勢力者，是在英國國教贊助下經營。基督教智識促進社（The Society for the Promotion of Christian Knowledge），爲着在英格蘭傳教工作，於一六九九年創立，已而設立數十間義院學校，作爲其活動之一部份。外國福音宣傳會（The Society for the Propagation of the Gospel in Foreign Parts）於一七〇一年創立，在英國的殖民地工作；這對其傳教團體有關係的學校是強有力的經營，尤其在美國中部及南部殖民地特別活躍。美以美教徒亦相當注意於學校的設立，作爲他們熱心於慈善工作的一部份。

許多捐贈基金的學校，脫離宗教的贊助，是由於中產階級增加財富之結果而創設。法庭於一六七○年判決，小學教師如欲教學者不需向主教申請執照，這是激勵由捐贈基金之私人學校的開辦。無論如何，主教有發給中等學校教師的教學執照之權。這些供應免費教育的義舉，是英國人適應十八世紀教育的需要之方法。這遺留至十九世紀工業革命給予英格蘭國家管理與給養的動力。直至當時，甚至以後，教育之「志願的」觀念，在英格蘭仍然至上的。

志願的觀念，代表英格蘭個人主義的人道主義者，對照法蘭西革命之集產主義者的人道主義，而致力於社會與教育。法蘭西既然要建立為全體兒童之學校的國家制度，以改善全體的福利，英國的解決則用慈善的方法，給予貧苦與窮困者的免費教育。除了上述的會社之外，十八世紀之末有幾種其他運動是適值出現，但它們的主要衝突既然是在十九世紀之末，茲略為提及，然後於下面作更完全的敍述。此類運動之一，是由萊基斯（Robert Raikes）於一七八○年想出主日學（Sunday School），以解除在新工業區貧苦兒童的厄境，及由宗教復興所激勵，展開了慈善的袖珍本。一七八五年，主日學藉英格蘭各郡主日學給養與鼓勵會（Society for the Support and Encouragement of Sunday Schools in the Different Counties of England）的設立而變為一種運動。在轉到十九世紀以前，入主日學肄業者，約有五十萬兒童。同樣，導生學校（Monitorial Schools）是由貝爾（Andrew Bell）與蘭卡斯忒（Joseph Lancaster）於十八世紀之末所創設，為着收容學齡前兒童之嬰兒學校（Infant Schools），是在歐文（Robert Owen，一七七一——一八五八）的領導下而出現。

跟着此等志願的與慈善的機構供應免費教育，這世紀之末引起些少呼聲，贊同教育應由國家來支持。亞丹士密對國家教育的辯論，但非由法蘭西改革家所提出之理由。士密是關心對於社會「優等的」上流人士的保護，以免像法國革命使未受過教育及文盲的民衆發生錯誤的想像，或引起對產業的違法與危險。因此，他要求教導貧民的公共教育，作爲一種方法，給予下等階級一種有用的職業及其在社會（自卑感）的適當地位之了解。許多相同的概念是由馬爾薩斯（Thomas Robert Malthus，一七六六－一八三四）表示，他是人口趨勢中適者生存的倡議者。因此，英國對公共教育的最早表示，在他們的一種最高願望以保護資產階級的經濟利益，比諸法國啓蒙運動及美國民主主義教育的學說，大相懸殊。

四、其他各國教育的管理

天主教的國家像意大利、西班牙、及葡萄牙等，教會實際上依然操縱教育。可是，在西班牙查理三世（CharlesIII，一七一六－一七八八）及在奧地利瑪利亞德利莎（Maria Theresa， 一七一七－一七八〇）與若瑟二世（JosephII，一七四一－一七九〇）時期，國家對教育的興趣，已逐漸增加了。查理三世受啓蒙運動的影響，亟欲在其自己贊助之下，開辦學校。他驅逐耶穌會士，希望創設世俗學校及規定未來教師經過國家的考試，但其計劃，從未實現。西班牙屬地的佛羅里達（Florida）

及加利福尼亞（California），在聖芳濟傳教士（Franciscans）的教導下，略有進步。瑪利亞德利莎擬採納腓特烈大帝的計劃，由國家管理教育及改革學校；若瑟二世計劃，在其帝國中設立一個統屬所有教育機構的中央集權制度。這些「開明君主」的希望，雖或有正確的方向，由最高層頒下敕令，但以人民在短暫時期不習慣於教育的特權，欲求成功，遭遇困難是太大的。

新教的各國，宗教改革的教育制度，在國家教會手中，繼續執行業務。斯堪的納維亞（Scandinavia）各國維持其路德學校，而荷蘭與蘇格蘭則發展喀爾文派（Calvinist）學校。在瑞士，啓蒙運動的效果，於一七六二年瑞士人會（Helvetic Society）組成後出現，該會開始進行將幾個渙散的州結合為一個較強之全國性國家，而以教育的國家制度作為這計劃的主要部份。這種結合直至法國革命順利進行時始告完成，但基礎已奠立，對瑞士教育改革家裴斯泰洛齊作業的背景，經已預備了。

五、教育之貴族的與民主的成分

當啓蒙運動時期，人民入學的機會，比歷史上以前任何時期為多。由啓蒙運動掀起博愛的與慈善的動機，引起教會、統治者、及私人，無論如何對於教育機構資助比以前更多的金錢。增加閱讀寫作能力及普遍的啓蒙運動的利益雖不能否認，但它們不要與民主教育混為一談。慈善會及國立學校，能以微薄的或沒有民主政治思想而設立。實在，除了法國的急進份子外，作家或教育領袖教導平民以自治的很少。拯救他們的靈魂，訓練他們為更好的工人，及培養他們為純善的臣民，是十八世紀最「開明」統治者首要的目的。這種教育的重要性，不能忽視；可是應記得，啓蒙運動其進步最大的僅爲一種過渡以達到十九、二十世紀眞正的民主教育，那時人道主義的自由主義已脫離其個人主義與貴族的窠臼了。

六、教學職業的地位

大體而論，當啓蒙運動時期，教師的地位仍然處於卑下的。小學教師原有其他職業，而兼教學不過當作副業者，更常常有之。教堂司事之主理鳴鐘與掘墓穴者，亦可以教學；婦人欲得特別收入者，可辦一間女師學校（Dame School）；退役軍人之不能作戰者，或安置於學校（例如普魯士）。有時程序被顚倒，教師教學之不能維持生活者，每兼做裁縫、木工、紡織、或其他工藝，以滿足兩者的目的。文法學校及中等學校的教師，似乎稍優，因爲中等學校要繳納較高的學費。有些卽使預示未來大勢的小事，對於教學職業表示有一更好的前途。有些宗教的傳教會維持着高度的水準，日耳曼的國家法規提醒教師執照的需要，此類改革，像佛朗凱及赫卡是領導着對於未來教師授給特別的準備。由於普通的教育轉到那個角度，訓練優良師資的需要立卽被承認了。

七、教育上不屬學校的機構

啓蒙運動大成就之一，是進行使趨向於開放及展開公意與有讀寫能力的作用。用本土語編印的新聞紙、雜誌、小冊子、及撰寫資料的增加，招致比從前有更廣大的讀者。圖書館及博物院變為更加普遍與較易於使用，即使並非對於民衆，至少對於增長的中產階級，他們有能力和資財來利用之。科學的學會（Academies）變為極普遍的，曾擴增其當事人，有些在程度上達到國際性的水準。實在，大科學的發明及著作，大多數是由於在科學的會社內研究的人物所做成而非在大學的。十八世紀歐洲各大學對於文學的與宗教的學科之傳統興趣，不肯放棄，直至十九、二十世紀，才成為科學的與社會的研究之中心。

第四節　教育之目的、課程與方法

新教育目的　或許教育的啓蒙運動學說得到最廣大的結果，是教育對公民資格一種新觀念的啓迪。在宗教改革時期，教育的政治目的曾培養在國家裏預定其身份的公民。國家是和支配的教會密切聯合，因此，其政治目的有一種基本的宗教動力。另一方面，啓蒙運動產生一新觀念，根據這觀念，教會是與國家分離，是以良好公民資格的價值完全是世俗的。這種對公民資格之世俗教育的觀念，是啓蒙運動的特殊貢獻，大部份淵源於法國而來。

法國有幾個改革家，其對教育著重這種新政治目的者，是戴拉沙洛泰（De La Chalotais）、羅蘭（Romain Rolland）、堵哥、狄德羅、及康道塞。大體而論，他們力陳教育的基本目的是培養公民。他們主張學校應由教會取而置於對國家負責之俗人教師的手中。唯有教育變爲一種世俗的與公民的作業，學校方能教人使以公民的資格適當地服務於國家。抑尤有進者，他們堅持對國家的一般福利，教育應發展一種博愛的與熱心的意識。教育的國家制度應該建立，經過全部免費，對貧富一視同仁，及強迫的世俗教學，以達成此等目的。

世俗的觀點雖然得到有效的啓迪，但當啓蒙運動時期，並未廣泛的付諸實行。其他像宗教的與人文主義的目的，繼續支配教育的實施。啓蒙運動的教育，大半是繼續根據宗教改革的方式。日耳曼的虔信派學校、法蘭西的天主教學校、英格蘭的英國國教學校，在小學級皆維持宗教的目的；各國的中等學校，則維持宗教的和人文主義的目的。在日耳曼，一種新人文主義貢獻於教育上人文主義的目的。溫凱爾曼（Johann Joachim Winckelmann, 一七一七—一七六八）、萊興（Gotthold Ephraim Lessing, 一七二九—一七八一）、蓋斯納（Johann Mathias Gesner, 一六九一—一七六一）、赫德（Johann Gottfried Von Herder, 一七四四—一八〇三）及其他，皆主張古典文學應該復興，由是以發展全人格。當然，這種理想是根據希臘古典文學的修習。

除了政治的、宗教的、與人文主義的目的之外，啓蒙運動並著重教育對於經濟的地位。或許這最著名的提議，是陸克所撰關於教育的考察（Some Thoughts Concerning Education），論述一紳士兒子的教育。就陸克所言教育的目的，依重要性的次序，爲德行、智慧、修養、與學問。德行是表示憑優良道德的習慣而養成優良的品性；智慧是以遠見與深謀處理其個人的與社會的事情之行動；

修養是正當的行爲、擧止、與儀容的完成；學問並非僅靠事實與智識的獲得，而是經過心理訓練之智力的成就。這些理想不僅反映英國人上層階級的態度，且在構成通才教育的觀念中扮演一大角色，這種通才教育後來支配了美國各大學。教育的貴族觀念，在法蘭西及日耳曼武俠的高等學校，像佛朗凱的高級科學學校、巴士多的汎愛學舍、及各國大部份的中等學校，爲之表現。

中產階級的目的，在啓蒙運動中亦相當顯著的出現。教育家越來越多的開始著重實用學科的重要性，以準備青年做各種工藝與職業。戴拉沙洛泰希望這類學校應該在法國設立，由國家管理；蒲力斯特里（Joseph Priestley, 一七三三－一八〇四）提議在英國不從國教者的高等學校中應有這類學科；萊布尼茲倡議廣泛設立職業學校；佛朗凱渴求對青年準備的應爲秘書、文員、與商人，教以有用的技藝，處理商業的、數學的、與科學的學科之新式教育。佛朗凱在其各學校中併入此等思想的一部份，西姆拉（Johann Salomo Semler, 一七二五－一七九一）爲着低級職業而創辦實科學校（Realschule），赫卡的實科學校則專爲男童而計劃，此等男童並非準備入大學，而係志在參加製造業、建築業、農業、礦冶、與商業者。有些表示是對最貧窮階級甚至滿足其教育的願望；此類是由法蘭西的戴拉沙洛泰及日耳曼的馮洛秋（Frederick Eberhard Von Rochow）所提議的。

一點應注意的，卽對於經濟的目的是與宗教的密切聯繫之程度。佛朗凱、西姆拉、與赫卡等虔信派，其著重的不僅對宗教的教義，而且對實在的與有用的學科；在英格蘭，宗教上激勵不從國教者的高等學校，向另外的進行以供應一實用的教育。對於這點的理由無疑的是事實，這宗教改革的集團亦爲中產階級，對於他們來說，並無足怪的，誠以一個人由成爲一自立的與有能力的商人或職工，就能最敬事天主的。這在宗教上改革運動訴諸經濟集團，這集團渴望前進以反對統治的經濟階級。然而，當中產階級宗教的展望亦包涵人文主義時，結果產生的並非一實科學校，卻是一文法學校、或文科中學、或國立中學了。

完全脫離剛才所說政治的、宗教的、與經濟的目的而兼有慈善與教育性質的辦法，盧騷讚美個人所有天賦能力的良好發展。倘若個人有適當的教養，如是則他的體格、情緒、道德與智力是任由自然的發展，在適當時期，教育與社會的起因會盡其用。換句話說，這似乎和許多教育家一樣，盧騷發現教育之終極目的寧注意於個人而非社會。在這方面，他補救十八世紀所需要糾正的情形，但在他的愛彌兒這種片面的著重，有助許多教育家轉變其注意，認爲教育的目的在社會亦有合理的根基，事實上，盧騷在他的民約論與其他著作中，亦顯然對此注意的

一、土語的小學

新教育的目的，雖然化成公式的說明與其有效的陳述，歐洲的小學本質上依然爲誦讀學校（Reading Schools），其教學的主要教材，是宗教的資料，尤其各教堂的教義問答書（Catechisms）。當上述所有其他及所有主要的例外已被注意時，小學的基本任務是讀寫能力的任務。寫作及算術教學的逐漸注意的，大部份係由中產階級志在商業上有用的學習而引起興趣所刺激。由於宗教信仰復

興刺激起讚美詩唱詠及由於愛國精神開始注重愛國的歌曲，對唱詠及音樂的注意，也逐漸增長。無論如何，小學課程所包涵的比這些學科爲多，這是例外的而非常規的。

除上述所說學科外，佛朗凱在他的學校所列小學課程，教授歷史、地理、及自然科；其後由一七六三年普魯士學校法所規定的其他學校，亦列特有的。在法蘭西，基督教學校的兄弟會所設的學校，大部份集中於標準的學科，而且特別致力於使學科的系統化，要以適合於學生各級的程度。在英格蘭，基督教智識促進社及外國福音宣傳會的學校，不祇教授讀寫算及教義，並且有時授以農業、航行、及家庭工藝如紡織與縫紉等，在功課上常常反映傳教的外貌。貧民習藝所，在各教區爲貧苦兒童而設立，除學徒制度外，並供應一種職業教育。

教授誦讀與教義最普通的方法，是用角帖書（Hornbook）、聖詩集（Psalter）、聖經，尤其是小禱告書（Primer），此乃一部初階的宗教書，包括教條、天父禱文（Lord's Prayer）、十誡、與讚美詩（Psalms）。全套書是以小禱告書爲模範而寫成，這些最後變成最初的學校用書以及宗教用書。蘇格蘭的教會認可許多此類小禱告書，不從國教之教會則認可它們自己的，在美國最著名的爲新英格蘭小禱告書（New England Primer）。在十八世紀中葉，對誦讀的新幫助出現於拼音的方式，這書最後變爲代替小禱告書。這些書最著名者之一爲第爾華斯（Thomas Dilworth）的英語新指南（New Guide to the English Tongue），這書包括有字表，及其正確的發音、文法規例、祈禱、寓言、與道德的箴言。算術書亦在這時出現，對小學課程增加這種流行的學科，給予另外認識與激勵。

二、中等教育

蠻有興趣的，十八世紀的中等教育，在教育思想上新傾向，比小學教育爲更易感應的，這在教育史上不常見的現象。傳授尙實的與實用的學科於中學，曾有相當進步。無論如何，古典的傳統，一般對中等教育保留最強的勢力，無出其右。尙實的與科學的學科所以獲致進步者，大部份是藉新式學校的設立而不在傳統的文法學校。事實上，新學科不受正常中等學校所歡迎者，顯示人文主義把持着這些學校。就大體而論，典型的古典學校，當十八世紀時，失去文藝復興與宗教改革時最初的原動力，由十八世紀新傾向尙未能復興，而淪於最低點。

日耳曼　十八世紀時，日耳曼的中等學校受感覺實在論（Sense realism）及新人文主義雙重的激勵。較早的說過，虔信教派的影響，大部份藉佛朗凱、西姆拉、及赫卡的努力而促進感覺實在論。佛朗凱的拉丁學校，其課程不僅包括宗教與古典文學，並有數學、物理、植物學、解剖學、歷史、地理、圖畫、與音樂，比通常古典學校的爲濶大。在他的高級科學學校中，尙實的學科，獲得更大的地位；對於機械的研究，與玻璃、銅、木的作業，以及自然史與物理科學的實驗工作，供應相當的準備。西姆拉之數學的與機械的實科學校，稍循同樣的途徑，但省略古典文學。赫卡在柏林所設的實科學校，所授數學與科學的實用學科，更爲前進。這些是新式中等學校的起源，叫做實科學校，其後與文科中學相輔而行；文科中學本身雖然直至十九世紀才得到成功，但在十九世紀工業革命開始以前還沒有的。感覺實在論藉巴士多的汎愛學舍而傳入日耳曼的學校，在那裏所授有用的科學與數學，以及與木匠、木製品有關的許多手工，與夫實用的技藝，學科的表現至爲明顯的。

日耳曼中等教育其他使有生氣的因素，乃由文科中學直接產生的效果。這時期的新人文主義直接輸入於文科中學，最重要的課程新注重於希臘語文與文學。由於這世紀中葉解除法蘭西的影響，日耳曼新一羣的文人，轉向於希臘方面，追求其靈感。俠義的高等學校（Academies），聲譽已墮，舊式拉丁學校遂變爲文科中學，溯源於古代希臘的中等學校。經過蓋斯納、海尼（Christien Gottlob Heyne，一七二九—一八一二）、渥爾夫（Friederick August Wolff，一七五九—一八二四）、及艾納斯提（Johann August Ernesti，一七〇七—一七八一）等在各大學及在若干中等學校的經營，對日耳曼文科中學，給予一種特色，實際上維持至納粹革命的時期。

法蘭西　大體而論，法蘭西的中等學校，依然固定於傳統上古典的形式，尤其在耶穌會士影響之下，課程集中於拉丁文、希臘文、哲學、與古代歷史。小禮拜堂的神父，在其中等學校裏，制訂一種科目稍多的現代課程；除了拉丁文、希臘文、與希伯來文之外，他們教授土語的法文，並以土語法文教授笛卡兒的數學、科學、歷史、與地理。然而，此類法蘭西改革家像達蘭貝特、狄德羅、盧騷、戴拉沙洛泰、及羅蘭，開始呼籲更有力的擴大注意於法國的歷史、語言、文學、以及數學、科學、實用的與優美的藝術、與體育。

英格蘭　十八世紀時，英格蘭的中等學校被拉丁文法學校所支配。在文法學校之內，文法家堅守堡壘以對抗漸增的批評。他們認爲拉丁文法是達成自由的受過教育人物眞正訓練心智的唯一方法。在其批評家之中，即使那些同意古典文學的重要性者，力主由集中更多的對於講話及對於誦讀之巨大的文學名著，使更注意於拉丁文之直接使用，試圖以緩和這種主張。英格蘭的教會常庇祖文法家，求助法律的支持以阻止課程的擴張。這是指出，對文法學校根本的承諾，曾規定拉丁文與希臘文應自由授與傑出的學生，而文法家卻堅持，這些條件意味着除了拉丁文與希臘文應予教授之外，並無其他。

無論如何，逐漸地，文法學校變爲這樣學究的，在陶冶上這樣嚴格的與剛強的，及對於學生中當事人無疑減少而引起不安與騷動，又這樣明顯的。在十八世紀末期，這些學校開始應該改革了。它們保持其古典的偏重，但開始屈服於陸克的教育適合於紳士的觀念。學究的學者或文法學之觀點從未引起貴族或中產階級的興趣，但當此等學校由陸克規定開始著重於德行、智慧、與容止的重要性而不太重視學問之時，上層階級變爲更有興趣的。在這世紀之末，這些階級開始更願意的贊助中等學校，大規模公學則開始採取現代的方式。

無論如何，對新教育傾向的眞正反應，當啓蒙運動的早期與中期，在不從國教派的高等學校（Academies）發生，這些學校是由不從國教者教士爲着他們的教會而經營的。彼等像拉丁學校的創始，立卽開始更注意於引起中產階級興趣之「尙實的」學科。自十八世紀開始，這學校的教學，除了古典文學外，授與英國的語文、現代外國語、數學（幾何、天文、三角學）、自然科學與解剖學、歷史、地理、政治、及哲學（倫理、論理學、與形而上學）。自十八世紀中期起，科學與數學扮演一個比任何時期更大的角色，商業學科變爲更重要的。拼音、文法、與算術的本文，皆用英文表示。將近這世紀之末，不從國教派的學校，因爲英格蘭教會趨於堅強，遂開始衰退，不從國教的團體旣失去依據，公學便開始改革與撤退當事人了。當這些傳統的學校特別頑強之時，對喚醒英國中等教育曾達到一個最有用的目的，而在十八世紀稍後的，便影響美國高等學校的興起。

三、高等教育

日耳曼大學的自由主義 十八世紀時，日耳曼主要的智識生活，由暴君統治者容許其發展，這種活動大部份雖限於科學、哲學、與文學，但此等統治者對於人民的利益，自認有一種「開明」的關心。例如腓特烈二世，新科學與文學不僅在朝廷受寵愛，在各大學亦然，這開始喪失其原始宗教上的意味，而擔承公共機構志在訓練良好公民與有能力的文官之性質。

當十七世紀時，日耳曼大學在宗教控制下，經已式微；但在這世紀的末期，哈勒（Halle）大學創立，唯理主義者湯瑪秀斯（Christian Thomasius，一六五五—一七二八）及虔信派的佛朗凱，領導一羣叛逆以對抗路德的正統。一七〇六年後，渥爾夫輸入新科學與唯理主義於哈勒，而主張自由研究的權利與本份。哲學變爲與權威的神學分離，開始吸收數學與物理學的現代科學。十七世紀時，渥爾夫的哲學，最後幾乎滲透所有新教徒的日耳曼各大學中。當一七三四年哥丁根（Göttingen）創立一所大學時，產生另一步驟的前進。這裏的思想比在哈勒的愈加自由，教授一旦被委任，幾乎授與完全自由之權。其他大學依隨哈勒與哥丁根領導者，稍爲緩慢，但新教徒的與天主教的大學，逐漸接受新學問了。

由於十八世紀啓蒙運動的結果，日耳曼各大學，本質上有些發生變化如下：亞里斯多德的經院派哲學，被以自然科學及數學的原理爲依據所創更現代的哲學取而代之。嚴格的課程是被一種包含研究與教授自由的原則所代替。墨守聖典正文的解釋是被有系統的演講所代替。爭論是被指導下進行研究討論之課程（Seminar）所代替。確實的與重要的古典文學學問代替了古典文學之形式的模仿。最後，日耳曼語言驅逐了作爲教學媒介的拉丁語。在日耳曼大學內科學的廣大發展使選科制度爲實際上所必需，並直接影響於十九世紀美國大學選科制度的興起。

法蘭西大學　日耳曼「開明」專制政治雖然協助新科學與哲學之倡導，並鼓勵日耳曼大學的學術自由，但法蘭西的專制政治卻完全地作成相反的結果。各大學依然由君主政體支持之保守性宗教團體所把持，保持一種謹愼的眼光，注視各大學之政治的與社會的教學，以及他們的宗教之教義。巴黎大學的神學科，當其禁止閱讀孟德斯鳩的法意及盧騷的愛彌兒等類書籍時，爲全校立下榜樣。有些人擬留意改革家的呼聲，顯著的像校長魯林（Charles Rollin，一六六一——一七四一），試由介紹笛卡兒的科學與哲學，以及法蘭西的歷史、語言、與文學，一爐共治，而將學科系統現代化；但由於他的詹生教派（Jansenist）的傾向使其與有力的耶穌會士的團體衝突，遂致被迫退休了。

英格蘭與蘇格蘭的大學　當這階段，從英格蘭所有智識活動和科學進步來說，這可以預料各大學會有基本的變更，但由於總主教勞德（William Laud，一五七三—一六四五）及復辟的各王之傳統與宗教的把持，使英格蘭的大學落後了整個十八世紀大半的時期。像牛頓、格雷（Thomas Gray，一七一六—一七七一）、及布拉克斯東（Sir William Blackstone，一七二三—一七八〇）等，雖略有顯赫的名聲，在牛津及劍橋最崇尚的學問依然爲古典文學、論理學、及經院派的哲學。當介紹牛頓的科學及數學，尤其在劍橋大學時，曾有所獲。早在一六八五年，牛津與劍橋置有化學的講席；一七二四年，牛津設有現代史；一七四七年，劍橋設置數學考試之學位試（Tripos）或榮譽。但這些不過爲古典派好像在大海中相當微小的漣漪而已。

蘇格蘭的大學，自十八世紀中葉起能夠大改革。在愛丁堡，除了分開拉丁文、希臘文、論理學、與自然哲學的教授外，曾出現數學與倫理學的教授，公開對自願聽講者予以演講。由一七四一年起，愛丁堡文科研究的課程，比在英格蘭各大學的大爲進步。亞伯丁（Aberdeen）改革的實利主義精神，包括跳舞、寫作、簿記、及法文等此類活動之認可。當時，新科學對文科課程的衝突；「有用的」或「實用的」科目與通才教育中舊科目的價值，有相等的概念；「自願的」或選擇的原則之實際的應用，皆留下早期的痕跡。

師資教育　教師的專業準備，尤其在日耳曼，造成多少進步。在哈勒，佛朗凱的學校，特別注意於未來教師的問題；赫卡於柏林的實科學校，設立正常在指導下進行研究的討論班，以訓練教師。腓特烈大帝觀於赫卡的經營力勸教師們參加其實科學校的講習，深受感動，其他教師訓練機構，開始在奧地利、薩克森（Saxony）及西里西亞設立。在這時期，日耳曼的新人文主義者亦影響於師資教育，但比之蓋斯納、海尼、與渥爾夫培養文科中學教師古典文學學識的完全基礎之努力，不及其授給特別教學的訓練之多。這種師資教育之博學的觀念，變爲非常普遍的，遂假定所有優良的教師，需要栽培者是對教材的精通。美國師資教育採取這種觀念並使持續以迄於二十世紀。師資教育其他的證據，是由耶穌會士、王家港派（Port-Royalist）、小禮拜堂的修道會、與在英格蘭的學校團體所表現。

這似乎值得注意者，教師的特別教育，主要的是當一個組織或機構，好像國家的與教會的，給它這種推動力之時，與當此種有組織的團體發現它合意的沿着新方針以改革學校的訓練或課程時，在這兩個條件之下着手。如果學校歷來是在傳統大學所支配的純粹私人手中，不會有強迫的師資教育發生；但當一種傳教會，一種福音運動，或一種感覺實在論的運動成爲這樣組織起來，希望改變現有的此類學校，或設立新學校，然後師資教育的特別方式便出現了。許多師資教育運動的十字軍性質早已表示，教師的訓練常被認爲在教育上與社會上改革中一個要點。

四、教育方法的新觀念

大體而論，這可以說，啓蒙運動時期關於教育方法的原始理論，是比在實際的實施中傾向於應用此種理論爲多。普通方法在土語學校及中等學校使用，反映了密切的關於一種未有決定性的唯理主義的展望之傳統上訓練觀念。大部份土語學校是不分等級，設備簡陋，長時間讀習，與不適當的物質條件。在所有學校甚至大學，最初的注意，藉沉重的記憶作業、誦讀、演講與背誦，而授給言辭上記號的學識。智力訓練採取嚴格的課業、練習、與背誦的方式；體格訓練採取猛酷的鞭打及各種嚴罰的方式。學習誦讀是練習字母、構造音節、與寫下口授令人筆錄的文字與成語。高深的語文之學集中於學習文法之正式規例、變化動詞、變用名詞（Declining nouns）、及練習體裁與作文。總而言之，這些方法是根據教育方法之目的在用以訓練心靈的觀念。

經驗主義與感覺實在論　最堪注意的，打破這種模式的冀圖之一，便產生陸克的經驗主義哲學，要超過夸美紐斯（Johann Amos Comenius，一五九二——一六七〇）較早所發表感覺實在論。陸克在學習上經驗作用之經驗主義的觀念，對感覺實在論予以理論上辯明。陸克堅持着思想與智識由於外界侵進於人類心靈之感覺與理解力的形態而來，展開更注意於教育的方法，以發展兒童所有感覺，不祗靠誦讀，而且靠看、嘗、聞、觸、與聽的感覺。和這種觀點一致的，陸克極著重於體格發展的重要性，頗爲合理的，他對於教育「強壯精神寓於強壯體格」的成就，這著名的觀念，傳播遐邇，作廣大的流行。

陸克在其所著關於教育的考察一書，由適當的飲食、睡眠、衣著、衞生的習慣、運動、與競技，對早期照顧兒童的健康，相當注意。他打破教學方法之強迫訓練的觀念，由於堅持兒童當其有興趣於所學時則其學習是最有成效的，而其獲得他們的興趣最好方法，在於遊戲，此乃供應令人悅意的誘發，而預防對教育厭惡的增加。對照訓練的觀念即心靈的能力可由些少語言學科來訓練，陸克提出理論，課程應根據對成年人生活將為有用的學科而編訂。他攻擊狹隘的古典文學陶冶，力主對英文、圖畫、算術、寫作、速記、地理、歷史、科學、與數學的修習。他雖然關心於貴族的青年，但主張經過木工、園藝諸如此類的手工活動，以及經過各種活潑的運動之能力，這些效用方能實現。最重要者，他反對那藉賴道德格言之學習、口頭訓誡、及記憶宗教的教義而作道德訓練。要言之，他表明道德訓練乃教育之最高目的，但唯有經過良善行為中勤勉學習，及由適當的活動而養成優良的道德習慣，方能完成。

陸克是否為形式陶冶學說的創始者問題，曾引起許多討論。這似乎清楚的，在他的關於教育方法的著作，尤其在關於教育的考察一書，他的意向是克服傳統的訓練方法而贊成一種全憑經驗的步驟，著重由經驗而學習的作用。無論如何，這是眞的，陸克哲學的展望，照他所著人類悟性論來說，包含練習反省的能力，很像一個人練習其筋力使達致最高度的發展，有其必需。因此，對此問題之答案，乃依據陸克作為權威著作者所言。倘若這關於教育的考察被採用作為對年幼兒童教育的指南，則智力訓練是陸克的本身所沒有。無論如何，他的人類悟性論被採用對於較成熟的思想之發展，作為指南，則陸克略為辯明形式陶冶與練習轉移的理論。奇怪得很，陸克晚年的著作，於十八九世紀對美國大學以極大影響，因此很自然的，堅持智力訓練作為大學教育的理想，已被引用了。

在十八世紀，經驗的展望用之於教育的實施，其最著名的先例，是在當日有些日耳曼學校中感覺實在論的發展。赫卡的實科學校的特別名稱，對於他的感覺實在論之旨趣，提示一端倪。在他的學校中，用眞實的物體以解釋書本的功課。這些採取小規模的船、房屋、機器模型的形態，許多種日用物品大小一樣的樣本，及植物、石頭、與小動物的搜集，是其著例。

巴士多於其努力中再前進，所有教學注意於物體、模型及圖畫之廣泛採用。他撰著一部非常流行與有影響的教本叫做基礎讀本（Elementarwerk），用充份圖畫的挿圖以解釋原文的內容。常給學生去旅行，俾直接的認識農田、商店、市場、礦場、及博物館。在整個藉經驗而教育的觀念中，運動與競技佔了大部份。經過佛朗凱、赫卡、巴士多及其他各人的努力，感覺實在論給予日耳曼教育最初眞實的愛好。他們的努力，減低古典文學的人文學者對其反對，而實在論的運動，俟至十九世紀始得較廣大的贊成，與併入日耳曼正常的學校制度之內。

盧騷的自然主義　由啓蒙運動產生教育的方法，其所有理論之最急進的是自然主義的觀念，在盧騷的愛彌兒所闡釋。在多方面，這也最後表明，細察教學的方法由傳統的習慣中放鬆，有最大的影響。盧騷的思想，雖然從未在任何一間學校付諸完全實行，但在十九、二十世紀大量形成許多教育改革家的意見。盧騷的主要點，教育的方法應順着發育的自然階段，蓋兒童經此階段才生長至成熟。他列擧四個階段，即幼稚期、兒童期、早期少年、後期少年。每一階段，特有其體格的、智力的、與社會的性質，適當的教育方法應該根據這些性質來實施。

幼稚期，由誕生至五歲，嬰兒實際上是一個動物，軀體需要活動，依賴於感覺，和對道德上無關之社交的發展。這階段的教育，最初的應寓於給予自由遊玩的活動，讓其軀體自然的與健康的發育，及藉廣大的各種物體接觸，而預備感覺的發展。嬰兒應該讓他做自己的事情，不應受外面的強迫或命令，使其能夠了解，而非在接受教訓，唯一必要者，任其處理自然的物體與事情。當兒童期，由五歲至十二歲是採用許多消極性教育，因爲兒童基本上是仍爲一個志在活動的動物，不應從外面受社會的或道德的控制。因此，盧騷驅除書本與語文的學習，以其斲喪兒童的本性，而代之以遊戲、運動、競技、及手工藝，作爲發展感覺經驗的方法。

當早期少年的階段，由十二歲至十五歲，理智與自覺出現，在兒童發育中首次發生大變化。自從引起理智發展的好奇心，課程應接近好奇心與有用的活動而制訂，這是對於學習唯一眞正的目的。盧騷引用魯濱遜飄流記（Robinson Crusoe）爲這個發育階段中的大模範，因兒童在他的發育中大部份仍爲非社交的；但他能夠和應該開始研究事情的性質及觀察其關聯。因此他們應該傳授那透露自然、天文、科學、及技藝與手藝的學科，他應該像克魯素（Crusoe，魯濱遜飄流記的主角）所爲，是啓發他自己的機智而非依賴於權威或他人的教訓來處理這些問題。他應由他自己的努力靠自然觀察而學習。這裏它的極端方式，是學習靠躬行而非靠言辭的理論。

後期少年，由十五歲至二十歲。這後期少年的階段，應該應付社會問題。在這階段裏，所有發生最大的變化是性慾衝動出現，因此，這是最重要的關於理智的急速發展，如是可用作遏制性慾而指示他們參與社會所容許的活動。社會、政治、經濟、歷史、及宗教的研究，有助於了解複雜的社會關係，對少年是適宜的。道德的見解、精神上的渴望、及美感的欣賞之發展是重要的，由於經過語言、哲學、心理學、宗教、與藝術的修習，使少年開始能了解這些事情。這一種自然教育的極點，是婚姻中完成。

盧騷的思想，曾引起許多爭論。有些人相信，他察覺人性由傳統與蒙蔽束縛下解除的可能性，發生大幻想。其他相信，他使教育脫離了正軌，尚未回復。大體而論，盧騷似乎曾做過很大努力，指示注意研究兒童的優點，如是教育就能夠適應兒童特性的需要了。他的自由、發育、興趣、及活動的觀念，在這時作爲反對教育上自負的權威與專制主義的手段，是很需要的。然而，盧騷太著重人類發展中使具個性的性質，而不注重人類個性的發展中教育與文化所扮的角色。他忽視人類發展中文化的重要性，而把教師的眼光不顧建立一個社會的必要，這社會將有助於優良個性的教養。現時較適當的教育理論，要求任務的一種新綜合，即教育應負擔的要在一個健全的社會裏發展一個健全的個人。故教育必需致力於個人與社會雙方面的。

第二章　美國啓蒙運動

第一節　人們所賴的機構

當美國的啓蒙運動時期，歐洲影響的潮流，繼續冲擊於各殖民地；但在這時期過去以前，政治的、經濟的、宗教的機構之方式，略有新的出現。同樣，一種新教育體制的開始，已從這樣的方向顯現出來，但在十九世紀所見，略有異於歐洲的教育體制。

一、政治的機構

殖民地政府的變更　幾處殖民地已由商業資本公司所開發與控制，歐洲各國政府對於此等殖民地得有政治的與經濟的相當權力。這些殖民地中，有維吉尼亞（Virginia）、麻薩諸塞（Massachusetts）、新荷蘭（New Netherlands）、與新瑞典（New Sweden）。其他則由業主所開發與控制，英格蘭王對其授以土地，並有政治、司法、與軍事的權力。這些殖民地，包括馬里蘭（

Maryland ）、卡羅來納（ The Carolines ）、新澤西（ New Jersey ）、賓夕法尼亞（ Pennsy-lvania ）、喬治亞（ Georgia ）、與紐約（ New York ）。其後當十七世紀末期及十八世紀初期之間，英格蘭之新重商主義者與商業的利益，在政府的政策中開始被迫變更，許多殖民地竟變爲皇家的殖民地，由英王委任總督，並授以大部份的政治權力。由革命時期起，九個殖民地便這樣構成了。併合於皇家政府，此等殖民地通常准許組設一個立法機關，包括上院，議員由總督或英王委派充當，下院議員則由有產業的業主所選舉。實際上，所有殖民地略有自治制之類，由是冤情可能伸訴，最後殖民且得更多地方的自治。

英格蘭開始試圖努力，由倫敦更直接管理殖民的事務，除了由樞密院、財政部、稅關部、海軍部、陸軍部、及倫敦主教致力於經常監督之外，又設置許多參事會（ Council ）、特別委員會（Special Commission ）、及董事會等。殖民歷受英國束縛及連續對法國、印第安、西班牙作戰之下，民性逐漸變爲倔強了。有些人開始提議一種較寬限制的自治。一七五四年，七個殖民地總督在奧爾班尼（ Albany ）會議，商討對依洛郭亦族（ Iroquois, 昔居住紐約州以北印第安人的一族）的條約時，富蘭克林（ Benjamin Franklin,一七〇六－一七九〇）倡議組織一殖民地同盟，在同盟中要組設一聯合的議會，以維持一隊陸軍，應付印第安，管理土地及征稅，但這項計劃，各殖民地或英國，皆沒有準備實行。

最後，發生更激烈的衝突者，由於如下的行動所引起：像英軍隨便佔駐殖民的住宅、給予東印度公司茶葉貿易專賣權的茶葉法令、波士頓港口的封閉、總督的參事會由英王委派而非由選舉、市鎮集會的禁止、殖民官吏的審判歸於英格蘭而不在美洲、在魁北克（Quebec）及西北領土（Northwest Territory）天主教會的設立等。由於此類更多寃情的結果，於是於一七七四年在費城（Philadelphia）召開會議，開列一寃情表，向英王伸訴。勒星頓（Lexington）與康科特（Concord）兩役的戰爭，於一七七五年爆發，作戰一年後，卽一七七六年，獨立宣言遂公佈了。

新興國家的出現　新國家政治組織的第一階段，是在大陸議會之下舉行，這議會包括十三個獨立州的代表，主持作戰以迄一七八一年完結爲止。聯邦組織的條款，由那些深懼一太強大的中央政府者及那寧願更自由組成實際上獨立各州的聯邦者所起草。他們的體驗，觀於歐洲強烈的民族主義的政府，使他們產生有自負的中央集權政府的憂慮。因此，中央政府是首次指定僅爲處理此類必要的事務，像戰爭、商業、造幣、及對公地的處理，此等公有土地，當各州放棄對西部土地的要求時，業已劃定了。

但聯邦的弱點，立卽引起對於制訂憲法以代替條款者之爭論。這種爭論係聯邦黨（Federalists）與共和黨之爭，前者力主一個較強有力的中央政府，而後者卻希望較小權力的政府，祇爲一個比較民主的政府。在憲法會議中，許多善於領導革命的共和黨領袖皆缺席。例如傑佛遜（Thomas Jefferson，一七四三—一八二六）、亞當斯（Samuel Adams，一七二二—一八〇三）、佩恩（Thomas Paine，一七三七—一八〇九）、與亨利（Patrick Henry，一七三六—一七九九）皆不與會。新政府承受較大的權力，向人民直接課稅、管理商業、控制貨幣、及預防契約之損失。經過相當的反對之後，最後獲得各州之批准。大體而論，資產階級贊成通過，但負債的羣衆及未開發內地的人民，對於在憲法之下保護他們的權利之程度，發生懷疑，這憲法並未包含和獨立宣言一致的權利典章。最後，法定所需限額的各州已批准憲法，在國會的首次會議，第一次憲法修正案前十條作爲權利典章的提出，終於一七九一年作最後通過了。

大體而論，對於權力鬥爭，由於商人與有資產的利益者在制定憲法的會議中獲勝，但權利典章及各州的新憲法卻反映出要求比較民主的控制與更普遍的選舉權。較急進之土地均分者與人民黨黨員的集團操縱了許多新的州政府，但有資產的集團力主一個比較強有力的政府，這將保護資產、預備抑制立法部門的最高權，而授給行政與司法更多的權力。

當這新政府由聯邦黨創立，一七八九年以華盛頓爲總統之時，極力建立一個能清理債務的金融機構，爲有產階級所贊成。聯邦的負債由發行公債來支付，合衆國且擔負州的債務，志在付償大債主與借貸者，遂創設一間國家銀行，高度保護性的關稅與國產稅是征收的。當然，負債階級對這些措施是反對的，他們尋出一個領袖傑佛遜，主持共和黨的理想，以反對那些由聯邦黨所堅持的措施，可是，華盛頓於一七九二年復當選，而亞當斯於一七九六年繼之。在這世紀之末，美國人贏得地方自治之權，並且當日主要的政治事情，是爭執誰要管理自治。在這鬥爭中，聯邦黨人與有資產利益者佔勝，以迄於一八〇〇年，共和黨由傑佛遜被選爲第三位總統，遂掌握政權。聯邦黨自那次選舉失敗後，卽陷於分崩離析了。

二、經濟的與社會的機構

商業資本主義的興起　歷十八世紀，農業仍爲美洲殖民地基本的經濟結構，但這階段最重要發展之一，是商業利益的興起。一七一三年，安妮女王（Queen Anne）的戰爭完訖後，由於歐洲的戰爭，造成對美洲農業、森林、與毛皮貨品之龐大需求，故貿易與商業有一種顯著的躍進。這是意味着商人階級開始實行對歐美貿易的往來，增加其力量。

一七〇〇年，大部份美國人擁有他們自己的小型農場。在北方，農民靠穀類與牲口爲活，但許多開始轉而從事於木材、毛皮、造船、與漁業。在南方，煙草、稻、藍靛是有利可圖，乃大規模栽植，雇用大批黑白工人操作，變爲更普遍的方法。一七一三年後，新英格蘭及中部殖民地的貿易與商業大增，引致沿東海岸接近優良港口像波士頓、紐約、費城、巴的摩爾（Baltimore）、與查理斯敦（Charleston）的城市，急激擴張。土地投機雖變爲普遍的，但商業爲致富之道，比諸靠土地尤爲迅捷。美國貿易者的行踪，開始遠至西印度羣島、非洲、歐洲、與英格蘭。美國商人，既從這種貿易而厚積其財富，遂開始向地主的紳士與傳教士之政治的與社會的權威挑戰。城市生活與獲利的新精神開始造成美國人生活一種特色，爾後十年十年的越加顯著了。

社會階級　這些殖民地的人口，直至一六九〇年，種族是相當同裔的，但自一七五〇年起，許多非英格蘭人民陸續移入美國了。迄革命時期的全部人口，約爲二百五十萬或三百萬。這些新來者，主要是德國、蘇格蘭、愛爾蘭、與法國人，他們志在越過東海岸殖民地而移向於以阿帕拉契（Appalachian）山脈爲界的未開發之內地。直至革命時期，他們已移入新英格蘭以西地區、紐約的摩和克河谷（Mohawk Valley）、賓夕法尼亞的中部及西部、維吉尼亞的沈南度（Shenandoah）河谷、與南方的皮得蒙（Piedmont）高原。他們在革命時期準備越過山嶺，故在十八世紀以前，已作這樣遷移。迨這世紀的中葉，所有山區無論北方與南方的居民，比之東部城市的是較爲相同的。他們的展望與同感是平均地權，他們似乎是負債者與對抗東部各區的債權法。因此他們預備膏腴的土地，以供固有民主政治的與個人主義的展望之發展。

新英格蘭與中部殖民地，傳教士與地主的紳士曾對商人讓步。在這些城市中，商店店員的工人階級及工廠的機械工人，在數量上及重要性上開始增長。在革命以前，工人組成各種慈善會，以協助會友遭逢不幸與罹病者，並保持會員至一定道德的標準。一七九〇年，當商人開始輸入英國製造的貨品與美國的產品相競爭時，美國的小型雇主遂降低工資以應付競爭。在反應上，美國第一個工會於一七九四年在費城成立，即鞋匠工人聯合會（Federal Society of JourneymenCaordwainers），一七九九年舉行首次罷工，反抗裁減工資，經九個星期後獲勝。越六年，另一次罷工因根據法律而告失敗，因爲這些工人由聯同要求加薪而構成「刑事的串謀」，是違反英國的習慣法。因此，一八〇〇年以前，美國工人運動已有端倪，但在十九世紀直至商業資本主義採取新工業方式之前，並未預定成爲經濟上或政治上非常重要的。

在新英格蘭與中部殖民地，領有土地或租賃土地的小農，形成一個強大的階級，在社會的結構中變為更重要的。殖民地的土地政策，將土地免費分給與那些領受而產生擁有不動產者的一有力階級，或在未開發內地發展一種堅強民主政治的與個人主義的氣質之小地主。連同南方未開發內地同類的各羣，他們開始接受法蘭西自由主義的觀念，這自由主義是根據「天賦權利」，而非由國王、教會、或商人所授之權利。南方的勞工羣，是由立契約的白人僕役與黑人奴隸所構成。立契約的僕役，服務五年後，始得脫身，然後可在西部領受土地或自由傭工。白種工人的自由性，雖可能增加，但居留在南方者，由於種植家的財富增長及黑人奴隸一批批被帶進，故社會的地位低微。一六七〇年，維吉尼亞的人口中，黑人僅約佔百分之五，但一七五六年，幾乎達百分之七十五。直至一七六〇年，美國約有黑人四十萬名，這說明在南方人口中他們佔三分之一以上。由於軋棉機的發明，南方轉而更重視棉花，黑奴制流行無阻，以迄於內戰時期為止。

對英格蘭經濟利益的衝突　對英格蘭反叛最重要的原因，是由於不斷對美國經濟利益的剝奪。在早期的鬥爭中，戰爭的起因是為求自治，良以身在海外，仍受英吉利帝國主義的中央集權制所控制，不能不引起反對。英國派遣在美國的官吏主要的是保守黨員（Tories），不十分明白美國人的個人主義與自由主義。倘若較開明的維新黨員（Whig）的帝國主義者，能保持在庇特（William Pitt, 一七五九－一八〇六）控制下，則他們也許可以阻止革命的發生。無如英國商人以嚴格重商主義者觀念繼續迫害殖民。重商主義意欲嚴格的管理殖民地商業並嚴厲的作政治上監督，以達其目的，即殖民地對英格蘭供給所需認爲有利的物資。因此，英格蘭一面需要阻止足與英人競爭之美國產品輸入，另一面又要求美國運銷英國的貨品。

這種政策，除了英國官吏及其隨從者之外，幾乎便疏遠了在美國所有羣衆。首先疏遠了北部與中部海岸區的商人，以他們的貿易開始受到英國限制法令所傷害。繼而疏遠了南方種植家，他們繼承英國地主紳士的傳統，而厭惡對其常常負債的英國商人。這又疏遠了由緬因州至喬治亞州未開發內地之農業的不動產保有者，他們憎恨英國貴族與王室官吏，視之爲絕對權威之最壞代表。由於這些共同反對的結果，殖民地各階層的羣衆遂抑制他們自己的爭論，而聯合起來驅逐英人的控制，引起革命戰爭至最後勝利爲止。

國內經濟利益的衝突　無論如何，一旦革命勝利，究竟誰來統治本國的政權，變爲激烈的爭執。當十八世紀時，由於財富增加集中於商人與種植家階級之手，貧富間的差距便擴大了。那時北方流行一種新政策，立法機關每授給土地與投機者，他們佔有這土地祇爲求利而非爲謀生，也不用這土地來耕種，但當其變爲一大地主之時，可能控制一市鎭，故負債階級，對此至爲不滿。在許多方面，此類議會的政策，投機家、與身在外地的地主，對待農民，比諸英格蘭的貿易行爲更爲不法的。於是他們便大聲疾呼來抗議，反對身在外地者的所有權、高度稅率、及高利貸，而要求減收現款作爲他們減輕負擔的方法。同樣的，南方的小地主也反抗種植家的權勢，以他們冀圖仿效英國紳士和貴族階級的作風，來建立一種社會生活。

大體而論，較大的市鎮及城市的工人及店員們，開始略似小農人的感覺，因有很多低工資的寃情，他們遂參與農人一起，支持代表共和黨的傑佛遜之民主政治的觀念。這些集團開始接受法蘭西更多政治上、經濟上、與教育上進行人道主義的觀念。當美國革命時期，他們是反抗的主幹，十九世紀時，他們變爲傳播政治的與社會的民主運動的先鋒。在這時期最好解釋者之一，像法國重農主義者克化古亞（Michel Guillaume de Crevecoeur，一七三五—一八一三）被感動地說過：歐洲的農民在美國自由空氣中變爲一種不同的人，那裏特權被掃除，自由已經實現了。他發現美國的眞正民主政治，傑佛遜所幹的是在落後地區的農場，而非在海岸或在進步的領域。

三、宗教的機構：大喚醒

清教徒神權政治的衰落　由於思想的新潮流從英格蘭及法蘭西湧進美國，清教徒的傳教士覺得對新英格蘭的控制，更難於維持了。科頓（John Cotton，一五八四—一六五二）與溫吐普（John Winthrop，一五八八—一六四九）的專橫，開始代之以馬德（Cotton Mather，一六六三—一七二八）的不平控訴與威斯（John Wise，一六五二—一七二五）的尖刻諷罵。商業利益的興起及新國民的與新宗教的集團之移入，神權政治的對抗，已不能支持了。英格蘭各教堂開始認識：也許胡克爾（Thomas Hooker，一五八六？—一六四七）與威廉斯（Roger Williams，一六〇三？—一六八三）經已正當地著重宗教比他們過去所行的更爲容忍。可是，如非採取迫害對方及賽倫（Salem）審判的方式，在抑制上作最後努力，則這種實現不會來臨。而且，由於十八世紀之末，在新英格蘭唯一神教派開明教義的漸強，信仰的改變已打起信號了。

關於教會組織應有的種類與其對國家應有何種關係，引起激烈爭論。馬德的怒吼，反對教會受俗人的控制，而要求由傳教士更完全的管理。他想保存認爲行將消逝神權政治的教會—國家，告訴人民應該願由敬畏天主的所統治。他憤慨由商人階級的任何干涉，並怒喊反對普通人民之普遍的不寧。在他的展望中，沒有些微的自由主義；然而他比同時大多數其他的是更有宏博的學識。根據巴令頓（Vernon Louis Parrington，一八七一—一九二九）的評論，他是一個暗昧的人物。

在一個民主國家中，對於民主的教會一種比較開明的觀念，威斯是顯著的發言人。他有力的撰著，贊成教會與國家的分離，並贊成在教會內採取民主的管理。根據他的觀點，教會組織最佳的方式是公理教會之制度（Congregationalism），根據這種制度，人民本身是最後的權力。和政治的組織相似，教會可能作君主統治的（教宗或主教統治制）、貴族的（長老會制）、或民主的（會衆自治制）。他代表法蘭西人道主義，信仰天賦人權、平等、與冀良好政府的全體福利，他反映着新英格蘭內地的自由與獨立精神，而與波士頓王黨主義（Toryism）與商人集團的貴族精神相對照。

宗教自由　威斯雖然代表教會與國家的分離而努力，直至十八世紀之末，公理教會仍在麻薩諸塞、康乃狄格、及紐罕布夏等州設立。英格蘭教會則在喬治亞、南卡羅來納、北卡羅來納、維吉尼亞、馬里蘭等州，及紐約南部四縣傳播。唯有羅德島、賓夕法尼亞、德拉威、及新澤西等州沒有教會的組設。當十八世紀時，廣大宗教集團雲集於此最大的殖民地，欲求一個單獨成立的教會，似乎更不可能。日耳曼的路德教派、基督教聯合兄弟派（Moravians）、孟諾派（Mennonite）、及蘇格蘭—愛爾蘭的長老會，均定居於賓夕法尼亞，美以美教派及浸信會教派，在所有殖民地均有信徒。自革命後，許多教會已脫離歐洲的約束，而英格蘭教會、美以美教會、長老會、與其他教會的美國聖經譯本，經已編成。幾個州的憲法及美國憲法第一修正，對於美國擬組成一個國教的思想，作致命的打擊。所有州的教會，除在麻薩諸塞、康乃狄格、與紐罕布夏等州的公理教會於十九世紀以前尚未撤廢之外，其餘於一七八六年均被廢止了。

大喚醒（Great Awakening） 十八世紀中葉，目擊這種廣佈福音喚起宗教的情感，這一階段常稱之爲「大喚醒」。在歐洲，虔信派與美以美會運動的一部美國聖經譯本，影響美國許多大教派。許多鼓舞復活的宗教領袖中，顯著者爲新英格蘭的愛德華（Jonathan Edwards，一七〇三—一七五八）及懷菲爾特（George Whitefield，一七一四—一七七〇），於三十年間，遍遊各地作眞實的傳教，講道以千數計。

由於各方面領導宗教復興運動者努力的結果，以千計的新信徒紛紛吸入教會，每一教派增加了許多新會衆。又由於全國性運動的結果，宗教的領導權，獲得很大的權力和重要性，但事實上許多教會產生很大力量，使其比那已被注定命運的國教會前所未有的更爲堅實。這復活無疑增加了眞實的宗教情感，但亦終歸使許多人實際上作過度狂熱的情感表現。由於對不幸者放寬的同情或對來世懲罰之永遠痛苦的恐懼，遂增進慈善爲懷與利人主義。這激勵商人階級對於教會、慈善團體、學校、及大學，往往慷慨相助，捐獻其資財。

愛德華在他的講道中，以永久天罰的恐嚇和罪人燒硫磺的恐怖，達到信仰復興特殊方法的頂點。當然，許多福音傳道是更受限制的。每一事的目的是相同，即勸導人民去加入教會。因爲這結果，啓蒙運動的許多美國學校及大學，著重於宗教信仰比行將發生之革命新政治理想爲多。教會支持美國教育更爲固定，彼等是能夠維持，比未有大喚醒時之情形保持更爲長久。新大學與新中學，是在宗教信仰復興運動的嚴格考驗中用力去完成的。

第二節　人們所賴的思想

一六九〇至一七一五年間的時期，也許爲美國智識生活中的低點；淸敎徒神權政治的理想被攻擊，歐洲新動力並未吸入美國思想中。但由於美國在歐洲帝國主義戰爭中被牽涉，許多國家的種族新血輪流入美國，智識生活開始接受一種新外貌與活力。英人中產階級自由主義的思想由許多美國商人與貿易者所領受，法國民主的人道主義思想由城市與鄉間普通人所感染。當革命戰爭開始以前，由於亞當斯的煽動，革命已實現了。革命在人民思想與心坎中是最重要的。

一、良好公民資格的政治與經濟思想

政治與經濟思想最顯著的轉變，是由清教徒神權政治所闡釋國家之絕對論者觀念，變爲一種民主政治的觀念。當這世紀之初，統治權曾經在少數精簡的教會人物與傳教士之手；迨這世紀過去，則寄託於更廣大而普遍的基礎。神權政治觀念的程序被推翻，英國的貴族與王室的觀念亦被瓦解，統治權是否應歸於比較上少數有資產的人物？抑或歸於全部成年的男子？遂展開爭論。在這世紀中，美國有三種論點變爲十分適當的解釋：英國貴族的保守主義、英國中產階級維新黨主義（Whiggery）與聯邦主義、及法國民主的共和政體。

保守主義　在英格蘭，保守黨於十七世紀爲斯圖亞特各王（Stuart Kings）的擁護者而反對國會的權力。這名稱繼續存在，並適用於英國王室官吏及其在美國的王室之友，擬想美國由富裕的上等階級所統治。或許保守派觀點的著名代表是麻州最後皇家總督的胡奇遜（Thomas Hutchison，一七一一—一七八〇）。他覺得唯一適當的與合理的，有資產的紳士應統治國家，殖民地的福利應由海外英人管理所決定。他厭惡「暴徒」，厭惡平民所控制之市鎮會議的思想；無智的與愚蠢的人民應由聰明的少數人統治。大體而論，保守黨黨員力主普通人民首要之責任，是服從英王及忠於憲法的權力，最壞的邪惡是擾亂與反叛。這是反對大多美國人聯合進行革命的意識。

維新黨主義與聯邦主義　當英國維新黨（Whig）反對保守黨時，美國的中產階級被吸引於該黨的論點。維新黨於十七世紀曾爲由國會控制王權的擁護者，十八世紀繼續爲中產階級及放任政策之自由主義的發言人。庇特（William Pitt，一七〇八—一七七八）爲維新黨的大領袖，他領導各殖民地要求解除由諾斯（Lord North，一七三二—一七九二）及保守黨人所加於殖民地居民的束縛而爲爭取自由的辯護。

美國的維新黨（按爲自由黨之前身）極力反對王室與保守黨，以他們本於英國人的權力來控制。他們要求無歧視的待遇，好像其他商人與貿易者在英國所享有待遇一樣，但當那爭論失敗了，他們便呼籲陸克所倡天賦的生活、自由、與財產的權利。美國維新黨著名人物之一狄勳生（John Dickinson，一七三二—一八〇八），堅持政府之最重要目的是保護資產。他覺得英國政府祇由英格蘭而不准美國人選出代表的征稅，是覇佔美國產業的權利，遂準備參加革命。他並非一個民主黨或一個共和黨人，不過相信一個立法機關應該代表業主。在憲法會議中，他贊成有資產者才有選擧資格及一個鞏固而安定的政府，在這政府內，參議院的作用是對衆議院一種抑制。

因此，戰爭勝利後，這新興國家政府的建立，應採何種方式，當發生爭論時，聯邦主義者堅持英國維新黨觀點的傳統。聯邦主義者傑出的發言人哈密爾敦（Alexander Hamilton，一七五七或一七五三—一八〇四），假定謂如無法產生一個強有力的集權政府，以保護資產，也會跟着戰爭一種危急時期的困難。大體而論，聯邦主義者是反對民主政治廣泛的推廣，他們覺得爲着避免普通人民無智的慾望，成文的憲法是需要的。他們是富裕的商人和專門職業者的發言人，傾向於商業資本主義的原則。哈密爾敦認爲需要一個政府者，要使適合於一種穩固的金融制度與經濟結構之資本主義的觀念。他不信任普通人民的「騷動」，而力求那富有的與身世淸白的人要永遠擔任政府的工作，以抑制大衆的易變。

民主主義與共和主義　比較民主的份子雖然參與維新黨及聯邦黨的黨員贏得這場戰爭的勝利，但皆對人民與社會的觀念，贊同各異。他們發現領袖們像富蘭克林、亞當斯、佩恩、及最重要的傑佛遜，這些人及其表現的意識形態的基礎，並非在英人的資本主義，而在法國的人道主義。他們求助於憲法的權力，不及像求助於全民的天賦權利、全民固有的平等、及藉政府而使社會改良的可能性之多，政府根據全民的統治而非僅賴資產階級的。他們的是相信普通人民。

富蘭克林是替內地自耕農反對市鎭紳士的發言人；他提倡普遍的成年人有投票權以及聯邦同盟；在憲法大會中以及在倫敦與巴黎，他是在貴族的環境中一個民主主義者。亞當斯是熱誠信仰市鎭會議之民主政治的地方自治。他憑自己進行此事以組織普通人民，扮演他們的對政務的管理，他說明人民的權力與資格，自由處理他們自己的事，以與哈密爾敦的態度相對照。他力抗保守黨和聯邦黨而努力爲人權典章工作，並支持傑佛遜競選總統使聯邦黨經過三任執政後而終歸民主政治之手。美國和歐洲的平等與民主之法國理想，佩恩是著名的代表，巴令頓這樣適當地說過，他是「整套人類自由的主張之代表」。在他所撰常識（Common Sense）一書裏，佩恩摧毀了貴族政治與特權的利益，無疑的表示，深信大多數意見是最高的法律，力主人民在任何必要的時候能夠及應該修改法律。他在其名著的人權（Rights of Man）一書，讚美人權勝於產權。

傑佛遜代表法國人道主義的理想超過所有其他的，調整之使適應於美國，憑他的著作及其共和黨對民主政治的主張，給予極大的推動力。他以其相信土地的不動產保有者與相信普通人民及相信人性，合而爲一。他覺得政治的自由起於經濟的自由；政治的民主精神起於經濟的民主精神。他不信任資本主義、重商主義、與城市生活，而崇拜不動產保有者的農業社會，作爲自由、平等、與博愛的根基。他自己採取盧騷的平等主義的學說及法國的重農主義，而應用於美國拓荒的情景。他認爲美國有機會實行法國革命的理想。他贊成一個寄託於民治的政府，但憎惡及憂慮一個強有力集權的政府，由少數的英國貴族抑或美國商人及地主所把持。他的法案提出維吉尼亞議會時，反映他對宗教良心的自由與由既得各種利益的自由，有深刻關懷。在獨立宣言裏，他對民主政治之基本理想的明白陳述，給予美國的「美國人夢想」最好的聲明。

啓蒙運動對於人們行爲的動機，美國總是並非一致的。人們不祇被大喚醒的宗教狂熱及被革命之政治的與社會的理想主義所掃蕩，並且開始崇拜另一個最有力的動機，卽最後是金錢的賺得。直至十八世紀，許多人幾乎完全充滿爲着生存及求生活而奮鬥，而且現在致富與利潤，以及平等自由的理想，在美國人夢想中混爲一體。此等動機不是常常一致的，以迄十九世紀尚未清楚的明白。因此，富蘭克林應爲對所有這些理想一個著名的發言人。當讚美勤儉的德性之時，富蘭克林反映着商業資本主義的經濟理想。但他不能預知的，經濟條件或這樣改變的，利潤的動機不會有貢獻於平等與自由啊。

二、世界眼光與人類本性

自各方面觀之，世界的與人類在世界地位的主要觀念，大部份是繼續由基督敎有神論的傳統所形成，但逐漸的由歐洲自然神敎及唯理主義的啓蒙運動學說，開始使他們自己在美國的思想中感到了。生來邪惡的理論是由馬德於這世紀初傳播，這世紀中葉，愛德華爲對於保守性神學的立場最著名的發言人。他再證實人性全惡與那些注定的特別神選可以脫罪的學說。他想像整個宇宙，由一個赫赫的天主完全統治，祂以神恩特選的准予拯救及對於罪人給與永遠的懲罰爲用意，來控馭這個世界。他拒絕人有自由意志的觀念，而堅持天主盡力完全控制個人的意志與命運。他拒絕荷蘭神學阿米紐敎徒（Arminian）的信仰，以爲人類由於善良工作的享受良好生活才得脫罪，而力辯人類祇由改變信仰才得拯救。他反對以人類屬於自然一部份的觀念，而認爲「生來的人類」是有罪的與邪惡的，極力辯論。他的主要關懷，雖然是涉於拯救的方法而不在人性的組成，但堅持人類中靈魂與軀體一種嚴格的二元論。

阿米紐敎派（Arminianism）、自然神敎、及唯理主義的理論，想像宇宙作爲對人類比較安全與良好的地方，比諸愛德華所承認的更爲開明。當這世紀之末以前，這些學說開始形成唯一神敎派的敎義（Unitarianism），這種敎義改變了神選的與原罪的理論，開始宣講人性固有的良善，及沿法國人道主義的路線，認爲人類無限制的可使變成完美的性質。唯一神敎反對三位一體論的神學思想，且謂基督並非作為神，祇作為一個偉大的教師。他們提及天主的仁慈與憐憫，而不在暴怒、畏懼、及懲罰。他們著重宗教上人道主義的、理性的、及倫理的特性，而非注意神祇的、教條的、及神學的。由於這些開明的見解贏得承認，對於宗教上個別的負責有更多機會，而對於早期的破壞、迫害、與不容異說的則較少。在這方面，啓蒙運動是循名而實行了。

美國亦開始接受啓蒙運動的新科學觀念，甚至對其有些貢獻。哥白尼的宇宙見解，在大學有些教授，在這世紀以前，牛頓的全部著作及其他科學家的學問，也加以研習。可是，宇宙根據自然法則運行及人類作為造化的主要部份之描述，在美國的啓蒙運動中智力的關係，僅為一模糊的部份。更常見的，科學的研究是透過這時佔重要位置的宗教意識之濾清器，自然仍視為天主躬親操作之事。富蘭克林、溫吐普、及傑佛遜對這個定則是顯著的接受，但在這時期，事實上依然並無使圓滿的宇宙之科學觀念、人類本性、學識、或智力，由美國產生出來。

三、學藝與科學的社會任務

交通　殖民地何以能成為一個國家，其基本原因之一，是交通的改良。這意謂不僅各道路改善，及各殖民地之間貿易利用所製驛馬車與船隻更為快捷，並且更基本的事實，人民的想像與行為開始作為美國人的，而非英國人、德國人、法國人、與荷蘭人的。此種共同瞭解所以達到的，大部份由於藉所寫與所講語文較便利的來交換意見與思想。在一八〇〇年以前，由緬因州至喬治亞州的經常郵政服務，經已設置；新聞紙的數量，由一六九〇年在波士頓首創小型的公衆事件（Public Occurrences）報開始，旋增至四十間；曆書、小册子、書籍更廣泛的流通；許多俱樂部與會社，隨亦組成。這類人物，像亞當斯發展養成公意的技術，不僅藉市鎮會議，並且像在波士頓的范紐路堂（Faneuil Hall）及在各通信委員會（Committees of Correspondence），藉公衆討論及人民複決，使完善無疵的。亞當斯是首先實際的發展公開宣傳的力量，作爲塑造公意的方法。他嘲笑政府與法庭每秘密的從事，而堅持凡有決定，應當衆討論，公諸於世。附著這觀念的是公民自由，卽言論、集會、與出版自由的理想。當年革命如非有此種傳達意見與共同瞭解的方法，或許不會獲勝，而民主政府的前途，也不可能開拓的。

言語與文字　十八世紀英語的廣大流行，亦爲主要的對交通的發展。這事實誠有助於各個不同集團之互相緊接，如是這地域就能變成一個國家了。溝通的大部份媒介，靠使用英語（及由荷蘭、德國、法國和印第安語的改作），除了應用於大學及文法學校外，大部份教育機構亦開始注重英語。因此之故，拉丁文除了爲着學術性目的之外，業已衰落了，對現代外國語的興趣，因而提高了。美國貿易的增長，引起注意於西班牙、意大利、及葡萄牙語作爲商業用的語言，爲因同情於法國的革命，在十八世紀末，法國語亦風行一時。

當然，文學繼續反映着馬德、愛德華、威斯、及一神論者對宗教的興趣。在這時期，宗教的論戰，連同政治的與經濟的爭辯，文學作品中扮演一大角色。富蘭克林、亞當斯、佩恩、傑佛遜、哈密爾敦及麥第生（James Madison, 一七五一—一八三六）的散文，開始定雄辯與說服的新標準。許多次要的文學家，撰寫散文與詩，皆仿英人的模範。當聯邦黨與共和黨間從事激烈的論戰之際，「哈特福特才子」（Hartford Wits）像提摩太德懷特（Timothy Dwight, 一七五二—一八一七）、杜倫巴爾（John Trumbull, 一七五〇—一八三一）、狄奧多爾德懷特（Theodore Dwight, 一七六四—一八四六）提出純文藝為聯邦主義效勞，而佛里諾(Philip Freneau, 一七五二—一八三二）、巴羅（Joel Barlow, 一七五四—一八一二）及其他，則和傑佛遜的共和主義定共同的主張。

社會的科學　殖民地各方面社會之世俗的研究，做出相當的進步。在歷史方面，新英格蘭的普林斯（Thomas Prince, 一六八七—一七五八）及胡奇生，與維吉尼亞的斯第茲（William Stith），開始更信賴現存的紀錄以為證據，而不在神佑的作用。在社會的經濟方面，教友派（Quaker）的烏爾曼（John Woolman, 一七二〇—一七七二），及除富蘭克林外許多其他的人物，開始討論貿易、製造業、農業、金錢、擴張、及各殖民地間聯合等有關的問題。法律職業，由於反對傳教士在民法審判的決定中有發言的要求，逐漸開始將立法與司法判決的通俗化。在十八世紀中葉以前，新聞紙、定期雜誌、小册子是復生，藉這些發洩，以討論國家、社會、以及宗教之事。書店與流通的圖書館，在歐洲與美國所造成智力的、政治的、與社會進步的智識，更為廣大的傳布。

科學　物理學與生物學的科學部門，也有進步。富蘭克林多才多藝的研究與實驗，涉及有興趣的一個極大的範圍，包括電學、磁學、地震、氣象學、農業、與機械。搜集植物與動物標本的興趣，遍於南北。富蘭克林有興趣於所有科學的事物，激起他在費城結合一羣愛好科學與政治事務的人物，秘密組織會社，其後，美國哲學會變爲討論智力的與科學的問題一重要機構。幾個美國人常與倫敦的皇家學會（Royal Society）及巴黎的科學院（Academy of Science）通信。許多英法的科學家，像蒲力斯特里（Joseph Priestley，一七三三—一八〇四）及奎內等，到來美國，繼續他們的工作，傳播科學的福音。

醫學與法律　十八世紀初期，美國大多數醫生是來自英國或法國，迨經過這世紀進展，醫學職業開始對若干有志於科學與趣者加以利用，及在公共評價中造成一高等的地位。無論如何，許多醫學界依然遲滯在庸醫的醫術與江湖郎中的程度。醫學之特別教學，一七六五年在費城學院、一七六七年在國王學院（King's College）、及一七八二年在哈佛大學設置。早在一七二〇年，麻州提倡天花種痘，但在科學與宗教之間因而發生一場大鬥爭，醫藥科學終之逐漸的以寡敵衆而獲勝。

十八世紀之初，有一種強有力的偏見來反對律師，視之爲欺騙者及諂媚者。然而，由於法律基於自然法則及天賦權利的辯論，開始引人傾聽，律師乃在美國人生活中取得一較大的地位。一七三〇年以前，紐約市約有律師三十名，其中有些人聯同組成一個小型的律師公會（Bar Association）。由於業務與商業對於律師引起更大的要求，故法律職業發生實際上急需。這世紀中葉以前，由於公司與合夥更複雜方式的發展、土地憑據常有爭論、及商業合約亟待裁判，故從事工商者、商人、及地主，聘請法律顧問，視爲最需要。一七五四年，奧爾班尼（Albany）會議，表露此事實，此後律師在形成公意方面將負起一種領導的任務。傳教士遂失去其優越的地位而讓與這些人物，像亨利（Patrick Henry，一七三六—一七九九）、傑佛遜、亞當斯、李文頓（William Livington，一七二三—一七九〇）、和許多其他的。

藝術　實用藝術的技能，十八世紀時，美國表現一種確定的向上之傾向。銀匠與製傢具木匠的工作改良；雕刻與裝飾傢具，以及金屬製造方面，已製成許多精美的產品。美國人針黹花樣的新款式，在這世紀中葉，開始露現，表示自己創作，脫離英國模型而獨立了。家裏的用具，品質、款式、與合用，業經改良；例如由富蘭克林所表現的創造力，發展火爐、暖氣、與電燈的設備。圖畫與建築，大部份是由英國傳入以迄於這世紀的末期，畫像由哥布利（John Singleton Copley，一七三八—一八一五）、威斯特（Benjamin West，一七三八—一八二〇）、及斯圖亞特（Gilbert Charles Stuart，一七五五—一八二八）加以改革，而建築則受列恩（Christopher Wren，一六三二—一七二三）及傑佛遜所影響。在這世紀初期，在教堂外雖有小型組織的音樂活動，但在家庭、酒店、教堂、及在賽會中，每舉行相當唱詠及奏樂。中葉以後，管絃音樂會在查理斯敦、紐約、波士頓、及費城產生，在紐約及費城的戲院，即使有宗教的與清教徒的反對，但絃歌不輟，續獲進步的。

第三節　教育機構的組織與管理

十八世紀美國教育管理的一切景象，是複雜的與混亂的，但無疑的一般情形可能探討。最重要的部份，學校受宗教的控制，續佔優勢。當這世紀的中葉，大喚醒再進而刺激起各教會對於控制學校及大學的運動。同時，新商業的業者，紛紛產生新式的私立學校，教授英文並著重相當實用的科目。在這世紀之末，政治的動機惹人注意的，所提的提案，認為新成立的州應該負責公共教育；有些作者甚至提出，為着民主政治的目的，新聯邦政府對於教育應該有供給與管理的責任。

一、學校之宗教的與私人的管理

應視為自然的，宗教改革時期繼承的傳統，於十八世紀初期，在美國各殖民地中依然強固，因此，教育乃教會一種作用，通常認為固有的。除了羅德島之外，基礎鞏固的清教徒教會，在新英格蘭各殖民地通過殖民地的與市鎮的法律，對教育多方鼓勵。在紐約及南部殖民地，英格蘭教會，藉法律之助，努力擴張教育。在新英格蘭外面，外國福音宣傳會提供教育最重要的方法，實際上這會在十三州英國國教贊助之下，設立許多免費學校。為着貧窮與所享權益較少的兒童而設之博愛的，慈善的教育開始之時，由於大喚醒的宗教之熱心，益為加速。

因爲以累千計的人民湧進幾個教派的教會，其力量與物質的財富，遂大爲增加。由於利人主義與博愛的情感，並爲着傳播福音，由是喚醒宗教的熱心，人民更多準備捐獻資財以設立宗教的學校及大學。廣大的興學運動，是由各新教徒的教派，像長老會、荷蘭新教派（Dutch Reformed）、清教徒、公理會派、路德派、聯合兄弟派、孟諾派、教友派、浸信會、及美以美會所經營。博愛的動機聯同宗教的熱情，便產生了控制學校之教派的思想。

因爲宗教自由的啓蒙運動理想的一種自然發展，美國採納這種理想，由各教會創立其自己的學校，將這種自由付諸實行。基於這種意義，教育受教派的控制，是對宗教容忍的精神一大勝利。然而，這也是眞的，及時出現學校之受宗教控制，是教育應由公共管理不分信條以教兒童的計劃，受着妨碍。公民管理下世俗的教育和教會要求在教會管理下宗教的教育，應如何協調的問題，美國仍掙扎未決。

十八世紀中葉，與逐漸趨向於教育的教派控制相平行，一種新式的學校出現，卽付託於私人學校的教師之手，脫離宗教的教學，及意欲在科目上供應一種世俗的教育，對於一個商業的社會擴大職業來說，此類科目將爲有用的與實用的。這種私立學校，主要的是設於東部海岸商業與貿易變爲重要的城市，像波士頓、紐哈芬（New Haven）、紐約、費城、巴的摩爾等處。私立學校教師所負責的，並非對於教會與市鎭，而祇對學生的家長，他們希望其子女成爲商人、店員、記帳、會計、技師、工程師、與海員的。此類學校，不能長久維持，大部份由革命時期消失了，但影響是強大的，其實用理想是由仍算一種較新式的學校卽高等學校（Academy，或稱私立高級中學）所吸收，這種學校對於美國教育曾表現一很大的特徵。

二、市鎮的與區域的管理

根據一六四二年與一六四七年的學校法，新英格蘭學校由市鎮管理的模式，已在麻州建立了，而根據類似的律例，康乃狄格及紐罕布夏兩州亦然。迨至十八世紀，一種趨向於學校管理的分權制，便成了形，分區學校制遂成爲對教育管理一種新方式，相沿於迄於今日。當十八世紀時，人民由海岸內移而定居於麻州、康乃狄格、紐罕布夏、及佛蒙特等鄉野邊界的區域。因爲居留地是處於孤立的農場或在中心市場的郊外，市鎮學校對於居處邊地的兒童，來往感到不便；而且，未開發內地的農民，不重視市鎮裏拉丁學校的價值。無疑的，他們需要供應其兒童以小學教育，無論在任何情形下不入拉丁學校，故不需負擔經費。因此，他們藉地方學校委員會及新英格蘭市政委員進行接濟他們自己的小學，好像他們供應教會及修路造橋一樣。新英格蘭市既然包括四圍鄉村地區以及居住的市中心，這些區域或教區仍爲更大城市管轄權的一部份，但他們開始鼓動對地方的或區域的學校，擴大其管理。

初時，市鎮教師要由這一區域跑往到別一區域，在這相距遙遠的地區，每年浪費他的一部份時間。這種安排，有時叫做「走動的學校」（Moving School）。教師是由市鎮當局聘請及發薪。其後，各區有時完成一種協定，由市鎮委任或薪給幾個教師，其中一個要以其全部時間放在一區之內。這種辦法，有時叫做「分離的學校」（Divided School）。最後，根據一七八九年麻州的法律，各區域達成完全法律上自主，及有全權管理他們自己的學校。因此，分權的管理是在新英格蘭完成。此後各區域是自由建築自己的校舍、聘任教師、定學期的長度、管理課程、及規定他們所能負擔的任何賦稅。

學區制度的成長，清楚地是一種拓荒的及權宜之計的調整，適宜於農業的社會，在那裏，其他政府的機構，不能發生作用，以人口是分散，交通是困難的。十九世紀，當人民由新英格蘭向西移動時，帶同學區制度前往，但未幾表現它的缺陷，以其志氣是微弱，經費受着鄰近地區資源所束縛，與供應所有美國青年平等教育機會的能力，非常有限的。然而它發現大忠誠與熱心，「小紅色校舍」（Little Red Schoolhouse）變爲美國舊俗之一部份。這種精神，於十九世紀力爭教育歸州管理的計劃，二十世紀，又力爭教育要求聯邦供應的。

三、州對教育的關心

教育的實際管理，既然是漸進在地方之手，教育歸州管理的計劃，因爲革命時期進行的政治鬥爭，開始獲得更大的進步。無疑的，在革命以前，幾乎每一個殖民地立法機關都通過若干關於教育的法律，但新英格蘭的外面，這種情形不多見。舉例言之，紐約及賓夕法尼亞的殖民地立法機關，冀圖設置公立學校，因違反各宗教教派的灌輸而失敗，良以每一教派由於大喚醒激勵而經營自己教派的學校了。流行於中部及南部殖民地的學區制度類型，正像流行於新英格蘭的一樣，但在十八世紀之末以前，各州對公共教育的逐漸關心，稍後才考慮到一種効力。

一八〇〇年以前，美國由州管理教育之著名發言人是傑佛遜。他採納法國人道主義、天賦權利、平等、與自由的理想，於一七七四年在維吉尼亞議會提出一套精詳的文件，以作對州的制度之改革。他的法案提議廢止長子繼承制和預定繼承人的法律，及取消英國國教會的課稅。傑佛遜並提議一種免費普及教育的州制，作爲對於政治的、經濟的、與宗教的改革之結果。他的法案提議，免費的小學教育應該在全州普遍設立，以供應全體兒童接受世俗教育；中等學校應該栽培較聰慧的青年，由州津貼費用；其最有成功希望的可免費送入一間已改組及擴大的威廉與瑪利學院（College of William and Mary），這學院要變爲實際上一間州立大學，以配合州的制度。傑佛遜的教育計劃，並未得維吉尼亞議會通過，大部份是被宗教集團及威廉與瑪利學院的反對；但免費普及教育的理想已明白說出，稍後在十九世紀美國各州中始獲得成功。

當革命時期，各殖民地自己改組爲州，其中有幾州表示關心於州的教育。最初各州憲法中，約有一半提及教育，謂學校是需要與應該設立，或有時候簡直謂學校無甚價值的。同樣地，有些州早期法律制訂條款以設立學校，其範圍由世俗學校，以至貧民學校、教區學校；但有些州在一八〇〇年以前並沒有採取任何動作。

新英格蘭之外，其最精密的冀圖欲建立普及全州的教育制度，是由紐約制定，當時紐約州立大學於一七八四年創立，作爲一行政的代理，用力控制私立中學及哥倫比亞學院。一七九五年，紐約並撥出州款以幫助學校；開辦學校凡千間以上；但州款於一八〇〇年撤消，故敎育由州供應，尙未成熟。雖有進步，但嫌緩慢；由州管理敎育的理想，幾乎等候半個世紀，藉麥恩（Horace Mann，一七九六－一八五九）、巴納德（Henry Barnard，一八一一－一九〇〇）、及許多其他的協助，才能全部實現。

四、聯邦對敎育的關心

當小册子、論文、與隨筆開始對新共和的敎育管理，宣佈滔滔不絕的新理論時，簡直沒有自立可確信的。敎育的公衆討論，是由美國哲學會所鼓勵，該會設置一獎格，對適合於美國一種自由敎育之最優說明者，授予獎勵。參與這次競賽的作家，大部份習染法國人道主義之人類至善性及由改革社會結構使社會可能進步的理論，由是敎育乃被認爲最重要之一種。由自由主義、民主主義、及民族主義所代表的思潮皆追隨這些理論而集中於美國敎育。

諾克斯（Samuel Knox，一七五六－一八三二）、斯密（Samuel Harrison Smith，一七七二－一八四五）、魯斯（Benjamin Rush，一七四五？－一八一三）、及科拉姆（Robert Coram）的爭論：敎育對新環境應爲實用的、有伸縮性的、與能適應的；它應該民主的與普遍的對全體免費以給與平等的機會，及培養公民在民主政治中能盡其責任；它應該包括初等、中等、及高等學校的完全制度，歸國家管理與給養，以助成於世俗的而非宗敎的結果，並保證趨向於社會的最大進步。華盛頓很注意一所國立大學作爲統一這個新國家的工具，遂向國會提議請求創立。他甚至撥出在波多馬克運河公司（Potomac Canal Company）中所佔的五十股以協助津貼這所大學，其後雖由其他的總統及領袖繼起的提議，但這計劃未曾實現。

這應注意的，國家的教育之理論，並未付諸實行。宗教的與分權的管理教育之傳統太頑強，不易容許聯邦政府建立一種國家的學校制度；而且採取某些步驟，對美國教育有很大影響。當美國各州在聯盟條約（Articles of Confederation）之下經營時，關於在西部新拓的與廣袤的公有土地之處置，曾通過兩條法令，要求各州放棄這些土地而歸於聯邦政府。一七八五年通過之法令，設立一種發售這公地之政策。這規定公地應測量每塊六方英里的面積，叫做鎭區（Township）。每一鎭區再劃分爲三十六區域或街區，每邊爲一英里。每鎭區位於中心的第十六區域，將其發售的收入，爲公共學校（Common School）之用。

越兩年，一七八七年法令，當西北領土（這區域由現今俄亥俄、印第安納、伊里諾、密歇根、威斯康辛、及明尼蘇達的一部份所代表）解決時，再批准這土地政策及宣佈政府的原則以爲遵守。這法令規定，各州割劃這領土，應保證自由宗教的良心、由陪審員審判、奴隸或自願奴役的禁止、及誠懇地對待印第安人與公共學校。對於公衆關心的教育所謂特許狀者，包括有如下的名言：「宗教、道德、與智識既然對良好政府與人類的幸福是必需的，那麼學校與教育的方法將永遠應該鼓勵」。這意指由第十六區域的收入將歸市民當局分配，因此至少公共學校所需給養的一部份，要來自公共的資財。

對於教育的重要政策，國家制度雖尚未確定，至是已由聯邦政府簡明而有系統地表示了。

當憲法已草訂並於一七八九年通過之時，其中並沒有提及教育。顯然的，憲法會議中大多數代表也許感覺到，其他問題是重要急迫而應顧慮的，許多認爲教育全然是教會的一種作用，而非屬於地方市民政府的，全國的政府更不相關。聯邦黨的黨員是注意一個強大的聯邦政府，而非在爲着普通人民的教育，因此，他們不願有國家的教育。共和黨的黨員，雖注意普通人民的教育，但反對一個強大的全國性政府，因此，他們也不要教育由國家來控制。

卽使憲法修正案前十條的權利典章，並未直接提及教育。但第一修正案保證宗教的自由，教會享有包括主持學校之權；第十修正案保留對各州或對人民一切權力，這權力並非由憲法授與聯邦政府，或由憲法禁用於各州。其後經過解釋，意謂各州能維護有創立及維持學校之權。由於不顧教育受聯邦供應的機會，憲法的制訂者，對於各州獲得管理教育的合法之權，和對於聯邦政府獲得供應一般教育之權，使其深感困難了。

五、學校給養的類型

十八世紀，美國學校早期收入的來源是特殊的與常常複雜的。大體而論，學校所受給養，有兩個主要的途徑：㈠由家長爲其自己子女的教育而直接付款；㈡由直接或間接方法，以協助教育其他的及自己的兒童。第一式，對於自己子女教育之直接付款，初時是繳納學費及定費單（Rate Bills）。

學費是繳納於女師學校的敎師、南方敎區的牧師、私人家庭敎師、私立拉丁文法學校的敎師、海岸市鎭新開私立的英國學校的敎師、私立中學及學院。定費單除了當作學費，由派遣其子女入市民當局所設市鎭學校的家長繳納之外，是屬於相同的一般性質。定費單通常根據兒童在學時間之長短及關於學校之全部開銷而確定其比例。

給養的第二式，包括間接協助其他兒童以及自己子女教育的許多方法。個人捐給錢財、土地、或各種生利的產業於私立學校、特殊的義學、供給學校的敎會、或像外國福音宣傳會的此類學校會。此等授與、遺贈、與捐給是送與學校運用，以助支付開銷；貧苦兒童是常常給與免費或慈善教育，然而家長能負擔繳納者，則被征收學費。

市民當局採用各種方法以給養學校，包括地方課稅、由授與土地的入息、一般款項的撥付、發給執照的收費、及烈酒、小販、彩票的課稅。這些款項常常由市民當局授給私立的與宗敎的學校，以及市鎭的與公立的學校。例如，麻州於一七九七年把土地授與某些私立中學，其他各州亦然；學院以及低級學校常爲政府的與私人的幫助之受惠者。約近這世紀之末，有些州開始撤消「公共學校基金」，合併於各種收入，爲公立學校的利益而使用。

六、高等教育的管理

當十八世紀後半的時期，對高等敎育主要的激勵，來自敎會。大喚醒提起各敎派創立學院，使青年對其傾向支持的信心，及在特殊信仰中對教士的訓練。威廉與瑪利學院，一六九三年在維吉尼亞得英格蘭教會贊助下創立。耶魯大學，於一七〇一年開辦，給予公理教會信徒一種高等教育，使他們保守的展望，比諸在哈佛增加宗教上自由主義的風氣所得，較爲適當的。普林斯頓於一七四六年由新澤西的長老會創立，國王學院（哥倫比亞）於一七五四年由紐約的英國國教會創立，布朗（Brown）於一七六四年由羅德島的浸信會創立，羅特加斯（Rutgers）於一七六六年由荷蘭的新教派創立，達特茅茲（Dartmouth）於一七六九年由新罕布夏的公理教會主義份子創立。費城學院設在富蘭克林高等學校內，一七五五年頒給特許狀。連同哈佛大學，這八所學院包括高等教育的機構，在革命以前已建立於各殖民地了。

一八〇〇年以前，對美國高等教育極重要的有兩種趨向，在學院的管理中發生。第一，增加不駐校的董事局之權力，該局對於學院變爲有完全合法的管轄權。當哈佛大學既成立，法人組織包括校長、司庫、及五名駐校的導師，作爲完全合法的統治團體，在法律上有法人組織的全部權力。這是依照英國自治大學的模範，那裏教授會是自主的。然而，哈佛法人組織的成員逐漸的變爲由非駐校成員所組成，其管理權開始由教授會轉移至非駐校的董事局。十八世紀時，威廉與瑪利學院發生的，其發展是幾乎採取相同的方式。耶魯成立後，非駐校的董事局，由十個教士組成，直至一七四五年，並不包括校長在內。其他大學大多依照這模式，無疑反映出教會的欲望，注意大學的事情，保持相當密切。許多實際的自治雖然常常授給駐校的教授會，但法定的統治權仍操在非駐校的董事局之手。

第二個在學院管理中值得注意的趨向，隨共和黨與民主黨跟着革命的理想之顯著的進步而來。由於人道主義者爭論，從最低級學校以至最高的大學歸州管理一種完全的教育制度給以影響，民主的勢力採取其認爲似乎一種合理的步驟，即將私立的、宗教的學院併入於州的機構之內。各州曾幾次冀圖增加其管理，但哈佛、威廉與瑪利、及耶魯均有效的反抗，而在一八〇〇年以前，由州管理最堅決的努力，是在哥倫比亞與賓夕法尼亞實行。

自革命後，紐約州民主的勢力試將英國保守分子與聖公會教徒合辦的哥倫比亞歸併於州立大學。這是在新創立的紐約州立大學之上，冠以主要的地位，但未幾即恢復其私立的原狀，而紐約州立大學是僅留有管轄低級學校之權。在費城，這所學院原爲非教派的，變爲受英國國教及保守派控制下，一七七九年，賓夕法尼亞的民主黨勢力發表將其改爲賓夕法尼亞大學。然而，這所古老學院不肯放棄它的特許狀，遂與州立大學併存歷十年之久，直至一七八九年，當這州宗教的與政治的權益是復使合作時，這原始的學院才繳回它的特許狀。經兩年爭執後，長老會教友變爲這樣強有力的，這兩機構終於一七九一年合併爲賓夕法尼亞大學，自是以後，一所私立的與獨立的學府，保留迄今。

同時，民主的勢力開始將原有州立各大學，創爲新學府。一八〇〇年以前，在喬治亞、北卡羅來納、佛蒙特、及田納西，有四所經已設立，値得注意的，此等州原未有殖民地宗教的學院之設立。可是，州立大學的實際推動力，起自十九世紀。

七、教學職業的地位

這是唯一自然的，十八世紀美國學校受強有力宗教的控制，應意味從支配的教會看來，教學最普通的資格是宗教的正統學說。學術資格的範圍，由讀寫的能力以至大學的教育；中學教師的資格通常比小學的教師爲高。在許多例證中，希望於教師者是對於現在政府的忠誠，其他資格經常所說的是加以優美的德性，「端莊的談話」，大體而論，一個堪作模範的個人生活視爲對學生的表率。

各殖民地與各州中，學校之宗教的管理是最高的，地方傳教士與教會高級人員，通常是受委託對教師的任命與監督。在新英格蘭，政府的管理是佔優勢的，地方的市鎭會議、市政委員，或學校委員會，擔當任命與監督的責任，地方教士雖然常常亦有批准的權力。當公開的儀式或在特別時機的展覽時，公民訪問學校，觀察它們的管理，與評判學生的成績，是很普通的。一個團體的公民與家長，熱心於他們的學校進行，是美國教育中一早期的現象，並協助以示公衆對學校關懷的模型。這種有保持此等學校接近人民的便利，但公衆熱心於教育與教學職業對於學校管理的負責間，怎樣達成平衡？亦引起難解的問題。

十八世紀時，教師的薪給仍十分微薄，並採取各種方式來支付。教師是付給現款（常在不一定的時間）以及「全部膳宿」制、贈物或農產品、或免稅。社會對教師一致尊敬，無疑是比他們的薪脩爲高，卽使現在亦然。學校教學是常視爲兼任職，一面教學但連同操其他宗教的或城市的職責，或當一年青人準備充當律師、牧師職，或其他若干生利的職業。

八、教育上不屬學校的機構

十八世紀時，公衆啓迪與智識傳播的媒介，獲得大進步。讀者的大衆無疑迅速的擴增，其表現於事實者，像三十種以上的新聞紙已由革命時期發行，書籍在幾處中心出版，大量小册子，並已刊佈。富蘭克林努力於新聞事業及出版貧乏理查的年鑑（Poor Richard's Almanac，一七三二——一七五七），是許多其他的典型。佩恩之鼓動的册子，已廣大流行，連同亞當斯的宣傳技術，在革命運動中，幫助塑造公意。幾間值得注意的私立圖書館與許多公立圖書館，經已創立，並有爲智識較廣大傳播的會社，其中最重要者爲美國哲學會，於一七六九年成立。新英格蘭市會議，變爲一個有影響的中心，在那裏人民能發表他們的意見，辯論公共的問題，繼續公衆的討論，與普通事務的裁決。職業教育，憑學徒身份的進行，是普通的獲得，業有幾個世紀。這種學徒身份起源於十七世紀，至十八世紀由州及地方法律而推廣。

第四節　教育的目的、課程與方法

一、推陳出新的目的

形成早期殖民地學校之宗教的、人道的、唯理主義的目的，當十八世紀時，依然堅強。宗教改革時期之宗教的動機，由大喚醒的福音主義與宗教信仰復興運動給予另外的推動力；人文主義對於古典文學研究的動機，在拉丁文法學校與十八世紀所創的新學院中，保持它的地位；支持語言學的、書本上的、及數學的學問之唯理主義的動機，亦強固不變。無論如何，歐洲啓蒙運動之政治的、經濟的、與科學的思想新趨潮，已滲進美國的教育，不祗向其他目的之卓越挑戰，而且得到進步與尋求這樣的對彼等願意挑戰的支持，甚至十九世紀時駕凌而上的。

民主政治與國家主義的政治力量開始影響教育的理論到這種程度，像若干業已提過的美國著名領袖開始說，在民主政治中教育應為有效的以增大公民的數量。然而，不管民主政治的意見怎樣，拉丁文法學校及大多數學院實質上維持其貴族的性質，因此，這是讓與新私立學校與高等學校，以應社會上較廣大集團擴大其教育機會的需要。商業資本主義的經濟影響，帶有要求更多實用的學習之性質，以準備有益職業的生活；當這些要求遇着拉丁文法學校與學院輕微反應之時，新機構便起而適應此等目的了。

科學的展望，同樣地亦開始使本身從各方面對教育來摸索。賦與理性的宗教上展望，即自然神教，開始輸入若干學院，作爲反對那強烈攻擊大喚醒之感情主義的反動。許多宗教的懷疑論，於一七九〇年連同此類「過激的」唯一神敎派的敎義，出現於若干的學院之中。由夸美紐斯、佛朗凱、及陸克所衍生經驗論與感覺實在論若干方面的信受，科學的接觸亦開始感覺到，在私立學校及若干學院更注意於科學的研究，本身表示最典型的。

二、初等學校

十八世紀的初等學校，主要的是教導兒童誦讀及宗教初階的學校。此等學校，最初被指定以教授英國「文字」，因此，有閱讀寫作能力的理想是第一目標，閱讀寫作的能力是靠讀習宗教的資料而養成。稍多嘗試，是稍多成就的。有些書寫與算術，是偶然的教授。更普通的，此等科目是分別在「書寫」學校教授，大體言之，此等「書寫」學校被認爲比誦讀學校稍爲進步。教授誦讀的學校，像在新英格蘭市鎮學校、私家教師的女師學校、教會學校、及外國福音宣傳會的義學等。

十八世紀所用讀本之最大影響者是新英格蘭初階（New England Primer），這書是根據英國所印行的各初階書而編成，剛於十八世紀開始以前，在美國首次出版。在十八世紀之末以前，新英格蘭初階發行過許多版。尤其重要者，此書解釋怎樣學習誦讀，是完全漬染着淸敎敎義的觀點。它普通的包含大小楷的字母；音節表，著重道德觀念的文字表，例如虐待、迷惑、困惑、醉酒、才能、神聖、鹵莽、永恒、忠實、崇拜、及謙遜等。再有著名木刻畫用來圖解字母的字體，附以宗教的及道德家的押韻詩，其中許多反映出清教之沮喪的展望。跟着的讀物，通常在此類標題之下，像孝順兒童的諾言（The Dutiful Child's Promises）及青年課業的初階（An Alphabet of Lessons for Youth），與包括主禱文、使徒的信條、十誡、新舊約書名的記憶、宗教的韻文與故事，最後，爲西敏寺教義問答（Westminster Catechism）。初級算術經過學習羅馬與阿拉伯的數字，由於認爲「爲着準備尋求聖經中任何章節、讚美詩、與短節詩」的一種方法，是構成宗教訓練的一部份。

在這世紀稍後，新英格蘭初階較好的版本，開始反映適當的新國家展望之愛國情操。例如，早期押韻詩描寫字母K與表示對英王的效忠，曾誦說：「我們的賢王，沒有使人流血」。革命後，以愛國主義爲主旨：「王應該賢良，不要使人流血」，「英國王，失了十三州」，或「后與王，是徒爲虛飾之物」。其他變化，反映愛國的與國家主義的情操：「洋海鯨魚，天主之言遵從」，變爲「有偉大華盛頓的英勇，他的國家得救」。

不祇實行愛國的主旨，於革命後開始出現，而且許多世俗的資料也挿入。關於對男女頑童懲戒的故事，不必牽涉於地獄永遠受苦之說，而著重於橘子、蘋果、糕餅、與胡桃的扣留，使其改過遷善。而且，學習誦讀的實際價值開始代替了讀經之用。

初階於革命後因另有較活潑的讀本出現而失勢，這種讀本，最著名者是韋伯斯特（Noah Webster，一七五八－一八四三）的藍背拼字書（Blue-Backed Speller），書名爲初等拼字書。韋伯斯特藉其道德家的與愛國的文句而增加趣味，這書於一七八四年出版後爲在初階書本中最暢銷者歷一百年。因此，當十八世紀肇始，初等學校課程脫離宗教的控制，至十九世紀，更大步邁進了。

三、中等學校

當十八世紀伊始，佔優勢的中等學校是拉丁文法學校，由公立學校教師在新英格蘭市鎭學校，及由私人教師或宗教的教師在鄉間其他地方的學校來授課。這是基本上一種大學的準備機構，首要的指定授給學生以拉丁文法的基礎。因此，本質上這是貴族的，僅有相當少數的學生能預定進入大學。但逐漸的，生活的世俗方面開始要求中等教育一種較新的類型。學校的兩種類型乃起而適應這些關係。第一種是私立「英語」學校。第二種類型，稱爲高等學校，在這世紀之末以前，出而支配中等教育的範圍。

私立「英語」學校　十八世紀初期，對商業的與貿易的階級所引起興趣的反應，許多學校教師開始教授實用的科目，比諸古典文學有更大的與較直接的職業價值。他們的所謂「私立學校」的基本語言是英語；因此，在美國屬首次有一種自覺的冀圖，使教育的機構適合於變動的社會情勢。它們的目的首要的既非爲大學的預備，這些學校的課程並非規定或限於大學入學的需要。更正確地說，爲着有一種要求或爲着可能造成的要求，它們是自由提供任何的學科。

於是，私立學校比拉丁文法學校是更具有彈性；任何人凡欲肄業而肯繳納學費者，無論成年或青年，男童或女童，均准入學。學生們選讀不論什麼學科，皆覺得對其將爲有用的，因此創設選科制度，因是沒有發給文憑或學位，或規定的課程。學生可能在無論任何時間，在工作時間之前的清早、在午間、在下午、在工作時間後的傍晚、參加上課。結果，年青人當他們工作時可能入學，如是，中產階級青年的放寬入學，使這些學校比拉丁文法學校更爲民主的，拉丁文法學校由於更高度地專爲着大學入學目的之故，在性質上仍爲極嚴選的。

由私立學校所授重要的學科表，是商業的科目（記帳、會計、書法、及商業算法），指定以培養店員、會計員、記帳員、商人、銀行家，俾操營業與貿易之職。數學的科目亦爲着他們的職業之用而教，由是增加重要的職業像航行、土木工程與軍事工程等。照許多情形而論，私立學校的數學教學，卽使比有些大學所見稍差的，是幾乎一樣。數學的科目，包括代數、幾何、天文、三角學、微積分學、航海學、測量術、光學、堡壘建築術、與鎗礮學。

現代語，在大學或拉丁文法學校發現不甚採用，但在私立學校卻十分普遍流行，法蘭西語爲高級社會文雅的語言，意大利、西班牙、與葡萄牙語爲重要的商業語言。地理與歷史，是廣大的吹噓，作爲對任何個人有用，且對貿易商與航海家有特別的價值。此外，私立學校設置古典文學以供任何欲準備入大學者所修習。私立學校至是極力發展「實用的」和「現代的」科目，這些科目久被古典文學的人文主義者所抑制，但在十九世紀卻向古典文學的無上權威挑戰了。

另一種意義，私立學校比拉丁文法學校更爲民主的：它們爲着女子接受高等的教育，開放門戶。有些私立學校准許女子與男子一起上課，有些爲女子開設特別班級，另有的對女子特別供應必需品。對女子最普通的科目爲讀、寫、算、地理、與法文，但許多其他科目在各校亦授與——英文文法、歷史、與拉丁文的普通科目；記帳學、會計學、與現代語的職業科目；以及繪圖、繪畫、唱歌、樂器奏演的音樂、縫紉、及書法之文雅的社會的技藝。因此，女子教育的基礎遂奠立，由是稍後的建立女子高等學校（Academy for Girls）、女子專門學校（Female Seminaries）、及最後的產生女子學院。

富蘭克林的高等學校　早在一七四三年，富蘭克林首先提議在費城設立一間高等學校（Academy），但當一七四九年流行其所著賓夕法尼亞青年教育的建議（Proposals Relating to the Education of Youth in Pennsylvania）一書及發表爲其基金籌款，實際地促進其事。這高等學校最後於一七五三年由州政府發給特許狀，一七五五年再增給學院的特許狀，由是發展爲賓夕法尼亞大學。富蘭克林對高等學校所訂的大綱，包含私立學校流行的傾向，爲職業的準備而設置實利的科目及爲大學的準備而設置古典語文的科目。他提議新高等學校應設三個部門：即英文、拉丁文、與數學。學生根據他們所準備的職業或專業，准許選擇其課程。

富蘭克林的提議似乎包含他能想到的幾乎所有科目。範圍與種類，比諸拉丁文法學校寧受限制的課程，是尖銳的對照——書寫與繪圖、算術與帳目、幾何與天文、英文文法、作文、與文學、修辭與演講術、論理學、歷史（全世界的與本國的歷史、古代習慣、道德的、宗教的、與政治的）、古代語與現代語（希臘、拉丁、日耳曼、法蘭西、與西班牙語文）、科學（觀察、實驗、與自然史）、發明史、商業、與製造；及農業、園藝、與機械。富蘭克林更提議，高等學校應由花園、草場、與一果園圍繞，佈置環境，爲學生作修習與體育之用。更有進者，高等學校應設有良好的圖書館、地圖、數學儀器、及科學儀器等設備。

這是顯然的，富蘭克林代表歐洲的經驗論、感覺實在論、與新科學的影響，及其自己實驗的、商業的、與實利的興趣。並且，含有意義的，除了宗教的歷史，全然在自然神教的景色之外，他沒有提及宗教的與教派的教導。實際上，高等學校並未依照富蘭克林所規劃的盡力完成，稍後他不滿英語學校附屬於拉丁學校。古典文學的傳統與大學入學的資格，卽使對富蘭克林證明太過嚴格的，但他的高等學校實際上變爲另一個大學—預備的機構。不過，在提倡實用的、現代的、與科學的學科中，則採取另一步驟；迨其他高等學校出現時，則有相當進步而超過傳統的拉丁文法學校了。

高等學校運動　私立學校雖然適應一種需要，顯然的，它們違反拉丁文法學校古典文學的與宗教的傳統，差得太遠。支持富蘭克林高等學校的理論，曾結合實用的、現代的、與古典文學的，但因其忽略了宗教的原理，亦差得太遠。實在代替拉丁文法學校的機構是高等學校，其本身吸取美國啓蒙運動的主要影響，不祇古典文學的、實用的、與科學的，並且亦具有宗教的要素。

在十八世紀後期，具有實際影響力的高等學校，是由教會或個人之備有宗教狂熱者所創立。在英格蘭不從國教者的高等學校顯示宗教的學校可能有一較寬大的課程，而大喚醒給予美國的動力，以建此類爲宗教的以及爲實用的目的之學校。因爲高等學校的提倡者，需要培養他們的子女能升進大學，故古典文學亦包括在內。大體來說，高等學校是以宗教的虔誠、職業的效力、和大學的準備之目的，合而爲一。

高等學校有異於拉丁文法學校及私立學校者，因其通常是供膳宿的學校，學生離開家庭而共同生活。女子高等學校亦迅卽變爲普遍的。高等學校常常變爲地方學院的代替者，實在它們許多遲早亦變爲學院的。通常的，它們並非公立學校，是由家長的學費、或由教會的基金、或由富豪捐贈資產來供應。供應亦有來自幾個州負擔，因高等學校把握公衆的愛好，而最初有意的努力變爲訓練師資的中心。

高等學校雖然是私立性質，但比拉丁文法學校是更民主的，因其有更廣大的吸引力、有較寬大的與更具伸縮性的課程、及有總括一切的目的。它們協助把英文文法、作文、及文學、英文修辭、歷史、數學、現代語、若干商業科目，引入中等學校的課程，尤其對於女子，有跳舞、音樂、繪圖、及女紅等社會的技藝。然而，當十九世紀之初以後不久，高等學校陷於一種更狹隘構想的古典文學傳統與大學預備的需要。它們最後變爲這樣嚴格的與獨有的，亦屈從一個更民主的機構，是更能適應的對於十九世紀較新社會需要的公立中學。

由於較新的科目變爲流行的，在這些部門中需要更大量的教科書。例如，在美國所採用第一部英文文法教科書是第爾華斯（Thomas Dilworth）的英語新指南（New Guide to the English Tongue）。未幾，美國的著作家紛紛試手撰英文文法；這些著作家第一批爲學院的教師，像威廉與瑪利學院的教授仲斯（Hugh Jones）和國王學院的院長約翰生（Samuel Johnson，一六九六—一七七二）。最大影響的文法，在這世紀稍後是由韋伯斯特及摩雷（Lindley Murray，一七四五—一八二六）所著的。最著名的算術教科書是由格林活德（Isaac Greenwood）所編，於一七二九年出版。他是私人教師及哈佛學院的數學教授。歷史開始更受注意，尤以在誦讀的與地理的教科書爲然。例如，韋伯斯特將許多歷史資料揷入他的課本之中，而摩斯（Jedidiah Morse，一七六一—一八二六）於這世紀稍後出版他的地理一書，亦包含許多史料。至於其他教科書，像商業的科目、實用的數學、與現代語，開始出現了。

四、高等教育

當十八世紀時，科學與實用的啓蒙運動理想，逐漸開始感動若干學院之宗教的展望與課程，但大部份殖民地學院對於早些時期之宗教的、人文主義的、與唯理主義的目的，仍十分嚴格的保持。

哈佛的自由主義　從一七〇八至一七六九年，在李委拉特（John Leverett，一六六二—一七二四）及霍瑜吉（Edward Holyoke）兩校長主持之下，哈佛的公理會教義開始由早期喀爾文教義變而爲十八世紀自然神教及唯一神教派之教義。霍瑜吉的自由主義是足以使更嚴格的喀爾文派之懷疑哈佛，並引起監督者試從導師中選取正統學說之信守的誓約與檢查畢業的論文。不管此類檢查與復歸大喚醒所主持絕對相信聖經上記載有關萬物發生之特創說，哈佛維持它的進步超過耶魯、普林斯頓、與其他學院的門戶之見，此等學院皆依隨大喚醒的一般傳福音者的傾向。

由十八世紀開始，新啓蒙運動科學已開始潛進哈佛的傳統學問之內。笛卡兒的論理學、拉莫斯（Petrus Ramus，一五一五—一五七二）的幾何學、牛頓的物理學，逐漸引人傾聽；哥白尼、伽利略、克卜勒（Johannes Kepler，一五七一—一六三〇）、及加仙地（Pierre Gassendi，一五九二—一六五五）的天文學，開始代替了亞里斯多德、多祿買、與但丁的。一七二八年，霍里斯（Thomas Hollis）設置數學與自然哲學的教授席位，並於一七六九年貢獻書籍與「哲學的儀器」，包括骨骼、地球儀、顯微鏡、與機械器具，以及英國皇家學會與法國科學院的會報。作爲數學與自然哲學第一位霍里斯教授之格林活德，撰著關於算術、氣象學、礦中毒氣、北極光等書。他極力使這學院與這時代的實用精神作更密切的接觸，與吸引實際上用功的青年之進入哈佛，否則他們或進私立學校，或投身於商業了。他的繼承者溫吐普，由一七三八至一七七九年守其職，自身證明爲在美國最有成就的科學研究者，僅次於富蘭克林。由一七四三年起，哈佛課程，帶有瓦茲（Isaac Watts，一六七四—一七四八）的天文學與陸克的人類悟性論的性質，包括更多啓蒙運動的科學與哲學。

因此，這是顯然的，直至美國革命時期，雖然仍最著重於古典的語文與數學，但哈佛已開始對於新科學與哲學已表現一種確定的興趣。由古代亞里斯多德學派的科學與哲學已變爲啓蒙運動的，但其目的是仍供應一種通才教育，以培養人們爲在教會及國家之貴族的領袖地位，而非在直接的謀生。

大喚醒再肯定傳統的自由藝　當威廉與瑪利學院於一六九三年在英國國教贊助下領得其皇家特許

狀之時，其創立宗旨，首要的是爲着宗教的目的，卽訓練教士、教導青年虔誠的修習優美文學與儀容、及傳布基督教於印第安人。其課程與牛津大學的相同，當最初八十五年間，變更的並不大。當傑佛遜於一七七九年試改革其學習的課程未獲成功之時，僅有六個講師：兩名教神學與希伯來文，一名教論理學、修辭、與倫理學，一名教物理學、形而上學與數學，一名教拉丁文與希臘文，一名以宗教的教義教導印第安兒童。這種課程，大部份是由與哈佛同樣愛好者所指導，卽陶鑄受過教育的傳教士在教會與國家的領導地位，並供應其他預定參與貴族政治者一種通才教育。

耶魯大學，宗教的氣質是甚至更顯著的，尤其在大喚醒的短期間之下爲然。一七三五年，康乃狄格議會（General Court）重新宣告：「在建立這學院時所揭櫫一個主要目的，是供給這殖民地各教會以一輩飽學的、虔誠的、與篤守正統教義的牧師。」當大部份的十八世紀時，它的課程發展，大部份與哈佛相同；其原始的課程，依循牛頓與陸克的新科學與哲學的方向，而逐漸改變了。

無論如何，直至美國革命時期，耶魯與哈佛之間最重要的差別者，耶魯似乎更著重於大學教育的宗教性質，並繼續爲着宗教的目的而規定課程的願望。哈佛的宗教地位既然已相當的自由主義化，校長卡拉普（Thomas Clap）於一七五四年陳述表明耶魯更具傳統的地位如下：

「學院是宗教的社會，逾乎所有其他的一種優越的性質。教區既然是一個社會，作爲訓練普通人民；學院是傳教士的社會，作爲訓練傳教職工作之人。……曾經假定的，有些果然，學院的唯一設計是教授學藝與科學。……但這是或許的，沒有一間學院，涉及此類制定的可發現於世。」

這是典型的宗教改革的態度，加強一種通才教育之古典文學的與文藝復興的觀念。此種貴族的與宗教的意向，仍打算供應這種適合於紳士的通才教育。耶魯與哈佛，盡心於傳統及著重於神學、古典文學、數學、與哲學的研究，皆大致相同，但在耶魯，宗教觀念卻增強，終使耶魯對於規定的課程，比諸哈佛的修習更爲忠誠。其他幾間在大喚醒時期崛起的學院，依從早期學院之傳統的態度，大部份係基於宗教的理由而創立。它們的溯至革命時期的歷史略表示，與較早宗教的基礎是根本不同的。

通才教育的新觀念　由於國王學院於一七五四年在紐約創立，就有逐漸地掩蔽了嚴格的宗教目的；由於費城學院於一七五五年設立，出現了一種通才教育之目的與內容非常廣大的觀念，這意味學院修習應貢獻於多數商業的與公民的有用及少數宗教的與公民的領導地位。通才教育之文學的與貴族的觀念，被高等教育更實用的與民主的觀念，無論任何微弱的所詰難。

國王學院代表一新換的局面，首要的見諸這事實，訓練牧師的傳統目的，不復存在了，並有小心的規定以容忍不同宗教的信仰。根據特許狀規定，無論因爲他是任何教派的教徒，或因爲他的宗教信仰，皆不得拒其入學，或阻止其求得學院的學位或任何利益。這學院雖然名義上在英國國教的贊助下而創立，但董事局包括不祇三位一體教會的教區長，並且有荷蘭新教派、路德會、法蘭西、長老會等教會之牧師。學生中不同宗教信仰之容忍，在普林斯頓及其他學院的特許狀亦已授權，但爲着這目的，除國王學院及費城學院外，規定牧師具有一切最高的地位。

從這種較自由宗教的氣氛，進行建議使放寬國王學院的自由藝，包括許多實用的與科學的科目，對於當時商業活動俾更有效的從事，是有益的。這些建議是由國王學院首任院長約翰生（Samuel Johnson）簡明而有系統地陳述，他的使學院的學科對日常生活更有用的願望，由於他的聯同富蘭克林，或許是加劇的。他曾被富蘭克林提薦出任費城新學院的院長（這事實或證明他們的見解是相似），但他欲充當國王學院的首長，遂告婉辭。

儘管約翰生有此傾向，但通才教育之文學的與古典文學的觀念，這樣驟然容許一種過激的對其違反，顯然是太急進的，因爲這課程實際上國王學院於一七五五年採用過，復於一七六二年採用，與其競爭之傳統上各學院的課程，是非常相同。四年肄業，是苦習拉丁文與希臘文的文法及文學、修辭、倫理、哲學；學生生活之最細微項目，受嚴格紀律的管理。因此，自由藝的觀念雖然擴展至包括科學的、實利的、以及傳統的科目，但在國王學院眞正的實行，並未滿足此等建議。

費城學院第一任院長斯密（William Smith）牧師，草訂稍寬大的課程。斯密是屬於蘇格蘭的世家，曾肄業於亞伯丁（Aberdeen）大學，他用於費城學院的課程，本質上可能是由於在亞伯丁國王學院改訂（一七五三）以前未幾具有的學科所構成。蘇格蘭的訓練雖然或曾影響他，斯密亦無疑是被富蘭克林的理論與實際所吸引，這清楚地符合於他自曾較早的簡單而有系統地陳述的。在他的寓意的論著米拉尼亞學院概要（A General Idea of the College of Mirania，一七五三）一書裏，斯密把所有米拉尼亞人分為兩類，即志在博學的與志在工藝的，每一類有其自己特別的學校。他指出，如在通常的學院裏接受有用的教導，第二類的機會是很少，因此他主張設立一所機械學校，這校不需詳細解釋，因爲它是極似富蘭克林在費城的英語學校一樣。

斯密的思想無論從何而來，撰有通才教育的計劃（A Scheme of Liberal Education），經費城學院校董所接納，其中包含修習最廣大的學科及是時美國各學院所授的科目。這似乎他試把提議爲米拉尼亞人學習的全部科目，擠入這課程之中。這學院除了通常古典文學的與修辭的學科之外，是設計包含三所「哲學的學校」；及一套各種讀物的長目錄，以作對規定講授的補充，是附加於課程。在斯密所草訂這計劃中，發現最清楚的證明，美國各學院已接納啓蒙運動所產生新科學與哲學了。它的效果是擴大課程的範圍及相當地推廣通才學問的觀念，這種通才學問，一個青年人無論他將來操何種職業，都應該精通的。

富蘭克林的高等學校與私立學校，爲着實利的目的，曾提出若干專作某用的科目，連同傳統的古典語文與數學，列入這學院所規定的自由藝課程。這是含有意義的，除了聖經本身外，在規定的課程或讀物之中，並沒有關於神學的學科出現。斯密認爲在其通才教育的觀念中曾包括智識的每一種有用的分科，由其原始提議的可表示如下：

「因此我們注意，這學校放在一較大基礎之上，受全盤管理，要蒐集大量圖書；由是教育的各部門與各種類，不論有學識的職業、商業、機械師技藝、或低級職業，要設想對任何社區的需要，是經營的。」

選科的原則雖然並未具體的表現於這新課程之中，但因其效用而容納各學科於課程的原則，是清楚地宣佈了。由於逐漸要求更有用的科目而發生智識的新部門，使課程根本的負荷太重，但在選科實行的發展中，此等有用的科目最後變爲一種強大的原動力。

要言之，十八世紀的啓蒙運動，跟隨當時的趨勢，尤其當要求增加科學的與商業的有用科目之時，形成美國各學院課程的變更。擴展科學的智識、貿易與商業所需技能的精習、及經濟利益的個人主義理想之流行，是負發生各種變更之責。但觀念仍堅持偏重，一種通才教育應苦修語言與數學方面所規定學科全部的範圍。費城學院有助於宗教的及公民的領導地位之傳統的標準之外，增加商業上努力成就的標準，但它仍保持一個完全規定的課程。

新科學與哲學雖然緩慢地附加於各教派學院規定的課程裏，但主要的仍遵守通才教育的觀念，像編入拉丁文、希臘文、數學、與哲學的修習，作爲對於教會及國家之貴族領導地位的陶鑄。富蘭克林的學說，包含選科思想的根源，及擴大的課程供給膏腴之場地以助其發展。但當十九世紀生活才蘇醒，及海外的思想之滲進，選科思想接受首次明確地化成公式的說明，而直至十九世紀後半期以前，一個高度工業社會的力量是從事時，通才教育之傳統的概念，實際上是處於守勢的。

專門的教育　因爲殖民依照英國大學的模型，設立文理科學院（ Liberal Arts Colleges ），而不再仿效中世紀典型的大學。因此，法律、醫學、與神學的高等科，在美國高等教育開始時並未發現。當十八世紀大部份時期，這些專門的教育，是由學徒身份做一見習的律師、醫生、或傳教士而得。在學院肄業，由於學生攻習修辭、論理學、與政治學等書本，無疑貢獻於律師相當的背景，但並未有法律專門教學的授課，直至一七九三年，法律學的甘特（James Kent，一七六三－一八四七）教授，始在哥倫比亞大學設置講席。同樣，在醫學方面，當小童十餘歲時，是投師於醫生，操僕役工作及練習他們所得的智識，才求得專業訓練。大體而論，十八世紀時，美國醫學比歐洲的相當落後，祇用庸醫的治療與迷信的無稽故事而嘗試。無論如何，因爲醫學的學習開始獲得基礎，及更多醫生由英法源源而來，醫學的特別教學開始出現於幾間學院，堪注意的是在那些特別著重科學的，像費城學院、國王學院、及哈佛學院。

神學的訓練，由於大多數的學院對宗教的興趣，處境略爲更優的。傾向於神學的學生能替常常充當校長的神學教授做特別的工作，或年青的畢業生領受學士的學位後，仍留校再受這教會之宗教教義的神學教育，這教會是創辦這學院的。當他等候晉封爲牧師職位時，應投師於一傳教士或在學校教學的。

第三章　十九世紀的歐洲

第一節　人們所賴的機構

十九世紀是一個迅速轉變，使在啓蒙運動中業經發展的幾種政治的、經濟的、與社會的趨向，達於全盛的時期。此等趨向迫攏於教育的有四種—民族主義、自由主義、工業主義、與資本主義，是特別重要的。在此四種模型中的相互關係，產生了複雜的社會結構，及在十九與二十世紀間引起許多社會的衝突。

一、社會組織的大模型

民族主義　在宗教改革與啓蒙運動中成爲重要的趨向於民族主義，經十九世紀推動，達於最高潮。全民的國家，在與中世紀及封建時代對比之現代世界中，變爲政治權力的最高單位。民族主義之中心理想，是一種完全統治權的觀念。有主權的國家，除了它的自己疆界之外，任何法律的或道德的權力，假定是完全獨立的，這國家無論是否一個君主專制政體、君主立憲，或共和政體，享有決定其自己的疆界、自己政府的體制，及自己內部處理的權限，表示爲最高政治的權力。

在建立政治的民族主義之過程中，大多數國家開始訴諸文化的民族性思想，這是以前所沒有的。人民開始想到他們自己原爲法蘭西人、英吉利人、德意志人、意大利人、波蘭人、俄羅斯人，及其他諸如此類。每一個民族性，提出要求一種共同歷史的背景、一種共同的語言、一種共同的習慣，或者一種共同宗教的、藝術的、及習俗的生活。對於一個民族性的人民，共同結合爲一個民族的、政治的國家，比以前變爲越發重要的，因此極力以劃定政治的國家之疆界，與文化的民族性之系統相同。爲着這個目的，培養人民一種忠愛國家的熱情及其民族性的自負，是很重要的。那麼，唯一自然的，教育應用爲發展民族主義精神的一種首要方法。當十九世紀大部份時期，民族主義每放寬其目的，協助被外國壓迫的民族爭取自由，由是以造成政治的民族自決。十九世紀大多革命與戰爭，使他們的文化結合變爲政治結合，以從事於集體鬥爭。

自由主義　由於啓蒙運動時期偉大的人道主義運動的衍生，自由主義便贏得許多勝利了。十九世紀的自由主義，特別集中於完成政治的民主主義一個較大的分量，及力爭投票權擴展至人民更大的比例。統治政治的生活之同意的理想，與平等、個人價值，及公民自由等理想，聯爲一起，作爲對一個適當的社會一種基本的需要。許多爲自由而鬥爭，集中努力以達成及維持言論自由、和平集會、請願、宗教自由，及人類理智追隨無論何處可以通達眞理之權。

在自由主義之內，有兩種類型繼續鬥爭。一種是提倡重視個人主義的理想，以其堅持國家的一種自由競爭的觀念，如果國家容許各人爲着追求他們自己的利益而競爭，則進步是認爲最可能的。自由主義的第二種類型，是從法蘭西人道主義的理想得到啓示，堅持唯有國家積極的冀圖根據人民大衆的利益以改革社會機構，及由服務最大多數的福利而提高共同生活的水準，則社會進步才可獲致。

生活的工業條件是這麼迅速的變化，人們越來越多的開始相信，如果志在改善人們經濟的福利，以及獲得一種更普遍的政治的民主主義，社會的自由主義是需要的。因此，這世紀的後期，勞工運動採取現代方式，而實行一種經濟的、社會的，以及政治的計劃。人們開始感覺到，一般人民有權享受較好生活以及有權投票選舉。但對於這種經濟的與社會的民主主義理想的阻力，比諸對政治的民主主義擴展的阻力，甚至變爲更大的。

工業主義 也許在歷史的長久遠景中，十九世紀最基本的革命是工業革命。民族主義進行已歷幾個世紀；自由主義從希臘時代起以其他的方式出現；但工業主義在世界上來說，似乎是新穎的。無論如何，在動力推動的機器公開出現以前，從未有與蒸汽機和水力之發展相比較。啓蒙運動曾發展現代科學的方法與思想至一很高程度，但當十八世紀後期，科學最後應用到貨品的生產與分配時，一新紀元便來臨了。工業革命的要素是工藝學的發展，這影響到經濟的各方面。

工藝學（Technology）者，卽謂動力推動的機器代替用手運轉的機器，及一個人的生產力是巨大的增加。此外，大量生產者，卽謂製造貨品不能在工人的家庭或小店裏，而在動力有效的中心地點，卽工廠內進行。因此，工廠制度取代了經濟的「家庭」制度。工業主義亦卽謂因爲大量貨品生產，則需要更多原料。由是，每一國家開始尋求原料最豐富的來源，與貪得世界未開發的地區。這是非常重要的記得，工業的轉變發生於十九世紀，當經濟的組織最顯著的方式是資本主義之時而出現。

資本主義　照前幾章表示的，資本主義的第一階段，常稱之爲商業的或商人的資本主義，迨啓蒙運動時發展爲自由競爭的資本主義。如前所說，這是覺得經濟寄託於利潤的動機，在公開市場的自由競爭，及資產的所有權操在私人之手。人們之基本的願望與動機，是欲求得資產，賺取金錢，及尋求利潤。這是更覺得，倘若市場開放爲自由競爭而不受政府干涉，則貨幣與價格制度，由於供求律的作用會自動的達到其「自然的」水平。此目的並非這樣大宗產生所得的財產，這是假定個人必需保證利潤的可能性，否則經濟制度會失敗的。

現在，由於動力推動的機器之出現，資本主義第二階段所表露者，常稱之爲工業的資本主義。貨品的生產雖然改變條件，但資本主義的依附者仍保持自由競爭經濟的理想。資本家與工人的全部相互關係，忍受一最重要的轉變。在早期商業資本主義之下，商人曾爲一經紀人，或承辦出產商品者，他的資財能購買原料交與工人。此等工人，備有自己的工具，在自己的家庭或小店內，生產商品。在這契約之下，工人仍爲熟練的工匠，對承辦出產商品者略有獨立的性質。

無論如何，由於工廠制度的發展，承辦出產商品者變爲機器及工具，以至商品買賣的物主。以前有技藝的工匠離開他的小店而受僱於工廠了，那裏機器操作的任務，傾向於貶抑他至無需熟練的地位。工匠既然在全部商品的製造，以前曾完成許多作業的全部包工，現時逐漸地開始生產合標準的商品之較大任務中，集中於一種或少數專門化的作業了。工人們自己沒有工具，現時越發依賴廠主以求工薪及職位。他們立卽求助於工會，作爲反對剝削以保護自己，及爭取較優工作條件與工資的方法。現代工人運動的興起，作爲反對工業的資本主義的工作條件之一種抗議與反動。

二、大社會的行動計劃

回答上文所述社會組織四大模型，有許多行動計劃的提議，使緩和由這些類型在互相的交互作用所產生的情況。各國出現了各種方式的計劃，最重要的類型，可以認明的有如下三種：保守主義、立憲主義，及社會主義。

保守主義　大概而論，保守主義是意向上的一種態度，著重於社會安定的必需，因此，對變化與新奇，往往表示戒懼。反動的以反對法國革命的理想；保守的理想是或許由英格蘭的政治家栢克（Edmund Burke，一七二九－一七九七）最感動人心的陳述。認爲可能的，改變應減縮至最小限度；無論何時，改變是絕對需要，這應該盡可能的從事考慮到傳統、產業權，及個人。全部改變，如果所做對個人不公道的，被視爲無效；給予個人以較大自由，則對社會更好的。

然而，保守者認爲個人乃有財產之人，因而他否認平等的革命觀念，優先的信任名流，及憂懼民衆鄙野的、愚昧的，與易受感動的。若欲全部改變，必須有秩序的與逐漸的，凡威脅秩序的任何事情則威脅整個社會。大概而論，保守主義著重種種價值便於資本主義、宗教傳統，與民族主義，皆贊成貴族階級的利益。因此也許不甚聽信以至抵抗自由主義的要求，因爲人民一般的被認爲不能辨別與作聰明的決定。政府的業務應委諸統治階級—王室、貴族、教會，與資本主義。

立憲主義　由於自由主義力量的滋長，立憲主義包括推廣投票權於人口更廣大的比例之欲望。有些國家採取方式，要求政府的共和政體、公民自由、平等，與由大多數人民參加政府；在其他各國採取方式，由更寬大憲法的制定，從君主政體或統治階級取得更大的權力。立憲主義在十九世紀贏得許多勝利，而反映於一八三〇與一八四〇年間在大陸的革命，及在英國的改革運動。這乃藉政治改革作爲改良經濟及人民大衆社會福利的方法。

立憲主義包括中產階級自由份子、智識份子，及許多工人階級的努力，聯合一致攻擊有土地的貴族、王室、傳統的教會，與有財富的工業家所享受的利益。立憲主義覺得，社會的弊病，可藉發展政治的自由主義之理想而廓清之，但爲着文化的國民性，在政治的民族自決之利害中亦常與民族主義併行。這信心是堅強的保持，認爲工業主義與資本主義的邪惡能用政治的方法醫治；換言之，授給人民一票，他們就能治癒社會的弊病，一切都歸於公平了。

社會主義　十九世紀中葉以後，對於立憲主義的信仰，若干地區已開始削弱了，因爲各方革命的失敗，許多更急進的建議，開始出現，其中最重要的是採取社會主義的方式。社會的展望，最徹底的化成公式來說明者是馬克斯（Karl Marx，一八一八—一八八三）及恩格斯（Friedrich Engels，一八二〇—一八九五）所創立。馬克斯的社會主義，堅謂資本家或布爾喬亞（Bourgeois）階級與無產階級（Proletarian）賴工資維持生活者之間的利益，有一種固有的與勢不兩立的對立。國家既常被用爲工具，由是統治階級維持他們自己的權力與保護他們所享受的利益，故統治階級到底沒有願意放棄他們的對國家強迫性權力的控制。

根據革命的馬克斯的社會主義來說，擁有財產的階級將這樣靠憲法的手段永不肯放棄其權力，因此，工人階級勢必須藉革命力量奪取權力，並利用它以改善人民大衆的福利。要直至資本主義利潤制度被消滅，而贊成在無產階級社會中生產與分配方法歸社會所有之時，那麼，基本的進步才能達到。地主階級立刻要被清算，實際的共產主義才能創立，而歷史上著名的國家自不需要，這樣將沒有階級對無產者來剝削了。

本來，社會主義有許多類別與類型出現於十九世紀，像基督教社會主義、烏托邦（Utopian）社會主義，與在英格蘭的費邊社會主義（Fabianism）等溫和與漸進的學說，以至馬克斯之革命的與過激論者的學說，林林總總，派別繁多。社會主義開端時原含有許多自由主義的假說，但極端的學說，卻否認許多自由的價值。社會主義視民族主義與資本主義自認爲可達成合意的工業社會的作用，否認其眞實性。

三、政治的機構

一般的發展　十九世紀肇始後未幾，拿破崙已成爲歐洲統治的人物，各國結成同盟以阻遏法國的狂潮，但法國對抗同盟的作戰，屢次告捷。在首先十年之末以前，拿破崙統治了俄羅斯及奧地利以西歐洲的大部份。因此，荷蘭、意大利、西班牙、萊茵邦聯（Confederation of the Rhine）、華沙公國（波蘭）、瑞士，甚至普魯士，皆被約束於其帝國有力的統屬之中。一八〇六年，奧斯達里茲（Austerlitz）之役後，拿破崙強迫奧地利的法蘭西斯二世（Francis Ⅱ），拋棄神聖羅馬帝國的名號，因此日耳曼第一神聖羅馬帝國（First Reich），遂正式告終了。

首先，法蘭西陸軍，在歐洲許多被壓迫人民的心目中，視之爲解放者與法蘭西革命理想的擔承者，故受普遍的歡迎。在這方面，人民的觀點，是一半正確，一半錯誤。拿破崙雖保持平等的革命理想，但捨棄自由的理想。凡拿破崙的旌旗所及之地，他就廢除封建主義，修改民事與刑事的法典，但不信仰自由或政府之實際上共和的與民主的政體。拿破崙冀圖征服俄羅斯，遭遇慘敗的命運，由莫斯科狼狽的撤退，爲一八一三年於來比錫（Leipzig）最後一役失敗的鋪路。拿破崙讓位與流亡於厄爾巴（Elba）島後，曾作最後的努力，再掌政權，但終結於一八一五年滑鐵盧之役，最後與永遠的被放逐於聖赫勒拿（St. Helena）島了。

自拿破崙最後失敗後，一種保守的反動，開始瀰漫於全歐。一八一五年維也納會議，負起重建舊政權、補償各國受拿破崙蹂躪的損失、恢復貴族階級對封建的特權，及破壞自由與共和已獲之利益。奧地利、普魯士、英格蘭，與俄羅斯，受維也納和平會議的支配，而維護他們在滑鐵盧之役以前所締結的四國同盟，以鎮壓任何革命運動為目的。各國幾乎同採抑制的與反動的手段，以撲滅自由思想與行動，但其後在意大利、希臘，與西班牙，以及在法蘭西、比利時、荷蘭，與德意志，革命不斷的出現。一八三〇與一八四〇年間的革命，略有所得，但並非依照許多自由主義份子所希望而獲勝。

一八七〇年後，大多數大國的政治努力，由極力以從事本國內部的統一，轉而對外作帝國主義的開拓。一八八〇年後，非洲於十年間被歐洲各國所瓜分，而中國亦被劃分為幾個歐洲國家勢力的範圍。英國取得控制整個埃及及非洲、亞洲、與中國的各部份；法國佔領阿爾及利亞、突尼斯、摩洛哥、與越南；意大利謀征服阿比西尼亞失敗，但奪得厄立特利亞（Eritrea）、索馬利蘭（Somaliland），與利比亞（Libya）；德意志比其他各國爭奪殖民地稍後，但在非洲東部及西南部獲得殖民地，並致力於亞洲。在遠東，日本開放與西方貿易，開始建立精勁的海陸軍。

因為在歐洲及在世界之競爭益烈，陣線開始形成，最後引致第一次世界大戰。德意志、奧地利，與意大利成立秘密協定，終歸於三角同盟，由是法國、英國，與俄羅斯是逐漸的結合以對抗中歐的集團。英國放棄與法國長期的嫌隙，因為情勢很清楚的，德國力量的崛興，對英國的安全以極大威脅。二十世紀肇始後，形勢的醞釀立即變為不幸的結局，使世界大部份捲入一九一四至一九一八年的大戰了。

法蘭西　法蘭西統治者拿破崙，保證國家大多有秩序、效率，與在法律之前人人平等，但不容許有民主政治。他的主要欲望是增強國家的中央集權，及融合法蘭西爲一個統一的整體。當他登極爲皇帝之前，與天主教教會達成他的協議，已採取這種方向的一個步驟了。根據一八〇一年協定（Concordat），教會恢復在法蘭西所給與特權的地位；由拿破崙委派主教，隨由主教依次委任其教士，所有薪酬是由政府發給。可是，拿破崙不允發還教會前被共和所沒收之土地，也不允指明天主教教會爲在法蘭西唯一認可的宗教，因此尚保留着宗教自由的些少尺度。

拿破崙失敗後，維也納會議支持法蘭西波旁（Bourbon）王朝的恢復，路易十八世與查理十世遂由一八一四年統治至一八三〇年。波旁王朝恢復意味着保守派勢力的重建。努力以抑制新聞界，修正選擧法，這樣保守份子能夠支配政府，甚至賠償貴族所失去的土地。所有此類措施，激怒了中產階級及工人階級，一八三〇年七月，乃聯合起而革命，推翻波旁王朝，建立一個立憲的君主政體。過激份子要求恢復共和，但由中產階級爭勝，王室的奧爾良（Orleans）裔派的路易菲力（Louis Philippe）被勸進登位，由一八三〇年統治至一八四八年。

由於菲力趨向於獨裁政治，許多不滿意的集團出現—君主主義者要求波旁王朝復辟；教士要求教會更大的控制；主張獨裁者要求拿破崙帝國的恢復；又有主張共和政體者，與社會主義者。主張共和政體者與社會主義份子，聯合發動另一次革命，推倒菲力，於一八四八年建立第二共和，訂立一憲法，保障言論、請願、新聞，與集會的自由，成年人投票權，免任意拘捕的安全，及一個由全民共選的總統。由於妥協的結果，拿破崙第一之姪路易拿破崙（Louis Napoleon, 一八〇八—一八七三）被選為總統。可是，他迅即開始與他的較有名的親屬爭勝，經參議院擁為皇帝，建立第二帝國，乃民治帝國，由一八五二年持續至一八七一年。當他於一八七〇至一八七一年不幸的普法戰爭中，因紛擾而致失敗，被拘於色當（Sedan），第三共和遂創立。第三共和雖然覺得很難生存，但在這世紀之末以前，主張共和政體者與社會主義份子獲得控制君主主義者與傳教士。大體而論，第三共和是由中產階級集團所指揮，而得社會主義份子之支持。眾議院是由普通成年人投票所選出；參議院是由特別選舉團所選出；實際的行政權力寄託於對眾議院負責的內閣。因此，眾議院成為民主政治的代理人；參議院是貴族政治的代理人，總統的地位與英格蘭國王的相同。

英格蘭　鑑於法國革命的暴行，英格蘭人為之震驚，而在這世紀之初數十年間，保守主義支配英國的政務，一八一五年後的階段，見到人身保護狀的停止，及由於失業與不景氣引致暴亂後鎮壓行動的通過。然而，由於維新黨（Whigs）力量的興起，保守黨員（Tories）便失去控制了，蓋維新黨是由工人與中產階級所支持的。維新黨的努力，最後終於導致一八三〇年改革的議案。一八三二年改革法案，推廣投票，使在城市區中產階級享特殊的利益。刑法是被放寬；對天主教給予更大的容忍；各殖民地廢除奴隸制度；工廠法令試圖補救工業區的惡劣情形；貧窮救濟亦已改善了。

工人階級曾協助制定一八三二年的改革法案，但實質上並沒有增加他們投票的權力，因此他們於一八三〇與一八四〇年間所謂人民憲章運動（Chartist Movement）進行另外的改革。他們要求普遍的成年人選舉權、秘密投票、公平的選舉區，及每年國會的召開。這種運動，由於一八五〇年因工業革命使繁榮發軔而致衰落，但在一八六五年以前，此類要求並不爲各大政黨完全忽視。在格萊斯頓（William E. Gladstone，一八〇九－一八九八）領導下自由黨（前爲維新黨）及狄斯累利（Benjamin Disraeli，一八〇四－一八八一）領導下保守黨（前爲保守份子），開始贊成議會改革的運動。一八六七年、一八八四年、與一八八五年的改革議案，增加新選民的登記以百萬計，盡力使選舉區公平化，及使議會更能爲全民的代表。

同時，有組織的工人獲得運動力，一八七一年工會是宣佈合法了。雖然如此，但工人階級並未覺得他們獲得足夠的進步；因此他們轉而從事於政黨的組織。獨立工黨遂於一八九三年組成。藉社會民主同盟（馬克斯社會主義）及費邊社（緩進的社會主義）之助，英格蘭工人的政治力量便強了。大體而論，英格蘭憲法的擴展和大量的改革，是逐漸的與和平的進行。

德意志　跟着一八〇六年耶拿（Jena）之役普魯士陸軍被拿破崙擊敗，便預知普魯士或將沿着自由的路線進行了。然而，由於哲學家斐希特（Johann Fichte，一七六二－一八一四）與政治家斯坦因（Baron Heinrich Vom Stein，一七五七－一八三一）等人物的努力，鼓勵進行，團結德意志人民，和結合民族主義與自由主義的理想，而重獲新生他們的精神。斐希特勸說階級差別應該抹煞，所有德意志人民應聯合爲一個堅強民族的國家，而與文化的國民性一致。可是，一八一五年維也納會議之後，這運動的自由方面立卽讓與保守的民族精神。頒佈鎭壓的法令，自由份子被緝捕，而寂然無聲。一八四八年，自由運動在法蘭克福（Frankfort）議會曾一度復活，但未幾復崩潰了。

德意志在普魯士王腓特烈三世（Frederick William Ⅲ）、四世、威廉一世，及威廉二世的統治下，進行民族主義的統一。一八一五年以前，德意志三百個邦，因爲犧牲小邦而使大邦的擴大，故減縮至不及四十個。逐漸的，普魯士成爲控制北部日耳曼各邦，奧地利則爲控制南部日耳曼各邦。然後，經過普魯士威廉一世首相俾斯麥（Prince Otto Von Bismarck，一八一五－一八九八）外交的技術，日耳曼各邦於一八七〇年遂準備好統一，而向路易拿破崙挑戰了。法蘭西失敗後，俾斯麥控制南部日耳曼各邦，獲得成功，一八七一年，威廉一世乃登極爲德意志皇帝。「第二神聖羅馬帝國」是開創了。德意志帝國是由二十五邦組成，隸屬於皇帝統治，由各邦委派五十八個議員的聯邦議會（Bundesrat）及由人民選擧的議會（Reichstag），作爲民意機關，實際上全部由普魯士所支配。

由一八六二至一八九〇年，俾斯麥從事於鞏固皇帝的及普魯士的權力，幾歷三十年，其運用的方法：利用德意志的一羣政黨，縱橫捭闔，直至無人有足夠力量和他競爭爲止。是時主要的政黨，有保守黨（高級貴族）、進步自由黨（工人階級）、中央黨（天主教）、及國民自由黨（中產階級）。俾斯麥首先與國民自由黨聯繫，開放自由貿易，答應選擧權的改革；在他與羅馬天主教會關於教育權及教職任命權之爭（Kulturkampf，一八七二－一八八六）時，攻擊天主教會。可是，一俟他能夠做到時，便遺棄國民自由黨而與保守黨及中央黨聯繫了。

這轉變的時機，社會民主的工人黨由是產生。這黨於一八七五年組成，是代表工人階級。他聯絡所有保守黨的份子以阻遏社會民主黨份子的威脅；他通緝社會主義者，並用鎮壓辦法冀圖消滅他們。同時，他贊成撫慰工人階級的社會安全法，給予他們的意外賠償、養老金、老年與疾病的保險，以緩和他們的責難。社會的利益由一家長政治的政府實現，這政府仍維持階級的差別。

奧地利　一八〇六年神聖羅馬帝國終結後，殘餘部份變為奧地利帝國，然而，這仍為一個強有力的國家。在親王梅特涅（Prince Klemens Metternich，一七七三－一八五九）領導下，奧地利隨維也納會議後在保守的運動中擔當領導的角色。當普魯士在北日耳曼獲得較大的權力時，奧地利帝國於一八六七年擴大為奧匈帝國。在這種安排中，匈牙利的馬札兒族（Magyars）由布達佩斯（Budapest）統治他們的帝國一半，而日耳曼人則由維也納統治其另一半。名義上，由一個皇帝與一聯合國會統治兩者。在帝國的兩方面中，斯拉夫人民是仍被掩沒了。

意大利　同時，意大利興起統一的要求。維也納會議發出鎮壓由拿破崙所培養意大利之自由的與民族主義的理想。以前幾個邦的統治者經已復位，但以倒王政建共和為目的之炭夫黨（Carbonari）的秘密組織，保持於一八二〇年對奧地利反抗的煽動，以迄最後一八四八年在馬志尼（Giuseppe Mazzini，一八〇五－一八七二）領導下努力實行革命為止。在那不勒斯、威尼斯、米蘭、佛羅稜斯，與羅馬，對奧地利反抗，極少成功；唯有在維多伊曼紐二世（Victor Emmanuel Ⅱ）領導下的沙丁尼亞（Sardinia），維持一個自由的政府。其後首相加富爾（Conte Camillo di Cavour，一八一〇－一八六一），以其聰明與能幹的政治手腕，使沙丁尼亞變為擔當意大利統一運動的前鋒。加富爾且藉馬志尼的贊成共和政體者黨徒之支持，又獲得路易拿破崙之助，以對抗奧地利。最後，聯合加里波的（Giuseppe Garibaldi, 一八〇七—一八八二）的實力，統一意大利的大部份。意大利王國，一八六一年宣佈以維多伊曼紐爲王，其餘部份的版圖，一八七一年當羅馬建爲首都時併入。

俄羅斯　亞歷山大一世雖然冀圖作枝葉的改革，但照俄羅斯一般的情勢來看，直至這世紀中葉，比歐洲其他各國的大部份，落後很遠。可是，自由思想由秘密會社及許多出版物爲之傳佈。改革運動主要目標之一是農奴身份的廢除。當尼古拉一世（Nicholas I, 一七九六—一八五五）在不幸的克里米亞半島戰爭受了拖累，農民許多表示不滿與發生幾次叛亂。亞歷山大二世於一八六一年廢除農奴制，並冀圖由地方政府准許平民的選舉，用陪審團審判，出版自由，及設立學校，以供給更大的政治自由。然而，此等地方上準備，因爲人民缺乏民主政治的傳統與沙皇的特務干涉太多，未有適當地成就。因此，亞歷山大二世取消許多地方的自由，尤其在波蘭叛變的失敗之後，波蘭於一八六三年冀圖爭取獨立。

自由改革者的希望既受了挫折，許多年輕的俄羅斯人轉而趨向於巴枯寧（Mikhail Aleksan-drovich Bakunin, 一八一四—一八七六）的無政府主義，其他則趨向於恐怖主義，欲採取暴動使官吏醒悟。亞歷山大二世受了頻頻暗殺的恐嚇，擬批准憲法的修正，遽突被刺殺。亞歷山大三世即位，強烈的迫害波蘭人、猶太人、芬蘭人及其他反對派集團之後，着手實行鎮壓的辦法，甚至更爲嚴厲的。同時，社會的革命者在農民中獲得些少進步，社會的民主政治份子替工會宣傳。尼古拉二世（一八六八—一九一八）於一八九四年當權，在其統治下，一九一七年俄羅斯革命的基礎，經已奠下，欲逐漸改革，爲時已晚了。

四、經濟的與社會的機構

自由主義與政治上民主主義之進步，並未解決十九世紀的問題，因爲工業革命招致許多新起的與意外的問題，由是十八世紀的政治上民主主義的定式，不復完全適用了。工業革命曾深刻地影響到生活上幾乎所有社會的與個人的要素。

大量的方法，意指充份的糧食、衣著及其他必需品應該生產，以供應大量增加的人口。農業方面新技術，由於用人造的肥料以改良土壤的肥沃，及靠農業機械代替用手操作的方法，增加可能耕地的面積，使其生產更多的糧食。現時，以更少數的農人能生產大量的糧食了。同樣，由利用較精良的與更有效率的而靠水力及蒸汽力推動的機器，更多製成的貨品，也可能產生了。且由於鐵路、汽船、與暢通的公路及運河之發展，這些貨品且能轉運較快及運往較遠的地點。

工業主義更意味城市生活而不顧鄉村生活，是逐漸的變爲社會組織特有的類型。當十九世紀開始之時，各國大部份人民皆住在鄉村；直至十九世紀之末，許多工業化的各國，大部份人民則住在城市。城市之迅速增長，便產生令人難以相信的不堪擁擠及陋巷的情形，在工廠的市鎮中威脅累千工人的健康與安全。人民生活如此，卽使爭得投票的自由，似乎並未夠抵償他們所忍受的苦難。而且，工業對必需品的大量生產，要求工人從事於標準化工作，這樣給予創造的或創始的機會很少；漫長時間及惡劣的工作情形，使他們的精神麻木了。當情形演變到不堪忍受之時，人民遂起而反叛、煽動尋求改革或拋離家鄉而投往新地方去，實際上許多人遂由歐洲各國紛紛移入美洲了。

工業主義意謂，世界不過是聊以寄居的地方。許多孤立的經濟與政治單位，不復能離開各國關係而獨自進行。這逐漸使人民開始知道，一個國家內有任何集團發生事故就會影響到其他的集團，凡世界上一個國家發生事故也就會影響到其他的各國。互相依賴的要素，使世界政治與經濟問題比任何時期更易於感受的。對於改革的要求，開始由純政治的轉而至社會的與經濟的。在各國之內，此等衝突構成資本與勞工、農業與工業、農場與城市之間的鬥爭方式。各國間這種鬥爭達到尖峯，引致二十世紀帝國主義的戰爭。

勞工運動　工業革命之最直接的社會結果，似乎是業主迅卽的積蓄了大量財富，而工人覺得他們的工作與生活狀況逐漸惡劣。爲着對抗這種情勢，工人們轉而採取集體行動，開始組織工會，俾與雇主洽商較優的條件、縮短工作時間，及提高工資的方法。許多抑制的法律與法規，制定以鎭壓工會，但工會逐漸的獲得法定權利而存在。一八七一年在英格蘭；一八八四年在法蘭西；與一八九〇年在德意志，皆認爲合法。勞工運動的第二方面，是訴諸政治的動作。勞工團體組成政黨，在憲法的體制內，進行社會的立法，志在獲得經濟的調整。這些是由法國、英國、德國，與許多其他各國的社會民主黨及勞工黨所代表，一般包含緩進社會主義的哲學。

另有三種其他運動，這裏不妨說說：消費合作社（非政治的、和平的、逐漸的）、工團主義（Syndicalism），與共產主義（叫做布爾什維克主義Bolshevism,一九〇三—一九一八），後兩者互相敵視，但皆直接反對國家。合作社於一八四三年在英國西北部的洛支旦（Rochdale）開始，那裏有少數的織工，因罷工失敗後被解僱，乃聯同開設一家零售商店，至爲成功。這種運動經過增長與傳佈，現擁有幾百萬社員，大部份在英國、比利時、奧地利、德國、斯堪的納維亞，及芬蘭。每一個社員，不論其投資多少，發給一張票。合作社的商店貨品，照現行的價格發售，所積蓄經營的利潤，根據其購買貨品之多寡爲率，分派回各社員。工團主義特別限於歐洲西南部及拉丁美洲，由巴枯寧的無政府主義所產生，它志在廢除國家，由罷工與實行怠工以尋求使資本主義變爲殘廢，並提高革命精神，從各工業而組織工人，奪取工廠，藉他們的各自組織來管理它，此等組織祇交換產品而不承認有任何較高的權力。共產主義不像工團主義，不發動直接的及立即的毀滅。它憑藉一撮「死硬的少數」以武力奪取國家，並由無產階級的獨裁來保持它，在單一自存的黨控制之下，以迄於國家將不再需要與論於「凋謝」的時期爲止。共產主義的實力，以俄羅斯爲中心。

社會主義的集團所吸收的黨徒，不祇由勞工集團而且亦由智識份子與專門職業階級而來，他們對於在工業社會的城市與工廠中生活的可怕情形，變爲敏感的。資本主義的集團所吸收的黨徒，由保守的宗教集團與中產及上等階級而來，他們認爲社會主義的方向，視同對國家的福祉以及對他們自己以一種威脅。大體而論，各種社會主義的集團，是主張社會的改革，而反對軍國主義與帝國主義，然而保守的集團，卻贊成民族主義與帝國主義，作爲擴展與保護他們的利益的方法。

因爲這些經濟利益的行業是在十九世紀組成，現代提出一個最大問題：民主主義與立憲政體就能解決一個工業社會的問題嗎？保守派份子說：傳統上個人主義的資本主義對民主主義是必要的；自由派份子說：資本主義應該這樣修正，經濟的與社會的民主主義能成爲政治的民主主義之一部份；但急進派份子說：眞正民主主義，唯有當資本主義由現代社會中拔除，始能成功。二十世紀，法西斯主義、共產主義，與民主主義之中的鬥爭，根基已定。在這些鬥爭中，教育的任務變爲更重要的了。

五、宗教的機構

十九世紀時，由於反對啓蒙運動的唯理主義之一種反動，而得到擁護者，教會的權力，依然強固。無論如何，教會在各國，尤其在法國、德國、與意大利，曾與民族主義的政府發生抵牾。大體而論，定爲國教的教會似乎是保守派，每左袒專制主義的黨派，反對十九世紀的新自由主義。在俄羅斯，希臘正教是與沙皇携手合作，爲引致社會主義份子與無政府主義份子方面深懷憎恨的原因。無政府主義份子反對婚姻以及反對旣定的政府之宣傳，教會被其公然蔑視。在英格蘭，英國國教大體上是與保守份子（保守派）、貴族，及富室相聯繫，但英格蘭較大的自由主義對於不從國教的教會，給予比別處更大的容忍；甚至在一八二九年天主教解放法案頒佈後，羅馬天主教便得到進展了。

在法蘭西，由於一八〇一年拿破崙與羅馬教廷訂立協定之結果，羅馬天主教會保持相當特權，仍為既定的國教。它維持這地位，在波旁王朝復辟下，獲得力量，第二共和時旋失去根基，迨至第二帝國，恢復權力，最後，在第三共和時再喪失其優待的地位了。支持政治中教權或教會影響者（Clericals，贊同教會的政黨），常與保王黨份子為偶，反對第二第三共和之主張共和政體者及社會主義份子，以迄於最後第三共和有充分力量於一九〇一年通過社團法案（Association Act）為止。這法案規定，如未經政府批准，宗教的教派不能存在，凡未經授權的教派，不得在學校講授。最後步驟，是一九〇五年分離法案（Separation Act），終結了拿破崙的協定，廢除國教，並規定於十年內國立學校的教師，必須完全聘任俗人充當。

德意志各邦及奧地利帝國，十九世紀大半時期，國教興盛；羅馬天主教在奧地利及德意志南部各邦，依然保持國教的地位，在普魯士及其他德意志北部各邦，則以路德教會為國教。俄羅斯、普魯士，及奧地利聯同遵守維也納會議，顯然的一種神秘冀圖以建立世界上宗教的統治，但此等盟邦極注意於維持君主政治與貴族政治的現狀，與維持保守的宗教一樣。奧地利於一八五〇年與羅馬天主教簽訂一協定；一八六九年，梵蒂岡議會重申教宗的最高權力與絕無謬誤。

從一八七一年德意志帝國的開始，俾斯麥以抑制羅馬天主教會的手法來愚弄普魯士的自由主義份子，天主教徒於一八七一年組成了中央黨。俾斯麥宣傳他的政府與羅馬天主教之間關於教育權及教職任命權之爭，反對任何外界對德國內政的干涉，尤其反對羅馬天主教會，一八七二年，遂與教宗斷絕外交關係，驅逐耶穌會士，規定羅馬天主教教士的委派要經國家批准，並堅持唯有土著而在德意志受教育的德國人，才得封爲羅馬天主教的主教。主教們大半被拘入獄或放逐逃亡出境，然而中央黨繼續增強其實力。因此，俾斯麥突然轉變態度，接納保守主義份子的支持，從而注意鎮壓社會主義份子。

意大利方面，教宗長期反對民族主義與自由主義，因爲它們有脫離宗教的傾向，尤其對馬志尼、加富爾，及加里波的所從事意大利的統一，特別戒備。當意大利王國於一八六一年成立，教宗統屬的羅馬與威尼西亞（Venetia）各邦，不包括在內。有些改革者，欲不經教宗同意而奪取羅馬，但其他覺得這種步驟，有違教宗及法王路易拿破崙的意旨，不應進行。因此，直至普法戰爭，當路易拿破崙撤消對教宗的支持以前，再沒有什麼行動。隨即，經俾斯麥的贊成，維多伊曼紐征服教宗所轄的各邦，復由人民的壓倒性大多數投票表決，變爲意大利王國的一部份。人民雖有這種態度，但教宗不肯承認意大利王國，乃退隱於梵蒂岡，自稱爲一個政治的俘虜。意大利政府得羅馬爲其首都，承認教宗代表在梵蒂岡內一個獨立的異邦。教宗仍堅持他是一個俘虜的論調，以迄於一九二九年，方與墨索里尼（Benito Mussolini，一八八三—一九四五）簽訂一條約與協定，教宗最後承認意大利王國，而羅馬天主教亦被承認爲意大利的國教了。

新教徒的教會在社會上任務，由於一種更新的宗教熱情與福音傳佈，作爲反對啓蒙運動的唯理主義之反動，是被顯示的。這依順序地引致一種顯著的慈善努力，救濟新工業化城市的貧窮及所享權益較大多數人爲低者的苦難，並推廣免費或慈善教育的機會，普及於貧苦的兒童。宗教信仰的再肯定，在新教徒的教會中引致一種分裂與分派的進行，結果產生了許多新教派。十八世紀既略有少數的教派，十九世紀之末以前，復有幾十個可認明的團體出現。許多傳教會組成，引導福音傳佈於世界各地。整個十九世紀，歐洲各國中國家與教會的關係，關於教育的給養與管理是有決定性的。

第二節　人們所賴的思想

一、唯心論、進化論與宗教間的衝突

十九世紀一般智識的傾向中，特別的有關於瞭解教育的展望與方法，可以提及的有兩三種主要的思潮。十九世紀上半期，具有最大影響力之智識的展望起於所熟知的絕對唯心論。由德意志哲學家像康德（Immanuel Kant, 一七二四－一八〇四）、斐希特、謝林（Friedrich Von Schelling, 一七七五－一八五四）、士萊爾瑪卡（Friedrich Schleirmacher, 一七六八－一八三四）、黑格爾（Georg Wilhelm Friedrich Hegel, 一七七〇－一八三一）等學說繁興，代表一種唯心論，反對十八世紀啓蒙運動之科學的唯理主義。大體而論，唯心論提高人類感覺、情感，和神秘的信仰之要求，與啓蒙運動對世界和人類提高理性的接近，宗旨殆爲相同。唯心論的用力，首要的是建立思想上一個完全的系統，這思想要再統一人類、自然，及天主爲一個由「絕對的」名詞所表明的大結合。這種展望一般的傾向於增強宗教的氣質，與視爲重要的科學之展望相比對。

十九世紀所有許多非常地科學的增長，進化觀念的開拓，對於人類展望的全部衝突中，也許是最重要的與最革命性的。從林奈（Carolus Linnaeus，一七〇七—一七七八）、伊拉斯莫斯．達爾文（Erasmus Darwin，一七三一—一八〇二）、馬爾薩斯（Thomas Robert Malthus，一七六六—一八三四）、萊伊爾（Sir Charles Lyell，一七九七—一八七五）、拉馬克（Chevalier de Lamarck，一七四四—一八二九），與尤其查理斯．達爾文（Charles Darwin，一八〇九—一八八二）等著作之滋長，進化的觀念是用心研究的，不祇對地球上生命原始作一特別的生物學解釋，而且亦爲對人類及其社會結構的發展，作全部的解釋。達爾文爲用生物學解釋之最先者，由是斯賓塞（Herbert Spencer，一八二〇—一九〇三）與赫胥黎（Thomas Huxley，一八二五—一八九五）是傑出的使進化理論流行更廣大的應用。因此，他們與關於世界的與人類的起源之固定的及傳統的信仰，立卽發生激烈的衝突。在智識上許多其他部門，由科學研究的支持，進化論與科學，在十九世紀後半期，共同向宗教的與唯心論的思想之至高權力挑戰。這世紀末期，在英格蘭的格林（Thoomas Hill Green，一八三六—一八八二）、布萊德雷（Francis Herbert Bradley，一八四六—一九二四），及波桑開（Bernard Bosenquet，一八四八—一九二三）雖然對唯心論重新申明，但科學、進化論，與實在論的勢力，是比無論何時顯出更強有力的。

有時，進化論與宗教的爭執，像宗教的新派人物的事例，終歸於冀圖對雙方的調和，但這亦有時意味對希臘正教之宗教信仰，一種徹底的攻擊。反宗教運動的領袖，是英國的斯賓塞及赫胥黎、法國的克里孟梭（Georges Clemenceau, 一八四一—一九二九）、與德國的赫克爾（Ernst Haeckel, 一八三四—一九一九）。他們不祇有演講與著作的活動，並且組織會社以宣傳他們的思想。唯理主義者出版協會（Rationalist Press Association）在英國成立，國際自由思想家聯盟（International Freethinkers League）則於一八八〇年組成。

當然，宗教的勢力並非沒有他們的策略，遂立即起而應戰。根據巴特勒（Joseph Butler, 一八六三—一九三八）的天理與天啓教的類推（Analogy of Natural and Revealed Religion）及佩利（William Paley, 一七四三—一八〇五）的自然神學（Natural Theology），作爲一種防衛，叫做基督教徒見證（Christian Evidences）的運動。他們堅信，自然現象最好的適應需要這種信仰，自然已由天主指定，不能作爲意外或自然法則的結果。在法國，宗教與天主教之教義最有力的衞道者是夏多布利昂（Vicomte Francois René de Chateaubriand, 一七六八—一八四八）。在英國，著名的衞護是由牛津運動的人物所造成，他們譴責科學而保護信仰。在這些人物中，著名的是紐曼（John Henry Newman, 一八〇一—一八九〇），他變爲改奉羅馬天主教，其後升爲樞機之職。

二、世界眼光與人類本性

宇宙的及世界的起源與本性，其抵觸的觀念有兩大方式：宗教與進化論間宗教上衝突；絕對唯心論與實在論（實證主義 Positivism）間哲學上衝突。

宗教對進化論 新敎之敎義的基本主義者（Fundamentalists，絕對相信聖經上記載有關萬物發生之特創說，而排斥演化論之宗敎信仰者）堅持對聖經完全依照原文的解釋，謂世界及全部有機的生命，是在過去某一時期由天主特別的創造，生物的種類沒有改變，而且在全部時期內保持同樣的。爲着求證，他們暗示在聖經裏天主創世的敍述，是出於神的感悟，因此毋庸懷疑。但那攻擊基督敎基本主義者的地位，採取兩種主要的方式。第一是根據對於聖經的起源之變爲科學的與歷史的研究。其結果，指出聖經是由許多不同的人物歷幾百年的時期所撰著，這些人並沒有特別出於神的感悟，不過寫下各種故事與事件，因此聖經故事所產生的殆似任何名著被撰成的一樣。聖經批評的與比較宗敎的學生主張，特創說是被古代人們所自然演變，他們並沒有像現在可用的科學智識的便利。由於這個觀點得到進展，進化的理論自易於得到人們的擁護了。

攻擊基督敎基本主義者第二種方式，當然根據生命本質的進化觀念。進化論主張，當時間上無數的年代，生物的各類由簡單的形體逐漸變爲複雜的形體，沒有物種是固定的或不變的。在自然的過程中，由是各個的有機體與其自然的和社會的環境交互作用，生命各種形體便出現了，其中最複雜的就是人類。從科學和歷史的證明，這是主張地球和人類比曾經實知以前更爲古老，生命的各類是生物一個共同幹體的分支，與品類由自然的原因而變化，並非視作特別創造出於神的行爲之結果。

由於馬爾薩斯之社會的與人口理論的影響，達爾文採其說，意謂適者生存與自然淘汰在進化中扮演一角色，他著重此等要素作爲有生命的品類變化之道的解釋。進化亦需靠地質學與古生物學，以表示地球壽命有二十至四十億年之久，較早時期化石的遺蹟，比諸更最近的有機體，顯出爲極簡單的構造。這亦需靠生物學、形態學，及化學，以表示動物的及人類的各種類型之軀體構造與生理學的過程之間，有一本質的相似及密切的關聯。因之，變化的觀念，不僅在生物學部門而且在各種眞理及智識的部門，變爲足夠重要的。

倘若變化是自然的與人類的發展全部過程中一種固有部份，許多人開始爭論，變化亦爲社會制度一種基本的特性，這意味着社會制度不祇能夠改變（像啓蒙運動人道主義者願望），而且基於生活及社會的眞正本質，社會制度必需改變。這種變化的進化觀念，應用到社會，對於社會的以及人類的進展，刺激起樂觀與希望。它刺激世俗主義，以其集中注意於此時此地的生活而非求永生；它刺激欲望，以用於研究生物學之留心、精密，與準確的，同樣在科學上研究人類生活的各方面。因此進化論對於實在論之哲學上與科學上研究，給予大激勵。

唯心論對實在論　唯心論與實在論間的衝突，是對思想體系的性質更古老爭論之延續，但在十九世紀則採取新方式。這古老的爭論：一方面是側重思想與智力形態之存在；另一方面是側重自然的外界與物質的東西視爲眞實。希臘的唯心論曾說：思想是最高的眞實，自然的物體是簡單地通過想像而得。笛卡爾（Rene Descartes，一五九六—一六五〇）說過：有兩個範疇同樣眞實的：一爲精神的，一爲物質的。現在，十九世紀初期的絕對唯心論試把精神和物質聯爲統一，形成想像與思想不祇爲個人注意之最高集中點，而且亦爲思想體系自身之眞正的構造。爲着達成這類統一，唯心論者大部份依賴信仰、情感，與神秘的感覺以得到其結論。這個展望之最高哲學家是斐希特、謝林，及黑格爾。鑒於康德說過：個人心靈，如果是用以獲得智識，必須整理它的經驗。斐希特開始說：這是過程，一般的心靈，或許絕對的，由是以處理所有世界、自然、人類，及社會制度之事。因此，全部經驗，因這絕對是由自身的體驗與了解而起。自然的客觀世界，祇是這絕對心靈的一種表現，而所有人類像他們所做的行爲，因爲他們是這一般過程的一部份。這絕對常常在努力以獲致人類與自然的關係之過程中，而在意義上，這是一種進化的過程。

照唯心論的觀察，天主並非除其所創造之外作爲一個造物主，而卻在自然的與社會的發展之全部過程中，作爲有創造力的智慧與精神。因爲這絕對存在於一切事物之中，而一切事物是由一種道德上的目的而形成。絕對的最高顯示是在人類。每一個人是絕對之道德的與精神的特性一種表現，因此，因爲個別的人們在一共同社會的與道德的生活而一起工作，他們表明這絕對之統一道德的目的。個別的人們所以能夠良善的，祇以他們在於社會制度之過程中自動的合作。斐希特當拿破崙失敗後激發他的愛國熱情，在德意志民族主義發展中創造他的哲學一種基本原理。他力陳由各個德意志人共同一起工作以創立一個德國，同時，他們是幫助以宣揚在地球上這種絕對意志。

唯心論的這種哲學是由黑格爾綜合其最後的結論，他的歷史哲學復協助以建立對德國民族之理論上證明。在各個人相對地主觀的與紊亂的心理狀態之開始，這絕對經過社會制度各階段而自己開展，歷幾個世紀，直至黑格爾時代在普魯士邦是最後實現其最高形態。基本上社會的與道德的程序，常常經過正、反、合的三個階段。這見解代表黑格爾的辯證法，其中一部份原理被馬克斯剝取，藉之以公式表明他的學說，謂每種經濟制度產生其自己的對立，因此包含其自滅的種子。

在對照唯心論之形而上學的與神秘主義的化成公式說明，實在論的哲學在十九世紀以大力的再主張。從冀圖創立理想中至善與絕對權力的大體系轉移眼光，實在論由自然科學與外界客觀狀態的發現而自定方向。它不全置信於所有事物的統一及信賴於一種最高道德的權威；實在之存在並非寄託於一種理論上的精神本體之思想與意志，而在於客觀世界的自然法則。凡事實、事物，及經驗的關聯是眞實的，與脫離道德律及人類心靈而獨立存在的。

這種接近於科學是化成公式說明爲一種哲學的系統叫做實證主義（Positivism），十九世紀中葉由孔德（August Comte, 一七九八－一八五七，著實證哲學　）所創。孔德敍述哲學過程的有三個時期：㈠神學時期，在這時期裏，神的與超自然的是訴之於作爲自然現象的解釋；㈡玄學時期，在這時期裏，哲學家試圖在此種抽象的實存東西像本質、形體、與絕對，建立一完全系統以解釋自然；㈢實證時期，在那裏，科學與科學方法是用作媒介，以得到自然之經驗上的解釋。

大體而論，實在論者的努力是建立一個自然世界的觀念，這藉科學的研究是整齊的、有系統的，與可理解的，而不需信賴一宗教的或神秘主義的性質，所用精神的與超自然的解釋。彌勒（John Stuart Mill, 一八〇六－一八七三）、斯賓塞、赫胥黎用極大努力推廣這種思想體系之實在論的見解。例如彌勒之基本的假定是一種固定的實在，在那裏，自然的事物順從確信的與不變的法則，表現於根據因果關係的一般定律可預言的樣子。他假設一個自然實體的世界，以動作完全有規律爲特徵。唯心論既然似乎是訴諸宗教的與情感的氣質，因此實證主義與實在論訴諸時代之世俗的氣質，冀圖將科學融入於哲學之中。

人類本性　唯心論與實在論之間基本的爭論，其自身表示於相反的觀念者，不祇屬於宇宙與自然，而且亦屬於人類本性。宗教常側重於人性之心理的、道德的，與智力的方面，作爲世上神意的表現。人被視爲一個特殊的本體，因爲他的道德的與智力的性質，從其餘的自然形成一道無法通過的深溝而分開。人類本性的理想化常常失去任何宗教的含意，而擴充爲個人的幻想與神秘的讚美，尤其提高他的情感與感覺而不在他的智力，作爲對行爲的指導。實在論者大部份常採用對人類描寫的科學與進化，作爲與自然沒有間斷的，而且作爲自然生活之最高與最複雜的形態；人類在進化的自然程序中發展其心靈與良知之較高的品質。實證主義引致人類本性的科學研究，及人類行爲之自然法則的公式化說明，以解釋人類的擧動，和自然、宇宙，及社會制度之科學的解釋相等。應用科學方法對人類本性之研究，是十九世紀實在論主要的影響於教育的方法。

科學家開始研究人類心理學、神經系統、感覺與知覺的程序、感官的生理學、遺傳性與遺傳學的定律，及從事心理程序之實驗的研究。哥爾（Franz Joseph Gall, 一七五八—一八二八）、韋伯（Ernst Heinrich Weber, 一七九五—一八七八）、費科納（Gustav Theodor Fechner, 一八〇一—一八八七）、高爾頓（Francis Galton, 一八二二—一九一一）、斯賓塞，及馮特（

Wilhelm Wundt，一八三二—一九二〇）等，努力於這種研究是特別重要的。他們開始採取彌勒關於道德科學之定律的假定。他們覺得，倘若我們完全深知一個人，我們能預知他的舉動，必然地我們能預知軀體發生之事。我們能建立一種人類本性的科學，由是無疑人類思想、感覺，與動作應用因果律。心靈的定律是能由觀察與實驗所發現之一般的與普遍的定律，幾等於由科學的研究所發現自然的法則一樣。人類本性的構成之定律，由這種科學的心理學便能推知了。如果我們知道心靈怎樣操作，然後我們有一現成的構造物，由是以配合我們教育的技能。人類順從自然的觀念立卽引起研究，卽爲大學改革人類學習與智力之傳統觀念。這意味最後卽爲教育方法中一種革命。

三、學習與智力

像在過去，智識性質與學習程序之占優勢的觀念，是由兩大觀點進行，卽理性主義與經驗主義。理性主義的門路，普通是表同情於思想上唯心論的與宗教的氣質；經驗主義的門路，依賴於科學的研究爲其證據。大體而論，理性主義的信仰堅守由亞里斯多德及阿奎奈（St. Thomas Aquinas，一二二五—一二七四）所滋長傳統的展望，認爲人類心靈是一種獨有心理的與精神的官能，有伸手把握最後眞理一般的與必要的原則之能力。紐曼樞機主張這種智識與學識之偏重理智者觀念而反對科學的智識，他依照智力的效能把科學的智識明確地列於較低的論點，這個論點在以前幾章已完全敘述過了。憑經驗的方法以攻習智識與學識，採取幾種方式。彌勒爭論，認爲一般的與必要的眞理可能由經驗經過歸納的方法而增進。彌勒恰如唯理主義者，是深信永恒的與必要的眞理之存在，但他與別人不同，堅持此類眞理被顯示的，並非由推理的一種運用智力的能力，而由科學的與歸納方法之經驗上的過程。他提供理論上基礎，由是許多合乎科學的哲學與心理學之體制，於十九世紀便構成了。

憑外界一種實在論的觀念及憑智識性質之經驗上的觀念，十九世紀中期，學習的最顯著心理學，卽觀念聯合論（Associationism），否認官能心理學的正確性，冀圖使簡化所有心理的程序至於聯合的進行。根據這種見解，其著名的解釋者是彌勒與赫爾巴特（Johann Friedrich Herbart，一七七六—一八四一），心靈與意識，是由進行而構成，在這進行中，外物的簡單感覺，於特種情形時變爲聯結其他感覺以產生較複雜的感覺與想像。因爲這些感覺與想像變爲在許多組合中聯結，經驗的「統覺的集合」（Apperceptive Mass）是於特種情形時增加及組成他的心靈之構造。當兩種想像變爲連接於經驗時，一種隨後由外面原因的刺激將記起者不祇原始的想像，並且那變成與其聯結者，亦連帶一起。

心靈被認爲一個中心，由是想像與感覺在統覺的集合中不斷地爭求察覺。心靈發展爲感覺，變爲精細的作成想像或觀念，或意念。感覺並非留在意識之中，但是推後入於無意識的，它們是貯備在那裏，直至於由新感覺或經驗喚起爲止。更常常的、新近的，或鮮明的，這聯結是更容易的把一種想像能由無意識的喚起爲有意識的。二十世紀由科學的心理學所表示，學習有關於頻數與近因的新定律，是在觀念聯合論之內省的理論中所預示的。

另一方式，對於學習所採取經驗上方法的應用，是在十九世紀後期實驗心理學的展開。心理學變爲視作意識之科學的分析，在這裏受控制的實驗能產生定量的結果，由是預知人類的行爲與學習。許多科學家開始強調，心理學與心靈的研究，必須根據生理學。因此，心理學家轉而對感官的生理學之研究。他們研究感官的與運動的神經；他們測度神經衝動的速度。他們探討眼耳與說話器官的動作；與他們對在皮膚及在觸覺感官引起感覺試驗所需的壓力。

最重要的，科學的心理學之實驗的方法，作爲對感官知覺與意識的結構分析之一助，是由馮特在其萊比錫的實驗室展開。馮特對美國科學的心理學之發展，有很大影響。高爾頓經營感官辨別之測驗，對於個人差別的概念及智力測驗的發展，亦給予一種推動力。比內（Alfred Binet，一八五七—一九一一）批評此種早期的測驗，以其太依賴體格的特性，因此，爲着此類較高的與更複雜的心理程序，像意志、記憶、意像，與聯合，創出各種測驗。他的影響是在智力測驗一門中甚至更顯著的，二十世紀在美國開拓很大的範圍。因爲這些經驗上的與科學的方法，開始在人類學習與智力的研究成爲確定的，從正面攻擊美國二十世紀教育上爭論之理性主義與官能心理學，根據是已有準備了。

四、學藝與科學的社會作用

可以說，博學的與有創造力的努力之範圍，在表示世界與人類本性之基本觀察的展望中，透露有幾分相同的對照。在哲學上，稍近於唯心論的展望者，是表現於歐洲的文學、藝術，與音樂的浪漫主義；在哲學上，稍近於實在論的展望者，是科學與社會科學的發展。復歸於冒險的理想及中世紀類多浸淫於靈感的情操之稗史，浪漫主義脫離了那些注重於樸素、整齊、明晰，與一貫的古典文學。浪漫主義從事於奇異的、主觀的、易於動情的，與神秘的，讚美個人、自由，與本性。

在對照來說，實在論者步驟，使學者安心從事於審問、測度、觀察、核對，及由物質的、自然的、與社會的世界之探考推演而來所收集之論據，將其綜合的認眞研究。詳細的與精密的敍述，變爲實證哲學家於科學與社會科學，及實在論者於文學與藝術之終極目標。大體而論，浪漫主義在十九世紀早期是受人歡迎，而實在論在十九世紀後期成爲更突出的。

文學　當十九世紀，世界的土語文學時代，明確地蒞臨了。甚至有些古典文學家坦率承認，這是在文學上有創造力的時期，卽使不認爲勁敵，但已屹立於古典文學的與文藝復興的時期之後。在英格蘭，這時期散文與詩是特別宏富的。其顯示有創造力表現的範圍與活力者，寥寥姓名的簡目如下：詩人中有雪萊（Percy Bysshe Shelley, 一七九二—一八二二）、拜倫（George Gordon Byron, 一七八八—一八二四）、濟慈（John Keats, 一七九五—一八二一）、柯爾雷基（Samuel Taylor Coleridge, 一七七二—一八三四）、華茨華斯（William Wordsworth, 一七七○—一八五○）、布雷克（William Blake, 一七五七—一八二七）、索迪（Robert Southey, 一七七四—一八四三）、但尼生（Lord Alfred Tennyson, 一八○九—一八九二）、布朗寧（Robert Browning, 一八一二—一八八九），及安諾德（Matthew Arnold, 一八二二—一八八八）。散文作家，有司各脫（Sir Walter Scott，一七七一—一八三二）、奧斯丁（Jane Austen，一七七五—一八一七）、海斯利特（William Hazlitt，一七七八—一八三〇）、蘭姆（Charles Lamb，一七七五—一八三四）、狄更斯（Charles Dickens，一八一二—一八七〇）、柴克萊（William Makepeace Thackeray，一八一一—一八六三）、哀利奧特（George Eliot，一八一九—一八八〇）、美利狄夫（George Meredith，一八二八—一九〇九）、哈代（Thomas Hardy，一八四〇—一九二八）、斯蒂文生（Robert Louis Stevenson，一八五〇—一八九四）、卡萊爾（Thomas Carlyle，一七九五—一八八一）、麥考萊（Thomas Babington Macaulay，一八〇〇—一八五九），及羅斯金（John Ruskin，一八一九—一九〇〇）。在法蘭西，需要提及者，僅有雨果（Victor Marie Hugo，一八〇二—一八八五）、梅里美（Prosper Mérimeé，一八〇三—一八七〇）、仲馬（Dumas，大仲馬 Elder Alexandre Dumas Père，一八〇二—一八七〇，小仲馬 Younger Alexandre Dumas Fils，一八二四—一八九五）、巴爾札克（Honoré de Balzac，一七九九—一八五〇）、福祿貝爾（Gustave Flaubert，一八二一—一八八〇）、聖佩甫（Charles Augustin Sainte-Beuve，一八〇四—一八六九）、泰恩（Hippolyte Adolphe Taine，一八二八—一八九三），及莫泊桑（Guy de Maupassant，一八五〇—一八九三）。在德意志，歌德（Johann Wolfgang Von Goethe，一七四九—一八三二）傾向超出所有其他作家之上，連同浪漫派的詩人海涅（Heinrich Heine，一七九七—一八五六）、戲劇家蘇德曼（Hermann Sudermann，一八五七—

一九二八）、與反對崇拜偶像者尼采（Friedrich Wilhelm Nietzsche，一八四四—一九〇〇）。俄羅斯產生普希金（Aleksander Pushkin，一七九九—一八三七）、屠格涅夫（Ivan Sergeevich Turgenev，一八一八—一八八三）、杜斯妥也夫斯基（Fedor Dostoevski，一八二一—一八八一）、托爾斯泰（Lev Nikolayevich Tolstoy，一八二八—一九一〇），及柴霍甫（Anton Chekhov，一八六〇—一九〇四），而斯干的納維亞各國，安徒生（Hans Christian Andersen，一八〇五—一八七五）、易卜生（Henrik Ibsen，一八二八—一九〇六），及斯特林堡（August Strindberg，一八四九—一九一二）等著作，扮演他們的角色。凡此枚舉，可用以提醒對創作性及獨創力的讀者，這是已在各種文學的及戲劇的風格裏表現了。

科學與數學　當十九世紀啓蒙運動時期，科學範圍所採取的大步驟，經已增加。生物的科學之極大發展，經已說過，萊伊爾（Sir Charles Lyell，一七九七—一八七五）、達爾文及其他之進化理論，達到尖峯。動物與人類器官之細胞構造的研究，遺傳（孟德爾Gregor Johann Mendel，一八二二—一八八四；魏斯曼August Weismann，一八三四—一九一四；佛里Hugo de Vries，一八四八—一九三五）、病理學、胚胎學、及生理學並進，但沒有說到醫學部門的細菌學（巴斯德Louis Pasteur，一八二二—一八九五）、牛痘苗（金納Edward Jenner，一七四九—一八二三）、麻醉、疾病之細菌理論（考科Robert Koch，一八四三—一九一〇），及外科防腐手術（李斯特Joseph Lister，一八二七—一九一二）。地質學（萊伊爾及哈頓Charles Hutton，一七三七—一八二三）

、古生物學（邱維埃 Baron Georges Cuvier, 一七六九一一八三二）及地理（洪保德 Alexander Von Humboldt, 一七六九一一八五九；黎達 Johann Wilhelm Ritter, 一七七九一一八五九），給予地球構造之新解釋與其各種表明，有助於支持進化的觀念。數學與天文學方面，非歐幾里德（Euclid）的幾何學之發展，在羅巴柴夫斯基（Nikolai Lobachevski, 一七九三一一八五六）、雅各比（Karl Jacobi, 一八〇四一一八五一）、黎曼（George Riemann, 一八二六一一八六六），及高斯（Karl Friedrich Gauss, 一七七七一一八五五）等著作中，透露重要的傾向。天文學的實際工作，是藉改良的望遠鏡及天文臺設備的建設之助。

在物理學方面，熱學之基本原理、能量的保存，與熱力學的定律，是由倫福特（Benjamin Thompson Count Rumford, 一七五三一一八一四）、焦耳（James Prescott Joule, 一八一八一一八八九）、赫爾姆霍茲（Hermann Von Helmholtz, 一八二一一一八九四），及克爾文（William Thompson, Lord Kelvin, 一八二四一一九〇七）所苦心經營；聲光的定律，是由馬克士威（James Clerk Maxwell, 一八三一一一八七九）、赫芝（Heinrich Rudolph Herty, 一八五七一一八九四），及本生（Robert Wilhelm Bunsen, 一八一一一一八九九）爲之發明；電學的性質，是由伽凡尼（Luigi Galvoni, 一七三七一一七九八）、伏特（Count Alessandro Volta, 一七四五一一八二七）、安培（André Marie Ampère, 一七七五一一八三六）、歐姆（Gearge Simon Ohm, 一七八七一一八五四），及法拉第（Michael Faraday, 一七九一一一八六七）探究。

化學方面，原子理論與元素的週期律，是由道爾頓（John Dalton，一七六六—一八四四）、蓋魯撒克（Joseph Louis Gay-Lussac，一七七八—一八五〇），及門得列夫（Dmitri Ivanovich Mendelyeev，一八三四—一九〇七）所發明，無機的與有機的存在之間以前嚴格的界線，開始被有機化學挑戰。人類生理學與心理學之科學的研究，經已說過了。

由於這些大進步的結果，科學在世界智識生活中，獲得驚人的聲望與權威。「科學」一名詞之產生，至少有三個意義：㈠它參考有組織的智識之各個本體，每個具有其自己經過試驗的信念，作有系統的與一貫的敘述；㈡它即意謂實驗智識之發現與精鍊的一種方法，靠注意的觀察、假定的化成公式說明、結論的用心作成，與在控制的和可測量的條件之下嘗試和證實；㈢它即意謂一全套哲學，或世界眼光，根據此理凡事物變化有秩序地依照程序，這由於感覺、準確的測度，及定性名詞所表示而能夠發現的。在這樣的一個科學世界裏，沒有由自然世界外面所操縱的事情；連續性的原理代替二元論的學說；眞理爲指導人類對於智識與行爲以新穎的和更眞實的觀念，當作一種相對的而非絕對的方法。

憑有組織的智識，由是完成各種科學部門與應用科學方法於實際的事情，發明與技術的進展，在人類歷史中比從前更爲迅速的、廣博的。工藝學發展之革命的效果，玆錄如下：福爾敦（Robert Fulton，一七六五—一八一五）汽船，斯蒂芬生（George Stephenson，一七八一—一八四八）蒸汽機車，摩爾斯（Samuel Finley Morse，一七九一—一八七二）電報、照相，栢塞麥（Sir Henry Bessemer，一八一三—一八九八）鍊鋼法，連諾亞（Etienne Lenoir，一八二二—一九〇〇）煤氣機，諾貝爾（Alfred Bernhard Nobel, 一八三三—一八九六）炸藥，貝爾（Alexander Graham Bell, 一八四七—一九二二）電話，愛迪生（Thomas Alva Edison, 一八四七—一九三一）留聲機、白熱電燈、汽車、電影放映機，與馬可尼（Marchese Guglielmo Marconi, 一八七四—一九三七）無線電報。革命是在運輸與交通方面進行，使創造一個從未有的世界。由裝置煤炭、煤氣、石油與電力的發動力而製造貨品之新方法，及由農業機械、冷藏，與裝罐而產生及保存糧食產品之新方法，是創造一個新世界。藉醫藥、外科手術以對疾病的控制，及糧食價值的智識，生活性質的改善已經是可能了。製造戰爭的方法，同樣地是採取恐怖的猛進。所有這些方面，科學對於人類的事務之善惡，變爲一非常重要的工具。

社會的科學　由科學大發展及由努力以實現十九世紀增長民主政治運動更好的社會處理所刺激，人類關係的研究，負起一新重要性。實證哲學與實在論，引導許多學者及作家，用科學方法來對社會的研究。屬於第一次，在社會的科學中，有系統的智識之分離的與各別的本體是被組織，而有異於「哲學」上傳統的裝雜物袋般範疇，由是自古代及中世紀時期以來社會的制度，曾有論述。歷史學、政治科學、經濟學、社會學、人類學顯出爲特殊的科學。

十九世紀所撰著歷史的大部份，是受風靡各國愛國熱情的強烈影響，法蘭西、德意志，與英格蘭的許多民族主義的歷史，表現其態度。這努力亦以首宜注意於準確精詳而符合於事實的，來撰寫歷史。這種運動的領袖，是德意志的朗吉（Leopold Von Ranke, 一七九五—一八八六），跟着是英格蘭的斯塔卜斯（William Stubbs, 一八二五—一九〇一）、奧曼（Sir Charles Oman, 一八六〇—一九四六），及梅特蘭（Samuel Roffey Maitland, 一七九二—一八六六），與法蘭西的米迺特（François Auguste Marie Mignet, 一七九六—一八八四）、塞諾布（Charles Seignobos, 一八五四—一九四二），及朗萊（Charles Victor Langlois, 一八六三—一九二九）。在經濟學方面，此等第一流的經濟學家像馬爾薩斯、李嘉圖（David Ricardo, 一七七二—一八二三），及米爾（James Mill, 一七七三—一八三六），由公式表明經濟的「自然律」以辯護資本主義，但在這世紀之末以前確定的努力，是把統計的與歷史的方法應用於經濟事情的範圍。

政治科學大多的專心於對名詞下定義及根據其結構與類型分類政府的制度，其顯著的努力者，是由托克威爾（Alexis de Tocqueville, 一八〇五—一八五九）及布萊斯（James Bryce, 一八三八—一九二二）以美國爲研究的對象而著作，對於政治的整理得到準確的敍述及眞實的概括。社會學是由聖西門（Comte de Saint-Simon, 一七六〇—一八二五）、孔德、斯賓塞、甘布維茲（Ludwig Gumplowicz, 一八三八—一九〇七）及許多其他的著作舉示制度及地位，他們大多數冀圖以好像各個人的有機體一樣來描述社會。人類學在與其他社會科學之範圍相比較，並未成爲研究的一門，但本身大多限於測定人類骨骼及敍述在人類進化各階段中所產生工具與用具的發展。

法律的實際與理論，許多是受拿破崙一世的法典影響，這法典支配大陸上各國法律的體系。根據十九世紀最有力的觀察，法律是由國家的元首或統治的權威所頒佈法令的制度，法律的研究，僅爲在任何國家裏對於任何既定時間與地方現行法律之本體的分析。然而逐漸的，概念傳佈，法律不要與道德和人民習俗分離，寧可應認爲全部文化之自然的結果。因此，英格蘭之習慣法，獲得更大地位，俾法律學者根據公平及常識來決斷。由於這種展望傳佈，更需要法理學的學生，研究一國較廣泛的歷史與制度，作爲得到一種更牢固的建立法律的評價之方法。

社會科學中，由於科學的與文化的考究之結果，社會之現世傾向，是既定的一種大動力。社會被認爲應服從天上之神或超自然的命令，越來越少，而社會的幸福乃根據人民的生活與福利，作社會調整之效果的估計得來，是越來越多的。在這種進行中，邊沁（Jeremy Bentham, 一七四八－一八三二）與米爾（John Stuart Mill, 一八〇六－一八七三）之實利的展望，有一大效果。功利主義主張，道德上的幸福是由最大多數人民之最大幸福所決定。當然，這卽意味道德與幸福的觀念，也許隨時隨地不同。在這種學說中，漸進的改革有一大地位，它立卽被瞭解，社會的幸福之完全確定，關於國家或社會的福利之社會制度，要考慮其全部複雜情形。

藝術與音樂　十九世紀美術有創造性的表現，也許被科學的、工業的，與技術的進步所掩蔽了。除法國外，人們的精力似乎追求表現於科學的研究或一新工業社會的建立，而不在埋首於繪畫與彫刻的藝術。法蘭西是易於爲繪畫的領袖。隨着戴拉克魯瓦（Ferdinand Victor Eugene Delacroix, 一七九九－一八六三）的浪漫主義的及戲劇的論文，此類畫家像盧騷（Theodore Rousseau, 一八一二－一八六七）、葛魯（Jean Baptiste Corot, 一七九六－一八七五）、米列（Jean Francois Millet, 一八一四—一八七五），及馬奈（Edouard Manet, 一八三二—一八八三），轉而至自然描摹之寫實主義的與印象的暗示，莫奈（Claude Monet, 一八四〇—一九二六）、及雷諾瓦（Pierre Auguste Renoir, 一八四一—一九一九）以極大的注意於光線與陰影之正確色調的描摹而繪山水畫。塞尙（Paul Cézanne, 一八三九—一九〇六）的反動，反對寫實主義及印象主義，奠定了二十世紀各種新派發展之基礎。彫刻方面，羅丹（Francois Auguste Rene Rodin, 一八四〇—一九一七）領導這一門。在英格蘭，羅塞蒂（Dante Gabriel Rossetti, 一八二八—一八八二）及馬禮斯（William Morris, 一八三四—一八九六）力說藝術與工業的圖案應更密切的聯合，以便洗滌現代文明的醜陋，而在生活與文化上恢復藝術對於社會的作用。

無論如何，十九世紀音樂的發展，已躋至創作表現的尖峯，在任何其他可比較的時代，是無與倫比。僅堪提及者爲德意志的貝多芬（Ludwig Van Beethoven, 一七七〇—一八二七）、孟德爾松（Felix Mendelsohn, 一八〇九—一八四七）、舒曼（Robert Schumann, 一八一〇—一八五六）、舒伯特（Franz Peter Schubert, 一七九七—一八二八），及布拉姆斯（Johannes Brahms, 一八三三—一八九七）；法蘭西的貝里歐茲（Louis Hector Berlioz, 一八〇三—一八六九）、佛朗克（César Auguste Frank, 一八二二—一八九〇）、聖山斯（Camille Saint-Saëns, 一八三五—一九二一），及馬斯奈（Jules Massenet, 一八四二—一九一二）；俄羅斯的波羅丹（Alexander Borodin, 一八三四—一八八七）、慕梭格斯基（Modest Petrovich Moussorgsky, 一八三五—一八八一）、盧賓斯坦（Anton Rubinstein, 一八二九—一八九四）、柴考夫斯基（Pëtr Ilich Tschaikovsky, 一八四三—一八九三），及李姆斯基考薩可夫（Nikolai Rimski-Korsakov, 一八四四—一九〇八），皆顯示其成就的淵博。同樣，在世界大樂曲之中，靠華格納（Richard Wagner, 一八一三—一八八三）、韋伯（Baron Karl Von Weber, 一七八六—一八二六）、斯特勞斯（Johann Strauss, 一八〇四—一八四九）、威爾第（Giuseppe Verdi, 一八一三—一九〇一）、董尼才弟（Gaetano Donizetti, 一七九七—一八四八）、比才（Alexander César Leopold Bizet, 一八三八—一八七五）、馬斯卡尼（Pietro Mascagni, 一八六三—一九四五）、利恩卡瓦羅（Ruggiero Leoncavallo, 一八五八—一九一九）、羅西尼（Gioacchino Rossini, 一七九二—一八六八）、吉柏特（Sir William Schwench Gilbert, 一八三六—一九一一）、及索利凡（Sir Arthur Seymour Sullivan, 一八四二—一九〇〇）等所製名曲，歌劇佔有其地位。鋼琴、手提琴、及聲樂，隨李斯特（Franz Von Liszt, 一八一一—一八八六）、蕭邦（Fredèric Francois Chopin, 一八一〇—一八四九）、帕格尼尼（Nicolo Paganini, 一七八二—一八四〇）、舒伯特、布拉姆斯、舒曼，及法蘭士（Robert Franz, 一八一五—一八九二）的天才而並進。十九世紀音樂的勢力與範圍，當其變爲聞名「第一流的」音樂，及變爲所有其他音樂藉以鑑定的標準以前不久之時，是卽被完全承認了。

第四章　十九世紀歐洲的教育

第一節　教育機構的組織與行政

歐洲有組織的教育制度，反映着各國權力鬥爭之習俗生活中矛盾的成份。大體而論，民族主義、資本主義、保守主義、與宗教的勢力，傾向於加強繼承教育機構之貴族的性質，而自由主義、立憲主義、與社會主義的勢力，傾向於使教育更民主主義的。在各別的國家中，採取不同的方式而奮鬥。法蘭西、德意志、與英格蘭的趨向，對於我們的目的來說，是最重要的，以它們是算作最影響美國教育思想與實行的國家。在歐洲其他國家的教育制度，乃代表這三國的類型大部份的變化。俄羅斯的沙皇，對於教育措施甚微，沙丁尼亞王國外面的意大利，曾受拿破崙的法蘭西思想強有力的影響，本身對教育的進益也少。因此，法蘭西、德意志、與英格蘭三國，可用作表明十九世紀歐洲教育顯著的發展。

一、法蘭西教育的民族主義與自由主義

法蘭西於十九世紀最重要的傾向，是建立教育上一種強有力使中央集權的國家制度。當法蘭西革命時期，冀圖建立一種學校的國家制度，俾造成民主政治的全國統一。當拿破崙掌握政權，立卽奮力以加強學校之全國性，但其努力之效果，卻減少革命所造成民主政治的利益。他與羅馬天主教會訂立一八〇一年協定，一八〇二年的法律迅卽頒佈，一般的將小學交由教會管理。拿破崙賞識基督教學校兄弟會的工作，有深刻的印象；而且，實在他對於中學比小學更有興趣。他希望通過中學，訓練忠實而能幹的官吏，供政府的任用。

因此，一八〇二年的法律，規定在公共管理下國立中學制度的基礎。私立中學雖尙許繼續開設，但對於公立中學兩種最普遍的模式，已排鋪其途徑了。這兩式中學，一爲大城市所設立的國立中學，另一爲較小的地方行政區所設立的市立中學。國立中學爲法國的標準中學，畢業的學生有准許升進大學肄業的優先權。它成爲典型的供給膳宿學校，由國家撥款建築校舍及支付教師的薪俸，又爲莘莘學子代辦膳食，及維持高度的學習古典與人文主義的課程。市立中學亦供給進入高等院系的擢升之路，但因接受地方團體較大部份的供應，故常常不及國立中學之物質上或智力上優越的賦與。拿破崙的一八〇二年法律，並規定醫學、法律、科學、技術、神學，及其他藝術與科學之高等分科的設立。

拿破崙注意教育上民族主義的制度，登極後立卽頒佈一八〇六年的法律，意欲使全國教育，在他

的命令及個人的控制之下。法蘭西大學院設立，作爲最高行政的機關，監督法國全部公立學校。它不是照通常美國人的意識而視作一所大學，實際上好像一個國家中央集權的敎育部。該大學院最高的主管，由皇帝任命，作爲最高的敎育長官。他接受敎育高級參事會（Superior Council）的意見，這會由二十六至三十名參事組成，亦由皇帝任命。全國劃分爲二十七個敎育的行政分區，稱爲大學區（Academies）；每一大學區由一校長（Rector）主持，另有一參事會備諮詢，又有視察員（Inspectors）爲之助，皆由大學院院長（Master）委任。這種公職的敎階組織之目的，是使所有公立學校密切的在國家監督之下，規定學校的視察、監督敎師、及試驗學生。訓練國立中學敎師的高等師範學校，亦於一八一〇年創立。法國敎育，雖迭有變革，但組織所定範圍的基礎，本質上保持，以迄於第二次世界大戰之末爲止。

波旁朝各王由一八一四至一八三〇年的復辟，其一般復古的措施，是用之於敎育。敎會被給予在學校中比從前較高的地位，敎士受委任爲公立學校的校長及敎師，私立學校敎師的執照，歸於主敎授給。一八二〇年，最高大學院院長的名銜改爲公共敎育部長。由於一八三〇年七月革命所成立君主立憲之下，支持敎會的傾向，略爲倒退。在敎育部吉佐（François Pierre Guillaume Guizot, 一七八七—一八七四）領導下，一八三一年，古雲（Victor Cousin, 一七九二—一八六七）被派往普魯士考察，俾報告德意志學校之組織；一八三三年法律之通過，規定法國初等敎育之基礎。

一八三三年法律規定每一地方行政區設立一間公立小學，支給敎師薪俸，及供應校舍（通常亦備教師住宿）。學費，凡家長能繳納者則征收之，如貧苦兒童，可免費入學。倘若地方行政區無力負擔以給養一間學校，則由國家被授權予以補助。私立學校（大部份爲教會學校）准許繼續開辦，但此等學校的教師，應由該地方行政區市長，以及由教會證明。同樣地，公立小學中對於宗教的注重，略爲減少，因爲規定如果家長不願其子女受宗教的教導者，則學童不能強迫授以任何宗教的課程。

此外，一種新式的高級教育，在主要的市鎮及九十個府（Departments）的城市中，由高等小學的認可而備辦。高等小學是指定以貢獻於小學畢業生一種職業的準備，專屬於這區域之商業的、農業的、與工業的學科。而且，每一府設置初級師範學校一所，以訓練小學的教師。小學教育雖然並非免費的或強迫的而設，但在專屬於君主政治而準備教育之全國的及保守的模式，已有大進步了。在一八三〇年末，另外的進步，是設立女子小學、男子超過十四歲與女子超過十二歲的成年班、及學前的嬰兒學校。

當一八四八年力圖建立第二共和之際，這是顯然的，一種熱心的民主政治精神，激發起許多小學教師。他們發出有力的民主政治的提議，要求初等教育免費、強迫入學至十四歲、及一種豪爽的作風給予普通人民以較大的機會。但未幾保守派與君主主義者在共和政體中佔得上風，開始取消教育的自由運動，尤其通過一八五〇年的法律爲然。在這法律中保守的與宗教的傾向是顯露的，當路易拿破崙注意此事時，主教與教會人員在高級參事會及在若干大學區的參事會中，佔有卓越的地位。

因此，傳教士在公立中小學教學，比在七月君主政體時，變爲較易的。國家與地方的視察員屬聖職階級的制度是被加強與精密制訂，由是規定方法以搜捕自由派教師，因他們曾鼓動一八四八年革命而被控告的。路易拿破崙卽於一八五二年登極稱帝，「自由主義者通緝」，更爲加緊進行，教師紛紛被解聘甚至遭受放逐，私立的與教會的學校受鼓勵和公立學校競爭，師範學校是處於被密切監督之下，保證不能變爲自由主義社會的或教育的思想之萌芽地。

無論如何，由於第二帝國之被推翻與第三共和之建立，兩黨間政權之轉移，回復於一種更自由的與民主政治的傾向。經過一八八〇年由公共教育部部長費理（Jules Ferry，一八三二－一八九三）所提倡一系列的法律，法國教育之現代體制，才告完成。一八八一年，小學實行免費。一八八二年，強迫入學規定年齡由六歲至十三歲。一八八六年，高級參事會失去其宗教的性質，其份子大多是由專門的教育家構成。公共教育部接受主管課程的細目、教科書的選定、教師的考試與聘任、及所有小學教師之薪給。

私立的、教會的學校，受更嚴格的監督，對於共和的法律、精神、及憲法，確保不得使頻臨於絕境。並且決定宗教修道會的人物不得在公立學校教學，教會的學校亦不得授權當作爲公立學校（雖然一八五〇年法律准許）。法蘭西工業化的迅速推進，爲着應付技術訓練之需要，高等小學受鼓勵與擴展；在國立中學與市立中學中，女子的中等教育，亦受栽培。

從這短簡的察看，很清楚的，十九世紀法蘭西全部教育發展中，民族主義佔了一首要的因素；保守的、貴族的、與教會的勢力，在波旁朝復辟，七月君主政體、及第二共和之下，佔了優勢；而自由主義的、立憲的、與民主政治的份子，在第二共和之初期，曾被壓抑，但一八八〇年後，在第三共和之下則獲進展。法蘭西信仰國家教育的一種強有力中央集權制，無論控制的權力是否出自君主國、帝國、抑或共和國，皆視此爲達到全國統一之路。在第三共和之下，這世紀末期，雖然有民主政治的傾向，但貴族的觀念有足夠力量以維持教育上一種雙軌制：一爲下等階級，一爲上等階級。

二、德意志教育的民族主義與保守主義

法蘭西與德意志，於十九世紀教育的外貌與制度，有許多相似之點；實在，兩國在各時期是互相仿效的。兩者對於學校極注意使民族主義化，其主要差別，不過在這世紀之末，自由主義的傾向，在法蘭西佔勝，而保守派勢力，則在德意志保持。兩國均建立國家的學校制度，在其觀念與實行方面，本質上是貴族的。

由一七九七至一八四〇年，當腓特烈威廉三世朝，教育上保守主義與自由主義之間的鬥爭，至爲顯著。普魯士於一八〇七年被拿破崙挫敗後約十年至十五年間，自由主義似可獲勝。由此類人物像斯坦因（Baron Heinrich Vom Stein，一七五七—一八三一）、斐希特、洪保德、及舒文（Suvern）所鼓動，普王容許自由思想可以表現，作爲復興普魯士及使國家化教育的方法。這些人覺得使普魯士返老還童最好辦法，是設置「梯形」模式教育一種民主制度，根據這制度，每個兒童將有盡其才能向上求進的平等機會，因此可消除普魯士社會劃分的階級差別。

暫時，這似乎教育的改革與一八〇七至一八一一年的社會改革，平行並進，當時農奴制已廢止，市鎮脫離封建的控制而獨立，農民在土地業權上獲得一大部份。柏林大學於一八〇九年基於自由主義的原則而創立，由斐希特爲之首。洪保德受命主持普魯士的教育。若干教師遣往瑞士研究裴斯泰洛齊的方法，其中有些歸國後成爲公立師資訓練學校及各邦教育部之首長。普魯士小學教育在進行中變爲世界上最開明的與進步的，由一八二〇至一八三〇年間，特別吸引法國及美國教育家之注意。

無論如何，自由主義的傾向是短命的，自維也納會議後，未幾開始歸於烏有了。由於在奧地利及普魯士保守派的反動，腓特烈威廉三世的掌握加強，開始打消民主的觀念，對教育再確立宗教的與貴族的控制，而在其監督之下。公共教育司由內政司轉而爲宗教、教育、及公共衞生部之一部門。全國分爲若干邦，每邦再分爲郡及地方委員會，每一處有一個代表該社區各宗教團體的學校董事會。學校視察，大部份是落在地方上祭司或傳教士之手。

藉教育作社會革新之裴斯泰洛齊思想，開始讓給宗教的、訓練的、與軍事的甘願服從之理想。腓特烈威廉三世重視教育，並非作對革新社會的一種作用，祇視爲令普通人民滿意於他們的享有一塊土地、高興於他們的所指定的地方、及忠心於國王所達致的工具。直至一八三〇年，教育的雙軌制是堅決的制定了，爲教普通人民的小學（Volksschulen），供應於百分之九十以上的人口；爲教上等階級的中等學校，供應於不及十分之一的人口。並且，一八一九年抑制的加爾斯巴德（Carlsbad）法令，試圖在各大學之教職員及學生團體中，毀掉自由主義。

大概普魯士保守派的反動，在腓特烈威廉四世（一七九五——一八六一）之下，仍然不變，他對於絕對控制與神權的維護，超過普魯士其他各王。重視教育爲社會改革的工具，距離尚遠，他認爲學校當作抵制未經許可之宗教的與政治的思想之工具。他譴責普魯士小學教師參加一八四八年革命，並追究他們曾暗助以煽動人民要求一個憲法的暴動。他頒佈一八五四年的法令，指定再著重服從的習慣，對宗教及國王應作適當的崇敬。他特別注意於師資訓練的機構，作爲實行這些目的的工具。曾一度使德意志教育自由化的冀圖，經已失敗；但教育的力量已由上等階級認識，他們是越發確定學校應該爲着他們的目的而使用。

當一八七一年威廉一世（一八七一——一八八八）登極，爲新「第二德意志帝國」的皇帝未幾，公布使用教育作爲在新帝國中熔各派於一爐的工具。俾斯麥的德皇政府與羅馬天主教會之間關於教育權及教職任命權之爭，引起一八七二年的學校視察法，這法志在撤消學校視察由教士的操縱；未幾爭論放棄，但視察的大部份，仍留在教會之手。一八七二年學校總規程（General School Regulations）承認，構成帝國的德意志各邦之各派宗教集團，不應逐出於教育制度之外，而應該調和。公立學校應該根據該社區佔優勢的份子而創立新教徒的、羅馬天主教的、或猶太人的。社區被劃分，每種學校應該維持，或根據各種不同的信仰，而授給特別教學。各邦爲着這種公立教派的學校制度之觀念，依各宗教集團的利益而維持公立學校，便發生許多困難的問題。

同時，職業的及補習學校（Continuation School），在德意志大多城市中，非常普遍，作爲德意志工業化技術工人訓練的工具。德意志通過地方的制度而創立這種式樣的敎育，比任何其他各國爲多。一八七二年規程且承認需要一種超過小學程度的敎育，乃提議設立一種中間的（Intermediate）或中等學校（Middle School），以供工匠、小商人及商人的子女之能追求超過最低限度的敎育，但不預料有接受中學敎育的機會者來肄業。

威廉二世（一八八八－一九一八）登極爲皇帝之後，對學校敎師頒發一項法令，飭誡他們謂其首要目的是反抗社會主義與共產主義之危險的學說。如其要拒絕各種社會主義的學說，學校所敎者，乃宗敎與一種世襲的君主政治，作爲授給勞動階級普遍敎育的根基。因此，在這世紀之末敎育是一種高度中央集權之國家的功能，指定以諄諄訓誨民族主義的與保守的思想，而陶冶愛國的德意志人民，使認識他們的本分，迅速的與有效的服從命令，及慣常的效忠於國王與祖國。

三、英格蘭敎育的保守主義與自由主義

英格蘭的小學，典型的是由私家的、宗敎的、與慈善的團體所主辦，靠捐助籌款，設立免費的義學，以供應不能從其他方面支付他們的子弟敎育費之窮人。這是歷來承認的，凡自重的家長皆願爲其子女的敎育繳納學費。肇始於十八世紀之仁愛的方法，在十九世紀之初是擴展的與倍增的，大多因爲在英格蘭及威爾斯工廠市鎭中面對勞工階級可憐的職工情況之結果。由工業革命所引起，增加同情的人道主義，是由宗敎信仰復興主義所刺激起宗敎的感情。這也是一種願望，保護上等階級既得的利益

，而反對麕聚於不合衞生的與擠擁的各城市中人，以其爲頑劣的、愚昧的、與無紀律的烏合之衆。

法蘭西革命既刺激起法德兩國自由主義者，提議全國學校制度要顧及對人民的實惠，亦刺激英格蘭的自由主義者，組織慈善團體以濟助貧民。反對法蘭西革命的反動者，既引致法德兩國保守主義份子，利用國家的學校制度以保持人民的安定，亦喚起英格蘭保守主義份子，組織更多志願的會社，以少許費用使人民略受教育而滿意。慈善機關之任何份子，創設供給貧窮與享受權益較少者之「貧民學校」、羮湯廚房、孤兒學校、感化院、工業學校、儉約隊等。實際上，所有宗教的教派都組有學校會，以供給慈善教育。無論如何，其最重要的主動力集中於三種學校：主日學，教導在一週工作後尚有多餘時間的兒童；導生制學校（Monitorial School），把教育放在大量生產的基礎；嬰兒學校，供給一種托兒所，教導三四歲而其母親在工廠工作的兒童。

一七八五年，英格蘭各郡創立主日學之贊助與獎勵會。一八〇八年，爲導生制教學之皇家蘭卡斯特會（Royal Lancastrian Society），在非教派的贊助下成立，一八一四年，其名稱改爲英國及海外的學校會（British and Foreign School Society）。一八一一年，英格蘭與威爾斯依國教本原全國貧民教育促進會（National Society for Promoting the Education of the Poor in the Principles of the Established Church Throughout England and Wales），在英國國教贊助下成立，以提倡導生制的教學。一八三六年，國內與殖民地嬰兒學校會（Home and Colonial Infant School Society）組成，以提倡歐文（Robert Owen, 一七七一—一八五八）於一七九九年所創之計劃。直至一八五〇年，由此類以及其他學校會所設立學校，已有幾千間了。

雖然有這種志願的活動，但許多調查報告，發現大多數的英格蘭兒童仍受着不平等待遇及缺乏入學機會，乃開始鼓動使政府着手來處理。在此類人物像布魯漢（Lord Brougham，一七七八－一八六八）、布拉克斯東、邊沁、凱叔特華斯（James Kay-Shuttleworth）、狄更斯、卡萊爾（Thomas Carlyle，一七九五－一八八一）、及米爾（John Stuart Mill，一八〇六－一八七三）等領導下，藉國家以稅款供應的贊助，致力擴大工人階級免費教育的便利。然而，國會行動緩慢。由這世紀初期開始，在國會提出許多提案與制訂幾項建議，對學校給予財政上的津貼，但直至一八三〇年，所有此類提案均被保守黨黨員所擊敗，大多由於認爲公共教育或會使僕人對其主人養成不服從的顧慮。

未幾，維新黨黨員於一八三〇年掌握政權，於政府供應的第一個步驟，遂告取得。一八三三年，第一次國家津貼學校，經國會特許，撥款二萬鎊授給全國貧民教育促進會與英國及海外的學校會，俾作校舍的建築。政府對於教會學校的津貼，是視爲爾後三十五或四十年間全國熱心於教育之典型的形態。當一八四〇與一八五〇年間，有幾次國家津貼的總數是增加，並擴展至供應其他學校會及上述之兩會。國家款項由學校會及時用作維持與經常費，以及校舍的建築，一八三九年，樞密院委派一個委員會，管理這款項，並規定視察員巡察領受津貼的學校；一八五六年，這委員會改變爲教育司。由辯論所激勵，國家的工業化使其需要工廠的工頭與熟練工人應該能讀能寫，國家供應的開端，由是達成了。

無論如何，許多自由主義者對此類不熱誠的措施，並不滿意，一八五〇年，全國公立學校聯合會組成，以鼓動免費的、強迫的敎育，應完全由政府藉課稅而支持。當然，這遇着保守的與宗敎的集團之大反對；英國國敎徒需要維持宗敎的敎育，不從國敎者亦然，但不願受國敎會在這一門的獨佔而已，兩者均反對自由主義份子，以他們提倡世俗的敎育。在這運動中，國會於一八五八年委任一個委員會叫做紐加塞耳委員會（Newcastle Commission），經其調查後而發出勸告，認爲免費的、強迫的敎育是不當，因侵犯個人主權之強迫的禍害，實得不償失。

最後，當格萊斯頓（William Ewart Gladstone，一八〇九—一八九八）與自由黨當權，小學敎育法案，卽福爾斯特法案（Forster Act），於一八七〇年通過。全國劃分爲若干學校區，歸地方敎育局的管轄。在任何學校區，私立學校會如係需要的，給予一年期限，俾設立學校；如果這法不行，則敎育局特許設立公共「膳宿」學校，一半由課稅供應，一半由家長所繳納的學費來支持。如不能繳納學費者，則完全豁免。敎育局亦授權，倘若家長願意的，由六歲至十三歲兒童，可強迫其入學。

由於要求在敎育局管轄下學校的敎學，應爲世俗的，宗敎的問題，遂告解決，私立學校可授予宗敎的課程，但規定他們的家長如不同意，兒童不得強迫接受。宗敎敎學之現代「開放時間」計劃，當其被規定宗敎敎學應在上課時間之始末施行時預早宣佈，倘若家長有這樣要求，在那些時刻，學生准許退出。

當這世紀之末，由於教育司及科學與藝術司（一八五二年創立）合併，產生全國的教育部，以唯一機關處理各種小學、中學及技術的教育。可是，對照法德的教育部，英國的全國教育部未曾有委任或撤免教師、選定教科書、規定課程、或發給考試之權。其首要職權是勒令入學，判決物質上設備、校舍、與教師的資格，及關於課程與方法的問題，提出建議與給予協助。這種處理，是根據教育之外面的環境與教學之課程及方法內部的問題之間的差別之點，前者全國教育部由是有強制的權力，後者留待於地方的裁判與創制。

當然，總括各國及其逾一世紀的教育制度之發展，若太容易實現，這是危險的，但在法蘭西、德意志及英格蘭教育組織之無疑的事實，似乎突出。法蘭西與德意志，在其人民中產生一種民族主義的精神，比諸英國更爲自覺的，因此這兩國大致上造成全國教育之中央集權的制度，然而英格蘭對私立的及宗教的機構，容許更大伸縮性與範圍，便算滿足了。法德兩國在大陸是軍事上敵對的，足以說明何以他們對民族主義的著重；德意志在數年間刺激起全國統一的意識，這早已在英格蘭成就的一種過程；法蘭西傾向整齊與合理的模型，制定適合於法蘭西的一種中央集權制度，然而英格蘭不管政治的與經濟的各異，但因有全國一致更強固的卽使更非正式的意識，對制度之變化多端來應付，就算滿意了。

無論如何，這三國有一件熟知的事，卽它們本質上是貴族社會的組織，在該種情形之下，階級的區別比諸美國更嚴格的與更適當的被承認，這意味三國的教育制度，反映社會之階級的區別。法蘭西與德意志之中央集權的管理，雖與英格蘭之分權對比，但三國均認爲小學教育是意欲供應普通人民，中等教育是保留爲上等階級享受。小學教育並非志在產生民主政治的公民，而在適應平民一生爲國的要求，然而中等教育被想作爲適宜的產生國家之可能的管治者，在國家、教會、或商界裏擔當他們的正當地位。無論何時，美國教育和歐洲教育比較，在社會的結構與教育的宗旨上，其本質的差異是應該考慮的。

四、教學職業的改進

十九世紀的教學，比以前無論何時成爲一種更普遍承認的職業。在這時代一個相當短暫期間，以大衆爲基礎的全國教育制度之建立，意味教師的全部新人物，在師資訓練特別機構中以直接的方法來培養。教學職業漸變重要性的一種指示，是循這個方向，在這種情形下，保守派份子於十九世紀法蘭西與德意志的革命，「以警醒眼光觀察」教師的職分。反動的領袖可能找尋一替罪羔羊，他們自然選擇那恰好無力的一羣來譴責，但事實上，除其他之外，他們選擇教師是表示逐漸相信，一個社會有何種學校與教師，分辨其差異。

法蘭西、德意志、及英格蘭對於師資訓練的規定，雖然不同，但其全部堅持原則，小學教師應接受一種有異於中等學校教師的準備。這種原則依隨社會的與教育的在學校雙軌制所維持的特性而行。中等學校既然對大學是準備的及有密切的聯繫，這是預料大學應產生中等學校的教師。小學教育既非升進大學，它是需要設立分別的與「低級的」訓練機構，以培養對低級教學的師資。教師之由社會的與教育的需要而產生，是認爲正常的與適當的。

法蘭西　法蘭西中等學校師資之訓練，當一八一〇年拿破崙創設一高等師範學校以培養國立及市立中學的教師時，由國家支持接受一大推動力。高等師範學校最後視爲大學程度的高等科，注意古典文學、數學、及其他適宜於中學學科之大學級教學。直至這世紀中葉，高等師範學校授與最重要的課程，是在古典文學與文法、哲學、歷史、科學、及數學。精通教材的與有系統的智識，對於教師教學之準備是認爲主要的工具。有中學畢業的資格才得升入高等師範學校，故學級界限是稍爲嚴格的劃定。

一八三三年法律，規定法國每一府設立初級師範學校一所，對於小學教師的訓練，給予一大刺激。越數年，此類師範學校亦供應年長女子之願意爲女子小學教師者。通常由小學畢業，經過國家考試，始得進入初級師範學校肄業。很自然的，假使有可入中學及入高等科之資格者，沒有人願在「較低級」學校教學。教育學與教學法的課程，略摹仿裴斯泰洛齊的方針，於一八三〇與一八四〇年間傳入師範學校，但顯然的，這新奇的思想，第二共和及第二帝國的反動份子，認爲是危險的，因當教師被歸咎於支持共和政體時，師範學校曾成爲特別受譴責的目標。

初級師範學校的課程是因此縮小，其「理論」與「方法」的裁削，及減少小學學科主旨的造就。即使高等師範學校遭受其非難的部份；哲學的學位暫停，學生如被懷疑有自由主義見解者停授學位，教師亦被迫離職。第三共和成立後，初級師範學校的課程始再擴大，但師範學校之入學條例、學科教授、教科書採用、及教師資格，是受公共教育部指示。這制度變爲完全的合而爲一，在國家管理之下，志在訓練有能幹的、合格的、與忠實的教師。

德意志　因爲十九世紀初期對自由主義運動之同情的結果，普魯士的師資訓練制度得到大激勵，未幾變爲世界所追隨的模範。一八四〇年以前，小學教師的訓練，曾經大改革。大量採用裴斯泰洛齊的計劃，新教師講習所（Seminaries）在公共管理下而設立，課程放寬，對於方法、理論、教育學及「教授法」的新學科，亦經輸入。一八四八年，自由主義的教師連同他們主張一種更民主的學校制度的提議，籲請小學教師應與中學教師一起在大學中訓練，但被反動的運動否決了。一八五四年法令，勾銷了在方法與理論上帶有危險的教授，與這種行動相平行的另一種行動，限制教師講習所講授者係在小學所授之科目。可是，一部份專業上的內容，由一八七二年法令而恢復，對於此類世俗的科目，像教育史、教育理論、心理學、及理論學，給予更自由的講授。但德國制度是不許大學設置訓練小學教師的教學，內部生發（Inbreeding）的原則，仍屬首要的。

同時，早期自由主義的運動也影響於中學教師的準備。有些大學在教學講習課程（Pedagogical Seminaries）對於中等學校的學科，開始給予特別的教授。中等學校預期的教師，規定要通過國家的考試，方得領取證書教學，這些考試，包括古典文學、數學、科學、歷史、與地理。所有新教師實習教學一年也有規定。此類發展，立即吸引許多美國教育家的注意，開始力倡美國師資的訓練，應參考德國的方針而改良。事實上，美國訓練教師的雙軌制，久已依循歐洲內部生發的模型；但近來對於小學教師的培養，已提高至大學水準的程度了。

英格蘭 由於英國的志願制應該想到的，小學教師的培植，大多是由私立的與宗教的學校會主辦之機構所經營。對於教師之公立訓練學院的提議，與公立學校的提議遭遇相同的命運。其結果，政府對於私立的學校會給與財政上津貼，以支持它們的訓練機構，一八六〇年計有三十二處。除兩處外，皆接受政府的津貼，並由政府派員視察，但教學人員經常是控制這學校之教派信仰的代表。

一八四六年，英格蘭設置師資訓練的一種見習生制，根據這制，一個見習生被派往學校跟隨一個正常教師學習，並領受政府獎助金的供應；見習生被分派向其隨習的正常教師，亦受薪給；他們的作業與教學共同的規程，是由政府制訂。實習學校（Practice School）是常常維持與師資訓練機構的關係。師資訓練許多導源於導生制，在這制度中，許多學生需要教學的新技巧以代替使特殊化的教學。直至一八九〇年，訓練學院准許設在大學內，但通常大多數的中學教師，倘若他們由中學畢業或肄業於大學者，是認為堪造就的。

第二節 教育之目的、課程與方法

十九世紀，民族主義、保守主義、自由主義、與宗教的勢力，對教育的內容與方法，有深刻的影響。大概而論，保守主義在教育上似乎著重於較狹隘的課程、排拒新科目、及提高宗教的與民族主義的在小學教育內的價值；並且本身表示贊同在中等教育中階級區別之貴族的理想。自由主義似乎是力求一種較廣泛的課程，科學的與技術的新學科之輸進，與著重於人道主義的價值，這價值將擴大社會的想像力，減少階級區別，及啓發普通人民與上層階級之個別的才智。

一、初等教育

瑞士　在討論歐洲各大國的教育之前，這是需要重要的發展，當十九世紀之初，是在瑞士發生。在這方面著名的是瑞士教育家裴斯泰洛齊（Johann Heinrich Pestalozzi，一七四六－一八二七）的作業，在十八世紀之末，因遭法蘭西戰爭蹂躪瑞士之結果，他是由於貧苦與壓倒於劣等家庭生活之頻於崩潰，而受深刻的刺激。他堅決的相信，由幫助個人以發展其自己的能力、才幹、與自尊和安全的感覺，社會便能改良了。爲着達到這個目的，裴斯泰洛齊在新莊（Neuhof）與士坦茲（Stanz）設立孤兒院，專收容其父親在歷次戰爭中被犧牲的貧苦兒童；其後在波格道夫（Burgdorf）及最後在伊佛登（Yverdon）設立專收容男童的膳宿學校，所以當十九世紀之最初二十五年間，他享有最大的令譽。

裴斯泰洛齊秉同情及溫良的態度主持他的學校，試行著重於溫和的訓練、愛護兒童、及宗教的和道德的感化，使再達到一種完美家庭生活的理想。他放寬初等課程所應包涵的觀念，也許比任何其他單獨個人爲多，在初等課程的教學，協助以引進地理與自然研究、圖畫、音樂、與更普通接受之讀寫算的學科。在所有這些學科中，裴斯泰洛齊由組合的模型及實際的物體，附以符號與描述的意義，著重感官理解力的啓發。由感覺實在論及溫文訓練的方法，著重於發展個人所有心理的、軀體的、與道德的能力之重要性，裴斯泰洛齊代表致力於小學教育比他的那時各學校常見的爲更開明的。

反映裴斯泰洛齊影響的兩種其他運動，後來是感動美國的教育。一爲菲倫堡（Philipp Emanuel Von Fellenberg，一七七一——一八四四），在霍夫威（Hofwyl）的學校裏，着重農工業技藝之實際訓練，傳布技術的智識及技能於中下階級與農民。他用這種方法，希望下等階級由增加他們的生產糧食、布料、手工藝、與各種貨品的能力，便可以改善其社會的與經濟的狀況。另一受影響者爲福祿培爾（Friedrich Froebel，一七八二——一八五二），他的幼稚園成爲教導小孩一重要的方法，在他們進入正常小學以前，發展他們的心理的、道德的、與表現的能力。

德意志　在十九世紀早期的自由主義的刺激之下，德意志對普通人民的國民學校（Volksschule），是受裴斯泰洛齊理想的影響，因此，其基本的課程是放寬，除讀寫算之外，並包括自然研究、地理、圖畫、與音樂。可是，信賴宗教的與道德的教訓及對國家忠心的啓發，依然高於一切。讚美德意志的歷史與文學，迅卽編入課程，作爲灌輸民族主義之忠心的方法；體育爲軍事訓練之基礎，亦已出現。此等學科，構成整個十九世紀大部份小學的基本課程，卽由宗教與民族主義所塑造的一種課程，以陶鑄君主政治及帝國之服從的、忠心的、與謙恭的臣民。教授的方法是同樣的指定於側重訓練、服從教師的尊嚴、信賴授權的教科書，而不在對學生之創始或機智的啓發。

法蘭西　法蘭西初等敎育之保守的理想，是由拿破崙於一八〇八年雄辯滔滔的發表，當時他說：學校應敎授羅馬天主敎的敎義，反覆叮嚀對皇帝的盡忠，培養公民獻身於敎會、國家、及他們的家庭。依照這理想，一八三三年法令，實際上確定初等學校課程，注重讀寫算及道德的與宗敎的敎授。一八五〇年，這種課程略爲放寬，當時小學如欲授與歷史、自然研究、地理、圖畫、音樂等學科，亦獲准許。

高等小學被指定靠託這些科目並增加實用的學科，像幾何、測量、農業、工藝、及商業的敎授。誠以高等小學是基於經濟的動機而發展，以增進農場與工廠、城市的能力，但因爲受中等學校的反對，欲獲得社會的承認，曾經過一段困難時期。上等階級不會派送他們的子女入這次等的學校，而工人階級亦常常不願給與逾乎基礎的敎育，因爲他們需要年長的子女留在家裏操作，以幫助家計。

法國初等敎育，以一八八二年費理法規而發生主要的改變，該法規規定課程的世俗方面應予擴展，而縮小宗敎的敎學。宗敎的特殊敎義，雖然不許敎授，但敎導兒童對天主、家庭、及共和國的責任許多道德的敎學，仍然實施。因此，基本的小學課程，變爲包括道德的與公民的薰陶、讀寫算、歷史、地理、政治的經濟、科學與數學、圖畫、音樂、男生的軍事體操、及女生的縫紉。敎師強制的任務，學生的嚴格訓練與服從，及嚴格的依照國定敎科書與顯示學校內部生活的課程，凡此皆以法蘭西的榮譽爲最高的目標。

英格蘭　英格蘭的小學，除了民族主義的目的幾乎不是藉歷史或地理而作這樣自覺的發展，及課程的擴張也許較遲緩的發生之外，並未有大的差異。關於英格蘭的初等敎育，如作概括的論述是覺得困難的，因爲沒有集中化課程的制訂，又很少有關於課程的法令之故。無論如何，就大體言，私立學校的小學課程由讀寫算及宗敎的教學所構成是極普通的，然而在公立學校之宗敎的教學，於一八七〇年被福爾斯特法案所禁止了。

主日學的運動，是由雷克斯（Robert Raikes，一七三五－一八一一）始創，他是一個新聞記者，欲喚起公意，對於在工廠做工的兒童，每星期做六日甚至七日由晨至暮工作者，實有教育的需要。由於他的倡議，私立學校便在格洛斯特（Gloucester）設立，對於工作的兒童，當星期日尚有自由的時間時，授以讀寫算及敎義問答。迨主日學會組成，其辦法卽傳布至美國，此類學校在十九世紀上半期是普遍推行。

另一以應工業革命之特殊的敎育是嬰兒學校，由蘇格蘭的工業家、慈善家、與社會主義家的歐文所創辦。除了鼓動減少童工的工作鐘點之外，歐文是與有力的設立學校收容其父母整日在工廠工作者的幼小兒童。此等學校，雖然大部份注意的是指導簡單的遊戲、唱歌與跳舞，及育嬰的照顧三四歲大的幼兒，但同樣的敎授宗敎與若干讀寫算的初階。由於裴斯泰洛齊的思想傳入，著重於書本敎學的減少，而更注重自然的實物。對於推廣嬰兒學校會之創立，在承認幼年兒童敎育機會的需要，是另一步驟。

小學之最有影響的模式是導生制，幾乎同時由蘭卡斯特（Joseph Lancaster，一七七八－一八三八）及貝爾（Andrew Bell，一七五三－一八三二）所創制。蘭卡斯特是教友派信徒，其計劃是由英國及海外的學校會所傳布。貝爾是英國國教徒，其計劃是由全國貧民教育促進會支持。導生制教學之基本原則，是利用年長的兒童，作爲替教師管教學生之級長或助手而實現。教師以一課先授各級長，每一級長重述其所學以教於十個或十二個較幼的兒童。這羣年幼的兒童，然後一齊高聲朗誦其所受教者。許多牆壁上揭示與圖表用作幫助集體的教學而節省書本的用費。學科主要的仍爲教義問答、讀、寫、拼音、與算術。

導生制也許最值得注意的利益，在於使教育的最小量，藉利用集體方法、效率、與節用，而有效的對大量兒童的教學。體罰廢止了，劣等學生受懲罰者祇限於戴圓椎紙帽，默立牆隅，功賞與獎勵制是得到兒童興趣的同情。斥逐與嘲笑，代替棒條的教鞭至一相當程度。兒童們因爲列隊而行、喧嘩、活動、及獎賞，開始略爲歡喜學校。導生制學校，當十九世紀之初，在美國普遍的推行。

二、中等學校

實際上，歐洲各國的中等學校被指定屬於上等階級修習，作爲預備學校，以備升進大學，及以備青年在其家長所屬的社會階級中處於領導地位。中等教育制度的邏輯，主張一個眞正受過教育的人，應具有一種通才教育，卽古典文學之傳統的表徵。自從一國中唯有比較少數的兒童才有能力精通此類學科，他們是唯一的被認爲有受眞正教育的資格。人文主義的勢力在十九世紀中等學校中甚至變爲更強的。保守份子試盡力以阻止科學的與現代的學科傳入中等學校。他們反對自由的要求一種較有伸縮性的與更廣大的課程，雖然不能完全堅持到底，卻有能力保護這「最好」學校，以免被其襲擊。他們有時是被迫容許新式中學建立於此核心的範圍之外，但中等教育對抗初等教育的一般體制，是成功地維持。故欲消除對初等與中等教育之嚴格的雙軌制，雖作最大努力仍是失敗的。

德意志　在十九世紀前半期，古典的文科中學（Gymnasium）作爲德意志的標準中學出現。這是收容由九歲至十八歲男女學生之九年制學校，而爲進身大學、公共機關、及陸軍的優先之階。最重要的，它著重拉丁文、希臘文、數學、科學、歷史、及地理。宗教繼續保持其崇高地位。當文科中學修業完畢時，通過「離校考試」，承認准其入大學，文科中學在德意志教育上的地位是被保障的。自由主義份子欲增加相當科學的教學與介紹現代外國語的冀圖是失敗了；即使努力使古典的修習在新人文主義的精神中成爲一種有創造力的及使擴大其經驗，也被反動份子於一八二〇年所挫敗了。拉丁文法與讀本，更精細的學習，其崇高地位是繼續保持。這是鎮壓性加爾斯巴德法令的一部份，它加強課程之嚴格監督，凡對國王膽敢違背服從與效忠之師生，則被開除。

然而，在科學上成就與工業革命之所得，是不能完全否認，這世紀中葉之後，新式的學校是被承認，即使比不上文科中學，至少比小學爲優。其中之一爲文實科中學（Realgymnasium），代表一種折衷；根據其折衷，拉丁文保留，但希臘文裁減，俾對科學及外國語學習有更多的時間。此等學校雖然受保守份子攻擊，認爲其缺乏實際智力的鍛鍊，但它們最後是准許授給科學、數學、與現代語的離校考試之權，使畢業者可進入大學。第三類學校，亦略得承認躋於中等教育之列，以對抗保守份子之敵視。這是實科中學（Oberrealschule），急進的裁撤拉丁文及希臘文，完全以科學、數學、現代語、及社會學科來構成其課程。當然，這也受攻擊，因爲裁省古典文學而完全缺乏「文化」與陶冶之故。所有上述的學校是九年制，但每一類有其六年的副制，學生由此可直進九年制學校；六年制學校，各自地，有前期文科中學（Progymnasium）、前期文實科中學（Realprogymnasium）、及前期實科中學（Prorealschule）。

法蘭西　在法蘭西，國立中學是中等學校之最高類型，注重拉丁文、希臘文與數學，在最後的年份則授給些哲學與科學。市立中學，亦被認爲中等學校，但普通的設在較小的市鎮，因此水準略低，設備稍差，地位不及國立中學的重視。這兩種學校規定爲六年制，學生由十二歲開始至十八歲止。這較短的課程，意味着當學生進入此等學校時，其年齡比諸在德意志的爲大，但它們不少被指定作爲供應上等階級的貴族學校，及不少由古典文學的人文主義所支配。

古典文學的建議者與現代學科的建議者之間，在法國發生爭執，很像德國的情形。當這世紀後半期，在國立中學及市立中學對科學與現代語給與更高的地位，經過一番努力，但大部份終告失敗。有一點，當學校之最後三年，分設兩種不同的課程，學生在古典文學與科學之間，要作一選擇，但這計劃並不見生效。教師受科學的訓練不及古典文學，因此人文主義者可憐其無修養與淺薄，遂看不起科學的學科。當一八八〇與一八九〇年間，古典文學家與新派人物紛起爭論，但第三共和對於職務及大學修習所認可的擢陞之路，並未脫離人文主義的傳統。現代學科，卽使比德意志更成功的，但避開中等學校而委之於高等小學。人文主義者確信實際教育卽爲古典的教育，以迄二十世紀，仍不肯予以折衷。

英格蘭　在英格蘭，「公」學對於中等學校所有其他類型，規定標準與理想。九間大「公」學，通常認爲是伊頓（Eton）、文契斯特（Winchester）、沙特豪斯（Charterhouse）、威敏斯特（Westminster）、魯比（Rugby）、哈魯（Harrow）、舒茲伯利（Shrewsbury）、聖保羅（St. Paul's）、與商人泰勒（Merchant Taylor's），此等學校中，古典的人文主義繼續負擔中心任務。可是英國人最重視者不祇爲古典文學，而且爲膳宿學校的團體生活，作爲宗教的、道德的、與智識的生活及適宜於紳士子弟之舉止與行爲的塑造者。英國人中等學校之團體生活，大有異於法德相類似之主要的方法。

像魯比「公」學名師安諾德（Thomas Arnold，一七九五—一八四二）例解的，「公」學雖然支配英國人的生活，但在這世紀迭受批評與攻擊。要求教育更民主與更實用的類型，曾經提出，卽使此類代表像修艾爾（William Whewell，一七九四—一八六六）、赫胥黎、及斯賓塞極力爭取科學的承認，作爲通才教育之基本的成份，但結果相當微小。當新學校成立時，一般的試隨「公」學的領導，及求助於上等階級同樣的諸當事人。許多種捐贈基金學校（Endowed Schools）、私產學校（Proprietary Schools，所有收入統歸於管理學校之公司）、及私立學校（主要的經營志在牟利）是設立了。

這世紀中葉之後，國會有感於所表示的不滿意，即選出幾個委員會以研究中等學校的經營。克倫登（Clarendon）委員會，由辯明正統的課程作為英人紳士陶冶之主要的決定因素，完結了其對九間「公」學的研究。該會獻議更注意於科學、現代語、與社會學科，但大體上這「公」學被頒給一種清白的健全證明書。在陶頓（Lord Taunton）主持下學校考查委員會（Schools Inquiry Commission），當時考察所有中等學校，發現其性質與教育標準大異，許多是列為劣等的。該委員會提出幾次影響頗廣的建議，關於課程的改革、國家嚴密監督學生的成績、教師的合格證書、及一種較有系統的組織。可是，這些建議顯然太急進的，使國會錯落其報告，而通過一八六九年捐贈基金學校法案，簡單地選出一個委員會，以協助捐贈基金學校使對於管理其基金有更滿意的計劃。「公」學之公共管理，是英國於十九世紀所採取太急進的一種步驟。

三、高等教育

德意志 德意志的大學，是使教授與學生真實地邁步趨向於自由。雖然有保守份子冀圖毀掉德意志大學的自由主義，但洪保德在柏林建立一間獨立與自由的大學，教學實施並非在一規定的課程之形式，祇在一種情況中，那裏教授可自由傳授其認為最精粹者及學生隨意自由的研究。十九世紀初期，最重要的學科是哲學、古典文學、語言學、與歷史。可是，數學與自然科學的學科，於十九世紀肇始後未幾，開始獲有基礎，以迄二十年之末，變為盛行；當這世紀後半期，奪取領導地位作為支配的學科了。

純理論的哲學，其興趣每因自然科學探索的興起而被掩蔽，但在研究部門中，使隨時增加專門化的產生。因此，學系繁興，每一學系教授的人數添增多倍，欲達到學識之一種適當的程度，更需要專攻，引致選科原則的隨意採用。根據這種原則，學生無需依照必修科的全部範圍，但可自由選擇他欲專攻所學的部門，及聽取他欲領受學位所需要的授課。德意志大學的分科，幾乎等於美國人所共知的研究院與專門學校；英美之學院（College）觀念，在德國大學範圍內是不瞭解。德意志大學之最高理想是陶鑄研究的專家。

法蘭西　法蘭西大學的發展，採取一種完全特異的進行。當法蘭西革命時期，巴黎大學及其他各大學實際上停閉，直至一八九六年，由拿破崙所設立之各別的分科乃再合併以構成巴黎大學。經過這世紀的大部份時期，大學教學是由文學、科學、醫學、與法律的分科辦理，此類分科是根據教育部所訂立嚴格的規章下從事。聽講與練習是強迫的；教學的課程由每年規定；學生要通過國家考試才得升級。與德意志的情形對比，許多實際的科學研究在院系外常與科學院（Academy of Sciences）聯絡，繼續進行。

英格蘭　英國的大學，當十九世紀之初，開始恢復其舊有活力的程度。當這世紀的上半期，牛津開始從內部改革其考試制度，因此，學生需要更充份的準備俾通過他的考試，「榮譽課程」（Honors Courses）變爲對學生增加誘導其高深進修的一種高等學位。首開榮譽課程者是古典文學與數學；其後，根據國會改革大學的法案，其他榮譽課程是在十九世紀下半期始增加的。在劍橋，當十八世紀後半期及十九世紀之初，數學繼續增加重要性；一七四七年舉行一次正式的榮譽學位考試中，曾列爲首要的科目。其後，榮譽學位考試，增加了民法（一八一五）、古典文學（一八二四）、倫理的科學（一八五一）、與自然科學（一八五〇）。這雖然逾越十八世紀的沉昏而表示前進，但關於科學的研究，教學及學習的自由，英國大學仍瞠乎德意志之後；課程是仍然規定，除英國國教外，所有宗教均被排斥。尚未至一八七一年，所有學位、研究生的獎學金、大學與學院的職位，英國各大學均豁免教義上的試驗。未來的傳教士仍被規定要有奉國教正統的證明。

高等教育目的之爭論　在歐洲，關於大學功能的爭論，採取兩種方式：作爲學習之主要學科，科學對文學相關價值的辯論；旣定的大學制度尤其英國所發展者之概括地批評。對於更著重於科學的研究，英人最固執的提倡者是斯賓塞與赫胥黎；對於文學，尤其上古希臘羅馬文學之著名辯護者是安諾德（Matthew Arnold，一八二二—一八八八）。斯賓塞的名著何爲最有價值之智識（What Knowledge is of Most Worth）一書，強調自然科學供給之智識，對於生活之指導與處理，以及對於智力的訓練是最有價值的。他主張科學應在教育上給與較高的地位，因爲它在準備人類生活的主要作用比諸古典文學是更有效力的，此種人類生活包括自衞與體格健康、生計的獲得、父母之道與公民職權的活動、餘閒及藝術的休養與娛樂。

赫胥黎藉演講與著作，擎起科學的學科之旗幟，飄揚於英倫三島以至美國。他讚美科學對於提高智力訓練以及傳達實際智識的價值。在科學與文化（Science and Culture）一書，赫胥黎指出，科學的學科之推薦初時曾受古典學者甚至商人不斷的反對，但他爭辯，由古典文學的敎材給與智力訓練，皆不得證明對其浪費時間爲應該。一種限於科學的敎育，對於眞實的文化，是與限於古典文學的一樣可靠，但在文學的與科學的學科，兩者是需要防止受過敎育者不良的心理偏差。

安諾德是赫胥黎與斯賓塞之最有力的對敵。他攻擊科學的與實用的學科徒具功利的目的，因爲可能放逐眞正的「文化」。他辯護古典的語言與文學，作爲啓迪人類精神上與道德上性質的，及達到其文化的著名理想—「以認識在世界上曾經思索與表達的精華」之最好方法。在英格蘭，科學對古典文學之地位與作用，互相爭論的那一套，在美國是有力地依然未歇。

另一辦法，大學敎育的理想，在歐洲與美國所接受較明白的化成公式說明。例如，樞機紐曼的大學的意見，所謂大學者是敎授一般的智識與力求「智慧的文化」的地方。在通才敎育裏，智識應爲其本身關係而取得，並沒有秘密的動機，然而，在專業的或實用的敎育來說，智識是以敎導的目的在進益的方法或對社會服務爲本而獲得。大學僅爲傳播自由品質的智識，因此其最高目的是培養智力。

當赫胥黎任亞伯丁大學校長時，發表就職演講，有系統而簡單地說明一種特異的大學之意見。「照我構想，在理想的大學裏，一個人應該可能領受各類智識的授與，及智識藉以獲得所用各種方法的訓練」。他於是列舉含有智識的各部門；此等部門，無疑是相當重要與優越的。可是，他提出科學的科目，比那時英國各大學通常所敎的更多，是非常明顯的。

斯賓塞、赫胥黎、安諾德、與紐曼，僅爲十九世紀後半期，在歐洲與美國發生關於大學教育廣泛討論的榜樣。這概念逐漸地流布，認爲一間眞正的大學，教導與研究智識的各部門，教授有追求無論何處使其傾向眞理的自由，而學生亦有研究他所樂意的任何事物或最適合於其需要與才能之自由。德意志大學幾乎最接近大學的這種觀念，因此在十九世紀成爲激勵美國高等教育許多變化的來源了。

四、教育的理論

裴斯泰洛齊　關於裴斯泰洛齊的思想及其教育的影響，曾經有這麼大量的撰寫，但除了重新陳述少許重要的通則之外，很難再加詳釋。裴斯泰洛齊所以成名，無疑大多因爲他不祇有關於教育理論的著作，而且所主持的學校包含其公開實施的理論。（註：裴斯泰洛齊的名著，有廖納德與蓋特魯 Leonard and Gertrude 及蓋特魯教子論 How Gertrude Teaches Her Children，其著名的學校是在瑞士之伊佛登 Yverdon）。許多蒞臨參觀者，皆帶回同情之心。此外，裴斯泰洛齊並非一個急進份子；他是虔誠信仰宗教的，常常把宗教的與道德的教導兒童，放在其教育重要目的之首。無疑的，他談到社會的改革，曾與自由主義的集團相聯繫；但他重視社會的改革，由幫助個人以使自助作爲實現之事。顯然地即使這進行對普魯士和法蘭西的保守份子離得太遠，但對於被蹂躪的與享受最少權益者的同情，感動了以慈善爲懷的中產階級反應之情。同樣，裴斯泰洛齊著重於兒童之實際活動，從運動技能開始，導引於農業、商業、及工業的職業能力，而吸引當時對大多學校所著重的只限於文學與語言，表示不滿的人士。

無論如何，最重要的，裴斯泰洛齊的學習觀念，是訴諸覓取新方法以教導平民的兒童之教育家。並且，在這方面，裴斯泰洛齊不受急進主義困惱，卻由採用陸克的經驗論與盧騷的自然主義，而沒有放棄官能心理學與宗教的感受性理論，吸引贊成者的注意。因此，他的個別發展之理論，變爲貢獻於教育最有效的理論與方法。他視兒童爲一個單位，由精神的、軀體的與智力的各別之天賦所組成，所有這些天賦是藉教育作諧和的發展。

他的信賴於自然主義，由於他主張兒童天賦的本能應產生學習的動機，而非從外面激動和強迫的，爲之顯露。欲達成訓練的方法，靠合作與同情，而非在體罰。循着這個方向，兒童的天賦能力能夠啓發並能夠自由地與自然地表現。自從這是賦與生命能力的本性，教師之職，根據他的改變，顯露天性，與其自然發育的各階段，使適合對各個兒童的教導。

裴斯泰洛齊信賴感覺實在論，在他的致力於教育的方法，也爲之證明。自從感覺理解力在幼年兒童心智發育中是最重要的，在最早階段是需要相信實事實物的觀察，而不在書本與讀物。裴斯泰洛齊想出一全套「實物教授之課」（Object-lessons），給與兒童本能的要求之全部動作，以啓發他的視覺、觸覺、與聽覺的感官，作爲使他習知語言、數目與形狀之基本的方法。在裴斯泰洛齊對啓發理解的能力之課程表中，植物、動物、特別模型、工具、繪圖、塑造、音樂及地理，是重要的項目。這樣的方法，對僅慣於書本的誦讀、記憶、與背誦的教育家以極大感動。裴斯泰洛齊著重由特殊的至一般的，具體的至抽象的程序，當兒童稍明白它的意義來學習拉丁文法之時，是特別留給人以深刻印象的。

全部最重要的，裴斯泰洛齊的方法是這樣優良的發展，這是迅卽認爲，倘若他們是可能使用此種方法，則敎師需要一種新式的訓練。今後，敎師需要更密切的對兒童本性的硏究，以指導其正常發展，及使適合於其需求與興趣的敎導。這種需要一旦承認，乃採取一種巨大的步驟前進。在最後，學校敎學當作一種職業，需要特別的與專門的準備，不僅視爲不過能製羽毛筆與創成硬樺條而用之者的作業而已。裴斯泰洛齊於十九世紀對於敎學職業的興起，創造永遠的貢獻。

福祿培爾　對於敎育理論與實際另一重要的貢獻，是由福祿培爾（Friedrich Froebel，一七八二—一八五二）所做成，他與裴斯泰洛齊一同敎學，並在瑞士與德意志開辦自己的學校。福祿培爾不僅受裴斯泰洛齊的感覺實在論，並且受當時唯心論的哲學所影響。他有系統地陳述純唯心論的全套哲學，根據這哲學他指定敎育的職分及個人的啓發。福祿培爾想到世界與宇宙視作一個大統一，其中精神的境界與自然的境界之間，或個人與社會之間，並沒有劃分。絕對（Absolute，或指天主）顯現於全部天地萬物中作爲生存的指導精神與終極目標；萬物認爲它們的統一性與它們的本質，俱存在於天主之中，作爲祂的意向顯露於世上。

使敎育適應於這種萬物的體系，福祿培爾視兒童作爲在人性中實現天主意向的力量。兒童的精神受過敎育變爲與絕對之精神的統一相連繫。敎育的目的是協助兒童開展他的能力，如是他可以進於與天主之精神合一。既然發育乃是絕對的實現之固有的方面，故兒童的發育是神性表現之一部份。因爲絕對之精神的本質是活動的、創造的、及道德上良善的，這樣兒童之與生俱來的能力，必需容許其自由發展，俾其可以達成和絕對相一致。這種活動的自由，將給予兒童一個機會以發展他的精力、他的天然好奇心、與他的自發的活動。

福祿培爾覺得，教育的實施應從三四歲的小孩開始。這種適合於年幼兒童的機構，叫做幼稚園，卽兒童培育之園。對於年幼兒童發育與學習之特殊的方法，是遊戲的活動。遊戲對於小孩是視爲天然的與適當的，猶如工作之對於成人一樣。因此，福祿培爾計劃各種遊戲活動以啓發兒童之全部性質——道德的、感情的、以及智力的性質。爲着這個目的，繪圖、泥工塑造、圖畫與水彩、唱歌、跳舞、戲劇的故事、木塊的手工、圖案、紙與紙板的物體、皮球、與立方體，全部皆認爲適用的。配合於他的唯心論的哲學，象徵主義的大部份，是被指定於這些活動；玩物是認爲「天主的恩物」，各種活動是當作神的「作業」，所有使兒童對神的眞意與社會的統一，更密切的認明。一個皮球或球體的處理，是設法假定給予兒童一種凡事完全一致的感覺，而站在一團體中是假定使他覺得，與他的社會的羣人，及最後與絕對的所有人類的結合，作爲他的個人身份的證明。

揭去它們的象徵性與唯心論的理由，福祿培爾的理想，對美國教育有巨大的影響。對於兒童，對於他的個性，與對於他的性質之好靜好動的特性，受到新重視，意味着在學校環境中嚴格訓練與傳統的形式主義，應予減少。著重於物體的操縱與自由地自己探究與表現，產生更注重於活動與感覺尙實的傾向，以代替書本之孜孜的與嚴督的誦讀。集體活動的概念，即表現的一種自然的方法，使對於良好社會的關係，像學校與團體生活一種合意的結果，得其重要性的了解。

以性本善的來觀察兒童，使對於兒童性質及其個別差異的研究，作爲對教育過程之正當的指導。合作、創造、活動、發育、與自由，成爲在教育的理論與實際中之別名。在這些方法中，幼年兒童的教學因而承認爲學校一種重要作用，不祇作爲對後來教學的一種初階，並且亦爲當兒童個性之圓滿發展時，在其本身是一個重要的階段。隨後創設「兒童中心」學校的觀念，其重要的基礎，原由福祿培爾幼稚園所奠立。

赫爾巴特　十九世紀由歐洲重要的影響於美國教育，第三位是赫爾巴特（Johann Friedrich Herbart，一七七六——一八四一），德意志著名的哲學家與心理學家。裴斯泰洛齊既然特別注意於初等學校，福祿培爾致力於學前教育，赫爾巴特則在中等學校與高級教師中大多地得到嘉納。赫爾巴特的兩個主要貢獻，是在教育上著重社會的與道德的性質，及教學「方法」之有系統而化成公式的說明。

赫爾巴特首先假定，教育之最重要目的是完美性質的啓發，堅持教育在其展望與意向主要地應爲道德的。但根據赫爾巴特的意見，這並非必要地一種道德的宗教上的觀念，乃爲個人對於社會之協調的問題。爲着這目的，他著重於歷史與文學的修習，作爲兒童發展合意的社會態度之最好方法。他甚至就提議歷史的與文學的學科應爲學習的「中心」而論，根據這「中心」，兒童將集中他的努力，並由這「中心」，所有其他學科是相關的。此等集中與相互關係的學說，給予一種動力，使社會學科，當古典文學與數學對科學爭霸時，傳入美國學校之內。

赫爾巴特雖然堅持敎育之道德的與社會的目的，但相信這些目的主要的要經過一種智力的致力於學習的程序，始能達到。他的全套觀念聯合論（Associationism）的心理學，著重啓發學生淸晰的觀念之重要性。他減縮情緒、意志、與感覺降至次要的地位，而依賴於內心觀念的聯合。因此敎師首要的應注意於程序，根據這程序，觀念是由感覺力與激動感情而組成。最重要者，敎師必須集中於興趣的問題。意識既然是從多方面聯合的觀念所構成，故敎師必須留心者，新觀念是表現於這方面，卽它們與學習者早已成爲經驗一部份的觀念，是基本的聯合。因此，全部學校功課應該敎授，這樣，新觀念與早已增進於學習者內心之觀念的類化團（Apperceptive Mass）之間，連合是明確的。

赫爾巴特的門徒將其對於聯合與興趣的主張，創出一種稍爲嚴格的模型，叫做學習與敎學之「五段敎法」。這些敎法：一爲預備，敎師預備兒童的心意依照憶起初學者經驗中適當的觀念，這樣新材料方能有關聯；二爲提示，把新事物或材料給與初學者；三爲聯想，做過一定的努力，以表明新舊觀念間之連接、比較、與差異；四爲概括或摘要（Abstraction），分析個別事例歸結於通則；五爲應用，由參考特殊例證與實際情形，定通則的意義。當誦讀、記憶、與背誦爲敎學的主要方法時，赫爾巴特之有系統的與「科學的」方法，卻變爲廣大的流行。彼等藉美國師資敎育的機構而迅卽傳布，協助以激勵訓練師資之全部過程。在若干人手中，這新方法導致敎育一種重要的專業化；在其他人手中，彼等被化成公式而爲一種強直的與不變的模式，使嚴格「課業計劃」責備於敎師與其學生歷許多個世代之久。

第五章　十九世紀的美國

當十九世紀時，制度與思想繼續由歐洲許多國家所移植。以百萬計的人民移入美國，傳播他們的各種文化，但在十九世紀，美國已非作爲舊大陸之制度、思想、文化複製品繁生的溫室。新環境、新土地、與新風氣，培養人民與各族相混合，協助以產生一種文化，及時開始以反哺西方的文明。美國開始在特殊的制度與思想的方式，造成它自有的貢獻；而在教育上一種新觀念中，創造不少的重要性。

第一節　人們所賴的機構

在十九世紀，美國生活之政治的與經濟的類型，因爲要求人民的能力與忠實，開始掩蔽宗教的。美國既成爲一個世俗的社會，宗教的機構已失領導的作用，但仍扮演一有力的角色。這種權力的轉變，如非經過劇烈鬥爭與對於人們精神及心思之盡力探求，實不能發生。這些鬥爭，在爲着控制學校、學院、及教育方法之政治的與宗教的權力之間的衝突中，發現它們的互相配合的東西。政治上民主政治的發展、政府的擴張任務、與國家主義的增長，貢獻於公共教育的觀念，這公共教育儘管遭遇各方面之強烈反對，但已生根及繁盛起來了。

一、政治的機構

一般政治的發展　從傑佛遜於一八〇〇年獲選爲總統後，傑佛遜的共和黨與其繼承者之民主黨，除了一八四〇與一八四八年歸自由黨的勝利之外，每次全國大選皆獲勝，以迄於一八六〇年。一般來說，當這世紀的早期，民主的共和黨，得到南部及西部獨立性的農民團體及東部各城市勞工階級的擁護。這股聯合力量，先後選出了傑佛遜、麥第生（James Madison,一七五一—一八三六）、門羅（James Monroe, 一七五八—一八三一）、亞當斯（John Quincy Adams, 一七六七—一八四八）、傑克生（Andrew Jackson, 一七六七—一八四五）、及凡標倫（Martin Van Buren, 一七八二—一八六二）。由著重各州的權力、減低關稅、普遍選舉權、與反對特權，民主黨人呼籲「普通人民」之土地均分的利益，以迄於一八三〇年，那時奴隸制問題與工業對營業的獲利，使勢力的行列，發生變更。聯邦黨的黨員對其繼承者自由黨的黨員，其能夠獲選者，僅一八四〇年的哈利生（William Henry Harrison, 一七七三—一八四一）、及泰勒（John Tyler, 一七九〇—一八六二），與一八四八年的泰勒（Zachary Taylor, 一七八四—一八五〇）及福爾摩爾（Millard Fillmore, 一八〇〇—一八七四）。自由黨通常提議提高關稅以保護工商業的利益；他們因此支持合衆國與憲法之有力的聯邦制的解釋。由於張大奴隸制問題，林肯於一八六〇年由新共和黨（繼承自由黨）選出，以免稅土地、高度關稅、及反對奴隸制爲競選政綱，指定訴諸西部的農民及東部的工業團體。

十九世紀的後期，聯邦政府之政治的控制，是嚴格的撤消了。共和黨籍獲選的總統，直至一九〇〇年，祇有克里夫蘭（Grover Cleveland, 一八三七—一九〇八）兩次分別的任期（一八八五—一八八九，一八九三—一八九七）是例外。自林肯與約翰生（Andrew Johnson, 一八〇八—一八七五）之後，所有共和黨籍的總統，多少都是重要的軍人，像格蘭特（Ulysses S. Grant, 一八二二—一八八五）、海斯（Rutherford B. Hayes, 一八二二—一八九三）、伽菲爾德（James A. Garfield, 一八三一—一八八一）、亞瑟（Chester A. Arthur, 一八三〇—一八八六）、哈利生（Benjamin Harrison, 一八三三—一九〇一）、及馬京利（William Mckinley, 一八〇〇—一八七三）。共和黨人以贊成高度關稅、免稅土地、文職的改良、及「穩定貨幣」爲政綱，訴諸東西的商人、工商的及有產的階級，故能保持他們的權力。然而，在主張平均分配土地者與負債者集團之中，漸增的發生不同意，其不滿意於大黨派者被合併於許多新黨派之中，至於選舉雖僅得較小的效果，但此常強迫大黨派採納他們許多的提議。

早在一八七二年，勞工集團已組成一類工人團體。此等團體像勞工改革派（Labor Reformers, 一八七二）、聯合勞工黨（Union Labor Party, 一八八八）、聯合工會（United Labor, 一八八八）、社會勞工黨（Socialist Labor Party, 一八九二）、及社會黨（Socialist Party, 一九〇〇）等。以境內從事禁止奴隸制爲目標的自由家鄉黨（Free Soil Party），及冀圖排除羅馬天主教與外國出生的人民享有政治上權力的不知道黨（Know-nothing Party），爲着廣泛而不同的理由吸引不滿意的人民。主張土地均分者集團以他們的獨立國民黨（Independent National Party，一八七六）稱爲「綠色支持者」（Green-backers）的姿態，形成更大的進步，尤其以人民黨（People's Party）稱爲人民黨黨員（Populists），於一八九二年投了一百萬選票。人民黨黨員於一八九六年奪取民主黨，提名布利安（William Jennings Bryan，一八六〇—一九二五）爲總統候選人，與共和黨的馬京利作接近的競選；布利安得票六百五十萬以對抗馬京利的七百一十萬。

政治民主的發展　對於美國政治生活的前途，最重要的是投票擴展至逐漸推廣於人口成份。十九世紀之初，投票的特權受限於財產上及宗教上的資格，但直至這世紀的中期，白種成年人選舉權實際上已獲得。特別在一八二〇至一八三〇年間，西方的新興州加入聯邦，其州憲保證普遍的男丁選舉權（至少爲白種人），東部許多州在共和—民主黨的衝擊之下，亦放寬他們選舉的規定。一八二八年，傑克生的選舉，通常是視作訊號，自是投票選舉的手續擴展至各城市的農工，順利進行。

其後，一八六〇年黑奴解放令及憲法第十三、十四、十五號修正案，普遍成年人包括黑白選舉權的原則，遂告制訂，雖然在南方由識字測驗、人頭稅、及祖先條款（Grandfather Clauses）等而想出避過這原則的方法。擴展選舉權於婦女之廣大的投票，是在十九世紀進行，一八九〇年，懷俄明、猶他、科羅拉多、及愛達荷，皆以一州爲單位的獲得成功，但直至一九二〇年第十九號修正案以前，全國性尚未勝利。同時，對民主政治的控制，特別藉勞工與主張土地均分者團體之努力，另有所獲。

憑資產始有掌握職務之資格，是逐漸廢除；秘密投票代替著色的政黨投票，這是傾向於消除政客與雇主對選民威脅的一個步驟；總統選舉人（Presidential Electors）與參議員是由人民直接選舉以代替由州議會或政黨機關；總統的候選人是由全國大會提名而非由政黨會議產生的。凡此增長皆有助以改善選舉之民主的程序。

政府的擴大任務　聯邦政府增加權力雖然發生爭論及反對，但整個十九世紀，政府對於新興國家的事務中，擴大其任務的傾向，趨勢是明顯的。傑佛遜之民主的共和黨人雖然固執憲法嚴格制定的原則及聯邦政府比諸州政府的機能之狹隘的觀念，但他們的總統實際上每協助以擴大聯邦政府的權力。像傑佛遜總統，一八〇三年主持購取路易西安拿州，增展美國西部廣袤的區域，與一八〇七年強使禁運英國貨，以免影響所有美國的工業和農業。門羅總統提高關稅，歸併佛羅里達，並揭櫫門羅主義，警告歐洲各國勿插足於美洲的海岸。傑克生不聽州權的理論，曾協助以阻止南卡羅來納的退出高關稅。在波克（James K. Polk,一七九五—一八四九）主政下，德克薩斯、加利福尼亞、新墨西哥、及亞利桑拿的佔領，是增廣西部的領土，使國家的疆界橫跨大陸。在皮爾斯（Franklin Pierce, 一八〇四—一八六九）任內，海軍代將伯理（Commodore Matthew C. Perry,一七九四—一八五八）打開日本門戶使與西方通商時，運用國家的力量，遠泊日本。所有這些方面，使民主的行政奠下一大國的基礎，由是聯邦政府的權力是必然的擴大，而分權化的政治權威，是不夠應付的。

無論如何，因為內戰的迫臨，民主黨開始著重於州權，俾供自治，而共和黨提出，為着韋伯斯特

（Noah Webster，一七五八—一八四三）與其他自由黨人動議一種永久聯合及授給林肯權力以挽救聯邦政府因內戰陷於分崩離析的任務，發生爭論。聯邦政府的權力，由於內戰加劇遂增強而出現了。

在這世紀隨後的年頭，政府採取幾種手段以控制風行一時的個人主義與大商業的壟斷方法。增征入息稅、由州際商業委員會控管鐵路價格、及由雪曼（Sherman）反資本兼併案以管制壟斷等措施，最初雖未有嚴厲的執行，但其趨勢則傾向於聯邦政府擁有更大的權力。當這世紀既過，美國對西班牙作戰佔領波多黎各（Puerto Rico）、菲律賓、關島、與夏威夷，及對中國義和團的鎮壓，處處表示全國的政府對世界與對國內一樣，是具有權力的。

國家主義與帝國主義　在革命的國際戰爭中所產生一個新興國家，當其早期，冀圖擺脫「對外戰爭」及締結的同盟。「法蘭西同盟」雖曾有援助美國的關係，亞當斯與傑佛遜擺脫拿破崙戰爭的實際作戰，但麥第生卻最後捲入漩渦。由於一八一二年戰爭的結果，一種國家主義的新感覺，遂風靡於全國。我們是「依我們的所欲」與墨西哥及印第安各部落，由談判、購買、及作戰而公佈贏得大陸。每次成功，雖然遭遇有些方面的反對，但提高了國家主義的精神。經過一時期，內戰似乎會使大廈傾倒，但恢復創傷之後，躍起國家的意識，突然出現比任何時期為更強的。向西擴張與工業力量的發展，完成其進行。直至這世紀之末，美國是準備以擔當審愼的帝國主義的投機，更振起其國家主義的精神。

約在一八九〇年，此類人物像馬漢（Alfred Thayer Mahan，一八四〇—一九一四）、斯度朗格（Josiah Strong，一八四七—一九一六）、洛吉（Henry Cabot Lodge，一八五〇—一九二四）、羅斯福（Theodore Roosevelt，一八五八—一九一九）、及柏衞基（Albert Jeremiah Beveridge，一八六二—一九二七），開始宣傳這套理論，謂美國在列強中現已茁壯，必須在強權政治中負起它的任務。美洲新大陸既然取得，因此需要新市場。隨之而來的辯論，謂一隊強大的海軍、全世界的海軍根據地、與一種侵略性外交政策，將引致農業產品的新輸出及對工業獲得更多的原料，這對農人、工業、以及勞工皆有助益的。並且，這應作一種精神上效果，使美國文明與基督教，傳布於世界的異教徒。帝國主義之路，以誇張的意向而鋪上，西班牙—美國戰爭，乃其結果。這是無疑的，世界範圍是收縮，而「天然的」隔離，歷一個世紀的迅速改變與開展，是穩定地打破了。在十九世紀之末以前，美國的幾個州已歸入版圖，但全世界的觀念仍被認識及被了解的。

個人主義對人道主義　剛才所說過的許多政治之發展，簡言之，關於美國社會中之政府的作用，是兩種基本的展望。一種展望或叫做個人主義，由國家之自由競爭觀念所產生。根據自由競爭的個人主義，政府將適當地禁止支配的控制，而對個人進取的與經商的企業，將容許最高度的自由。唯有經過此類個人的努力，社會的機關將表演最高的效率，每個人得到他的工資與利潤的報酬，相當於他的努力與進取精神。倘若在這過程中，任何個人不獲得許多酬報者祇是貧窮或失業，他唯有受不顧未來、懶惰、無所掛慮的責備。他不能期望政府爲了他的利益而干預，但祇能靠更幸運的慈善之本性而對其援助。私人賙濟與慈善事業是解救不幸者的適當方法，誠以靠政府幫助不祇將製造貧窮甚至缺乏自立的能力，而且亦將使息滅較有能幹者的進取精神及使富有者更窮，這樣則他們不能幫助更不幸者的了。個人主義的展望是由資本的小康者宣傳作爲他們自己操業的辯明，十九世紀前半期生活的情形，似乎證明由大多數獨立的農民與小業主所公認。

可是，在這世紀的後半期，漸增地嚴酷的不景氣，財富集中於少數人之手，貧窮與惡劣工作條件的蔓延，引起對人道主義學說更強有力的擁護。根據社會的人道主義來說，政府不過是適當地應付大職務的機關而已。這曾辯論，政府對於促進公衆的福利與管理大衆謀生有關於工作情形，應變爲更出力的。種種深淺不同意見的改革家，開始力主政府對於公務更大的參與。少數派的政黨、勞工組織、主張土地均分的組織、學者與智識份子，始作改革的宣傳計劃，略似歐洲之自由主義的、社會民主的、與社會主義的學說。美國政治的民主主義向實現進行，雖比歐洲大多數國家爲快，但美國社會生活保障制度的立法卻比歐洲的爲落後。

提出各種的要求，有工業上改善安全與衞生之工廠法例、最高度工時與最低度工薪律、雇主對工人受損傷賠償的負責、失業保險、養老金、政府管理公用事業、公共衞生計劃、城市民居的設計與改良、資源的保存、監獄改善、與對於罪犯較合於人道的懲罰。連同這些對於社會的立法之要求，並進行關於公共教育的運動，特別由勞工組織，人道主義者，與中產階級自由主義份子所發動。其他團體是組織以策動奴隸制的廢除、禁酒、和婦女應享的權利。在這世紀之末以前，奴隸制的廢除，早已完成，公共教育的成就亦超越其他大部份的改革；但工業情況，當二十世紀肇端之後，變爲像其他社會的調整，是不能久延的。

二、經濟的與社會的機構

十九世紀美國的經濟生活，也許最重要的長期趨勢，是由一農業社會轉變爲一工業社會。當這世紀之初，大多數人民靠土地以謀生；直至這世紀之末以前，工業主義與製造的衝擊力，讓全國各方面本身都認清楚。農業利益與工業利益之間的衝突，變爲在人民之政治的、經濟的、與社會的生活中，扮演一大角色。隨同工業的轉變，是城市生活的發展、交通運輸更迅捷與更容易的方法、資本家事業的佔優勢、及屬於工會工人的生長。橫穿這些趨勢而過者，是人口大量增加，加以由歐洲及其他外國的移民之流入。所有這些發展，曾深刻地影響於美國教育。

向西移動　當革命後未幾，開始繼續至這世紀的中葉，人民遷移往阿帕拉契山脈（Appalachian Mountains）與密士矢必河之間的區域，是加速進行。因爲這些區域是迅速殖民的，新興的州獲准加入聯邦者，由一八〇三年俄亥俄開始，繼之以印第安拿、伊里奈、密歇根、及威斯康辛（舊西北）、肯塔基、田納西、密士矢必、阿拉巴馬、及佛羅里達（舊西南）。一般來說，新英格蘭與中東部居民移往俄亥俄河以北的領土，然而由南方各州殖民者雖然有許多亦漂泊於俄亥俄、伊里奈、及印第安拿，但仍有遷往於西南的。

在這世紀的中葉，由於路易西安拿的購取，探險家柳易斯（Meriwether Lewis，一七七四—一八〇九）及克拉克（William Clark，一七七〇—一八三八）的遠征，派克（Zebulon Pike，一七七九一一八一三）及佛里孟特（John C. Fremont，一八一三一一八九〇）的發現，打開拓荒者再向西推進，而發生新展望。人民開始越行越遠至新西南部以及極西的平原、山嶺、海岸的區域。金銀及其他有價值礦產的發現吸引了採礦者，平原牧野吸引了畜牧場主與牧人，膏腴的耕地吸引了安土重遷的農人。當一八六二年宅地法案（Homestead Act）通過，爲着居住與投機性質的購地進行，立卽受到激勵。在宅地法案之下，每一戶主可領地一百六十畝（一段之四分一），僅在這土地定居五年，可建築房屋及開墾田土，但經過六個月後，這塊土地可以減價發售，每畝以一元二角五分購買。地產公司及私人之願意於地產投機者，大量購入，以待價而沽。

所有這些計劃中，大陸上廣袤的土地，紛紛落於個人的或公司的私家之手，因此使政府於一八九三年宣佈取消拓荒（Frontier）。經歷一個世紀，這種拓荒曾對東部的及外國的各種人民，發出極大吸引力。這刺激個人主義和平等的理想比在世界上任何其他國家的程度爲高，並協助使固定這些理想，雖然作爲美國人機會的幻想之一部份。可是在這世紀之末，新情況發生，使實現這機會的幻想，很少可能了。

木材與礦產資源在廣袤區域裏無情的開發，用原始的方法開墾致土壤的肥沃立卽被破壞，及由投機者對土地價格的操縱，迅卽改變美國西部的性質。鼓勵大規模農耕以輸出農產，以及生產爲個人及家庭所消耗的糧食，使農民借款以購買更多田地與農耕的機具；但高度稅率與昂貴鐵路運費，致農民所得越降越低。由此結果，直至一八八〇年，美國農民百分之二十五是佃戶，一九〇〇年，則提高至百分之三十五。在中西部，一九〇〇年，農民爲農場而揭借者，佔百分之四十。

在這些情形之下，農民開始趨向於各種組織。一八六七年，農人協進會（The Patrons of Husbandry）組成，在一八七五年以前，約有二萬個農會是活動的，包括會員大概有七十五萬名。他們通過州議會以攻擊鐵路運費的價格，引起國會注意，一八八七年遂設置州際商業委員會，以阻止鐵路運費之參差而訂立合理的價格，公開宣布。農人們堅持更多紙幣與銀幣的要求，以解救其負債與揭借。新興的農人聯盟，一八八〇年在南部及北部出現，而農人團體是人民黨（一八九一年成立）之最大擁護者，該黨的政綱，遂變爲包括更充分的銀幣、入息稅、對參議員的直接選擧、提案權與表決權、秘密投票、郵政儲蓄銀行、政府經營鐵路電報及電話等。民主的土地均分者，對於工業與資本家日漸增加的控制美國經濟的反感，遂引起草根改革運動。

工業主義的生長　工業革命，於十八世紀最後三分之一年代中，由英格蘭開始，十九世紀上半期，風靡於美國。一八〇〇年典型的工藝匠與機械匠，雖然在家庭或在他的小店操作，但對於製造業工廠類型的趨勢，在一八二〇年，已順利進行，而東北部立卽改用發動力推動的機器，作工業的生產。由紡織工業領先，適合於鐵器生產的重機器、農業用具、鐵路設備、建築材料、及工業設備全部範圍各種生產繼之。一八七〇至一八八〇年間，進行速度加快，主要工業是鋼鐵、石油、肉類包裝、及鐵路。在這世紀中葉，城市與製造業資產之資本價值比農業資產之資本價值爲大，一八九〇年以前，所有製出產品之價值已超過全部農業產品之價值。這是含有意義的，拓荒的告終約在同時發生，因爲這種基本的轉變，於是主張土地均分者轉而對工業的注意。

與工業發展密切相聯繫者是科學與技術的迅速進步，因新發明已達到可能工業化的程度。軋棉機、縫紉機、自動收穫機、鐵犂、鐵的精鍊、汽船、蒸汽機車、電報機、及公路、運河、河流的疏濬，於這世紀中葉以前完全出現。隨後數十年間，在其他許多種之中，電話、冷藏、鋼鐵鍛鍊過程、石油與汽油的提煉過程、及電力等繼之。因為這些技術上進步，使貨品能大量生產，亦能使貨品更迅速的分配與運輸。這世紀中葉以後，由鐵路支配所有其他的運輸方法。一八六〇至一八七〇年間，由聯合太平洋（Union Pacific）及聖大非（Santa Fe）兩線，使東西兩岸連成一氣。由於電報與電話更進一步發展，使傳達的與運輸的方法相平行。國家的一部份要依賴其他部份的，因而產生一種互相依賴的程度，那時祇有少數人才能了解。

工業化其他非常重要方面，是城市生活的發展。因為工廠制度代替了生產之私宅的與家庭的方式，人民開始集居於生產的中心，首先在新英格蘭與中部各州，其後在中西部見之。由於工人羣聚於城市，在汚穢、齷齪、與擁擠不堪的極壞情形之下，陋巷區域變為對於健康、道德、與衞生殊堪驚人的威脅，其結果，在今日各大城市的住宅區，仍可見到。

人口的擴張　由一八四〇至一八七〇年的三十年中，美國人口增加一倍；由一八七〇至一九〇〇年的三十年中，人口再增加一倍。當然，促成令人驚異的擴張，係來自歐洲之移民。一九〇〇年，美國七千六百萬人口之中，約有一千萬係在外國出生，並未計算從許多較早的移民所生的兒童在內。在同等的重要性，是移民人口來源的變換。一八二〇至一八六〇年間，大部份來自北歐各國，尤其是來自愛爾蘭和德意志。這世紀中葉以後，移民較大的來源，由歐洲北部轉而至南部及東部。人民雖然由後者的區域而來的，一八二〇年在移民人數中不及百分之一，但在這世紀之末，比例數竟躍至三分之二。在許多大城市中，外國生長的人民，在總人口中竟高達百分之三四十，甚至五十以上。

輪船公司是受雇主的影響，他們需要廉價的勞工，以打破工會罷工及保持低賤的工資，故極力輸入勞工的移民。另一方面，屬於工會的勞工，立卽發動反對這些方法，因爲他們注意求較高的工資及限制的勞工市場。勞工能使國會通過一八八二年排華法案（Chinese Exclusion Act）及一八八五年契約勞工法案（Contract Labor Act），禁止雇主以契約輸入廉價的勞工。當這世紀行將結束時，國會其他的努力是訂立移民的標準，保證不讓外國的不良份子，委諸美國社會來負責。故凡貧窮的、瘋狂的、白癡的、與痼病的人物，皆不准入境。

同時，美國的黑人，對社會的、經濟的、及政治的適應，是感到困難的。當內戰時期，南方的人口中有三分之一是由黑人構成，其中大多數是奴隸。黑人解放後，大多數覺得他們的自由雖已得到，但經濟安穩卻未有一點的改善。實在，許多覺得自身處在更惡劣的環境中，因爲他們欲變成獨立地主的機會，是非常渺小。有些寧願返回替農場業主工作，以資糊口，有些尚能成爲佃農，其他則流浪至北方的城市，但因爲他們缺乏技術的訓練，所以覺得極難和熟工來競爭。

遭遇社會、政治、與經濟各方面的歧視，黑人常常覺得許多失望，極度的容忍。當這世紀結束時，美國人幻想一部份之機會平等與自由的理想，對於大部份的美國人口來說，始終更難於實現，他們覺得所以不被認爲美國人者，基於他們的種族或民族的背景之故。這種美國人幻想的抑制而實施公共教育來考驗，就此點沒有其他文化的發展曾經做過的。

資本主義的勝利　十九世紀是在資本主義普遍影響中的高峯。這可以見到的，由一種商業型資本主義轉變爲工業的資本主義，照有些作家提出，或由商人資本主義轉變爲雇主資本主義。像在歐洲，資本家改變其經濟角色，由製造者與顧客之間的經紀，轉而至勞工的雇主、工廠、機器、生產工具的業主、企業的經理、與製成貨品的販賣人。這種資本家角色的轉變，當這世紀早期由工廠制度肇興而開始發生，內戰之後，越加迅速的繼續進行。在這過程中，作爲一種營業上創造與高度成功的公司，進入商場。公司如此龐大的擴張其範圍，遂獲得控制原料與天然資源，以及工廠、鐵路、與其他生產及分配的方法。

工業資本主義勝利之結果，其中最重要者，是逐漸集中財富於越來越少的私人之手。一八〇〇年，白種人約有百分之九十是不動產的業主與獨立的農人；越一世紀，全國財富幾乎十分之九操在十分之一人口之手。這個國家由主張土地均分的社會一變而爲工業的社會，擁有的與生產的貨品之資本家的方法，實際上顚倒了所有權的均衡。這是不錯的，國家的每個人財富雖迅卽增加，但財富逐漸集中於少數人手中，會使旣得的大多等於烏有。並且，週期性的不景氣常常消滅勞工與農人集團於繁榮時期所得的利益。除了一八六〇年經濟因內戰破裂外，十九世紀實際上每十年都有或大或小酷烈的不景氣發生，在這世紀最後六七十年間，三分之二的年頭，幾乎皆有不景氣降臨。

另一個工業的資本主義最含有意義的結果，是一個獨立的與集體的社會於十九世紀形成，卽使雖然這是被十八世紀自由競爭的思想所支配。這種情形，由於市場與工廠擴大及天然資源的積貯似用之不盡的事實，爲之證明。資本家宣傳政府擺脫商業的自由競爭學說，但實際上他們卻利用政府以提高對他們保護的關稅，領得對他們有利益之極廣大的公地，獲得其他津貼，與保持低的稅率。資本家也宣傳經濟上競爭的與「自然的法則」的價值，但實際上巨型公司的發展，由收買較小的競爭者或迫其退出營業而造成獨佔，故自身能操縱價格。法庭每支持獨佔的趨勢。

雖然工業資本主義聲稱機會的相等，但對要求任何此類程度的相等理想的實現，由拓荒的結束、獨佔的蔓延、工廠制度、財富日漸集中、及由富有的團體對政府的控制而被阻止。個人主義的理想，在美國人幻想中是一大象徵，比諸其他各國有極大的了解，但在這世紀之末以前，變爲越來越小的存在了。

勞工運動　同時，因爲資本家利用歷史上著名的自由主義中個人主義的與自由競爭的理想，以辯明他們在社會上的任務，勞工運動遂利用自由主義中社會的人道主義理想，以防護自身。勞工運動之在美國興起，像別處一樣，作爲反對過度的資本主義之一種抗議與反動。十九世紀之初，獨立的工人與機械匠，當商人資本家操縱原料的供應，及把工人由互相競爭中雇用而迫使工資降低時，失去他們的地位。因此，熟練工人開始組成職業工會或手藝工會，以改進他們的協議訂約的力量及保持工資的高度。

一八二七年，費城十五個職業工會聯同組成職業聯合技師工會（Mechanics Union of Trade Associations）。初步會議成功，運動立即擴展，一八二八年組成一個政黨，叫做工人黨（Workingmen's Party），負責以運動推進勞工權利的立法。憑藉自由主義中人道主義與民主主義的理想，勞工團體力主免費的公共教育，作爲改善勞動人民狀況的方法之一。在傑克生時代（Jack-sonian Era），有組織的勞工擴大政治的選擧權，是一有效的原動力，貢獻於「公立學校的復活」。

經過資本家的反對、一八三七年的不景氣、大政黨許多改革提議的採納、及工人黨的瓦解，一八四〇年曾引致勞工運動的衰落，但內戰之後，這種趨勢再度向上的。一八六六年，全國工會（National Labor Union）成立，團結地方的與城市的工會合併爲一個全國的聯合會。此擧立即開始擴大其努力，從簡單的對提高工資的訂約，以至經過製造者合作使貨品之實際的生產。然照當時情形來說是太急進的，經製造商的激烈反對，終使其衰退達六年之久。

其次，全國性組織更重要的努力，是勞工的武士會（Knights of Labor），於一八七〇年出現，不論其種族、膚色、性別與信仰，極力團結所有工人統屬於一個工會。在鮑達利（Terence V. Powderly,一八四九—一九二四）領導下，勞工的武士會獲得相當的實力，聲言會員多至七十萬，曾贏得幾次著名的罷工，尤其反對鐵路的行動。運動每日八小時工作，成爲他們的活動之一；但反對者變爲極端激烈，勞工的武士會被指控實際上是無政府主義的與極端急進的。一八八六年，支加哥的乾草市場（Haymarket）發生大屠殺，集會被一炸彈爆炸所衝散，在這場恐怖中，有幾個警察及許多工人被炸斃或受傷。無政府主義份子八名被陪審團審判，其中三名，後來由伊里諾州長亞爾特吉德（John Peter Altgeld，一八四七－一九〇二）特赦，始得無罪。無政府主義份子與勞工的武士會之間雖從未建立聯絡，但勞工的武士會被工業家攻擊，亦從未澄清。

同時，勞工組織另一種不同的方式，稱之為美國勞工同盟（American Federation of Labor），由一八八六年起，開始擁有實力。根據其組織的原則，聯合所有手藝工會合併為一全國同盟而非合併為全體美國工人的一個大工會，美國勞工同盟主要的吸引熟工及集中於集體商訂工約，爭取較高的工資，縮短工作時間，及改善工作的狀況。這同盟反對馬克斯信徒、社會主義份子、或無政府主義份子等集團更過份的努力，與抑制其直接政治活動或參與政黨。在甘巴斯（Samuel Gompers，一八五〇－一九二四）領導下，自一八八六至一九二四年，除一年中斷外，歷任主席，美國勞工同盟對州及聯邦政府的勞工局、各州工廠法律以增加工人的安全、受傷的賠償、男女的平等給薪、童工的廢除、及移民的限制等，曾做過一番工作。

一般來說，各種工會包括強有力的鐵路同仁（Railroad Brothers）在內的全體會員，在十九世紀最後的年頭開始增加，立即超過一百萬的名額。有組織的工人不僅力爭其較好的條件，並且支持社會的立法，像要實現公共教育、擴大選舉權、管制壟斷、及廢除負債的監禁等。這是最有效動作之一，以攻擊特權及以提倡平民的福利，而反對所臨於享受權益較少者羣衆之不公道、貧窮、及不平等，此等羣衆亦自覺由被其個人不能控制之工業的情況所妨碍與阻撓的。

其他改革運動　溯自法蘭西社會的人道主義，德意志之形而上的展望，與英格蘭之浪漫的理想所衍生，美國一種新人道主義在許多方面開始向改革社會的條件邁進。這採取社會的形式以阻抑貧窮、廢除奴隸制、減輕刑法、改善監獄狀況、擴大女權、禁止酗酒、濟助瘋狂盲聾以及殘廢者。

用各種方法進行改革，構成各異的組合，以造就上流人物一種更合乎人道的團體生活。宗教團體擺脫一種工業的與資本主義的社會之毀滅性影響，而轉入遁世以實現至善的生活。虔信派信徒（Pietists）、敦克爾派（Dunkers, 亦稱德意志施洗派）、基督教聯合兄弟派（Moravians）、及由歐洲而來的其他教派，分別維持他們自己的組合。在斯密（Joseph Smith, 一八〇五—一八四四）及楊格（Brigham Young, 一八〇一—一八七七）領導下，摩門教徒漫遊新大陸大部份的幅員，以迄在猶他州建立安息所為止。諾伊斯（John Humphrey Noyes, 一八一一—一八八六）的至善論者（Perfectionist）宗教，擷取基督教之過激的與原始的共產主義而創立奧奈達人團體（Oneida Community, 按：奧奈達人是印第安人一部落，原住在紐約州奧奈達湖地區，其殘部現散居於紐約、威斯康辛、及加拿大）。

許多世俗的公社自治之組合，亦在十九世紀初期出現。印第安拿州的新哈門尼（New Harmony），羅伯歐文（Robert Owen, 一七七一—一八五八）及達利歐文（Robert Dale Owen, 一八〇一—一八七七）之社會主義的投機，在別處吸引許多人。即使更廣泛的，是幾個團體宗傅立葉（

Charles Fourier，一七七二－一八三七）之社會主義的組合主義者學說而建立，他倡導公有土地與公有勞工，作爲實現一個自給自足的團體生活之方法。麻州西洛斯巴里（West Roxbury）的布魯克（Brook）農場，也許是此例之最著名的。

十九世紀，共有數十個沿着這些或其他方向之不同的實驗，反映着改革意見的激動，這種意見，係從工業狀況之鄙陋的與窒息的性質之反應中，突然發生。但工業的與資本主義的趨勢，如沒有比由細小的與孤立的團體所發出而盡更大有組織的努力，則欲使社會改革較廣大的成就，是不可能的。社會福利運動因此開始出現，由於在紐約奎特（Stanton Coit，一八五七－）的鄰居協會（Neighborhood Guild）及在支加哥亞當斯（Jane Addams，一八六〇－一九三五）的赫爾之家（Hull House）等此類平民居房屋之建築，與由里斯（Jacob A. Riis，一八四九－一九一四）攻擊共同住宅狀況的出版物，使其顯著。一九〇〇年以前，平民居房屋在各城市經營者有一百座。在全國的範圍內，美國紅十字會開始供應以協助那些忽然患流行時症而實施救急的。

三、宗敎的機構

新敎敎會　十九世紀時，美國獨佔的依然爲新敎的（Protestant）社會，但新敎的影響不及這些世紀初期全部的服膺。宗敎的良心自由及政敎分離的重要原則，是在十八世紀末及十九世紀初期藉自由主義份子及擁護共和政體者的努力而實現。而且，保守的宗敎展望與保守的政治經濟理想，常攜手並進。在這世紀的早期，正統的教會與聯邦主義是密切聯繫，而自由主義與急進主義宗教的目的，在這階段改革運動中，獲得表現。新英格蘭的唯一神教派，在烏托邦及至善論者各會中，對於社會的改革，提供一條出路。在這世紀上半期，民主政治的趨向，由在幾個教會與在許多新教派組織中的俗人，表現更大的民主管理，這些新教派像震蕩教徒（Shakers，因禮拜時作身體震動之舞而得名）、耶穌再臨派之信徒（Millerites）、及甘貝爾派之信徒（Campbellites，甘貝爾牧師因宣講無限的贖罪，於一八三一年被教會罷免，其信徒組成此派，稱基督教徒或稱基督門徒），其全部是由較大的新教教會中所吸收不滿的份子。

宗教的信仰復興主義與情感主義，在十九世紀起初數十年中亦顯著的，幾乎與十八世紀的大喚醒相平行。信仰復興論的運動，在新西部特別尋得膏腴之區，當時移民帶着所屬的教會相隨，於拓荒生活中反應更大的適應性、不拘禮節、與個人主義。東部的教會，對於西部福音的傳佈，極爲關心。一八一六年美國聖經會及一八二六年美國本土傳道會（American Home Missionary Society），發動以改變西部的信仰，並派遣傳教士遠赴外國佈道。到處巡迴佈道之牧師與巡迴傳教士及講道，變爲西部生活中常見之人物，恰如地方教會變爲在邊疆團體生活最重要中心之一的一樣。由這些方法，新會衆湧入教會者以累千計，一八四〇至一八五〇年間，加倍努力，而有些教會，南北兩集團分道揚鑣，著名的如美以美會、浸信會、與長老會。一八〇〇至一八五〇年間，教會的會友突增十倍，但全國人口總數不過增加五倍而已。

對新教的挑戰　同時，在一八三〇與一八四〇年間，新移民大量流入；一八八〇年後復源源不絕，引進以千計的羅馬天主敎徒與猶太背景之人，數量比新敎徒爲多。在早期，愛爾蘭移民的大部份，與許多德意志移民，皆爲虔誠的天主敎徒；而後期由奧地利、匈牙利、波蘭、意大利、俄羅斯、及東南歐之移民，全屬天主敎徒或猶太人。新敎徒覺得他們的生活方式被天主敎挑戰，於是以非民主的與非美國的口號，反擊天主敎徒。一八五〇年的不知道黨，一八八〇至一八九〇年間的美國保障會（American Protective Association），其組織方式是集中於這種憤怨。這些運動，大部份是中西部鄉間敵對的表示，以反對大部份天主敎徒所聚居的工業城市。美國保障會是一個秘密團體，其會員要矢誓的投票以反對天主敎徒及採取歧視態度以打擊他們的雇傭。故公平待遇的理想與宗敎的容忍，曾經過一番艱難的考驗。此類宗敎上衝突，依然爲美國生活一種可悲的汚點。

新宗教的團體　美國宗敎團體的分裂與十餘新敎派的成立，或比任何其他國家爲多，此舉蓋使不滿意與不寧靜的份子，得所依歸。在這世紀之末以前，美國曾有一百五十個宗敎，皆聲言對宗敎的虔誠。倘若新敎的敎會是共同結合，它們可代表約有一千八百萬敎友，其中美以美會、浸信會、長老會、路德會、與公理會，是最多人數的集團。羅馬天主敎會，比任何一個新敎的敎會大得多，代表約一千萬敎徒。猶太敎徒約計也有一百萬。經過這個世紀，敎會會友的數量，比全人口增加的比例，更爲迅速。英國歷史家布萊斯（James Bryce，一八三八——一九二二）判斷，在歐洲沒有任何國家，其敎會對人民的影響能比得上美國。

除了較大的敎會外，尙有許多新運動吸引累千的敎徒，尤其經過這個世紀的歷程。茲把這些運動，試略擧言之。摩門敎以其宗敎的與經濟的原則，使行一夫多妻制，吸引皈依的信徒，但受正統敎會譏刺的鄙視。愛迪（Mrs. Mary Baker Eddy，一八二一—一九一〇）的基督敎科學敎派，作爲通軀體的與精神的健康之路，一八七〇年後盛行一時。救世軍從一八八〇年起，藉宗敎的改革及以物質賙恤受工業革命所影響的貧苦階級，冀圖使重獲新生。在阿德勒（Felix Adler，一八五一—一九三三）領導下的倫理文化會，冀圖訴諸智識階級，著重道德的與倫理的價值，這價值能夠由社會的而非由超自然的本原來推斷。凡此一切，美國人民的大部份，在十九世紀是受一個或更多宗敎團體及已確立的敎會所影響。

宗敎對現世主義的反應　當這世紀轉入其最後數十年間，生活的漸變現世主義，尤其由工業主義、城市化、及由進化理論產生更新的智力傾向所代表，在各方面影響於有生機的宗敎。各城市財富的增加，對已確立的敎會給予大量財政上支持。大敎堂已建立，金錢捐輸以改善敎堂的禮拜與音樂，城市會衆常變爲貴族的與獨享的。這迅卽變爲顯然的，工人階級並不容易可參加某些專供資產階級享用的敎堂之禮拜。這亦無疑的，在有些限制嚴格的城市敎堂佈道，對於勞工階級的情況，很少注意。然而，自由主義與改革精神卻在許多敎會領袖中表現。有些自由主義的敎會，在此類人物像布斯尼爾（Horace Bushnell，一八〇二—一八七六）、格里丹（Washington Gladden，一八三六—一九一八）、與斯度朗格（Josiah Strong，一八四七—一九一六），及一八八〇年基督敎社會主義會（

Christian Socialist Society）的領導下，直接扶助勞工。自由主義的聖公會會衆組成一個促進勞工利益的會，而一八九一年教宗降諭，亦承認勞工應享的權利。

在清教徒傳統中，禮拜日的宗教儀式開始於週末舉行，因爲歐洲移民來美，關於安息日適當的活動，較少嚴格的辦法之故。這引起許多團體注意，遂組織安息日會，以加強禮拜日更苦行的宗教儀式。其他教會改用世俗的方法，俾保持及吸引會衆，構成週日各種活動，像縫紉班、體操活動、照料兒童代理處、閱讀及討論會。教派間的所共有的合作，在許多不同的組合，像男青年基督教會、女青年基督教會、世界學生基督教同盟之中而存在。宗教的世界議會（A World's Parliament of Religions），於一八九三年在支加哥的哥倫比亞博覽會舉行。宗教上留心之人，在禁酒黨、婦女基督教克己會（Women's Christian Temperance Union）及許多其他組織之合作的努力，尋得改革嗜好的出路。教派間所共有的復興運動，在這世紀最後的數十年，由穆地（Dwight L. Moody, 一八三七—一八九九）等領導下，有助於許多新教的教會。

在稍後十九世紀，最大智力的影響於教會者，是生物進化論的學說之傳佈。有些教會以再擁護極端的絕對相信聖經上記載有關萬物發生之特創說，及聖經之完全依照原文的解釋，排斥此等學說，簡單地否認其眞實。其他則以宗教的信仰，調和進化論之科學的含意，係由此類人物像畢奇爾（Henry Ward Beecher，一八一三—一八八七）、格里丹、費斯克（John Fiske, 一八四二—一九〇一）、杜倫孟德（Henry Drummond, 一八五一—一八九七）、及亞波特（Lyman Abbott，一八三五—一九二二）所倡導。這種對進化論鬥爭，象徵世俗勢力之突進，這勢力是削弱教會從智慧上支配人民的內心，而對公共教育提出更深刻的問題。

第二節　人們所賴的思想

十九世紀，美國的智識生活，繼續由歐洲的來源，大量輸入，但亦開始自辯，這不只採納歐洲的文物以應美國之必需，而且美國反報之以顯著的貢獻，卻常常影響於歐洲。在這世紀上半期，法蘭西人道主義的影響力仍強，其自由、平等、及社會進步的理想，繼續培養美國民主政治的觀念。從英格蘭而來之科學的與技術的發明、經濟的個人主義、及浪漫派的文學，特別引起美國中產階級的興趣。從德意志而來的唯心論的與形而上的哲學以及浪漫派的文學。逐漸的，當歐洲其他部份的移民湧入美國，對其他國家的興趣，也開始傳布了。

同時，美國的國家主義開始自有其主張。在內戰之前數十年間，曾見其情緒的擴張，認為美國的智識生活要打破歐洲的束縛，而創造表現的式樣和想像的方法，更適合於新興的美國較自由的環境。內戰之後，國家的理想，大為提高，但歐洲思想的影響依然強有力，尤其採知德國大學之學術的與科學的理想。及臨這世紀之末，美國的哲學、文學、與藝術，造成特殊的貢獻，殆可稱之為美國的。幾乎所有歐洲各國的貢獻，在變為美國人的移民之工作與思想中被代替了。

一、世界眼光與人類本性

傳統宗教的展望　歷十九世紀，超自然的宗教之傳統上信仰，在人民大衆以及在保守的宗教領袖中，繼續有影響的。基督教的有神論依然爲世界及人類對自然關係最普通的觀念。神的世界，是嚴格的規定，以對照物質世界。照聖經所言，天主創造世界。人類包含靈魂與肉體，這兩個要素是不變的對立。人類本性，藉天主授給人類精神的特質，與其餘體質形成一道不能通過的鴻溝而分開。

喀爾文派的傳統，由瓦克爾（Nathaniel Walker）等再主張效法神學家的愛德華茲（Jonathan Edwards，一七〇三－一七五八），瓦克爾於這世紀初期曾助耶魯神學院的建立。一八〇八年，喀爾文派教徒創建安道化神道學院（Andover Theological Seminary），以對抗在哈佛盛行一神論之自然主義宗教的趨勢。在這世紀後半期，基督教基本主義（Fundamentalism），是由保守派神學家像聯合學院（Union College）院長希考克（Laurens Perseus Hickok，一七九八－一八八八）、普林斯頓的霍德治（Charles Hodge，一七九七－一八七八）、及聯合神道學院（Union Theological Seminary）的雪德（William G. T. Shedd，一八二〇－一八九四）等，復加維護。除正統的教會之外，其他各種方式超自然主義之流行，是反映於唯靈論（Spiritualism）、通神論（Theosophy）、與基督教科學等運動。

開明宗教的展望　同時，對使放寬傳統上超自然主義的幾種努力，曾經進行。這些努力中最重要者是唯一神教派（Unitarianism），否認發威的天主與原罪的觀念。唯一神教派不相信三位一體的學說，著重天主的恩澤與親愛—仁慈、耶穌之人的品質、及人性之固有仁心與至善。像程寧（William Ellery Channing，一七八〇—一八四二）表示，宗教所以視為重要者，並非注重教條與神學，而在培養人類心中天主的倫理精神。在風格上，它大部份是人道的，力主個人根據聖經以尋求眞理，表示其對於改良社會之宗教的信念。十九世紀初期，唯一神教派培養新英格蘭的社會改革運動，及代表復歸於本質上自由主義的強調，這早期新教徒集團堅抱良心自由的信仰。

在這世紀稍後，當科學與進化論開始向傳統上超自然的宗教之權威挑戰時，幾次努力顯著的進行，欲把進化論來調和宗教。美國若干學者，跟隨歐洲帶頭對聖經學問激烈的批評及比較宗教的研究。著名的是聯合神道學院的斯卡夫（Philip Schaff，一八一九—一八九三）、聖羅蘭斯大學（St. Lawrence University）的考安（Orello Cone，一八三五—一九〇五）及克拉基（James Freeman Clarke，一八一〇—一八八八）。新派人物運動，由結合進化的科學之發現，使放寬傳統宗教的展望，是由畢奇爾、布魯克斯、格爾丹、亞波特、與最重要的費斯克，為之領導。基督教基本主義者雖然努力採異端邪說的審判與激烈阻遏現代主義的潮流，但這世紀之末，不妥協的超自然主義的把持，不及當其開始時之堅強的。

唯心論與先驗哲學　由唯一神教派滋長，不過對德意志唯心論增加一些改作，但美國的先驗哲學（Transcendentalism），當十九世紀早期，在愛默生（Ralph Waldo Emerson，一八〇三—一八八二）、巴克爾（Theodore Parker，一八一〇—一八六〇）、索洛（Henry David Thoreau，一八一七—一八六二）等著作中，發覺有相當的表現。他們是受康德、斐希特、及士萊爾瑪卡（Friedrich Schleiermacher，一七六八—一八三四）神秘唯心論深切的影響，但拒絕德意志唯心論之絕對的與民族主義的性質，而贊成似更適宜於美國人氣質之個人主義的提高。先驗哲學者強調天主的至善，尤其著重個人之最重要不能剝奪的價值，他在其本性中象徵天主之神的宛在。人應該絕對地被信任因爲天主之神存在於個人靈魂之中。神內在於個人靈魂的觀念，使先驗哲學者信賴人類意志與良心，可作爲對道德及對所有政治的或經濟的機構視爲攘闢邪惡之指導，這些機構對於人類努力以改造一個更好的社會，每束縛其活動。

在這世紀的後期，黑格爾的唯心論吸引了美國此類哲學家，像帕麥爾（George Herbert Palmer，一八四二—一九三三）、羅伊斯（Josiah Royce，一八五五—一九一六）、馬禮斯（George Sylvester Morris，一八四〇—一八八九）、哈利生（George H. Harrison）、及艾威特（C. C. Everett，一八二九—一九〇〇）。在這世紀最後數十年間，唯心論變爲美國專門哲學家最有影響力的展望，由聖路易（St. Louis）學校監督的哈利斯（William T. Harris，一八三五—一九〇九）所編純理論哲學雜誌（Journal of Speculative Philosophy），得到許多激勵。他的影響各方面感觸巴特勒（Nicholas Murray Butler，一八六二—一九四七）及杜威（John Dewey，一八五九—一九五二）的觀點。由於唯心論者著重社會與個人之間有組織的關係所感動，杜威亦受進化論與實用主義（Pragmatism）的學說影響很大。

進化論與實用主義　美國於十九世紀的智識生活最特殊的貢獻，也許是實用主義的開拓，這是一種哲學的定向，大部份基於進化理論廣大的原理。進化理論最明顯的旨趣，是論權威的宗教觀念，彼集中於舊約的教義，以爲世界與人類特別的是由神的參與所創造，及由其不滅的靈魂，人是有異於其餘體質一種生物之特殊的形體。

直接反對宗教的展望者，來自進化的引人注意之理論，謂大地並非在時間上片刻而係經幾百萬年所創造，由自然的程序，生命從較簡單體變爲更複雜體，人類及所有生物是生命的一個共同主幹的分支。赫胥黎與英格索（Robert Green Ingersoll, 一八三三—一八九九）實行向神學陣營作戰，斯賓塞採用進化的觀念與對倫理學、政治學、歷史、經濟及一般社會的發展各範圍適者生存之理論。

不祇宗教的權威是受進化的科學挑戰，而且唯心論整套哲學的地位與「文雅的傳統」，也受實用主義新哲學所攻擊。美國的喀爾文教義之原始的傳統，與十九世紀早期德意志唯心論的影響，使大部份美國的哲學家直覺一元論的一般概念，在那裏凡物關於全體有一確定的地位，與在那裏眞理是視作一律的、固定的、及永遠的。然而美國拓荒生活之流行的必要條件，以荒野要征服，及爲求生活而遭遇危險、不穩定、與不斷的鬥爭，遂形成「美國人的心境」，而不同情哲學上唯心論的目的論。既定的制度、常規、與定局，對美國人來說，不及創始、冒險精神、及革新之重要。從美國人生活的氣質及根據達爾文學說與科學的例證，皮爾斯（Charles Peirce, 一八三九—一九一四）與詹姆斯（

William James，一八四二—一九一〇）以公式表明一種實用主義的哲學，他們覺得是更爲適宜於生活上轉變的情況。

實用主義視作一般概念，本質上不完全的與變動的；各種生活與經驗是被指定以反對唯心論之組織上的統一與同性。新奇的外觀是認爲經驗之眞正的事實，信仰人類的直接經驗而不在訴諸宗教上或哲學上往昔的權威，此不過認爲有法律效力的意見提到最後的法庭而已。換言之，眞理並非有效的智識之單獨的及密接的本體而不管人們的全部經驗；眞理依賴於人們在某些方面動作所發現之結果。眞理是提出於無論何時改變行爲與思想較好的方法，這方法是想出以應付生活的急需。

法律、宗教、政府、藝術與科學既然是這樣被重視者，因爲接納由其實現之意義與價值，這是認爲教育是獨有價值的唯一步驟，祇要它達到其所願望的。這世紀的轉變後，杜威的實驗哲學與其門徒，對於完全結束的形而上學系統與堅守其自己的眞理之本體，辯護更感困難了。

二、學習與智力

對於上述的趨勢略爲相似者，關於怎樣人民學習有支配力的意見，在十九世紀經過顯著的變化。當這世紀的上半期，歐洲傳統的唯理主義被美國的作家竄改爲官能心理學，支持智力訓練作爲學習程序的基本原理。心靈是被當作一種特殊的精神造物，在本質上與軀體大異。因此心靈是賦與人類而異於禽獸的一種模型，及包含各種特殊的與可辨認的官能（先天能力），每種官能管理與指揮某種智力。在這世紀後期，官能心理學受着心理學的展望之挑戰，此等展望信賴經驗主義而非唯理主義，及仿效對本性研究變爲這樣有用的科學方法。由此結果，學習程序，根據學生的興趣、自由、與個性差別，變爲注重特殊的學習而非在一般的智力訓練。

官能心理學對實驗心理學　根據官能心理學，心靈是表示包含分別的、獨立的、與已成的能力或官能，像記憶、判斷、推理、意志、想像、與嘗試。此等官能是被認爲內心的特殊能力；因此，它們是當作不過爲可能性，要經過訓練或實習，才使成爲實在，一種官能的訓練是認爲有利的轉移於其他各種官能。內心能力之發展，特別一八二八年耶魯的官能報告（Faculty Report），已定爲敎育之最高目的，古典文學與數學被認爲使這種智力發展之最良方法。由於官能的訓練，學習的方式比其內容更爲重要。因此，例如當學校或學院課程之古老的學科被攻擊時，所持理由，指它們並非充分實用的或有用的，但其支持者則根據官能心理學的理論來辯護。他們說過：古典文學與數學在課程中應保留它們的地位，因爲它們對於智力訓練的方式，比此類所謂實用的學科像自然科學與現代語，更爲有價值的。

官能心理學歷久保持學習程序上顯著的理論，智力訓練的與傳統規定學科的辯護者，確定的維持它們的地位。可是，新科目的提倡者，攻擊古典文學、數學、與傳統的哲學，認爲它們是未充分地滿足學生對各種興趣、能力、與預期的追求。十九世紀之末，後者的意見，是由一種較新的經驗心理學的理論加以支持，而官能心理學在心靈理論一門，喪失其優勢了。

例如，歐洲心理學所謂「聯合學派」（Associational School）的發展曾聲稱，人類心靈程序的分類中，官能心理學在各種智力中分別太細密的，這種智力實際上並非共同獨佔的或互相獨立的。觀念聯合論試將所有智力程序縮爲聯合的單一程序。心靈是認爲由許多組觀念所構成，這些觀念以各不相同的著重在各方面變爲聯合。因此，記憶、推理、情緒、與創造是認爲並非獨立的能力，祇不過作爲不同的方面，在那裏從簡單的知覺變爲與其他知覺聯合以構成更複雜的知覺與觀念。在德意志，赫爾巴特以略似同樣見解攻擊官能心理學，而其所創的心理學，於十九世紀末年對美國有極大影響。像這樣，這是相信「特殊的」觀念而非獨立的智力，以決定一個人的記憶與推理。

美國實驗心理學的進展，對心理學之科學的研究，給予密切注意，並承認感覺上的、屬於運動的、與生理上的過程大有影響於智力的發展。由於受着馮特的心理實驗室的方法及進化論的理論之影響，賀爾（G. Stanley Hall, 一八四四—一九二四）、查斯度魯（Joseph Jastrow, 一八六三—一九四四）及桑戴克（Edward Lee Thorndike, 一八七四—一九四九）之實際的實驗是根據這套理論，認爲心靈，絕非一種分開的實體或官能，實在是有機體的機能，以調節其對於環境更適當的行爲。（這種心理學派有時叫做機能主義 Functionalism）。在學習方面，「行爲」變爲比「意識」更重要。詹姆斯（William James, 一八四二—一九一〇）在哈佛說過：心靈是在其動作之中的。

此外，實驗心理學是由此類人物像高爾頓（Francis Galton, 一八二二—一九一一）、加太爾（James McKeen Cattell, 一八六〇—一九四四）、及桑戴克處理遺傳與原始本性的研究所支持。此引人注意的發現，早在一八八〇年，對於「個別差異」使進取的教育家逐漸強調個別差異的不相同能力，及承認在學習程序中此等不相同的能力與興趣，需要考慮。因爲智力訓練與教育的轉移之理論，基於新實驗心理學則變爲懷疑，每個人的性質開始被認爲在其隨意爲着自己的目的而作值得發展；自從每個人的性質覺得與其他各人不同，概念得到支持，倘若教育是使適應於不同的各個人的話，那麼每個人經過特別的檢討，應受特別的注意了。

三、智識的社會任務

十九世紀美國最動人的事實之一，是有系統的智識幾乎所有部門都發生巨大的與迅速的擴展。少數的發展竟有這樣巨大的或直接的影響美國教育的性質。不祇智識之有組織體的境界，是由於一大量見聞與事實的累積而增大，而且不同的部門變爲再類分與使專門化，躋至於一種從未料想到的程度。科學的影響、科學的方法、與進化的理論，在這過程中負擔一大角色。關於智識應在社會上與在教育上負擔其任務，展開了激烈的爭論。

智識之擴展與專門化　調查與研究，對於智識的傳統體增加了大量資料，在這過程中，許多新穎而相當獨立的「學科」遂被組成了。智識的舊體是被類分與再分爲更專門研究的要素。在這世紀之初，一位「自然史」的大學教授，誤以他的部門認爲有機的生命之全部範圍。在這世紀之末，這分析爲各種生物的與自然的科學，包括植物學、動物學、生理學、心理學、古生物學、鳥類學、昆蟲學、與人類學。簡稱為「自然哲學」的，再分為此類專門的自然科學，像天文學、物理學、化學、礦物學、地質學、氣象學、與自然地理學。在同樣的慣例，社會科學是擴大與區別為歷史學、經濟學、政治科學、社會學、人類學、人種學、與地理學。實在，在這世紀之末以前，學者不能以其特別興趣便佔有這些較新部門中一門的全部，祇有在動物學、或物理學、或歷史學更精細方面之專門研究而已。

這種智識之擴展與專門化，由於冀圖將科學的方法應用於幾乎所有智識的部門，由於德意志大學的影響，及由於各部門學者與專家之專業聯合會的組織，是加速進行。科學方法的成功，其立即可見的，以科學家被大學與學院、工商業、及政府催促以研究自然的與物質的現象之全部範圍。實用的與有利的動機是強烈的，又挾有理論的推動力。欲創製生產貨品更好的機器，改良農產品，尋覓更直捷的航路，與開拓海陸的運輸，皆扮演其角色。

從事於金屬、石油、與土壤的作業，是由地質調查與由州及聯邦政府支持之探險遠征，平行並進。探險家柳易斯（Meriwether Lewis，一七七四—一八〇九）、克拉克（William Clark，一七七〇—一八三八）、派克（Zebulon Pike，一七七九—一八一三）及其他向西遠征，由威爾克斯（Charles Wilkes，一七九八—一八七七）領導之合衆國探險遠征隊，海岸測地調查，大湖（Great Lakes）測地調查，及其他遠征隊，幾走遍世界各地，使智識積聚為巨大的新集合體。聯邦政府在華盛頓設立全國氣象臺與水道測量部、海軍氣象臺、國立博物院、植物園、斯密生博物館（Smithsonian Institution）許多州與社區並組設科學的與歷史的會社。

學者與科學家專業聯合會的組設，是高度地加速進行。在內戰以前，除了比類著名的團體像美國藝術與科學院（American Academy of Arts and Sciences）、美國醫學聯合會（American Medical Association）、及美國科學促進會（American Association for the Advancement of Science）之外，大部份會社是地方性的範圍。內戰以後，全國性的聯合會變爲更普遍的，當一八七〇、一八八〇、與一八九〇年間，紛紛組設，大爲加速。在這許多聯合會之中，試略擧言之，例如美國語言學會（American Philological Association）、美國圖書館學會、美國律師公會（American Bar Association）、現代語學會（Modern Language Association）、美國化學學會、美國數學學會、美國歷史學會、美國經濟學會、美國心理學學會、及美國哲學協會（American Philosophical Association）等。在組織聯合會的進行中，是從事專門化的原則，從事實表明，例如礦務工程師、機械工程師、電學工程師等，在十年或十五年內，便紛紛組成各別的學會了。

這種活動的廣大範圍，被激勵的不祇從實際上考慮，而且除物理的與自然的科學之外，並努力把科學的方法應用到各部門去。社會科學、語言文學、及藝術幾乎所有各部門的學者，是試圖使他們從事「科學的」，以搜集詳細的報告及正確的事實，從而分類及詳述其特殊的事物，猶自然科學家在他們的實驗室工作一樣留心。爲着追求這理想，許多美國學者，依賴德國各大學欲得其啓示。一八一二年以後一百年間，約有一萬名美國學者遄赴德國，更有些人是受專門研究的學者之理想所影響。廣博的學識可能伸展到智識的許多部門之較舊理想，是由學者應徹底地深刻研究範圍狹小部份之理想所代替。這種轉變，許多無疑是由智識總量巨大的擴展所要求，但德意志的理想，爽爽快快做「懂得越來越多而從事越來越少」的事，是被採納的。

「上流社會的傳統」對社會的負責　由於許多種智識漸變重要性，這是唯一當然的，關於智識應該如何的使用，—實在，關於它的全部目的，意見有種種不同。對於這理想所堅持的一種展望，智識爲了它自己的目的是有價值的，若逾乎它自己的教化則沒有價值了。文學、語言、科學、歷史、藝術、與音樂是文化與學識的證明，及表示人類本性之最優美的及最純粹的情操。根據這種「上流社會的傳統」，文雅的、自制的、與鎮靜的對眞理的追求與美感的表現，不應受外界苛刻的實在所震動。在詩人、論文家、德育家及堅持這種一般見解的文人之中，對遠古的、感情的、與冒險的「消遣」文學之幻想的興趣，扮演一大角色。十九世紀早期新英格蘭特別普遍的，在美國上流社會的傳統，由此類作家像朗非羅（Henry Wadsworth Longfellow，一八〇七—一八八二）、羅威爾（James Russell Lowell，一八一九—一八九一）、及霍姆茲（Oliver Wendell Holmes，一八四一—一九三五）爲之例證。

當上流社會的傳統之純文學與藝術似乎是習染於浪漫主義與文雅行爲時，科學不能很適當地作爲幻想的，但能夠與做過提高客觀性與社會的中性之理想。美國的科學家與社會科學家跟隨德意志大學的領導，開始來說，「純」眞理與「純」智識是所有研究與所有學習的目的。眞理爲它自己之故，由自然或社會實際的應用而純淨的，成爲口號。推論是常爲智慧精華之理想化作爲眞理與美感的監護，大多數人固有的被認爲不能進入眞正學問之門。

在對抗「文化」擢升的反動中，產生一種觀念，認爲智識有一種用以實踐之社會的作用，不應僅遯隱於它的象牙之塔。這種反動，採取許多與各異的方式。一種方式，是十九世紀早期之國家主義的強調，開始讚美新共和政體，它的理想、它的人民、及它的開發新大陸。許多文學、歷史與科學，皆受這種國家主義的熱誠所刺激，把智識與表現的方式改變爲這新興國家之用。另一方式，由企業計劃與工業主義得到其激勵，這聯合一起使生活的實際性成爲理想化，並以堅持智識應增進生計上實際的事業。這種刺激不祇包括採用技術以改善生產方法的願望，而且亦爲個人主義所抱的樂觀，以爲智識是入門方法，由這方法個人在社會地位便可以自己提高了。「實際性」可釋作一種充分的強調，以爲工業社會的福利賴於自然科學的應用，或釋作一種狹義的要求，以爲歷史家與經濟家爲着經營企業制度利益計而辯護利潤的動機。

社會責任的學說之第三種方式，是相信智識應改善民主政治中大部份人民的福利。由十九世紀之初改革運動以迄於十九世紀末期之社會福利運動，這要求繼續增長，認爲文學、科學、社會科學、與藝術的考驗，應在公衆利益中有其作用。智識必不要關閉於其智慧的遯隱之中；它必不要對不公正的與腐化的採取中立；它必不要限於貴族的精英；它必不要辯護特權與侵犯現狀的權益。寧可，研究應以見解從事於民主政治的改革，與其成果對人民盡可能廣大的傳佈。許多人感覺到，智識的社會任務之民主的見解，是美國對於世界之智力的與教育的歷史中最大貢獻。

由藝術與科學之社會的任務這些不同的見解所刺激，學者與作家一大羣顯著之人，在智識各部門中產生大量的資料，美國教育由那裏吸取營養與注重精選的成分。什麼應該選擇與爲着什麼目的？意見分歧，引起教育上許多爭論。

語言技能與文學　語言的與文學的幾種技能之發展，在十九世紀對於教育很有意義的，試略爲言之。最重要的，人文主義之傳統的篤守，對古典文學給予一種持久的氣力，但無疑此等壁壘是受到攻擊。在這世紀的早期，由於古典文學家堅持許多激烈的爭論，極力維持古典的語言與文學的優勢。古典文學家採用上流社會傳統的理論，以反對現代主義者，但饒有趣味的，後者卻採取實用主義的理論，以辯明他們爭取平等的地位。

後來，因爲現代語言歷一世紀之進步，古典文學家與現代主義者常聯合一起以維護文學的傳統，而反對他們的共同敵人與實際之物，即科學的原型。文學與科學之論戰，早在英格蘭由赫胥黎、斯賓塞及安諾德使具體表現，因爲界限的復劃，在美國是重演一番。他們雖然這樣敵對科學，但古典文學的與現代語言的學生，著重於專門的研究與「科學的」調查，在德意志的大學早已普遍盛行了。世界的名著產生許多新版本與好譯本，而語言學與文學批評，更有廣博的研究。

文學之儒雅的研究，由美國作家所撰有創作性的文學中，思想反映之現代的傾向，特別更多的。卽使依賴英格蘭的雖仍非常濃厚，但十九世紀早期所見一種特色的美國型文學的興起，反映文化的國情之發展，此類著作的人物像歐文（Washington Irving，一七八三—一八五九）、柯柏（James

Fenimore Cooper,一七八九—一八五一）、布萊安特（William Cullen Bryant,一七九四—一八七八）、愛倫坡（Edgar Allan Poe,一八〇九—一八四九）、梅爾威爾（Herman Melville,一八一九—一八九一）、霍桑（Nathaniel Hawthorne,一八〇四—一八六四）、愛默生（Ralph Waldo Emerson,一八〇三—一八八二）、朗非羅、惠蒂爾（John Greenleaf Whittier,一八〇七—一八九二）、霍姆茲、羅威爾、索洛（Henry David Thoreau,一八一七—一八六二）、及惠特曼(Walt Whitman,一八一九—一八九二）。有些把退避現實的浪漫主義理想化（朗非羅、霍桑、柯柏、索洛、及梅爾威爾）；其他著重社會的改革（惠蒂爾、斯陀 Harriet Beecher Stowe,一八一一—一八九六、巴克爾 Theodore Parker,一八一〇—一八六〇、愛默生、及富勒 Margaret Fuller,一八一〇—一八五〇）。有些表示對普通人民的大信心（愛默生及惠特曼）；其他是明確地反民主政治的（柯柏及梅爾威爾）。有些讚美「衰落的」東方，例如波士頓、劍橋、及康科特（Concord）的作家；其他顯示西部的活力與適合實際需要但不精確的冒險，例如馬克吐溫（Mark Twain,一八三五—一九一〇）及哈特（Brett Harte,一八三六—一九〇二）。有些袒護商業而攻擊勞工（霍姆茲及約翰海 John Hay,一八三八—一九〇五）；其他則攻擊商業（查理亞當斯 Charles Francis Adams,一八三五—一九一五、亨利亞當斯 Henry Brooks Adams,一八三八—一九一八、及惠特曼）。

在這世紀的後期，工業主義與資本主義對於貧窮集團可怕的衝突，其寫實派的敘述，是附帶一種直接訴諸社會的改革。顯著的，他們再主張民主政治的價值以反對大商業不義的行為，此類作家像馬克吐溫、貝拉米（Edward Bellamy，一八五〇—一八九八）、嘉蘭（Hamlin Garland，一八六〇—一九四〇）、霍艾爾斯（William Dean Howells，一八三七—一九二〇）、德萊塞（Theodore Dreiser，一八七一—一九四五）、及諾利斯（Frank Norris，一八七〇—一九〇二）。無論如何，他們描寫大商業的貪婪、腐化、或壟斷的方法，與同情平民，像由農工代表煩擾的困難，並非由於他們的自己任何錯誤。

在這些及其他方面，美國文學是感應更大社會的責任之要求。可是，就大體言之，這是上流社會傳統「較穩健的」與更優美的文學，這傳統出現於全國的學校與學院，就教育家而論，是被學者研究的理想與純粹地智慧的效能，以及由各時期保守的政治與經濟景況所支配。

科學與數學 物理的與自然的科學各部門之興起，以達很重要的與風行的地位，是十九世紀主要的屬智慧的大事之一。也許最大創造的發現是由歐洲人所爲，但美國科學的範圍與性質，也迅速的增加。美國科學雜誌（American Journal of Science）於一八一八年由西爾曼（Benjamin Silliman，一七七九—一八六四）創立，表彰一種眞正的美國科學的面貌。在這世紀中，所見科學發現之流行，紛紛而興，有鳥類學、植物學、動物學、自然地理學、化學、物理學、地質學、礦物學、氣象學、與數學。

關於科學之社會的任務，科學家反映各種展望。在這世紀的早期，許多科學家，如非堅持進化的觀念，則試圖表示進化與宗教間並無本質上矛盾。此類嘗試，是由阿加西斯（Louis Agassiz，一八〇七—一八七三）、西爾曼、德納（James Dwight Dana，一八一三—一八九五）、及格雷（Asa Gray，一八一〇—一八八八）所首倡。在這世紀後期，那些科學家其被上流社會傳統文質彬彬的理想所感動者，不顧疑問而忙於他們的作業，而那些強烈地感覺到問題與懷特（Andrew Dickson White，一八三二—一九一八）、英格索、杜累波（John William Draper，一八一一—一八八二）、猶曼斯（Edward Livingston Youmans，一八二一—一八八七）、及赫胥黎、斯賓塞聯合一起者，辯護進化論及贊成科學的實際性之爭論，而反對傳統的文學之智慧的孤立主義。逐漸的，由於科學研究的重壓，科學與文學間之學理上論戰，遂決定前者獲勝。科學的學科，在學院與學校分科的課程中被編入，初時僅爲一附屬的安置，其次放在一平等的基礎，最後則進於支配的地位。

科學的運動，爲打破運用智慧的智識與普通人民的智識間障碍最重要因素之一。尤其在這世紀的早期，對於科學事實的興趣，形成一普遍的流行。傳播科學智識的會社，在全國各地崛興，以累千計的人民，經過技師學會、圖書館、通俗圖書、及學會的演講，使其與科學奇觀的接觸，更爲密切。可是，這種運動，科學家本身是分派別的，有些寧可認爲在各大學他們的實驗室操作中，科學爲一種智慧的精華最高的作用。

社會科學　從科學的影響借助許多，而且以其自己權力造就許多進步，當十九世紀時，各種社會科學，亦極大的擴張。它們依隨專門化之一般模式，再分爲個別的訓練，像歷史學、經濟學、政治科學、社會學、與人類學。十九世紀早期，美國革命爲歷史家最感興趣之對象，革命領袖的傳記，風行一時。各殖民地與各州的歷史，亦繼續由歷史家撰著，而國家主義的新精神激發其他轉而注意美國一般的歷史。在此等歷史家中，班克勞夫（George Bancroft，一八〇〇—一八九一）為最超卓者，在其著作中表示民主政治的國家主義之效果，左袒人民反對專制政治，而堅持美國民主政治的勢力，謂幸得神的庇佑。

當這世紀的中期，歷史家擴大他們的努力，開始撰著各種廣博的論題。蒲萊斯考特（William Hickling Prescott，一七九六—一八五九）撰有新世界西班牙的征服之歷史，巴克曼（Francis Parkman，一八二三—一八九三）研究新世界法蘭西的開拓殖民地。這世紀的末期，革命的思想開始影響約翰霍布金斯的赫巴特亞當斯（Herbert Baxter Adams，一八五〇—一九〇一）、哥倫比亞的柏基斯（John William Burgess，一八四四—一九三一）、哈佛的亨利亞當斯（Henry Adams，一八三八—一九一八）、與威斯康辛的脫爾諾（Frederick Jackson Turner，一八六一—一九三二）等著作。這是替魯濱遜（James Harvey Robinson，一八六三—一九三六）、巴爾德（Charles Austin Beard，一八七四—一九四八）、與碧卡（Carl Becker，一八七三—一九四五）的「新歷史」所鋪的道路。

經濟學、政治經濟學、與政治科學，開始對其一部份特別注意。革命與內戰，刺激此新興國家許多關於政治性的著作。在這世紀最後數十年間，政治經濟學家，因為由於達爾文學說及由於生活之新工業狀況所刺激個人主義與社會改革之間的衝突，是被分開的。柏基斯與克拉克（John Bates

Clark，一八四七—一九三八）站在個人主義立場，而艾利（Richard Theodore Ely，一八五二—一九四三）、巴丁（Simon N. Patten，一八五二—一九二二）、詹姆斯（Edmund J. James，一八五五—一九二五）、威卜蘭（Thorstein B. Veblen，一八五七—一九二九）、及斯密（J.Allen Smith，一八六〇—一九二四），對於社會改革的問題，則採取各種的建議。

在十九世紀，社會學與人類學變爲特殊的「科學」。迨這世紀中葉，有效地攻擊人類學中「種族主義者」的學說，是由布拉斯（Charles Loring Brace，一八二六—一八九〇）所倡導，他的博學的著作，表示信仰一種共同的種族，而非本來的「優等的」或「劣等的」種族。摩爾根（Lewis Henry Morgan，一八一八—一八八一）研究古代社會與美國的印第安人，是非常有影響的，而哥倫比亞之包艾斯（Franz Boas，一八五八—一九四二），奠立現代人類學的基礎。這世紀後期，社會學獲得大影響，尤其由進化思想的影響。有些社會學家，像耶魯的索姆奈（William Graham Sumner，一八四〇—一九一〇）、支加哥的斯摩爾（Albion Small，一八五四—一九二六）、與哥倫比亞的紀丁斯（Franklin Henry Giddings，一八五五—一九三一），以爲社會進化是採用達爾文學說實際上自動的與任意的變化之觀念，其他像史丹佛與威斯康辛的華德（Lester Frank Ward，一八四一—一九一三）、羅斯（Edward A. Ross，一八六六—一九五一），及密歇根的柯利（Charles H. Cooley，一八六四—一九二九），則著重於控制與指導社會改變的過程之可能性，作爲憑社會改革以促進一般福利的方法。

音樂與藝術　遍歷這世紀的大部份，美國的音樂與藝術，希望靠歐洲的支持。在這世紀的早期，由於德意志各大批移民湧入美國，故對德意志的音樂，引起特別注意。德意志歌唱與樂器會組成了，許多市民的管絃樂隊，開始在紐約、波士頓、費城、聖路易、與其他各地活躍。法蘭西與意大利歌劇，初很流行，梅遜（Lowell Mason，一七九二—一八七二）開始採取歐洲音樂爲美國教堂祭儀之用。

同時，南部與西部本土的美國音樂，在平民中開始流行，其表現的，例如，黑人宗教詩歌（Negro Spirituals）、福斯特（Stephen C. Foster，一八二六—一八六四）之歌、及內戰時期的愛國曲。當這世紀將結束時，各城市增加財富，可能有更精緻的交響樂隊、歌劇、歌舞團及戲院，其中對於靈感、作品、與樂師資格，大部份仍沉重地依靠歐洲的來源。

就一般而論，歷這世紀的大部份時期，依賴於歐洲的藝術形式依然佔優勢的。舉凡本國藝術表現的，似乎是在此類「實用的」形式，像傢俱、被褥、與器皿。這世紀後期，著名肖像畫及山水畫的畫家，無疑是因奈斯（George Inness，一八二五—一八九四）、拉法吉（John La Farge，一八三五—一九一〇）、惠斯勒（James A. McNeil Whistler，一八三四—一九〇三）、及薩爾金特（John Singer Sargent，一八五六—一九二五）。雕刻家之中，聖高敦斯（Augustus Saint-Gaudens，一八四八—一九〇七）是著名的。

這世紀的後期，國家增長的工業制度，以其煤煙、塵埃、與擠擁的住所，蔓延於鄉村或組成同樣房屋於無數的行列，造成工廠及工廠市鎮令人厭惡的文明。大財政家像范達畢爾特（Cornelius Venderbilt, 一七九四—一八七七）、柯古倫（William Wilson Corcoren, 一七九八—一八八八）、及非列克（Henry Clay Frick, 一八四九—一九一九），日見增富的資財，使大量投資於私人搜集藝術品，逐漸建立及擴充市民的及公立的藝術博物院，像紐約大都市博物院，是其一例。一八七五年，在費城舉行百年博覽會，公布以表示國家生存一百年中，美國藝術與科學之發展，但大部份美術品是由歐洲輸入，而美國人才智主要的是展示工廠、採礦、及農業的實業產品。

建築方面，這世紀公共大廈最顯著的趨勢是希臘—羅馬款式的改裝，像表現於華盛頓國會議場及全國各州州議會的議場，以其圓頂及古典柱石爲之象徵。希臘羅馬色彩的復活亦影響於銀行建築物與其他大廈，此等大廈是注意保持其永久與不朽的。可是，在最後數十年間，發出一種新論調，索利凡（Louis Henry Sullivan, 一八五六—一九二四）開始倡導這種道理，認爲美國式建築應根據所設計的作用而不在歐洲傳統的規矩。一八九三年，在芝加哥舉行哥倫比亞博覽會，他努力以實現這理想，被墨守傳統的份子所擊敗 但在美國建築中的現代圖則，由些少「摩天樓」像在聖路易的貨車修造者（Wain-Wright）大廈及在水牛城的遠見（Prudential）大廈，爲之先驅。依據索利凡的構想，這些比仿自歐洲的古典圓柱款式殆更表現美國的精神。但此類仍然是例外，設計美國藝術形式的概念以適應新社會的新需要，尚有待於實現。美國生活擴展這樣迅速，有作用的圖樣之重要，在推移中經已失去了。在這方面，美國教育顯示許多類似之事。

第六章　十九世紀美國的教育(一)

第一節　教育機構的組織與管理

十九世紀的美國教育，反映許多文化的趨向與奮發，此爲國家長成之主要的一部份。在成爲一國的過程中，美國雖抱有高度自信與樂觀的精神，但被許多種困難所撕破。教育分擔了這些困難與這些樂觀。當美國人決定政治上民主主義是他們的民有民治民享政府的體制之時，他們亦決定要準備一種全民的教育。當美國人決定政府應擴大其功能以利全民之時，自將使公共教育作爲政府最重要功能之一。當美國人決定其必須成爲及保持一個統一的國家之時，他們乞求於公立學校以幫助達成他們的目標。

美國教育顯示這些決定所引起之衝突與爭論，是接踵而至。我們將給予每個人以生活、自由、與追求幸福的一種均等機會嗎？讓學校來幫助吧。我們將可能給予每個人謀取較好的生計嗎？讓學校來幫助吧。我們對世界被壓迫的人民將提供一避難所嗎？讓學校來幫助使其歸化爲美國人吧。但這並非像一般的那麼容易。許多美國人都感覺到，可能受到教育之惠者僅有相當少數的人，因此他們反抗公共學校的設立。許多美國人都感覺到，工人除在社會享有他們的地位之外，不應容許其上升的太快，因此他們不贊成通俗的公立學校。無論如何，這種趨向是顯然的。民主主義、工業主義、人道主義、現世主義、與一種擴展中人口等勢力，皆指向世間稍新的建立一種免費的公立學校制度，致力於這個主張，教育機會的均等，對於一個眞正民主政治社會的完成，是基本的要素。

一、公立學校辦法的成功

公立學校制度，由公費供應以實現民主政治的目的，照我們所見，並非一個新辦法，而且當十九世紀之初，在世界上尚未有任何國家完成的。美國從事這種辦法，雖有明顯的各種缺點，但在這世紀之末以前，比任何其他國家，更促進其成功。如果沒有經過激烈的鬥爭與爭論，相信是不會完成的。大體而論，在這世紀後期，公立學校的辦法，是由中產階級自由主義份子、社會的與宗教的改革家、及人道主義者，並由勞工運動及城市的工人階級，與由有組織的主張土地均分者及人民黨的運動所提倡。另一方面，公立學校的辦法，由各階級之社會的、政治的、與經濟的保守份子，由包括大量納稅人的工業與商業團體，由南方的貴族，及由某種宗教的與非英語集團的，認爲公立學校對他們的教會的與外國語的學校之私人管理，發生威脅，故皆表示反對。

私人管理對公共管理　此實際的爭鬥，起於一八二〇與一八三〇年間傑克生時代民主政治思潮的澎湃，與經過三四十年熱烈的進行直至公共管理在法律上原則的獲勝爲止。這爭鬥，在這世紀最後數十年，因爲這運動使原則付諸實行得到了動力，持續未已。贊成公立學校最主要的辯論，是一個民主政治社會的命運，端賴對於全民所有兒童之自由與均等的機會，使他們自己發展其最高的智能。不祇對於國家與社會，爲着它們的福利要信賴於此類學校制度，並且包括着是個人自己的成就及其或許繼承無論何種不幸的環境而可出身的機會。這辯論堅持，唯有由公費供應免費學校，這些社會的與個人的目的才能達到，及唯有規定世俗學校沒有教派的宗教上的教義之累，政教分離的原則才能維持，如是可避免大多歐洲各國所體驗過建立國教的困難。

反對學校受公共管理最主要的辯論，認爲私人的利益與進取精神由公立學校暗中破壞，社會上特權的與有能力的階級之財富不應課稅，以供應社會上貧愚階級之教育，因爲他們不能由此類教育而獲益。教育應該適當地保留爲那些智慧上有能力的由教育而獲益者，及資財上有能力負擔教育費者所享受。這是假定的，智慧與入息之間有一種自然的與高度的相互關係。而且，許多宗教的團體爭論，認爲世俗的與因此「無神的」學校，會破壞社會之道德的與宗教的基礎，事實上並會損害經已固定私立的和教會的學校之財政上捐助。在這辯論的骨架之內，政治的、經濟的、與法律的掙扎，歷這世紀之大部份，繼續至一激烈的極點。

從私立與教區學校的辦法轉變爲公立學校的辦法，是一樁困難之事，在全國各區有不同的表露；但無論如何不同，其情勢是有三個極重要的決鬥場而爲論戰所必爭者。最先與首要的，是爭取達成其原則，眞正的公立學校必須對所有兒童免費，故必由一般征稅來供給。因這意味着納稅人應責成其解囊以求此渺茫的酬報，欲全部說服，最感困難。第二，管理與維持之行政單位，爭取其範圍放寬，由地方區域擴展至一州大的基礎，必須說服以備適當地由學校收容一州所有的兒童。第三，公立學校倘若在全民中增強民主政治之共同結合，而非根據意識形態的立場來分別，則必須脫離教派的宗教上的管理。這些爭鬥任何的一種，很難單獨的獲勝。當它們聯合時，這任務擔當龐大的部份，但是這場爭鬥是獲勝了。

私人的對公共的維持　十九世紀主要的成就，是打破傳統的意見，以爲免費教育僅應供給貧窮與享受權益較少者，而建立這種觀念，免費教育應該指定供應於不論貧富的每一個人。在這世紀之初，除新英格蘭外，最普通的計劃是供應私人贊助下的教育，向有繳費能力者征收費用與學費，而根據慈善的原則，對無力繳費者供給免費教育。求取慈善教育的機會常被此類要求所纒繞，卽享受權益較少者兒童的父母，自稱貧民，欲乘機求取對其子女免費教育的機會。因此，免費教育意味着私人教育每與慈善及貧困之汚名相關連。在中東部與南部幾州，免費的公立學校之貧民觀念，明文寫在州法律或憲法之上。公共教育，應免費的，因此認爲是貧民教育。

改革家與人道主義者因此要履行兩大任務。他們曾反對這種意見，以爲免費教育是僅爲着貧民而設的，而公共教育亦然。他們採取相信與社會的民主政治觀念一致的唯一方法，堅持着免費與公共教育，唯有公共學校是由公費維持，因而開放讓所有經濟的與社會的各階層人民就學，方能達到目的。

他們於是從事於修正法律及爭取社區與州的立法機關，供應免費公立學校的款項。傑佛遜的共和黨，傑克生的民主黨，新英格蘭的自由主義份子與人道主義者，以及勞工的與人民黨的運動，皆從事於各種方法以求達到此等目的。

在較前有關此事（十八世紀學校維持方式）中堪注意的，學校曾得到許多方面的供應，包括學費、地方稅、基金、遺款、捐贈、彩票、與租稅。公立學校熱心者的任務，是設法使全民的公立學校之全部需要，以直接的稅收來充分供應，而代替各種特別方式的資助。當然，這是最困難的任務，以其意味着對公立學校的維持，擴展到全民的負擔，卽使祇管納稅而無子女在公立學校肄業者，亦不免焉。爲着贏得這種爭論，需要遍及公私生活的全部範圍中有公益心的人物，發揮其才智與精力，才能應付。兩種間接公共維持的方式，卽聯邦的教育撥款及各州永久公共學校基金，慢慢地變爲直接維持了。

來自聯邦政府對公立學校相當可觀的間接公共供應，其給與各州者爲土地和款項。估計約有公地一億五千萬畝由聯邦政府授給各州，將其收入爲辦理教育之用。這總額的半數以上，是根據一七八五與一七八七年的法令之條款下每一鎮區第十六段授給而來。當俄亥俄於一八〇三年獲准加入聯邦時，爲創成舊西北領土的第一州，每一鎮區授給第十六段公地爲在鎮區控制下公共學校之用。當伊里奈於一八一八年獲准時，這州是授給管理各地段爲鎮區之內所使用，此等地段是鎮區所在的；當密歇根於一八三七年被獲准時，各地段是授給該州無論何處應用所需款項的來源。其後，西部有幾州，因地價低賤，每鎮區採取兩段或更多地段，爲公共學校之用。

當這世紀中，聯邦協助的其他幾個方式，是交由各州於其對公立學校之自己方法所運用。例如，所謂「五釐款」（5 Per Cent Fund），是一同意的結果，卽各州在其疆界內如不能向聯邦的土地課稅，則聯邦政府於州內發售公地時所得之款，撥給該州以百分之五。其他授與，包括鹽地與沼澤地，是撥給各州可作改造及發售，由此等地之入息而用於教育。而且，一八三七年剩餘歲入存放法案（Surplus Revenue Deposit Act），將當時聯邦財政部二千八百萬元之剩餘款，分派於各州財政廳。這是根據國會每一州衆議員名額多寡來分配。一八四一年國內改良法案亦裨益於各州，因其說明所謂「國內改良」者，包括校舍以及公路橋梁之建築等。

高等教育，以學院的方式，亦獲得聯邦協助的裨益，每州授與全鎭區以爲高等教育之用。除原始十三州外，各州獲得此等授與者，有佛蒙特、緬因、肯塔基、德克薩斯等。終久結果對於高等教育之極重要者，爲一八六二年摩里路法案（Morrill Act）及後來補充的授與，這是撥給各州大批公地，以資農業的及機械的學院之設立。此等叫做「撥地學院」（Land-grant College）。並且，一八八七年哈茲法案（Hatch Act），供給撥地農業學院以聯邦附加款，俾與農業實驗所合併，提高科學的研究。

其他公共供應教育之重要的間接方式，是永久學校基金，由州運用此款的收入，以作公共學校的經營與維持。這些州款的資金，通常是由剛才所說過的聯邦各種授與（除了學院與摩里路法案的授與）、罰鍰、財產沒收與充公、及有時工廠產業課稅款所構成。在初期，他們的提倡者，對於這些款項堅持大希望；他們甚至惹起敵對者的反對，認爲他們引起比各州對其學校所需更多的，因此各州是浪用了它們的錢財。可是，因爲學校制度擴大，以應漸增的需要，而其撥撥的款項，對公立學校之所需，祇顯示一可憐的小部份。有若干州，提撥每年學校經費不及百分之一，且並沒有一州實施供應百分之二十或二十五以上的。這款往往處置失當、盜用、或惡劣的投資，尤其要者，錢財越來越多的支出，以應漸增需要，意味着這款消耗遠在原始的期望之下。然而，他們曾協助以建立公款應用於公立學校之主意。

當一八三〇至一八四〇年間，對學校之公共維持的主要爭論，轉而對直接課稅的問題。誤人的事情有二：一爲對貧窮兒童免費的慈善教育的實施，這意味着公立學校就是貧民學校了；其他是採用學費單，由是，公立學校向有兒女在校的父母征收一特別捐。一個家庭有多些兒童在校，父母要更多繳納以補充由課稅所得不足之款。當然，這是強使享受權益較少者的集團更重的負擔，他們如不能支持付款，就不得遣其兒女入公立學校了。當十九世紀五十年之中，爭論激烈，但在一八七五年以前，幾乎所有各州實際上已獲勝了。

大概而論，關於貧民教育及學費單的法律，要修改法令全書而通過新法律了。這種進行雖然在許多州不同，但發展的三個階段是相當顯著的。最初的階段，最佳的，許多州的措施是通過法律，如果人民投票贊成，則准許地方區域爲學校而自己課稅。這種地方選擇權，有些事例，如果願意課稅者則採取向其征稅的方式，其他事例，如果投票這樣決定，則向每一個人課稅。第二階段所表現者，當各州通過法律，提出州助，作爲一種勸誘使地方區域向自己課稅，而供給州助者，祇對於那些已實行自己課稅的區域。最後，當各州通過法律強迫所有地方區域自己課稅至某一額數以維持公立學校時，爭論是完全勝利了。

當最後階段達到時，實業稅的廣大來源，是受公共教育的處理，及時變爲負擔公立學校維持之最大責任。大約美國所有公立學校款項四分之三，來自地方實業稅，其餘依次由州稅（遺產、公司、售貨、及入息等稅）、聯邦補助、及永久學校基金所構成。十九世紀，這大任務是制定直接稅應用於公立學校之原則與實際。在二十世紀，這大任務是擴大學校維持的問題，由一州之廣進至一國之廣的基礎，以給予全國所有兒童更均等的教育機會，而不管他們在合衆國生活可能發生什麼情形。

分權對集權的管理　欲達成靠眞正的公共維持使所有兒童教育機會更大的均等，這似乎無疑的對教育改革家，認爲地方上管理之相沿的區域制度，需要改變爲更高度地統一與集中於州的管理之趨向。在一較早的敍述，這被注意的，十八世紀產生一種對於更大地方的與分權的管理之趨勢，例如，一七八九年在麻州法律達至頂點。（見美國啓蒙運動章，市鎭與區域管理）現時，十九世紀證明那種趨勢的倒轉，因爲改革家力爭更大州的管理。換句話說，在美國教育管理有兩種確實的傳統，一種引致分權與地方的行政，另一種引致更集權的管理，以縣市及州行政的單位作代表。

十九世紀大學向西移民，由新英格蘭而來的人民，挾其區域管理的傳統而西；由南方而來的人民，亦帶同其私人的、宗教的、或縣的管理之傳統。在西部拓荒與農業的情況之下，這些傳統，當未有強固州政府之時，似乎適當的。然而，這迅卽變爲顯然的，區域制度於其供給全民以充份學校的能力，是絕對受限制的。美國人對於區域學校產生雖具熱心，他們的信仰，以爲這比集權管理的方式，更爲民主的，這時期的傾向，是志在擴大社區的範圍，這社區乃爲着教育的目的而組成。社區應該是州的而非地方的單位，對於那些承認在十九世紀新工業社會中需要一種眞正民主教育者，似乎清楚了。

因此，這種努力是引起各州的立法機關通過法律，關於公立學校及爲着行政的目的，委託其權力於縣、市、或區域單位，而掌握最後的權力。這種權力未曾由聯邦憲法特別賦予於州，但寧可由共同福利（General-Welfare）條款與第十修正案推斷而委託它們。因此，由公衆的熱烈討論，立法機關通過的法律，與州及聯邦法庭之法律上判決，在這世紀最後二十五年普通建立的，各州遂制定公共教育最後法律上權力。由是較小的單位，在各州可能的法律及各州之命令下工作。

各州然後開始設立有組織的制度，以實行立法機關的法律，及分配與監督各地方單位州款的發給。由一八一二年紐約肇其端，若干州公共教育設置州總監，作爲州學官員之首長。許多州拖來拖去及開始發覺錯誤之後，由是官署創立、廢止、與再創立，在這世紀之末以前，大部份各州已變爲十分普遍與妥善的設立了。其後，經過這世紀慢慢地消逝了，設立州教育廳，類似州財政廳及公路廳，變爲需要，以負擔執行學校法、編印報告、監督學校、及訂立最低限度課稅的規定、教師資格、校舍規則、及修習科目之附加的任務。

在這世紀的中葉，變爲明確的，各州比在區域制度的地方自主之下所能成就的，需要更大的行政與組織的單位。這樣通常採用行政上的縣制，在那裏，學校的縣總監常與縣學校委員會或教育董事會聯絡而工作。縣是州的一個法定再分區，縣總監作爲縣的主要行政官的職權，在該縣實行州的法律，爲州搜集資料、監督地方學校的人員、分派州款、及協助學校課稅的征收。

一種相同過程在各城市發生，因其在範圍上已增長及因大量自主的學校區之預期，每一個有征稅的職責，似乎不適於現代城市生活的要求。各州開始規定各城市設立教育董事會，在市學校總監領導下，主持市制度的事務。一八三〇年開始，每一城市像布法羅（Buffalo）、路易斯維（Louisville）、普洛維頓斯（Providence）、聖路易、麻州的春田，這運動展開，直至大小合理的大部份城市，在這世紀之末以前，建立一元的制度爲止。如是，在另一方面，學校問題，由人民在其鎮或區學校會議或選出學校委員會委員們，舊式的當面處理，在城市生活裏有累千人民由公立學校服務的情形下，是不易實行的。

因此，城市學校行政之現代模式，開始出現。首先，教育董事會試保持直接管理學校制度的各種活動。由公民組成之教育董事會，其董事是由人民選出或由市長委派，通過教學、課程、上課、財務、校舍、及其同類的常設委員會，試直接處理行政的細目。由於學校制度隨後在十九世紀擴大，這變爲逐漸地證明，此種程序是極端不適用的與無濟於事的。對於效率與熟練的要求，遂使更大依賴於總監與其行政人員。這是自然的轉而仿效組織上現代工業的與商業的模型，那對於大規模工業經營之有效的經理，表示羡慕的。承認與擔心許多教師之不熟練甚至不能勝任，行政人員感覺到，在他們的自己掌握中，應合理的保持高度權力與監督，而不在太信任缺乏相當訓練的教師。

所以，通常認為教育董事會本身限於普通代表公共及社區廣大的教育政策的事情，而讓總監與其職員對於該會政策負責每日執行與管理。通常總監是由人民選舉或由該會委派充當的，而他跟着經手選任並經該會批准的所屬職員與教師；起草預算呈候該會核准；及其職員直接監督這制度的施行。採用這時期的工業模式，總監在工業的理想中悟出一直接的相似之處，教育董事會被認爲等於一工業的董事會，教師等於僱員。大量的學校制度在許多學校行政人員的心目中，集中權力的相似表，看來略像這樣：

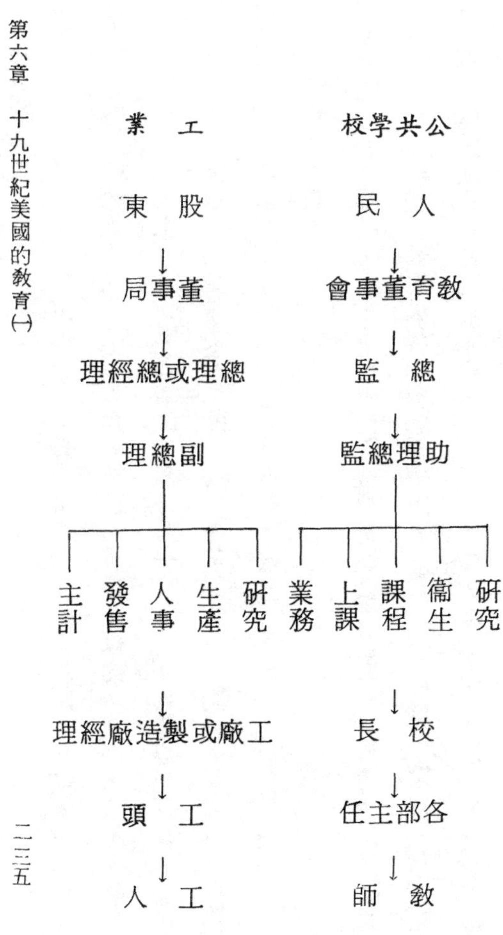

顯然的，這樣的一個圖表祇是近似而帶有幾分滑稽的，但與教師的比較，這略可代表對於行政人員權力的態度。這亦反映直線—與—全體人員的概念，根據這概念，次序所公布，總監的職司在頂上，連續的實行沿線而下直至教師。這種行政的組織，唯一自然的，總監自己常常感覺到在精神上及展望上，與教育董事會比諸教師的團體更密切的聯繫。聲望與薪俸，對於等級成直接比例而降低，任何一個人見圖表即可自知。總監與其全體人員，在工業的術語上，不能不認爲他們自己當作屬於僱主的一羣，而以教師作爲他們的僱工。

此種制度分明是有效率的，在一時期，美國教育迅速擴大並做過許多重大但混亂的服務。可是，在學校行政一門，現代專門職業的思想家對怎樣是民主政治，開始發生驚奇。他們開始質問是否在教育機構中效率的理想應該和在工業機構中的一樣高？由於教師資格與訓練的進步，最近更可斷言，教師開始在專門職業的方針及他們的學校制度之處理中，負擔一更大任務，作爲實現全民更大民主的參加直接的與教育事業有關的方法。

美國人民雖然欲採取大躍進，將公共教育更集中於縣市與州的單位，但不願伸展其本源於聯邦，或國家的基礎。這似乎是顯然的，聯邦政府有權供應教育設備於軍事的目的；因此，西點（West Point）陸軍學校於一八〇二年創立，用作陸軍軍官的訓練，同樣學校爲海軍軍官的訓練，亦於一八四五年設於亞那波里（Annapolis）。同樣地，聯邦政府擔任，在內政部印第安人事務處之下，對保留地印第安人教育的負責，對以前黑奴的教育，曾一度給予特別協助，則在一八六五年所設脫離奴籍之人局（Freedmen's Bureau）主管。無論如何，一般而論，聯邦政府的職責，如前已提及的，是限於聯邦之廣泛的授與。這意味着各州是願意，甚至渴望接受由聯邦政府財政上津貼與協助，但不願受聯邦政府擴展其對全部教育過程的控制。一八七〇與一八八〇年間，提出於國會的有幾條提案，提議直接的由聯邦津貼全部教育，但從未好好通過。

無論如何，這是承認聯邦政府有略應共同負擔全國教育的部門。因此，聯邦教育部曾於一八六七年成立。幾個州誠恐這樣一個部不受控制，遂發起反對，這獨立之部乃變爲教育司，歸內政部管轄。一八七〇年，又變爲教育局。它的名稱雖然數易，但它的職權主要地保持，即搜集報告與統計資料、主持研究、分發關於美國教育情形與進展的消息。巴納德是第一位美國的教育長官（Commissioner of Education），在十九世紀繼承者有伊頓（John Eaton, 一八二九—一九〇六）、道生（N. H. R. Dawson, 一八二九—一八九五）、及哈利斯（William T. Harris, 一八三五—一九〇九）。當法德兩國建立教育之堅強的國家制度一世紀中，美國是不願採取任何步驟，好像要極端控制於全國政府之手中。對於特別目的，尤其對於職業教育的資助，是認爲適當的，但非全部受聯邦的控制。分權制的勢力對於教育是太牢固了。

這爭鬥是怎樣得勝　從繼承英國的傳統，學校應由私人的或宗教的會社管理與維持，脫離的問題，是實際地一種應由喚起要求公立學校的公意來解決。一八〇〇年，大部份人民相信，教育是私人創始的與教會負責的問題，唯有財力的才有資格來辦教育。其後，人道主義的與慈善的思想流行，貧苦兒童應享有初等教育的一個良好機會。有些人認為，對於窮人的免費教育，應由教會、由世俗的慈善機關、或用公共經費來擴大。因此，教會開始對於窮人供應慈善的教育，組成免費學校會，以伸展免費教育於那些不受教會學校收容的貧苦兒童，各州亦通過法律，為教導貧苦兒童，設立免費學校。

各式的學校會，從事於種種努力與接受許多慈善為懷的人士捐獻。它們募得各種捐款，遂組成團體與設立學校。此等會社，有些是特別熱心的，及直接產生與英格蘭相同的會社。一八二〇年，嬰兒學校會，是在波士頓、費城、紐約、與其他城市組成，以供應年齡七八歲以下貧苦兒童的免費教育。主日學會亦在此等城市組立，於星期日授給貧苦兒童以世俗教學的初階，但教會未幾採取主日學辦法而予以宗教的教學為主要目的。導生制學校仿效英格蘭之蘭卡斯特學校（Lancasterian Schools），因為在教學上以相當低廉用費而可教授許多學生，遂傳布流行。此等會社幫助以表示，教育是一種為供應普通人民的可能性。

同時，許多「免費學校會」，產生於巴爾的摩、華盛頓、費城、普洛維頓斯、奧爾班尼（Albany）、紐約等處，在各城市結合各種努力以供應貧苦兒童的免費學校。最著名者是紐約市免費學校會，一八〇五年由市長克林頓（De Witt Clinton,一七六九—一八二八）及其他著名人士所組織。這會捐獻款項、建築校舍、訓練及給薪教師，五十年間曾教導五十萬以上的貧苦兒童；隨即將資產移交於紐約市公立學校，從一八四〇年開始出現。

由於民主政治思想的人士，當十九世紀最初二十年，開始注意此等免費學校會的各種活動，首先發現若干的，爲着小康之家的私人教育與貧苦之家的慈善教育之間的區別，產生一種不幸的與招怨的特徵，不適合於民主政治的社會。因此，自一八二〇年起，許多團體開始鼓動及進行免費的公立學校，給全民以均等開放。開明的中產階級及勞工團體，支持這種運動，一八三〇與一八四〇年間，獲得進步以對抗固執的反對。

爲着這個目的，便組成許多團體，著名的爲在波士頓之美國教育學會（American Institute of Instruction）、賓夕法尼亞公立學校促進會（Pennsylvania Society for the Promotion of Public Schools）、及在辛辛那提的西方學校會（Western Academic Institute）。此類會社對於通俗智識之大衆的普及，例如美國學會（American Lyceum）與許多技師及工人會，皆採納其主張。這世紀初期數十年間，在紐約、費城、及別處的勞工組織與勞工大會，增加呼聲，要求公立學校剔除貧民之汚名而由公款來維持。美國勞工聯盟自一八八一年組織以來，對公共教育之有力的提倡，留下前後一貫顯著的紀錄。

公共教育運動的領袖來自中產社會階級，他們已有教育機會的優勢，但如果沒有工人與勞工階級在投票表明其力量之社會上支持，則不能實現他們的目的。在城市與州的選舉中，許多勞工團體贊成那主張公共教育的候選人。在這爭鬥中，勞工的重要角色，常被對這問題的作家們所忽略，他們曾有意的或無意的對勞工階級中無名的與未知的擁護者之努力，減低其重要性。中產階級領袖們的貢獻，實在巨大，且全部功績誠不可沒的。

新英格蘭　因爲或由它的長期關心於公共教育所期望，回溯於一六四二與一六四七年的法律，麻州迅卽變爲對於州管理與維持公立學校實際鼓動的舞臺。卡德（James G. Carter, 一七九五—一八四九）與麥恩在這種運動中擔當領導。他們說服立法議會，於一八三七年設立一個州的教育董事會及一筆學校款，在學校的維持中以幫助地方的單位。卡德經長期與艱苦的爭論，才得設立公立中學及師範學校。

從一八三七至一八四八年，麥恩是州教育董事會秘書的地位，有能力的施行一種計劃，由州維持公立中學、州立師範學校、及增加供應公共學校。他加強學校之州的組織與監督之理想，作爲反對分權的區域制，提高教師薪俸及改進他們的訓練與資格，延長學校年期，及改良校舍的標準。最重要者，由其推廣的演講與著作，他的十二部年報及編輯公共學校雜誌（Common School Journal），在公共關心於州學校中，充當政論家與喚醒者。因爲他的旅行與會議，及他的活動引起公衆注意之結果，故他的影響，伸展而遠踰麻州的境界。

在康乃狄格與羅德島，有幾分相同的進行。加勞德（Thomas H. Gallaudet, 一七八七—一八五一）與巴納德是在康乃狄格活動，設立州教育董事會，巴納德充當秘書，由一八三八直至一八四二年該會被廢止爲止。其後，巴納德往羅德島四年，組成州教育董事會，然後返回康乃狄格。爾後許多年，由一八五五至一八八二年充當美國教育雜誌（American Journal of Education）的編輯，又由一八六七至一八七〇年，擔任第一位美國教育長官（Commissioner），對於提高職業教育的標準，有一大影響。

中部各州　由這世紀最初數十年民主政治勢力所刺激，一八一二年紐約州通過一學校法，在州學校總監主持之下，設立全州的公共學校制度，此爲在美國有此制度的首次。這代表一種雙軌制，紐約州立大學（University of the State of New York）於一七八四年在校董會統轄下成立，以負責主持中等及高等教育。一八一二年法律規定，每一鎮選出學校委員（Commissioners）及每一區選出學校董事（Trustees）。教師薪俸由鎮的稅收支付，並配以州款之助，此類州款乃根據五歲至十五歲年齡兒童之數量多寡，分撥於各地方區。地方區由課稅籌款以建築及辦理學校。此外，根據在學兒童之數量，地方稅向其家長征收。

這種制度，經過保守派份子的努力推翻，一八二一年被廢止，但仍爭鬥未已。例如，紐約市工人於一八二九年大會，運動學校由州負擔更大的供應，「以保證每一個人於其將達到適齡以前，享有適當教育的機會」。這州制實際上於一八五一年被恢復，一八六七年以前，地方稅被廢止。自那時起，公立學校制度全部依賴課稅及州的幫助，以資維持。

在賓夕法尼亞，根據一八〇二年學校法設立一制度，規定凡兒童其父母自稱係貧窮者，准許免費入私立學校，其費用由該縣支付。但各公立學校會提出抗議，反對這種貧民—學校條例，而勞工團體開始亦盡其本份來支持。費城的工人聯合會，於一八二九與一八三〇年通過與紐約相同的議案，公佈議會候選人所發表對於公立學校的態度。一八三四年，議會通過一學校法，全州分設公立學校區，但許多縣份，尤其德意志人路德派大本營，反對公立學校教授英文的計劃，認爲這樣則整個制度有崩潰之虞。最後，在史蒂凡斯（Thaddeus Stevens，一七九二—一八六八）領導下，反對者失敗，學校法遂得保留。一八三八年以前，大多縣份接受這學校法，州學校制度是在進行中。在新澤西，一種相同的貧民學校法曾被拒絕，一八三八年後，一種純正的公立學校制度，始得成立。

南部　公共教育的運動，在南部各州比全國別處較緩慢的進行。在內戰以前，南部有幾州表面形式上開始辦理州學校制度，但私立的與教會的學校，其強有力貴族的傳統，爲之阻梗。「免費」教育在南部仍釋作慈善的或貧民的教育，比別處更爲長久維持。白人與黑人之間的社會，受嚴格的區別種植家或業主集團，與租戶及貧窮白人之間階級區別，由於上層階級保持政治、經濟、及社會的權力欲望之理由，依然固定的。南部若干州，於這世紀初期，設置公共學校款，有許多以附隨縣制度而設置學校的州總監。

當內戰以前，對黑人教育的注意，是可憐的缺乏。若干州甚至有法定在學校所習各科中禁止黑人的教育；其大多數能爲教育通過者，包括對黑人技能的教習，使他們能操農業的及種植的半熟工。當重建的早期，在林肯總統計劃之下，南部各州制定法律，供給黑人的教育，從一八六八至一八七六年，當國會的重建時期，這種進行，更爲擴展。

當然，此類努力引起確立的白種人階級之巨大反抗，對於他們來說，給予黑人教育的辦法，是認爲極端荒謬與愚昧。他們對於黑人的觀念，視之爲一種固有的劣等種族，不會有智慧，即使教育也不會對他們有影響。當然，爲全部的眞正公共教育所需的納稅，征及他們，則傷害最大的。他們對北方人士激勵南部黑人教育的努力，每以懷疑視之。北部許多宗教的與慈善的團體，派遣人員及齎送錢物往助南部的學校與學院。美國政府於一八六五年設立脫離奴籍之人局，對於這些努力，常作全盤監督。幾間黑人學院建立，著名的有一八六五年的費斯克（Fisk）大學、一八六八年的漢普頓學院（Hampton Institute）、一八六七年的亞特蘭大（Atlanta）大學、與一八八一年的杜斯克基學院（Tuskegee Institute）。皮巴蒂基金（George Peabody Fund）傾移金錢與工作人員往南部，以幫助給付教師薪俸，改善師資訓練，及建築校舍。

雖然有此等努力，但供給黑人與白人的公共教育，進行是緩慢的。一八七六年後，上層階級白人重掌南部的權力，許多關於公共教育的法律，是撤消或不顧。最容易的方法，僅爲不表決充份的款項來供應黑人學校。這是眞實的，南部的經濟來源，比諸全國其他部份是受極端的限制，但這也是眞實的，支配階級，由於堅持黑白隔離的二元制度，消耗更大經費，故所做事情甚至更爲糟糕的。如果沒有金錢來供應，黑人學校顯然是受苦最大的了。

儘管若干具有眼光的南方人與人道主義的北方人之努力，在民主國家中黑人學校仍然是一種恥辱。白人教師僅堪糊口；黑人教師祇得薄酬。其薪俸增加者是藉此類人物的領導下而來，像維吉尼亞的魯夫納（Henry Ruffner，一七九〇—一八六一）及阿姆斯特隆（General S. C. Armstrong，一八三九—一八九三）、北卡羅來納的威利（Calvin H. Wiley，一八一九—一八八七）及阿什利（S.

S. Ashley）、南卡羅來納的吉爾遜（J. K. Jillson）、田納西的伊頓（John Eaton, 一八二九—一九〇六）、肯特基的畢肯列基（Robert J. Breckenridge, 一八〇〇—一八七一）、密士失必的皮斯（Henry R. Peace）、及阿拉巴馬的華盛頓（Brooker T. Washington, 一八五六—一九一五）。即使如是，他們的效力之估計是這事實，一九〇〇年以前，強迫入學的法律，在南部各州中未有發現。在南部，兒童實際上入學者，不及一半之數，比如有七十個兒童由第一班開始，循序升至第八班者祇得一個。美國的其他部份無論用任何方法都不算完善，但實際上施行教育機會均等的理想，沒有那一處有這樣貧乏的。

西部　大體而論，西部各州迅速發展它們的公共教育之制度，有些方面甚至超過東部的。這裏沒有私人教育確立的傳統，當西部各州開首准許加入版圖時，許多憲法對於公共教育訂立有力的說明或條款。在俄亥俄、印第安拿、密歇根、伊里奈、及威斯康辛的舊西北領土，一七八五與一七八七年的法規，定下公立國民學校的原則，作爲隨後發展的基礎。從新英格蘭及東部而來的殖民，帶來公立學校的區域制度，他們相當迅速地能採納教育上強有力之州的組織，以對抗南方人的反對，是時南方人卜居於俄亥俄、印第安拿、與伊里奈等南部區域。因此，在一八五〇與一八六〇年以前，中西部這些州已大刀濶斧除去地方稅制度，而爲公共學校征稅，及組設州的教育廳。這些發展，是經過此類人物的努力而完成的，此類人物像俄亥俄的畢奇爾（Lyman Beecher, 一七七五—一八六三）、斯陀（Calvin E. Stowe, 一八〇二—一八八六）、及加路華（Samuel Galloway, 一八一一—一八七二）

，印第安拿的米爾斯（Caleb Mills），伊里奈的愛德華斯（Ninian Edwards，一八〇九－一八八九），及密歇根的皮爾斯（John D. Pierce，一七九七－一八八二）。

同樣的進行，發生於橫越密士失必河以西的平原、山嶺、與太平洋區域的新興各州。總監是被委任或選出，學校款設置，稅款征收，與強迫入學法律的通過。當然，私立的與教會的學校在早期是佔優勢的，但這些傳統，在拓荒的西部較自由與更具彈性的氣氛中，是更容易改變。西部發展中，若干機會均等的理想，在以公費爲全民免費教育之公立學校理想中，獲得迅速的實現。

二、學校中美國制度的成形

各州中儘管有種種變易，但十九世紀是發育時期，在這時期裏，教育上美國的觀念，開始呈現十分清楚的輪廓。大多數歐洲各國既然維持學校的雙軌制，坦白的指定上等階級與下等階級的分別，但美國實施一種民主制度，指定以供應每一個人應有之機會均等，依其才智與能力使盡量上進。而且，這種機會在州的公費贊助下應該有效的，及應由最低級開始以擴展至大學。所謂「階梯式的學制」，意味着中等教育將爲初等教育之延續，而高等教育要跟隨中等教育之後。普遍的、免費的、男女同校的、與強迫的學校制度的觀念，與歐洲的上下等階級分校的雙軌制，作尖銳的對照，歐洲的雙軌制，初等學校爲對下等階級的免費教育，中等學校爲對上等階級的繳費學校，並時常實行男女分校。

同樣，美國脫離教派控制的世俗學校之理想，與普通歐洲的常例，作尖銳的對照，根據這常例，國家教會或授權的宗教保持對國家學校作大量的影響。世俗的公立學校的原則，如非經激烈抗爭，是不會確立。在這世紀初期的數十年，許多州授權把公款分配與教會學校，但有些人，著名的像麻州的麥恩，認爲這種實施發生大危險，乃諷刺稅款用以津貼教派的教會學校之事。反對這指控者，謂公立學校已變爲「無神的學校」，但麥恩及其他人則宣佈，教派的教學將損害公立學校。麥恩甚至力辯宗教團體有廢止州教育董事會之冀圖。

在其他各州，有些宗教團體，試圖阻止公立學校之展布，或在公立的與教區的學校中將公款分派。在一八三〇、一八四〇、與一八五〇年間，這是遍於全國中一個重大問題。公立學校思想變爲陷於反羅馬天主教的問題，一八四四年由美國土生黨（Native-American Party）及一八五〇年由不知道黨使陷於危機。世俗的公立學校雖然勝利，顯然在一八六〇年以前祇在原則上贏得，但這問題繼續遺禍於美國教育，直至於今。

連接於世俗教育的問題，是增長中的思想，認爲一個眞正民主國家的發展，要求強迫入學。十九世紀，由歐洲幾乎每一國家而來的移民大量流入，形成同化問題，比諸無論何時當其不同語言、習慣、與傳統的各羣傾向於集合在各大城市中孤立的團體，尤爲嚴重的。因此，公立學校是被要求準備一種方法，以加速同化的進行。當志願的方法似乎不夠迅速的充份實行時，強迫入學的立法，遂開始在各州議會中出現了。此類法律，一八五二年第一次在麻州通過，除南方外，其他各州，大多數在一九〇〇年以前推動這項計劃。當然，各州所定強迫入學年齡的限制、規定上課學年的長度、及執行法律的嚴格，各有不同。然而，這使許多人變爲明白的，由於呈現出美國各派宗教的背景大異，公立學校不能保有宗教之一種特殊的教學。因此，強迫入學計劃，便與教派的及私立的學校之問題，發生衝突了。

美國對於寧愛私立的與教會的學校者，保證其自由，並且繼續進行以公款供給公立世俗的學校。這是實行此種理論，卽教會與國家，在教育上以及在政治的作用上，應保持分離，而一個民主政治的社會，需要公共教育的一種普及制度。在這世紀中葉以前，在公立小學與中學註册的學生，比在私立的與教會的學校爲多。這原則一旦確定，公立學校遂極大的與迅速的擴張了。

初等學校　由於兒童大量流入公共學校，立卽使人明白的，一個小型教室的區學校，以對年齡寬限之個別的教學方法，是不能滿意的。因此，在小學組織上有兩個主要的改變，教學上學級方法的發展及根據年齡標準而類編兒童的等級制。單一的區學校是逐漸的劃分爲初等學校—收容由五六歲至九或十歲的幼童，及中間的或文法學校—教導十至十四歲兒童。這種程序，各城市與各州，有相當的差異，乃立卽產生由一年級至四年級的初等學校，及由五年級至八年級的文法學校。大體而論，學級制的學校，一學級是意味着以一歲爲標準，在內戰終結以前，變爲十分的普及。在爾後二十或二十五年間，初等與文法學校逐漸的再合併，以產生單一的小學，包括第一級至第八級。一九〇〇年以前，八年學級制，是美國小學最普通的式樣。

分級與班制的發展，是無疑不祇因增加兒童的數量，且亦因在小學課程的學科中擴張而受影響。

它並受歐洲尤其德國制度之前例所影響，這前例由此類美國人物像麥恩、巴納德、斯陀、格利斯康（John Griscom, 一七七四——一八五二）及其他的報告而來。現時教師能有幾分專門，由班級方法僅教授一個等級及年齡的程度，而不在個別的兒童之全部範圍。此分級制，在這世紀中葉，首先在波士頓通過菲布力克（John D. Philbrick, 一八一八——一八八六）而受注意，未幾迅速地傳布於全國。

中等學校　當十九世紀之初，最普通的中等學校是私立高等學校（Academies），由私人的或教會的創立者所資助。亦有相當數量的拉丁文法學校，主要的由新英格蘭的市鎮所資助。這些學校的入學年齡，通常大約是由十至十二歲，課程長度是四至六年。因為私立高等學校開始著重各學科規定由英文支配，乃設立預科，使較幼兒童於進入本科之前，在基本學科上授予基礎。倘若這種進行沒有受著阻延而繼續，則美國也許會產生相同於歐洲各國的學校雙軌制。

無論如何，在一八二〇年及爾後，美國的民主勢力開始要求一種中等學校的式樣，即要在公款中給予兒童一種更有用的教育，這類兒童業已完成小學之初等的與文法的等級。由是公立中學出現，以應這種要求，而克服私立高等學校增長中非民主的與「階級」的性質。

勞工集團未曾有機會享受更實際的與非學院準備性質的高等教育，祇有拉丁文法學校及私立高等學校依然作為唯一的中學機構。因此，一八二一年，波士頓設立英文古典的學校（後來叫做英文中學）一所，指定以供應十二歲以上的男童之未有意入大學者。此本來是三年制中學，注重英文、數學、與較實用性質的社會學科。一八二七年，麻州通過一法律，規定凡有五百戶以上的市鎮，設立此類學校一所。在一八六〇年以前，全國有此類中學三百所以上，其中大多數設在麻州、紐約、與俄亥俄。在這世紀的最後年頭，擴張是極大的；一九〇〇年以前，約有公立中學六千間，註册所有中等學校學生百分之八十以上。這公立中學，在其超越私立高等學校的進行中，普通變爲一種四年制學校，男女同校，與指定準備進入大學以及直接的爲生活之需。

一八七〇年以前，公立中學的設立，由於納稅人集團及宗敎的團體，曾對私立高等學校大量的投資，他們認爲受公立中學之危害而表示反對，故進展是緩慢的。當有其他大不景氣的事件時，隨着一八七三年的恐慌，工業家攻擊公共敎育的辦法藉口經費受拖累，要求敎育預算的緊縮，尤其反對公立中學的推廣，他們曾說，那種情形卻使工人對其現行工資的等級，發出牢騷。而且，學校董事會尙未確定它們是否有權征稅來供應中學。然而，一八七〇年，在密歇根、伊里奈、與別處一連串法律的決斷，對於公立中學的發展，奠下一鞏固的法定基礎。

此類決斷，最著名者是喀拉馬索（Kalamazoo）案，於一八七四年在密歇根最高法院判決。原告冀圖限制喀拉馬索的學校第一區課稅以供應中學，及終止學校當局維持免費中學與提供外國語敎學之一切權力。原告承認州有設立公共學校之權，但主張謂中等學校是一般同意，即敎授古典文學與現代語，因此志在爲着繳費者少數人的成就；中等敎育，並非包括由公費支持爲全體的實際敎育。

然而，法院無疑的反對這原告，認爲州的立法與政策常常意欲供給者，不僅敎育之初階，並且對每個人的高級敎育，貧富一視同仁，作爲一種實際的權利，並非對於少數富裕者敎化之事。法官科利

（Thomas McIntyre Cooley，一八二四—一八九八）引證作爲前例的，有一六四二、一六四七、與一七八七年麻州法律，一七八七年法令（Ordinance），一八一七年密歇根之領土立法，一八二一、一八二七、與一八三三年密歇根學校法，一八三五與一八五〇年密歇根的憲法。因爲此等意向是建立教育的一種完備制度，法院乃不假思索的判定，州能夠合法的供給初等與大學的教學，而且家長要受責成遣其子女出外國或繳納學費於私立學校，以便準備進入州立大學。學校董事會課稅以供應公立中學，其合法權力，是清楚地被確定了。

由於法律的根據除卻疑慮，地方的學校董事會由要求所引起，覺得隨意可設立中學。州議會亦受鼓勵，通過立法，准許地方的董事會繼續進行，以提供州助於那些已設有中學的區域，最後強迫在全州一定地區應有中學的設立。在這世紀之末以前，中學所佔其地位作爲小學之正常的延續。

高等教育　十九世紀證明高等教育中民主的實驗之發端，不亞於初等與中等教育。其他國家試圖建立高等教育機構，不及美國之多。幾乎每一宗教的教派是自動的創立學院，作爲傳布教義以及供應當地青年一般教育的方法。最活躍的教派是長老會、美以美會、浸信會、公理會、羅馬天主教會、及聖公會。它們各自的經營與聯合的致力於此類組織，像在西部之大學與神學教育促進會（Society for the Promotion of Collegiate and Theological Education）就是此例。杜克斯巴利（Donald G. Tewksbury，一八九四—一九五八）教授發現，在內戰以前，固定的學院經已設立者有一百八十二間，經一短期或長期後停閉者，則有數十間。

儘管理論的流行，高等教育應受宗教的控制，但在十八世紀末期開始的州立大學運動，十九世紀更爲盛行。許多人道主義者採用法蘭西的開明思想，覺得民主政治的理論，需要公立高初等教育。當民主勢力試圖獲得達特茅茲學院的控制時，採取最決定性行動。維陸克（John Wheelock，一七五四—一八一七）於一七九九年充當院長時，試圖擺脫其父（前任院長）更保守之政治與宗教的理論。他的傑佛遜共和黨的思想，使他與聯邦黨的董事局相衝突。這董事局於一八一五年把維陸克驅逐，於是共和黨控制下之州議會於一八一六年通過一法案，將達特茅茲改爲一所州立大學，董事局增加新董事十一名，委任維陸克爲該大學的新校長。但這舊學院不肯接納這項改革，此兩校並存歷一兩年。舊董事局向新罕布夏最高法院起訴，欲求恢復該學院的控制，但其訴訟被批消。因此，他們保留此案，由韋伯斯特（Daniel Webster，一七八二—一八五二）於一八一八年向合衆國最高法院提出上訴。

一八一九年，此著名的達特茅茲學院案，首席法官馬歇爾（John Marshall，一七五五—一八三五）裁定，撤消新罕布夏最高法院的判決及宣佈一八一六年議會的法案是違憲的。共和黨人曾爭論，州既然負擔達特茅茲的經費，但其自存的董事局給它以一種非民主的組織與管理，並不符合自由政府與自由教育的精神。然而，聯邦黨人亦聲辯，謂達特茅茲學院乃一公司，由英王頒發特許狀，有其契約上效力，州不能予以破壞。這項判決有廣大之經濟的及政治的細節，但它特別對學院意指，凡私立學院之有慈善的贊助，可避免州的侵入。這鼓勵私人解囊者可捐獻金錢於私立學院，而刺激各州建立由州控制下自己的大學。

州立大學運動，以滿足對公立高等教育之新民主的需求，變爲加速。在內戰以前，二十間州立大學經已創立，但在許多方面，遇着私立的與教會的學院之有力的反對。宗教集團常常試圖阻止議會可能使法律之通過，或將州款與土地授與轉移於宗教的機構。卽使許多州立大學設立後，宗教團體常常謀在新大學中建立宗教的利害關係或裁減其經費至無足輕重的程度。州與教會之間，對於控制高等教育爭論中的勝負，是不一致的。有些少事例是州冀圖接收私立學院，但有許多事例是宗教團體擬控制州立大學。

直至內戰，州立大學對於美國高等教育之影響，遠遜於私立學院。可是，由於國會於一八六二年摩里路法案之通過，遂開始大刺激州立大學的運動。摩里路法案，按照國會議員的名額，分授每一州每一議員以公地三萬英畝，款項則用以建立農工學院，此等學院要教授文科以及農業、工程、礦冶、森林等科學。有些州分別設立A（農業）與M（機械）學院；其他則把此款撥交它們的州立大學。由於這樣推動，在這世紀末之前，州立大學變爲美國高等教育中一股大力量了。

一般來說，高等教育已踏上極大的濶步邁進，私人的大量資財捐獻於此類已成立的教育機構，像哈佛、耶魯、哥倫比亞、與普林斯頓，及此類新創立的教育機構，像約翰霍金斯、支加哥、李蘭史丹佛、與康乃爾。醫藥、法律、與神學的專門教育是受鼓勵，技術學院像倫施拉亞（Rensselaer）、麻州理工學院、普度（Purdue）等皆響應美國社會增長中技術之要求。這世紀之後期，在大學部修業之學生人數，增加一倍以上，一九〇〇年達到十萬人，各種中學畢業後所進之學院，學生註册人數，幾達二十五萬人。

三、教學職業的開始

教師服務前的訓練　遍及十九世紀，公共給養教育增加其推動具有非常的擴張，對於教師增加供應的準備，分明是需要的。在這世紀早期的年頭，大多數教師的訓練，是在文理學院與高等學校中施行。關於教學的作業很少特殊的注意；寧可，這是覺得對教材範圍的智識，卻是充份的。對於小學的教學，除宗教的正統以外的資格與優良道德的性質，是含糊的與不依從定章的。

無論如何，早在一八二〇年，對於教學供應特殊的準備，當師範學校開始設立之時，這種確定的運動是明顯的。由歐洲的前例採取其幾分特性，師範學校便在美國產生，以準備教師於小學的工作，當一九〇〇年以前，成爲一般承認美國師資教育的機構。這師範（Normal）的英字，溯源於法文，釋作「模範」或「法式」（Rule），包涵在這機構的目標，是授給教師教學的準則。

美國第一所師範學校是私立學校，此類學校像由賀爾（Samuel R. Hall, 一七九五—一八七七）於一八二三年在佛蒙特的康科特（Concord）及卡德於一八二七年在麻州的蘭卡斯忒所提倡者，便是例證。第一所州立師範學校，一八三九年在麻州勒星頓（Lexington）建立，由麥恩及布魯克斯（Charles Brooks, 一七九五—一八七二）策動，而聘皮爾斯（Cyrus Peirce, 一七九〇—一八六〇）爲校長。一八六〇年以前，在八個州設有師範學校十一所；一八九八年以前，全國有公立師範學校一百六十七所，或稍遜私立師範學校之數（包括由各教會所經營者）。在十九世紀後期，縣立師範學校與市立師範學校，像那些在波士頓、費城、巴爾的摩、特稜頓（Trenton）、聖路易、與三藩市，皆次第出現。

在十九世紀，大多數師範學校准許學生直接來自小學，即使遲至一九〇〇年，准許入學資格最普通的規定，是僅經兩年中學的程度。學程時間之長短各異，兩年最爲普遍。一般來說，大多數課程是專心於精習小學的學科，並加以哲學、心理學、教育史、教學的觀察與實習等科目。課程的教授雖有大異，但幾乎所有師範學最後包涵若干種在「示範」學校作觀察與實習的教學，此種「示範」學校由師範學校或在公立學校所經辦。

普魯士與法蘭西教育及師資訓練的國家制度之影響，促使刺激美國各州發展它們的師範學校。古雲關於普魯士制度之報告，連同美國人像麥恩、巴納德、斯陀、布魯克斯、格利斯康、伍德布立基（William C. Woodbridge，一七九四—一八四五）、及薩爾登（Edward Sheldon，一八二三—一八九七）等報告，在美國曾廣泛的流行。在紐約州的奧茲維古（Oswego），薩爾登變爲熱心於裴斯泰洛齊的教育方法，一八六〇年率領若干受過裴斯泰洛齊式訓練之教師到奧茲維古，以幫助其人員改進他們的教學。當奧茲維古變爲州立師範學校時，此等計劃由其他師範學校採用，故其影響開始迅即傳布於美國。其他有影響的師範學校，是在伊里奈州諾摩（Normal）的伊里奈州立師範大學及在奧爾班尼的紐約州立師範學院。

若干文理學院，開始設置關於「敎學技術」與敎學法的講授，著名的像一八三二年的紐約大學、一八五〇年的布朗大學、與一八六〇年的密歐根大學。一八七〇至一八八〇年，像依阿華、密歐根、威斯康辛、北卡羅來納、及約翰霍金斯等大學，始有正規的大學敎授之職與敎育系的設立。

直至這世紀之末，敎育作爲專門的開始被充份承認以保證研究院敎學的設立。紐約大學於一八八八年開設研究院的學科。同樣的，紐約師資訓練學院（New York College for the Training of Teachers）於一八八八年在巴特勒（Nicholas Murray Butler，一八六二—一九四七）當院長之時開辦，其名稱於一八九二年改爲師範學院（Teachers College）。當師範學院初向哥倫比亞大學評議會（Council）申請欲成爲附屬於該大學時，卽遇這樣答覆：「……這沒有此類敎育一門的科目，而且，這會使不願要的女生進入大學了」。然而，一八九八年，師範學院卒附屬於哥倫比亞大學，開始其授給研究院以及大學程度的課業。

儘管由已確立的高等專門學校及敎材範圍懷有偏見眼光來觀察「敎育」，但高中畢業生對於敎育的修習迅卽在學院與大學中進行，對中小學敎學的改進，開始創造大貢獻了。

老練敎師的增長　除了在敎育的機構對敎師服務前訓練之顯著的擴展之外，從服務中對師資訓練亦採取許多步驟，以改進其敎學的能力。一日或兩日至五個或六個星期期限的敎師講習所，一八三九年是由巴納德在康乃狄格舉辦，這種辦法立卽傳布於大多數各州。夏令月份的修習，始於一八七三年，由哈佛的阿加西茲（Louis Agassiz，一八〇七—一八七三）在南塔克特島（Nantucket）爲自然史的教師們開設其夏令課程。最後，夏令學校對於教師服務期中的教育，變爲最盛行機構之一。由紐約州學托擴（Chautauqua）湖畔發出夏季教育性野外集會運動，使許多教師深感有興趣。幾所大學在校中及校外，開始設立推廣課程、自修課程、及圖書館演講。由州、市、縣的教育總監、校長、及監督從事管理的功能之多方發展，被指定以改進在職教師中教學的技能。

供應教師閱讀定期刊物的開始出版，遠溯至學會會員刊（Academician，一八〇八年）。羅素（William Russell，一七九八—一八七三）的美國教育雜誌（American Journal of Education，一八二六至一八三一年），最重要者，巴納德的美國教育雜誌（一八五五至一八八一年），皆有很大的興趣。至於教師的教科書始於賀爾的學校管理的講義（Lectures on Schoolkeeping，一八二九年），但它們的影響是稍爲輕微的，直至這世紀之末，教育學的教授們開始出版各種論題的書籍。

教師聯合會　另一改良教學職業的地位與能力之重要方法，是相當大量的教師組織，崛起於十九世紀。其中較爲重要者，是美國教學會（American Institute of Instruction，一八三〇年），會員大部份包括新英格蘭學者與學院的教育家，及全國教師聯合會（National Teachers Association，一八五七年），這會於一八七〇年變爲全國教育聯合會。全國教育聯合會，在一九〇〇年以前，雖僅有二千三百名會友，但爲全國此類組織中之最有勢力的。在它們的與課室教師接觸極廣泛的，是市、縣、與州的許多教師聯合會，殆遍布於全國。此類教師組織，由於出版雜誌、舉行會議與立例、通過各種學校政策的議案、及向立法機關與市議會的申請，使教師獲得較優薪俸、較良工作條件、與較好學校，故能改善其經濟上地位。在任何意義中，它們雖然並非社會急進的，但倘不計社會問題，而對學校改革來說，它們立即將會實現集體行動的重要性。

同時，薪俸開始慢慢地改善，因此在這世紀之末，學校敎師入息的分類，略高於普通工人而略低於技工的水準。男敎師與女敎師，城市敎師與鄉村敎師的薪俸，皆存有廣大的差別。敎師的待遇雖然改善，但仍遠遜於其他部門專門職業的工人。婦女湧進於這門職業，由於公衆大體上對敎師任務的低估，促使以阻止其再增。

關於敎師的資格，繼續改善，因爲學院規定較長時期的修習，及因爲州開始集中發給敎學執照與證書，遂激勵地方團體提高他們的標準。並且，對於撫卹、疾病、與老年恩俸之私立的及互助的會社，逐漸地開始讓給聯邦與州的退休及恩俸制度來辦理。敎師大部份是由美國生活中低等的中產階級吸引而來，其個人生活是蒙受於他們所服務的團體中沉重的社會壓力之下。這種事實，連同受低下薪俸而敎學的婦女，作爲一種過度的僱傭，以等候結婚，故很少敎師能長久操此職業。在十九世紀有很大進步，但敎學在社會上變爲適合其任務的一種眞正職業之前，仍有一段長距離要趨跑的。

四、敎育上不屬學校的機構

在通常已設立的學校及大學制度外，爲着青年及成年殖民的敎育作有組織的努力者，美國於十九世紀採取一驚人的躍進。推動傳布智識於各種人民，是由各類慈善的與人道主義的機構以及商業的投機所提倡。此類有組織的運動，展布於殖民中所有社會的階級，包括各城市的工人階級以及白領與專門職業的階級。機械學校、工商圖書館、與對工商界的演講，因為一般人沾染着智識授給能力的觀念，變為非常流行。

波士頓學徒圖書館於一八二〇年成立，這種計劃立卽傳布於全國大部份城市。一八二九年以前，紐約學徒圖書館藏書一萬册，當這世紀中葉以前，曾服務過七十五萬人，主要的為工人階級。波士頓機械學會於一八二六年創立，一八二九年又成立有用智識傳播會（Society for the Diffusion of Useful Knowledge）。一八二〇年後，為供應青年店員與商業工人閱讀之商業圖書館，亦成為非常普遍。許多此類組織，並主辦演講、討論、及各種公衆大事。僱主與富裕階級而能慈善為懷的人們，像麻州羅威爾（Lowell）的羅威爾會（Lowell Institute,一八三六年）、紐約市的柯柏工會（Cooper Union,一八五九年）、及巴爾的摩的皮巴蒂會（Peabody Institute），亦提倡此類方式的成年人教育。

公開學術演講會（Lyceum）運動，更大規模服務於鄉村區以及市鎮的團體，在十九世紀上半期，變為對成年人教育一重要的機構。首先由麻州霍爾布魯克（Josiah Holbrook，一七八八－一八五四）於一八二六年在米爾巴利（Millbury）組成，這會主辦演講、羣衆大會、公衆討論、關於各種科學的與社會的學科之讀物，包括對公立學校運動之支持。當本地的講論成羣開始，這公開學術演講會由當日最優美主講者與演說者主理服務，他們常常向人民巡迴演講。一八三四年，約有三千團體自矜有公開學術演講會。

在這世紀後期，有宗教動機之夏季教育性野外集會運動，在全國中接待大量成年人的聽衆。由米勒（Lewis Miller，一八二九—一八九九）及美以美聖公會主教芬生（John H. Vincent，一八三二—一九二〇）創始，夏季教育性野外集會於一八四七年在紐約學托擴湖畔組成，作爲宗教工作人員夏令訓練的課程。地方上學托擴集會最後在累以百計的團體中出現。一八七八年，學托擴的文學與科學界，供應文學的、社會的、科學的、與宗教的學科之四年讀習課程。由宗教的動機所產生青年與成年人教育者，是男青年基督教會、男青年希伯來人會、及女青年基督教會。又有更年輕的年級，美國男童子軍立卽變爲全國性有效的校外教育的代辦。

公衆對智識的渴望，亦在其他方面有表示。與公立學校運動相平行者，有許多公立圖書館的產生。免費的公立圖書館立卽開始在波士頓及其他新英格蘭市鎭出現，而新罕布夏州通過第一次州律准許公款在本州內以創立公共圖書館。在這世紀稍後，受着蒲拉特（Enoch Pratt，一八〇八—一八九六）及卡內基（Andrew Carnegie，一八三五—一九一九）所給予的刺激，美國圖書館聯合會，於一八七六年創立，公立圖書舘運動，遂獲得大推動了。

印刷術的改良與公衆對讀物的要求，很容易有效地產生各種出版物。早期新聞紙，像紐約太陽報（New York Sun）、紐約信使報（New York Herald）、紐約論壇報（New York Tribune），與後來赫斯（Hearst）及普立茲（Pulitzer）系報紙，對於人類興趣及通俗科學的故事，使滿足平民的要求。廉價的書籍，著重有用的智識，傳記、歷史、科學、與百科全書的學識，增加大量出版。各種雜誌與定期出版物，由自資出版此類全國著名的雜誌，像婦女家庭雜誌（Ladies Home Journal，一八八三）與麥克里（McClure's）雜誌（一八九三），皆集中於婦女的興趣。婦女界力說本身改進，是另外顯示於累以百計婦女俱樂部與文學界之創立，最後則歸於一八八九年婦女俱樂大同盟的組織。

這渴望獲得進步，因此影響到社會各階層的居民—上等與中產階級婦女俱樂部，以及在紐約、波士頓、支加哥及其他各處的貧窮階級之居留所（Settlement houses）；學術性與職業性會社以及機械學會；公開學術演講會、夏季教育性野外集會、以及都市藝術博物院（一七八〇）與美國自然史博物院（一八六九）；縣博覽會，以及紐約舞臺、都市歌劇公司、與紐約愛樂協會（Philharmonic Society of New York）。在這些與許多其他方面，正常教育機構外，美國人民教育，連同他們的兒童及青年在學校與學院之教育，增加其運動量了。

第七章　十九世紀美國的教育㈡

第二節　教育的目的、課程與方法

繼承十九世紀大部份教育的問題，略可追溯於學校制度的大擴張。十九世紀的美國，以人口大量增加，最爲顯著。創設開發新大陸的資源所需的東西亦曾經大增。各級教育的課程，隨迅即擴展，添增許多新學科，以應各種要求。在前章指出，美國文化顯示幾種大因素的交互影響，卽宗教的傳統、人文主義、民主政治、國家主義、資本主義、科學、工業主義、及一種新心理學。由於此等力量的波動，對於教育出現了幾種特殊的與支配的目的。

一、教育的目的

十九世紀教育之主要目的，可能在許多方面認明與解釋。從事於各級的教育制度，至少有六種顯著的觀念；它們雖重複到相當程度，但其所提出者，表示若干指導大綱，茲討論如下：

品性與道德的啓發 由於有組織的宗教，從事於美國教育之開辦與管理的巨大影響的滋長，藉宗教以作品性啓發的理想，仍爲十九世紀最顯著的目的。由宗教的與人文主義的傳統所防護，「道德訓練」依然藉這世紀許多基督教性質的理想，密切地視爲一體，及常常認爲與特殊的宗教訓練，不能分離。當世俗的運動獲得進步時，品性啓發，雖然缺乏宗教的訓導，但仍著重作爲公立學校的一種功能。這種目的，由小學以至文理學院的各級，是有感化力的。

智力的陶冶 唯心論的與唯理主義的哲學，在歐洲根深蒂固的傳統中，智力陶冶的理想流行於十九世紀的早期，其後在中期與後期，更大爲風行。其目的不甚重視智識與學識之獲得，除了任何特別應用於實際事情之外，寧可著重思想能力之陶冶，及智力培養的重要性。陶冶的理論，是靠宗教的與人文主義的傳統之有力支持，最常用於辯明古典文學與數學之廣泛的教學，在文科學院是特別流行的，常用以支持高等學校及中學之學院準備的特殊目標。

讀寫的能力與學識 普遍有關讀寫作的能力與特別關於實際智識獲得之理想，當十九世紀時，變爲向陶冶理想挑戰。在小學程度，藉三R（讀寫算）的基本方法，讀寫的能力，自宗教改革之時起，已獲得進步，因此是靠宗教傳統支持，而普遍投票權的民主理論，對讀寫的能力增加其推動力，視爲公共學校之首要作用。學識之獲得，因此是由科學的智識流行於人民的社會各階層所激勵。由科學的傳統、學者研究的理想、與桑戴克之新刺激—反應心理學及其他的支持，學識的目的比智力的陶冶獲得大進步，是用以辯明各種科學與專門智識，採入於中學與學院的教學。因此，這協助以確定學校的觀念，認爲教育實際上是等於對智識有系統的本體編入教材各部門，使獲精通。這是用以辯明講授、記憶、教練、根據教科書材料的學習之背誦方法、與通過考試作爲精通一種試驗的能力。

職業的與實用的目的　由於科學、技術、工業主義、資本主義、與民主政治的大進展，這是唯一自然的，十九世紀美國教育中，職業的與實用的目的，應享一越來越大的地位。聯同學識的目的，這實際有用的理想反對智力陶冶的觀念之堅持，與辯明特殊學程的實施，以協助中學及學院的學生，準備在越來越廣大各門職業中求得職位。科學及其應用於工業、商業、與農業，照資本主義的理論謂每個人應訓練使能謀生以便立身於世，及照民主政治的理想認爲每個人應有適應自己做些畢生事業的機會，是被加強的。

陶冶的或文化的學科與職業的或實用的學科，兩方擁護者之間，發生大爭論。經過實際性辯論而獲得承認之新學科，如遇較新的科目仍應承認的要求時，是常被證明作爲陶冶的。或進入傳統的教育機構是冀圖獲得較新的科目，以聲言它們是像舊學科一樣有力的陶冶；一旦它們被准許加入，這是聲言它們具有優於舊學科的，因爲它們是實用的以及陶冶的。各種科學與現代語之歷史，供給兩方面這些方法之實例。當然，實用的與職業的目的，在中學之非學院準備的學科及在學院之技術的學程中，是特別堅強的。

公民的或社會的目的　在中等與高等教育中之社會的目的，既早已以訓練領導地位之貴族化的名詞來表達，十九世紀之民主政治的與國家主義的勢力，開始注重爲全民的公民教育之重要性。由於社會生活漸增複雜性，這顯然變爲許多的學校與學院需要更直接的努力，訓練國家之公民，盡其本份與責任。這目的對於各級教育之引用社會學科，給予大力支持，並在歷史、政府、經濟、及其他社會的學科，協助刺激其興趣。愛國熱情與國家主義之美國化計劃，雖然常常走到極端，然而這目的，在協助學校於許多分歧的部份融合爲一體，及對人民灌輸基本的民主政治態度中扮演它們的角色，是極端重要的。

個別的發展　由資本主義、由初開發的民主政治、及由個別差異之較新的心理學，聯同提倡人類的個人主義觀念，十九世紀在教育界中，獲得若干進步。由盧騷與裴斯泰洛齊滋長起來的自然主義哲學，給予美國教育家一種興趣，以發展每個人極高度的能力。這種觀念，首先引進於教育制度，最顯著的在低級程度，逐漸的從事於上進。這是由一種資本主義的個人主義支持，視個人作爲首要，視社會簡單的作爲適當地發展各個人的一個集合體。當這理想再由個別差異的心理學支持之時，似乎對許多人表明，教育之主要目的，是可能使兒童根據其自己需要、興趣、與能力而發展。一般來說，這目的並不像十九世紀其他目的那樣有影響，但它在若干地方頗爲流行，與協助辯明選科制度作爲一種方法，由是學生們可自由選擇對其認爲最有價值的學科。因此，這支持實用的與職業的目的，與在非學院準備的科目中，幾乎時常地發現反對智力陶冶的理想。在二十世紀，這在教育理論中變爲支配觀念之一。

二、初等教育

對啓發善良的道德性質與使有讀寫能力爲目的，在十九世紀小學中勝過所有其他時代，雖然當這世紀時，這些實用的、社會的、與個別的目的是增進着動力。當然，體格訓練的理想，作爲維持學校秩序與行爲不檢之懲罰的方法，當所有其他目的似乎無效之時，亦貢獻其助力而爲教師所信賴。

歐洲的影響　歷這個世紀，由歐洲一連串特殊的影響，是影響了美國的教育。由英格蘭傳來主日學、嬰兒學校、與導生制學校。它們不祇實行過幫助以供應一種過渡，由私立變爲公立制度，而且，這嬰兒學校傳布一種概念，學校負責年幼的兒童，由四歲、五歲、與六歲開始，實施宗教的、道德的、與有讀寫能力的教學。導生制學校幫助以促進這種辦法，即班級教學，也許比個別的教學爲優，或至少對道德的、有讀寫能力的、與知識的宗旨，能使生效的。同樣，它們表示，藉獎勵與社會懲罰的訓練，比諸用體罰是更有效的。

由德意志傳來裴斯泰洛齊、福祿培爾、及赫爾巴特的思想。裴斯泰洛齊的思想不祇增強道德的與宗教的目的，而且對有讀寫能力的、社會的、實用的、與個別的目的，亦給予激勵。因爲裴斯泰洛齊的教學方法是使適應美國的實施，教授三R的較新方法出現了；對於自然的與有形物體的學習更爲注意；地理、圖畫、音樂、家政、與工業的藝術之實際的有用，是被承認；及一種心理學的而非嚴密地論理的教材之組織，是指定以應個別的學習之需要。在熱心的與經過優良訓練的教師之手，此等較新方法增進更好的學習；但因爲此方法變爲形式化及系統化，更有效率地判斷知識的理想，變爲佔優勢了。

福祿培爾的幼稚園，注重道德與宗教的、社會的、及個人的目的。福祿培爾學生之一克雷斯（Johannes Kraus，一八一五—一八九六）於一八五〇年在美國，及德僑叔爾茲夫人（Mrs. Carl Schurz）於一八五六年在威斯康辛水鎮（Watertown）設立第一所幼稚園並以德文教授，在他們影響之下，幼稚園的理想，立卽傳布。麥恩的姊妹伊利莎白·皮巴蒂（Elizabeth Peabody，一八〇四—一八九四）於一八六〇年在波士頓設立一所幼稚園，以英語教學。哈里斯（William T. Harris 一八三五—一九〇九）將幼稚園併入於聖路易的公立學校制度之內。直至一八八〇年，幼稚園約在三十州出現；迄一九〇〇年，美國有幼稚園四千五百所，三分之二以上是由私人主辦。幼稚園藉遊戲活動、更大自由運動、合作之社會的態度，側重於個別兒童能力之發展，逐漸地協助以解除小學之嚴格訓練與形式的環境。麻州昆稷（Quincy）的學校總監及支加哥科克縣（Cook County）師範學校校長巴克爾（Francis W. Parker）於一八八〇與一八九〇年間，對於這種運動是歸功於很大的成就。

赫爾巴特的思想，於這世紀最後二十年間，在美國風行一時，像裴斯泰洛齊的思想於早數十年流行一樣。起初的赫爾巴特的激勵，藉社會的學科與文學，傾向於注重教育之社會的目的。可是，當其藉五段教法之教學的科學，使正式成爲有系統的授課計劃時，這知識的目的強有力的惹人注意，赫爾巴特的方法，大部份是用於作為更有效精通教材的步驟。由於戴加摩（Charles de Garmo，一八四九—一九三四）、麥克摩雷（Charles A. McMurray，一八五七—一九二九），及麥克摩里（Frank McMurry，一八六二—一九三六）的影響，與由於一八九五年全國赫爾巴特學會的組織—此會其後改為全國教育研究會，赫爾巴特的學說在師範學校與師範學院中遂變為出類拔萃的了。

所有外國影響於美國小學教育，雖不能一一在這裏提及，但對於殘障兒童的教育之增加留心，應該注意。民主政治的理想，所有兒童應有自己發展的機會，吸引注意於不幸的耳聾、盲目、跛足、與意志薄弱者，以及更不幸的兒童。這世紀的前半期，在法蘭西，西根（Edouard Séguin，一八一二—一八八〇）進行對於不正常與耳聾兒童學習方法之研究。他的著作影響於喀勞德（Thomas H. Gallaudet，一七八七—一八五一），一八一七年，喀勞德在康乃狄格州哈特福特幫助以設立一所聾生學校，並提倡唇語而不用啞子手語或手勢語。州立聾生學校，於一八二〇與一八三〇年間，在肯塔基、俄亥俄、麻州，及其他各處，開始出現。

盲生教育的鼓勵，亦由法蘭西而來，經過何奧（Samuel G. Howe，一八〇一—一八七六）的努力，他於一八三二年幫助在波士頓開辦教導盲童的柏金斯學校（Perkins Institute）。因為這計劃傳布於紐約、費城、與其他各處，州立學校遂首見露面了。由於布雷爾（Louis Braille，一八〇九—一八五二）凸字版閱讀法的採用，及由於國會准許郵政部免費郵寄讀物於盲瞽，對這種作業，給予大助力。低能兒童的研究，曾為西根在法國工作與喀勞德在美國工作的一部份。第一所州立學校，是一八五一年麻州癡獃與低能兒童學校（Massachusetts School for Idiotic and Feeble-minded Youth）。因爲對這種工作興趣的傳布，不正常兒童的班級，一八九三年出現於普洛維頓斯的公立學校中，其後迅速的展布於其他學校制度。

私立殘障兒童學校，一八六〇年在紐約創立。這世紀隨後，在公立學校及全國各地特設州立學校之中，對殘障特別注意。城市生活的擠擁與不合衞生的情形，需要對犯罪兒童的善後，亦令注意。雖然初期觀念，由州所設立「改造學校」與「工業學校」中，大部份是訓練的與著重懲戒的，但公立學校制度逐漸地開始制定更適當的再造程序。

小學課程的擴張　十九世紀小學課程擴張的許多細目，這裏無法敍述，但擴張的事實，乃屬極端重要。關於課程發展所發現的差異是極大的，以在城市或州的各種學校，沒有一個共同的模型。這世紀中，在女師學校（Dame Schools）、區域學校、誦讀學校、與書寫學校（Writing Schools）中三R之有幾分範圍狹小的學科，擴大而至包含許多曾在高等學校或早期中學所授的學科。

在小學課程中，最先是英語的學習，根據這目的，一般人志在增進其讀寫的能力。各種學校裏，對於這種學習，無論何種名稱，最普通的包括讀、寫、拼音、與最後的文法、修辭、及作文的法式。在數百名著者之中，他們撰著此類科目的書，其最有影響者無疑是韋伯斯特、摩雷（Lindley Murray，一七四五—一八二六）、與馬戛菲（William Holmes McGuffey，一八〇〇—一八七三）。韋伯斯特的藍背拼字書、文法、與讀本，是盛行一時；在這世紀大部份時間，拼字書無疑是最廣泛採用的教科書；這表示愛國的國家主義之理想，代表教育上新公民的與社會的目的，以及有讀寫能力的目的。摩雷的英文文法，代表着訓練的與有讀寫能力的目的，是依照在拉丁文法規定而久已承認之文法的區分，即綴字法、字形變化、造句法、及詩學。馬戛非讀本之分等級叢書，反映宗教的道德、愛國主義、與愼重地實際上道德之中產階級的優秀美德，作爲一生中成功的方法。宗教的與道德的、有讀寫能力的、社會的、及實際的目的，在馬戛非的六部讀本中是首要的，此等書於一八三〇年後問世。

在小學中最有影響的科目，其次無疑是算術，主要的從訓練的與實用的目的而受激勵。在最早數十年間，教授算術最普通方法，是教師寫出或口述令人筆錄各問題授給學生，他們由應用適當的定例試行以解決之，教師其後改正答題。當柯爾班（Warren Colburn，一七九三－一八三三）依隨裴斯泰洛齊對於教材之心理學的與歸納的組織之意見，於一八二一年出版他所著的心算時，教學的方法，便有一重大的進步。當這世紀早期，因爲有實際的用途，算術獲得盛行，但在這世紀後期，因爲有其訓練的價値，這是另外的說明。因爲裴斯泰洛齊之「客觀方法」的結果，對自然研究亦在較小規模各種方式中出現。

其次重要是社會的學科，主要的爲地理與美國史。一八二四與一八二七年麻州學校法，規定除英語與算術的學習外，有地理一科。美國歷史，早在一八二七年在佛蒙特及一八五七年在麻州，由州法律所規定。當十九世紀上半期，美國歷史教科書，應着國家主義及對教育之公民的與社會的目的之與起，大量出版。由古得利奇（Charles A. Goodrich，一七九〇—一八六二）及巴利（Peter Parley、一七九三—一八六〇，即 Samuel G. Goodrich）的敎本領導這一門。早在一八三〇與一八四〇年間，社會的與公民的興趣，亦引致以對政府、公民、及政治的經濟之硏究。這種旨趣，於十九世紀隨後擴大。

十九世紀早期的學校課程中，佔優勢政治的與經濟的理想之影響，最好先例之一，是由初級敎科書定名政治的經濟初步功課（First Lessons in Political Economy）所提供，這書是由哥倫比亞學院敎授麥克韋卡（Reverend John McVickar，一七八七—一八六八）於一八三五年撰著。這裏可能最清楚的見到從事宗敎的—道德的目的，愛國主義與經濟的個人主義之公民的與社會的目的，及實際的努力以底於成功。麥克韋卡贊美傳統的自由競爭經濟制度，反對政府的干涉商業，與在經濟上他對自然法則的辯護，皆在他的這部書可見。在最後一章怎樣賺錢，麥克韋卡把美國人幻想個人主義的觀念，使成理想化如下：

倘若他有良好健康又是勤勉的，卽使在我們的國家裏最貧苦的靑年，都可以利用；倘若他除了優良受敎與在任何種工作有技能之外，再加以道德的習慣與宗敎的原理，如是，僱主可以託賴他並予以信任，那麼他可以說在平生中便現出有相當大的資本，無疑像國內任何人幾乎一樣有變爲獨立的與有令名的，也許造成富裕的機會了。「每一個人是其自己幸運的創造者」。一切信賴發自正當的原則，它們是這些：

一、要勤勉—時間與技能是你的資本。

二、要節儉—不管什麼，從量入而出之中生活。

三、要謹愼—不貪求妄想之事。

四、要堅定—讓你的節用常常是今日的，而非明日的。

五、要滿足與感謝—一種愉快的精神使勞力輕鬆，睡眠舒適，普遍的快樂，此皆比僅求富裕好得多了。

除了英語學科、算術、與社會學科之外，小學課程逐漸開始略注意於圖畫、音樂，與體育，雖然在時間上與著重點常常保留一附屬的地位。在這世紀早期，圖畫已編入若干導生制學校，一八六〇年以前，在波士頓、紐約、費城，與西部若干城市的學校，開始包括它在內。一般來說，最初，圖畫是使用幾何的圓形與橢圓形摹繪此類標準化的物體，像花瓶與水甕等，但逐漸的自由畫變爲更普遍的。圖畫教學所受影響，一方面由於對工業上目的機械畫之實用的興趣所指導，另一方面由於沿用裴斯泰洛齊的方法，從心理學的興趣於手工的與體力的技能之啓發，作爲發展個人能力的方法。

音樂，最初表現於唱詠與合唱的動作，於這世紀的最初幾十年間，變爲流行的。這是由波士頓的梅遜（Lowell Mason，一七九二—一八七二）特別提倡；他撰著爲音樂教師採用的教本，及勸導波士頓公立學校，於一八三〇與一八四〇年間，將此科目編入學制之內。這辦法傳布於其他城市，在這世紀隨後教師訓練的機構，開始對其特別注意。在這世紀中葉以前，衞生與體育的興趣，開始吸引若干教育家的注意，但辦法的接納是緩慢的。衞生學與生理學的研究，是由反對酒精與反對煙草的團體所提倡；柔軟操、操練、與遊戲場活動的方式之體育，於一八五〇與一八六〇年間出現，在這世紀最後十年，體格檢查，是在支加哥、紐約、與費城的學校設置。

三、中等教育

十九世紀，顯見中等教育之性質與目的之實質上更易，是反映於由高等學校變爲公立中學。在這世紀之初，高等學校是佔優勢的中等教育機構，經常分設爲學院預備之古典部及爲非學院預備目的之英語部。當這世紀過程中，高等學校開始著重爲古典部之學院預備的科目，與因之而生的注重宗教的—道德的與陶冶的目的。同時發生的，公立中學以供應爲非學院預備的學科之初意出現了，雖然在這世紀後期數十年，它開始擴大其建議以包括爲學院預備以及非學院預備兩者的作用。因此公立中學常常發展古典文學科、英語與歷史科、科學科、商業與營業科、技術與工業的—藝術科、及家政科。直至這世紀之末，宗教的—道德的目的讓與世俗的目的；雖然陶冶的與人文主義的理想因學院預備的需要而不易根絕，但它們是受詰難與常被知識的、社會的—公民的、職業的及實用的、與個人發展的目的所掩蔽了。

此等轉變反映一個社會之文化的模型，其宗教的與人文主義的傳統，是被民主政治、國家主義、科學與技術、工業主義、與資本主義之世俗的傳統所蒙上暗翳了。一種貴族的、宗教的、與人文主義的中等教育所承襲歐洲的觀念，敗於民主政治的與世俗的勢力之手，這勢力注意傾向於爲着全美國青年的中等教育。此不祇更多男青年進入中等學校，並且作爲民主的中等教育中新實驗之一部份擴大給予女青年以進修的機會。當十九世紀早期，在威勒德（Emma Willard, 一七八七—一八七〇）、畢奇爾（Catherine Esther Beecher, 一八〇〇—一八七八）、及萊昂（Mary Lyon, 一七九七—一八四九）等領導改革之下，採取「女子高等學校」與「女子專門學校」（Female Seminaries）的方式。他們反抗承襲的社會上觀念，以爲婦女的地位是在家養育小孩與料理家庭；及心理學上觀念，以爲婦女固有的智力是低於男子。雖然有這些障礙，但女子學校，一八二一年威勒德在紐約州的特洛伊（Troy），一八二八年畢奇爾在康乃狄格州的哈特福特，及一八三八年萊昂在麻州的荷由克（Mount Holyoke），紛紛設立了。

由於這許多進步，這時推進中的政治的與社會的民主主義及工業主義，開始造成可能使婦女活動擴大到包括商業、工業、與各種職業，尤其是教學的範圍。當這種種發生，與作爲對其是一種自然結果，女子被准以男女同學資格進入中學，以迄於這世紀之末，她們進入中學的數量，比男生爲多，表示其志趣與能力，衆所共見。由於極大的擴充收容，這是無疑的中等學校遂擴大其學習的學科了。

中等學校課程的擴大　正像小學的情形，中等教育之基本事實，是在中等學校中迅即增加學科的數量，與其專心從事之時間的長度。因爲科目的名稱參差，數字上雖未意指許多，然而這似乎是眞的，在這世紀之初，十或十二個名稱會包括高等學校所授科目的大部份，如是則在這世紀之末以前，一百個名稱不會對中學所授相同的。無論如何，這是無疑的，不論什麼數字，在這世紀之末以前，沒有一個學生能預料其所學，卽使在一正當的大型中學所授與科目的一小部份。

因此，選科制的發展是自然的需要，志在給予學生選擇其所欲學習之科目的機會。所有學生相同順從學習之密集的與規定的學程，是不可能持續。無論如何，附加新科目的課程，堅欲認可，是不能沒有由贊成傳統的學院預備學科者之大反對。倘若這世紀，包括高等學校以及中學，作爲全部來說，無疑這是確實的，學院預備科目支配這場面，因爲反對非學院預備的科目，而在學院預備科目之中，對於外國語、數學、英語、科學、與社會的學科之時間上最長階段，給予優先的地位。

外國語，因爲藉宗敎的與人文主義的傳統所衞護，久已維持其優先的地位，這傳統既支配學院，並堅持着語言的學習，乃供應升進學院最好的準備。當然，在這世紀的大部份時期，所謂外國語者卽指拉丁文及更低程度的希臘文，此等外國語在公立中學並未有像在高等學校那樣的進步。儘管有很大參差，但最普通的拉丁科，包括第一年敎授文法，隨後的學年，則授以凱撒（Caesar）的紀事（Commentaries）、西塞祿（Cicero）的演講（Orations）、及威吉爾（Vergil）的伊尼易德（Aeneid）。從一八八〇年起，法文與德文欲爭取與拉丁文相等的地位。這種地位從未被堅信的古典文學家完全承認；雖然如此，在這世紀之末以前，現代語已獲得確定的立脚點了。

數學與外國語的重要性一致，以其不祇爲宗敎的與陶冶的傳統，而且亦爲實用的目的所認可。算術是在高等學校與中學裏流行的；但因爲它在小學既受到較重視，代數與幾何則在中等學校變爲更廣泛敎授的數學學科。在注重學院預備的與注重非學院預備的，兩者都爭代數與幾何的重要性之所有權。爲着陶冶的目的，這是辯論、定義、原理、定例、及方程式之記憶不忘，關於合理的組織與難題作爲陶冶智力的方法，是無可匹敵的；爲着實用的目的，這是容易的辯論，代數與幾何的智識，對於航行、測量，及支持隨後十九世紀發展中工業社會所需技術的與科學的學科之全部範圍，是主要的。三角學、測量法、與天文學，有些中等學校亦予以敎授。

經歷這世紀大部份時期，各種科學的學科，表現一種穩定的增長。「自然哲學」，乘這世紀早期數十年間崛起科學的與有用的智識之熱情高漲，而推動風行，它是由智識的與實用的目的所支持。在這世紀後期，自然科學大進步，給予物理學的敎學另外的推動力，其後併入敎材之一種合理的組成體，意欲證明其陶冶價值是等於或甚至超過那些古典文學的。極相同過程是作爲無機體與有機體之化學的構造原理，在這世紀隨後擴展。自然地理、地質學、礦冶學，亦在同樣方法下受到相當的注意。

在高等學校與早期中學所素知簡單的「自然史」，逐漸地變爲生物學，或被劃分爲植物學以作植物分類的研究，及動物學以作爲動物生命構造之研究。自然史早期的敎學顯露，啓示對於世俗上神的觀念，因此受宗敎的以及智識的與實用的目的之支持；但因爲進化的含意，在宗敎與科學之間，產生了劇烈的衝突，生物的敎學在著重上變爲更世俗的。這種冀圖欲求其陶冶的價值，依照其他陶冶的科目一樣合理的組織之，但它在這種關係中從未能與物理學完全相比。這世紀中期以後，由於達爾文學說與改革家攻擊酒精與煙草嗜用的結果，生理學便獲得若干進步。

英語技能之增加學習，亦爲中等學校課程中最重要發展之一。在這世紀之初，英語的學習，明顯地是處於一下等的地位。拉丁文法學校並沒有教授它；高等學校雖曾開始對其極大注意，但在許多高等學校裏，由古典部支配，對於「英語學科」，明確地認為是下等的，主要的指定於那些不能跟得上古典的學程者來學習。無論如何，在美國生活中，民主主義的與國家主義的傾向，對提倡英語的學習，有很大的幫助，屬於這點，根據其社會的與公民的、實用的、與個人的（餘閒）價值，要求更大注意。在這世紀的早期，對於非學院預備各學科常有爭論，但陶冶的論據是迅卽被採納以贊成英語，證明它的承認作為學院預備的一種科目。

文法是教授英語最普通的法式，但未幾越來越多注意應授給英文作文、修辭、演說與法庭辯論、及英文文學。英文文學之支持者認爲對於陶冶是像古典文學一樣有價值的，但古典文學家從不肯予以承認。當美國文學獲得些地位時，英國的與美國的作家之價值間的爭論，因而發生。直至這世紀之末，英國的作家此時遠勝於美國的，在中學曾引起注意。

社會的學科，於這世紀亦從下等地位開始，但經過這世紀已改進其地位了。歷史最初是由宗教的─道德的、智識的、社會的─公民的、及實用的目的所提倡，因此主要地是一個非學院預備的科目。在這世紀末期，它亦證明關於陶冶的基礎，但其主張從未能完全成立。古代歷史比諸近代歐洲史，經歷時間的大部份，事實上反映古典文學的與人文主義的傳統。歐洲史常常比美國史重視，雖然十九世紀增長中國家主義刺激着愛國的與美國化的意向而對美國史的修習。因爲更多美國史本文撰著與各州開始要求用以教學，在這世紀最後數十年，美國史開始受接納作爲學院入學所必修。歷史教科書大部份內容，性質上是政治的與軍事的，並對社會的與文化的歷史，稍予注意。

地理亦頗流行的，尤其在中學第一年級及逐漸地對於學院入學所採用。它的內容，大多爲供應見聞的與描述的，著重於河流、山嶺、城市、及各州的位置。亦有些注重「道德的與政治的哲學」、政府的與憲法的體制、公民、及政治的經濟。這些學科特別的是受智識的與社會的—公民的目的所激勵，此等目的從美國社會民主政治的與國家主義的基本原理接受其推動力，由是了解全國青年對於公民資格訓練的需要。

併入中等學校課程作爲非學院預備科目之其他學科，歷這個世紀，實際上依然在低級的地位。工業藝術、家政、商業、與農業，由職業的與實用的目的接受其最初的推動力；其他的，像藝術與體育，主要的是由個別發展的價值所激勵。一般來說，所謂「職業學科」，在這世紀中期，於公立中學外的私立學校早已受到注意，其後逐漸的是被承認以擴展中學或特別的職業中學。

在這世紀早期，手工—勞動運動，由裴斯泰洛齊與在歐洲的非倫堡所滋生，在美國獲得廣泛的盛行。這思想是由馬克盧（William McClure，一七六三—一八四〇）及奈夫（Joseph Neef，一七七四—一八五四）所引入，他們於一八三一年組成文學的機構提倡手工勞動的手工勞動會（Manual Labor Society）。許多高等學校採納這辦法，試圖將農業的或工業的工作與正常的學業相混合。性質—塑造的目的，以及社會的與實用的目的，是由手工勞動的熱心者提供，他們在這辦法中留心對學生從事於有用的工作一個機會，使幫助他們能支付學習的用費，而又啓發其民主的合作、獨立、健康、與勤勞的習慣。無論如何，高等學校傳統的力量太大，這種運動於一八五〇年立卽衰微了。這是特別地重要的，因爲人民表示一種調合，是逐漸地迫使中等教育對其予以考慮。

在美國中等教育中更有影響的是手工訓練運動，在這世紀後期變爲流行的。它有兩種主要的形態。它沿裴斯泰洛齊的系統著手去做，連同智力的與道德的訓練，給予運動技能以練習。它藉感覺的活動給予自發的個別目的以高尚的地位，及因爲它的訓練之價值是適被證明。無論如何，在這世紀最後二十年，這動機轉變，以吸收更充分之實用的與職業的目的，因爲商人與製造家考慮男女童此類訓練，在工業上變成更好準備求職的價值。

麻州理工學院院長倫克路（John D. Runkle, 一八二二—一九〇二），目覩在費城百年博覽會中，陳列芬蘭、俄羅斯、與瑞典學生之手工訓練展覽，大受感動，遂要求美國各中學應仿而行之。手工訓練的中學是設在麻州理工學院、聖路易的華盛頓大學、及別的地方大學與公立學校制度相聯絡者。一八九五年，麻州規定，凡有三萬以上居民的城市之中學，應教授手工訓練。手工訓練學程及手工訓練中學的典型科目，是木工、泥土製作模型、鍛鐵場、鑄造與金屬板工、機械店工作、與機械畫。圖畫受提倡，是由個別發展的理想作爲表現的方法，及由工商業實際的欲望以使其有益於職業的訓練。

家政或家庭的科學，在美國比手工訓練有較長久的歷史，溯源於威勒德、畢奇爾、斯陀（Harriet Beecher Stowe, 一八一一—一八九六）、與理查茲（Ellen H. Richards, 一八四二—一九一一）的時期。它亦爲若干動議者欲使其成爲科學的與訓練的，隨同物理與化學及生物而來之一種完全的學科，受到犧牲，而其他的學科使它對於女子的家庭責任之有用的與實際的訓練。家政是由當時若干進步派教育家所引用，作爲一種幫助的與實際的活動，以補充智力的學科，例如，像在支加哥大學的杜威學校及在紐約師範學院的賀瑞斯麥恩學校（Horace Mann School）。它亦視爲對於女子一種職業學程略與男子手工訓練相平行，帶有縫紉、成衣、製造女帽、與家庭管理的性質，加入於手工訓練中學之內。

因爲美國的商業與工業，於十九世紀擴展，從職業的與實用的觀點來看，商業的學科逐漸變爲重要的。多少高等學校及早期的中學，敎授記帳、書法、與商業的算術，但內戰後未幾，於這世紀之末以前，由於私立商科學院在所有任何大小城市崛興，商業的學科，盛行一時。當這世紀最後二十年間，商業的學科，在中學開始有大規模的提供，而在這世紀之末，幾所商業中學已在紐約、費城、匹茲堡、華盛頓及別處設立。其興趣最後轉而傾向於農業，這不知怎的似乎許多與學院預備的理想相差最遠，因此在求智的等級中是最低的。

音樂、藝術、與體育處境不會比職業的學科之最「實用的」較優，以其祇有個別發展的目的可證明之。它們並非職業上有用的。音樂與藝術，在宗敎的—道德的、訓練的、供給見聞的、或公民的理想之下，是不能合格。實在，許多人以爲它們作爲業餘藝術愛好的學科，或許適合於女子，但一般認爲對納稅人金錢是浪費的。它們依然在經濟與商業界所讚美成就之美國文化的緣邊。體育因爲它有健康與身體活動的興趣之支持，使成功稍多，這種興趣能更易於領會與接受。體格訓練、操練、與柔軟體操的新思想，由德意志、瑞典、與法蘭西傳入，以刺激體操的興趣。直至一八八〇與一八九〇年，許多城市的學校制度，有幾分是循著德意志與瑞典操練形式的外貌，發展體格訓練的計劃。提供音樂、藝術、與體育訓練的中學，雖增加數量，但其學術立場之一般估計，是由這事實表示，即它們罕有獲得學分以達成中學畢業，因此，幾乎從未有獲得此類學分以升入學院的。

中學課程的標準化　這迅即變爲明顯的，其最關心於中學課程擴展的人物，是學院的教育家。他們見到表露於中學的完全混亂，這顯然的被限於對任何人敎授任何東西。當這些中學畢業生開始叩學院之門而求入學時，他們曾經做過什麼？這是唯一的學院祇靠最大多數中等學校畢業生曾修習古典文學與數學；當他們開始修習科學、英語、與社會學科時，這是困擾的；但當他們開始提供手工訓練或家政時，學院感覺到界線應該劃定。

中學對其學生授給一廣泛的與可伸縮的學習之學程，變爲更有興趣的，因爲它們收容中學年齡的青年，常佔較大部份。另一方面，學院志在所收容的學生，有更劃一敎材的背景。從學院的觀點來補救之最好方法，是對那些欲入學院者，將其中學課程標準化，使定則施行於中學。這點它們由制訂學院入學的規程，開始實行其所認識最佳的方法。

當各別的學院開始信任某些中學的程序時，在問題變爲太尖銳之前，是採取若干步驟。密歇根大學，在校長安傑爾（James Burrill Angell，一八二九－一九一六）的領導下，一八一七年設立一委員會，以觀察州內各中學，評鑑其教學的能力、課程的性質、與學生成就的標準。倘若這中學得委員會批准，則其畢業生不需再經考試便可直接入這大學肄業了。這種計劃傳布，在這世紀之末，約有學院與大學二百所，是採用信任制的方式。

無論如何，這立卽變爲顯然的，學生們是紛紛越州而競進學院；因此，信任制並非十分寬大的。於是，某一地區內的標準化代辦之辦法是被展開，欲使學院與中等學校的集團中，倘若中等學校希望其畢業生容易的獲准升進學院，關於適合其程度的標準，得到協議。在這世紀之末，全國的大部份，包括如下的代辦：新英格蘭學院與預備學校聯合會（New England Association of Colleges and Preparatory Schools, 一八八五）、中部各州及馬里蘭學院與預備學校聯合會（Association of Colleges and Preparatory Schools of The Middle States and Maryland, 一八九二）、北中部學院與預備學校聯合會（North Central Association of Colleges and Preparatory Schools, 一八九四）、南部各州學院與預備學校聯合會（Association of Colleges and Preparatory Schools of the Southern States, 一八九五）、及學院入學試董事會（College Entrance Examination Board, 一八九九）。這些聯合會極力以改進這方面中等學校的標準，在這方面各學院希望瞭解它們進行與安排以維護在中學之學院預備的計劃，但這標準化的程序是仍未達到全國的規模。對於這個問題，全國教育聯合會於一八九〇年轉而注意兩個非常有影響的報告。

中等學校科目十人委員會（Committee of Ten on Secondary School Subjects），於一八九二年被委任，由哈佛校長哀利奧特（Charles William Eliot,一八三四—一九二六）爲主席，其報告書於一八九三年出版。這十人委員會，其中七人爲學院院長或教授，三人是由中等學校遴選，產生九個小組，詳細考慮如下教材各部門：㈠拉丁文，㈡希臘文，㈢英文，㈣其他現代語（法文及德文），㈤數學，㈥物理、化學、及天文，㈦自然史（植物學、動物學、及生理學），㈧歷史、市民政府、及政治的經濟，㈨地理（地文學、地質學、及氣象學）。此等小組，大部份委員亦爲學院的院長或教授，與些少中等學校行政人員及極少數的教師。由小組所討論的學科顯示十人委員會信任者，是適當的中等學校學科，卽學院的預備學科。

十人委員會的推薦，因爲主要的顯出對教育一種陶冶的、供給知識的、與教材的展望，帶有道德的與社會的目的偶然的承認，是令人發生興趣的。這是被推薦，在中學課程中全部學科應早些開始與更長時間的修習。唯有拉丁文與希臘文小組對於安排其科目所授時間的總數，顯然是滿意。這亦被推薦，所有學科應認爲在價值上是相等；學生所選讀無論何種科目，他要經四年熱心的與有效的智力訓練。而且，在那些學生其願意與不願意升進學院者之間，應該沒有區別。儘管這些明言關於學科的相等，這委員會當其推薦四類模範學科皆需要外國語之時，表示其偏重語言修習的趨勢。古典科是包括三種外國語（兩種古代與一種現代）；英語—古典科，兩種外國語（一種古代與一種現代）；現代語科，兩種現代語；及科學科，一種外國語。

學院入學規程委員會（Committee on College Entrance Requirements）在一種相同的意向，於一八九九年發表報告，對於下列學院預備科目，予以批准的：拉丁文、希臘文、法文、德文、英文、歷史、公民與經濟、地理、數學、生物學、與化學。在中學一種科目修習時間的長度，變爲與其所學者同樣重要。倘若一個學生上班，每週四小時，歷一年之久，這課業是算作一個學分，堪爲學院准許入學及等於任何其他學院入學的科目。委員會雖然批准選科制度，認定學生不能選讀在中學所設置的一切學科，當其推薦確定不變的應該在每間學院入學的計劃之中，卽外國語四年或四個學分，數學兩年，英文兩年，歷史一年，科學一年，對語言的偏重，其成見是再顯露的了。

顯然的，根據學院的見解，外國語比英語與數學雙倍重要，比歷史與科學四倍重要。同樣，英語與數學，又比歷史與科學雙倍重要。委員會雖然說明，這希望中等學校課程應該有伸縮性的與實用的以及陶冶的，它的實在的信賴陶冶的與人文主義的傳統，在其所推薦之學分中，一切是極爲明白。這曾力言，倘若學習於一相等的時間，則所有科目在價值上是相等，但這分明的相信，有些學科比其他是更有價值的。

縱使想出標準化運動及定量的準備以評定學院的入學，但對全美青年公共的普及教育，尚未有眞正的面對基本問題。這解決也許非太不幸的，一九〇〇年，當十四至十七歲青年，實際上在中學的祇約佔百分之十，而大部份中學畢業生仍希望升入學院的。

四、高等教育

美國高等教育的性質，幫助以完成基本改變的，有些文化的勢力如下：在生活上政治的、社會的、與智力的活動中，世俗的逐漸代替宗教的權威；工商業的發展與相應的一種追求精神的發展；系統化智識，尤其自然的與社會的科學之巨大的擴展；民主政治的與個人自由的思想之進步；自然主義的觀念與個人天賦的價值之生長。由這些因素造成最重要變化之一，是規定的課程之衰落與學科選科制度的採用。在這過程中，一種通才教育的新觀念出現。由於這結果，宗教的—道德的與陶冶的目的，開始受教育之供給學識的、社會的—公民的、實用的、與個人的目的之挑戰。

十九世紀早期的改革　經過傑佛遜的努力，世俗的思想是有力地注入於美國高等教育之內，他是有助於一八二五年維吉尼亞大學的創立。傑佛遜對於維吉尼亞大學的計劃，欲將有用於現代的一切學科應該教授，而科學、歷史、政治、及現代語應該放在與古典文學、數學、及哲學，處於同等的地位。他並希望大學訓練政治的領袖資格以及從事於實用的、科學的、與博學的生涯。傑佛遜對於學院改革的各種計劃中，重要的是求選科制度的發展，從其發表學說來說，大學應該從大規模的構想，應該由州供應及脫離教派的控制，及應該准許學生對其所欲得將來無論任何地位，自己可自由的準備。

選科制度的理想，在傳布上亦有影響者是滴克諾（George Ticknor，一七九一—一八七一）的工作，他於一八一九年將德意志的高深學識及將教師與學者的自由理想，傳入哈佛。滴克諾着手拆散規定的課程，而代以學科的選擇及全套學業的方法。他對此等改革的辯明，是哈佛必須滿足社區在科學的、技術的、與機械的學科上一種有用的教育之要求，及必須應付崛起的專科學校的競爭。他另外支持其計劃而表示着，規定的學科由於智識新部門的增加，已這樣擴大，但學生如非犧牲學業實不能對其全部學習；爲着適當地學習，學科應該更使適合於能力、興趣、與學生們將來的從事。

無論如何，選科制度的理想，當一八二〇與一八三〇年間，並非沒有反對而不顧一切的進行。也許反對方面最有影響的與有理解力的聲明，是由耶魯教職員會於一八二八年在其著名的報告所發表，這報告是藉精密規定之古典學科課程作爲通才教育之最好方法，以衞護宗教的與智力的陶冶之理想。耶魯變爲大學教育之保守理想擁護者之一類，而哈佛則爲追求進步的理想。

無論如何，這不寧的趨潮是強烈的，許多學院採取趨向課程改革的步驟。有些改革的計劃是無效果的，而面臨堅決的反對，僅是由董事會起草一篇聲明，或少數進步的教職員會人員所撰一篇報告而已。其他計劃，冷淡的嘗試了數年，隨後放棄。尚有其他的，在有利的情形下發展，當內戰後時期是成熟的，用爲更發展的跳板。在這世紀前半期，發生有三種變化：

一、**平行的學科**　改革學院課程最普通的努力，是設置完全個別的學科，與規定的古典學科相平行。因此，古典學科的完整可能保持，學士學位依然不受損害，然而此對於學生追求「科學的」或「文學的」學程的教育，將仍有一機會。在這些新平行的學科中，古典的學科是被減少，或讓給物理與生物的學科、英文與現代語、社會科學、商業與工業，而完全消失。

在這方面，有些學院是冀圖對時代的「實際」需要，予以讓步；但，在大多教育與宗教界中，仍視傳統的古典課程爲對眞正的通才教育唯一正確之路。這種新學科並未常常定有像古典學科入學之高度標準；即是，它們並未規定有如許像拉丁文或希臘文的。它們是被准予以承認僅授給證書，而非文學士學位，這種學位是唯一的保留爲古典的學程，其後，或授此類像科學學士、哲學學士、及文學學士等新學位。這學科與學位的增多，變爲美國學院最特色之一。

二、獨立的專科學校一種殊堪重視的理由，爲什麼學院變爲熱心於科學的與實用的學科，是在高度水準的工藝教育開始，像倫施拉亞工業學院（Rensselaer Polytechnic Institute）、烏斯特工業學院（Worcester Polytechnic Institute）、麻州理工學院（Massachusetts Institute of Technology）、史蒂凡斯學院（Stevens Institute）、喀斯學院（Case Institute）、羅斯工業學院（Rose Polytechnic Institute）、阿摩亞學院（Armour Institute）、及克拉遜學院（Clarkson Institute）。例如倫施拉亞（Stephen Van Rensselaer）於一八二四年創立他的學校，以其宗旨「……供應於農人、技師、教士、律師、醫生、商人，總而言之，於商業的，或餘閒的，無論任何稱呼的人，以使變爲實用上科學的一個機會」。這是特別著重地說，學生們不僅要接受文學的練習，並且亦要由適當的筋肉練習使手工能力之正當發展。在這方面，學生成爲通曉最重要科學的操作，與「特別地關於那些在生活的共同關係中將爲最有用的」。這裏是對文學的學院一種直接威脅與激烈競爭的來源。

三、聯繫科學的學校 有數所舊學院欲應付競爭及止息改革家的呼聲，設立「科學的學校」，由正常的學院分開，但與其行政上聯繫。在這方面，學院對於那些學生之欲成爲教士、教師、學者、或純然「有修養的」人物，保持其古典文學的注重及施與傳統的陶冶，因此這科學的學校，對於欲在商業或工業上有領袖資格者，給予另一種訓練。此類學校像耶魯之施菲爾特科學學校（Sheffield Scientific School）、哈佛之勞倫斯科學學校（Lawrence Scientific School）、達特茅茲的旃達拉科學學校（Chandler School of Science），與在普林斯頓、賓夕法尼亞、哥倫比亞、及各處其他的學校。

十九世紀稍後的選科制度 當十九世紀中葉，選科制度之最有效的理論與實施，是由布朗大學校長魏蘭（Francis Wayland，一七九六—一八六五）以公式表明。他主張提供所有各大部門的學科及想出新學科的智識，以應人民之機械的、農業的、與工業的需要，使布朗成爲一間眞正的大學。他注意課程對於證明規定學生以包括全套的學科是太雜沓的，學院必須使本身適應社會各階級的需要，否則喪失對專科學校之必要的支持了。

創立一所眞正的大學與容許學科選擇的意見，另一著名的倡議者是密歇根大學的塔班（Henry P. Tappan，一八〇五—一八八一）。從德意志大學取得啓示，塔班主張一所大學必須世俗的而由州給養，因欲克當以提供人類智識所有科目的學科，以保證研究與學習的自由，及使本身正當地適應於州的需要。而且，這應該爲州制的全部學校之冠。

對於選科制度引入學院課程，大多數主要的爭論，在內戰以前已有之，但這尙未至十九世紀後半期，經濟與智慧的力量有充分的發展以說服即使最保守者，一些程度的選擇是必要的。

最重要者，使美國學院適應於科學時代之現代的力量，其最有影響的發言人，是哈佛的校長哀利奧特。由於他的公開發表，哈佛課程實際的改變，與他的能力以獲得款項來實行其理想，哀利奧特在高等教育的領導地位與對美國選科制度的發展，享譽凡四十年。他努力使哈佛這一大學，能夠教授與研究所有現代智識各部門。他把由代表學士學位之通才教育的觀念，擴展至與舊學科相等的水準，包括近代科目像英文、法文、德文、歷史、經濟、政治、及自然科學。他提倡在大學生活各階段中，給予學生以更大的自由—選科制度的自由及對他們自治志在發表負責與自主的意識之自由。他主張應多注意學生的個性，因爲他們根據其特別需要、興趣、與能力，可以作充分的發展。優秀的學生應該准許依其自己速度進行，倘若他們願意，利用選科制度，在三年內修完學院的課程。學習加速計劃的想像，是由選科制度而生。哀利奧特打開哈佛之門，要求較爲專門的、技術的、與職業的訓練。在所有這些方面，他廣大地提倡選科制度的推廣。

作爲一眞正大學主要部份的選科制度，其他的著名提倡者，是康乃爾的懷特（Andrew Dickson White, 一八三二—一九一八）、哥倫比亞的巴納德（Frederick Augustus Porter Barnard, 一八〇九—一八八九）、約翰霍金斯的吉爾曼（Daniel Coit Gilman, 一八三一—一九〇八）、史丹佛的約旦（David Starr Jordan, 一八五一—一九三一）、及支加哥的哈爾巴（William Rainey

Harper，一八五〇—一九〇六）。由普魯士先例及由密歇根大學的影響，校長懷特對康乃爾的理論，在非教派學院與州學校制度的密切關係中，具體表現文理的與實用的學科之密切的結合。因此，一種較大的強調，是放在現代語與歷史的及科學的學科，並對於學生選擇相應的自由之上。與懷特的領導相配合者，有康乃爾（Ezra Cornell，一八〇七—一八七四）的願望與摩里路法案的意向，以提倡農業的與機械的學科，這將特別地引起社會上之農業的與工業的階級的興趣。

受着哈佛、密歇根、與康乃爾對吸引學生非常成功的感動，哥倫比亞校長巴納德一反其早期反對選科制度的態度，卻提倡它作為使哥倫比亞與這些較進步的高等學府並肩而進的最好方法。他坦率承認，學院的學科之一般的判斷必須根據其價值的標準，不必理會教育家想到的意見。此外，他主張學生入學年齡既如是長大，智力與道德的陶冶在大學是不需要的了。

約翰霍金斯校長吉爾曼規定攻讀學士學位的大學部七種不同的學科，於是全部承認為新學科，與在通才教育的造就中古典學科相等的標準。在史丹佛，校長約旦開始准許學生們選修任何專門的學科，但他亦規定學生在大學肄業的最後兩年，除了選讀大量選科之外，集中於一個「主修」科目。在支加哥，校長哈爾巴設立初級學院一所，供給那些意欲或僅能支持兩年肄業者，及高級學院一所，在那裏，大量的選科是准許的。

選科制度的提倡者，上面所代表是一大集團，直至十九世紀之末，反對者也許是大多數學院的教育家，他們相信，大學部學院不應採取選科制度。此類教育家，主要的由耶魯的波忒（Noah Porter

，一八一一—一八九二）、及普林斯頓的馬考施（James McCosh，一八一一—一八九四）與威斯特（Andrew West，一八五三—？）代表，替傳統的學院辯護。他們主張以其學科之有限度的數量，智力的陶冶，著重於古典文學與數學的學科，反對專門的、技術的、與職業的科目，學生生活與道德受嚴謹監督的理想，及支配宗教的品質，而保留規定的課程。他們主張，通才教育由繼續這些學院生活的情形，是最好的提倡。課程由於此兩種相反理論混合之結果，大多數學院達成一種折衷，由是規定與選擇，同時在不同的比例中實施。

高等教育之一般趨勢　儘管這保守集團的努力，但十九世紀學院與大學的性質，開始改變，其可辨認的方面如下：

一、少數科目之嚴格規定的課程，退讓與許多科目之大量選科的課程。

二、通才教育（以學士學位作代表）的觀念是被擴大至包括與傳統的科目相等之新學科，像英文、現代語、自然科學、與社會科學。

三、小型大學學生修業的學院之理想，開始失勢，因爲贊成大型大學之德意志理想，那裏智識的各主修部門之研究與教授，能夠實行。演講與實驗室制度，開始佔用背誦的課室，作爲教學的方法。

四、所謂「人文的」學科（古典文學、數學、與哲學），早已獨佔規定的課程，現已讓路予科學的與技術的學科（所謂實用的學科），這是有用的在專門職業，或在商業、工業、或在學術界中作爲對專門事業的準備。研究生學科既然專門化，需要大學生的學科亦逐漸增加專門化。

五、藉古代古典文學與數學修習，作智力的陶冶，或「智力」的啓發，這種概念，退讓與科目的智識實質上的適應於各個人的概念，是學院教育一種正當的目的。在學習程序中視爲全體學生一致的練習，退讓與供應於各異的興趣、能力、與各個人將來的職業。

六、學院教育之宗教的旨趣，開始讓與增進中的世俗主義，作爲一種課程的結果，在這種課程裏，世俗的目的乃作公民資格的準備，職業是最重要的。

七、各階段學生生活，由學校行政當局之密切的與嚴格的監督，開始削弱，因爲贊成學生更大自由，以啓發其本身負責的與自立的意識。

八、照學院程度罕有價值所代表高等教育的貴族性質，開始讓與民主政治的概念，學院教育應開放給社會的全體階級，與應設法以啓發公民的負責、社會的諒解、以及大部份男女青年中職業的能力。

高等教育中民主政治的運動，包括婦女增加大學程度教育的機會。在東部，主要的採取婦女分離學院的方式。內戰以前，在田納西的喬治亞女子學院（Georgia Female College）、瑪利沙波學院（Mary Sharp College）、與在紐約的厄爾米拉女子學院（Elmira Female College），開始進行，其結果使此類著名女子學院像威沙（Vassar）、威爾斯利（Wellesley）、士密、荷由克、及布利安摩亞（Bryn Mawr）的建立。其他女子學院，作爲半獨立的機構但與大型的大學相聯繫而建立者，著名的有哥倫比亞的巴納德、哈佛的賴德克利芙（Radclife）、及杜蘭（Tulane）的蘇菲紐康（Sophie Newcomb）。在西部，對婦女較爲普通的法令是男女同校的制度。奧柏林（Cberlin）於一八三〇年創立，根據性平等收容女生，又根據種族平等收容黑人。一八五〇年及稍後，男女同校出現於安提阿（Antioch）及其他私立學院，但主要的是在猶他、愛荷華、密歇根、俄亥俄、及威斯康辛等州立大學。

在大學中技術的與專門職業的敎育，亦擴展至包括更注意於法律、醫學、與神學的長期固定的專門職業。在正式的科學中研究生修習與研究的發展，以及在力爭以獲得作爲充分長成的專門職業之承認，像農業、商業、新聞、建築、圖書館學、及教學與教育各種專門職業方面，其較新職業上的範圍之改進，亦已開始。

五、美國教育理論之發展

當這世紀告終，有兩種呼聲應該聽到，畢竟是在重要方面以協助稍爲變更美國的敎育。當賀爾在約翰霍金斯敎學及任克拉克大學校長時，進行許多調查及撰著論文數十篇，應付兒童與少年心理的發展。轉移敎育的注意，以留心研究兒童發展的需要，是他的大貢獻。他應用進化的觀念對兒童研究，常常提供想像的類推法，但這點其後使他受了許多批評。例如，他的撮要理論，以爲兒童在其生長程序依隨種屬之進化的發展，令他不祇大乎眾望，而且亦受許多反對。他在個人的發展中發現某種特殊的階段，類似人類社會的演化，由原始時期至漁獵、穴居、早期文明、以至後來文明。他的宏富的著作，幾乎全關於教育的部門，尤其關於少年心理學，使其享有廣大的盛譽，以迄於二十世紀。

終久更多有影響的是杜威的著作，他在這世紀最後十年，開始撰著關於教育的論題。一九〇〇年以前，他的最著名的教育著作，是興趣與意志（Interest as Related to Will, 一八九六）、我的教育信條（My Pedagogic Creed, 一八九七）、及學校與社會（The School and Society, 一八九九）。這些著作，陳述一般理論，爲在支加哥大學（一八九六）實驗小學中杜威的基本興趣，宣佈這種背叛，反對宗教上所激發之道德的目的、陶冶的目的、與供應學識的目的之支配，這曾統治小支歷十九世紀的大部份時期。他主張學校應努力以提高公民的與社會經驗之目的，職業的與實用的利益，及個別的發展。包含在這些著作中的思想大綱，構成杜威教育哲學的基礎，這是精心作成程序與擴大實施，歷二十世紀的前半期。

杜威的教育哲學，由十九世紀美國社會發生迅速變化之助得到啟發，採取一種重作聲明的方式，解釋教育的目的。根據杜威的學說，教育有兩面，心理上的與社會的，兩者皆不可以從屬或不顧，一方面，教育必須從個別的兒童之心理的性質開始，作為對於教育的基礎。教師必須利用由兒童本性所發出的活動，使與其努力相一致。另一方面，教師必須熟知社會的情況，使正當的解釋兒童的活動與導使他們進入社會的必經之路。教育由於個人與其同類參加社會關係而進行。

當心理上的進行是與社會的相隔絕之時，教育產生如果不是智力之無益的與形式的發展，沒有想到他們是會對其使用，則為一種強制的與表面的教育，結果導致個人自由使服從社會的成見。杜威攻擊形式教學的古老態度及教育較新的型式，此乃冀圖以一種特定的成年人生活來訓練個人。他代替的提出，兒童應使其完全懷有能力、才智、技能、與適應。這種適應唯有教師開始了解兒童心理上的興趣與習慣，認為其有用卽是行為之社交的媒介，才能做到。所以教育是經驗上一種活動的程序，或許說得更確切一點，對於更重要社會的意義卽經驗上一種繼續再造的程序。

學校之設立，必須包括社會的與個人的兩者之目標。杜威認為學校主要的作為一種社會的機構；學校的進行是社會的，基本上無異於學校外之社會的進行。學校祇是一種社會生活的模型，那裏集中所有因素，將最有效的與迅速的令兒童分享人類所累積的智識與技能。學校必須由家庭與遊戲生活而產生，這是兒童主要經驗的來源。所受最好的道德訓練，並非帶有教師命令或訓練的性質，祇對兒童在學校中與其他的發生正當的社會關係，責成其使適應附帶急切之需要。因此教師對於兒童，不要強使命令或冀圖養成嚴格的習慣，而應選擇正當的影響以感化兒童，並協助其對這些影響的反應。

杜威所著書的題目「學校」與「社會」兩字，唯一的聯繫，對於俗人與教師的內心有一大效──卽著重於現存這兩者間密切的關係。杜威指出，方法與課程的修改，應寓於努力以適合新社會的需要。這種改變的社會情勢，是由於應用科學為生產及分配的方法，大製造的中心，與交通的迅捷方法而表示。在經濟的家庭制度中，較早養成之服從紀律與負責的習慣不能照樣產生，那麼學校的責任是擴大這種教育的功能的。

杜威相信學校是社會進步與改革的一種基本方法。由教育，自會能明白地表達其自己的意向，組織其成就的方法，與在其希望行動的方向由確定而形成本身。這是一種民主政治的社會制度之本質。預造的觀念之傳授，是專制的社會制度之特徵；但由於社會的以及政治的民主精神之進步，需要變更與進展，以免其自己復歸於專制政治的，遂需要一種新「社會的教育」。在杜威的意識中，這種社會的教育應該努力以培養職業的興趣或任何種的特別興趣，為增進普通生活的方法。

杜威亦堅持，應該經營不斷的實驗，學習更多兒童的性質，使學校實施以適應其有效的發展。兒童的本性既然是與生俱來的活動與熱心於衝動的動作，對其在學校中明顯的種種衝動，加以指導，這是教育的作用。根據杜威的理論，此等衝動有四種：傳達或會話之社會的衝動；建設造物的衝動；研究事物的衝動；技巧的與創造的表現之衝動。因此，學校必須由一種聽從的基礎變為一種動作或工作的，而必須安排，這樣則兒童能藉經驗而學習，及由處理經驗而學習思考。既然要求敏捷的思考之一問題得到正當的解決，在應付新情況的能力中，思考變為主要因素。杜威對思考下以定義，作為以過去經驗的意義，使正對新情況的解釋。

於是，學校的教材與方法，應該適應兒童的需要。杜威覺得一般錯誤之形成，是由於太粗率地介紹兒童以特別的學科，這與其自己社會生活沒有什麼關係，而兒童之社會生活應該作為所有他的生長與訓練中之互相關係或集中的基礎。因此，所謂「表現的」或「構造上的」活動，像手藝、家庭藝術、圖畫、音樂、與自然研究，應該用爲引導兒童學習更正式科目的方法。例如，語言主要的是社會傳達的工具；但許多因爲作一種缺乏社會的因素獨立的學科而教授，其價值是自然失去了。

著重兒童興趣的重要性，杜威對於教育的充實，提出另一貢獻。杜威說過，興趣是增長能力的徵兆，因此需要注意的與不斷的觀察。它們應該既非過分的放縱，亦非過分的抑制。抑制使終歸於削弱智力的好奇心與使主動的缺乏，然而如果沒有指導的放縱使終歸於短暫、善變、與奇想。興趣的誤解，由於不顧其活動的、發育的性質。從心意之唯一的內部觀念和從教材之嚴格的外部觀念，以維護教學的理論，杜威相信興趣應該視爲一種統一的動作。

興趣之眞正的原則，當個人自己認明應學習之事實或提議的動作之時是隱含的。興趣提供活動的或推動的力量，然而努力加入運動當活動達到的那種程度時，是被障碍而延擱或使無關的。努力以克服障碍或從事刺激思考與反省，這是唯一實際上教育的活動。興趣不能眞正的添增或附着於正式的學科，它必須固有的包含於兒童所進行的活動之內。這些活動是體格的、構造上的、智力的、與社會的活動。

當時，在十九世紀後期，此類是杜威教育觀念的一部份。在其個人與社會之合意的交互作用的理論中，杜威注重這事實，兒童心理上的性質必須不脫離社會的情況，且必須用爲他的出力於社會有用途徑的基礎。盧騷的自然主義，側重兒童本性的重要性而對環境看得輕微。兒童的本性是被認爲天賦良善，倘若擺脫環境之全部約束，則自然的傾向展開爲正當的成年時代。另一方面，宗教的傳統，於抑制個人的性質中側重環境訓練的重要性，這性質假定是固有的性惡。當其敬重裴斯泰洛齊、福祿培爾、與赫爾巴特時，杜威主要的引出民主政治、科學、工業主義、進化論、實用主義的增進力量，以爲支持。因此他相信個人心理上的性質與文化的社會環境既不能忽略，而且一個民主政治的社會，唯有由此兩者交互作用，才能夠達成。

第八章　二十世紀的歐洲

第一節　人們所賴的機構

當二十世紀前半期，生活—及死亡—的動率，異常加速。第一次世界大戰之前，雖然傾向於內政上發生社會的改革，有相當進展，但民族主義與帝國主義崛興，顯出歐洲各國外交關係的特徵。大戰之後，國際聯盟的創立，希望維持世界和平及國際合作，並希望在內政上擴大自由主義與民主主義，傳布於幾個國家，可是由一九二〇與一九三〇年間因世界性不景氣而破滅，附帶而起的有意大利德意志之黷武的法西斯主義及俄羅斯的共產主義。實際上，除了英國之外，所有歐洲各國均實施強迫軍事訓練及全面進於軍備的競賽，不管社會主義運動的反對。

由於民主主義、法西斯主義、與共產主義於一九三〇年進而競爭，世界遂再投入更大與更多毀滅的大戰了。復次，世界各國，即使在第二次世界大戰終結之前，商訂聯合國組織的計劃，希望世界和平與國際合作。在工業的與技術的發展之巨大的增進，使其分明的，這世界是實在一個世界，其中每個國家的福利與所有其他各國的福利，是有密切的關係。

工業制度與科學之幾乎令人難信的進步，而產生原子彈，最後使其顯然的現時是一個世界與無世界之間的抉擇。這好像是簡單的，可是這抉擇是被世界上所見最複雜之政治的、經濟的、與社會的條件所束縛。民族主義就能夠這樣阻遏眞正的國際合作之實現嗎？資本主義各國與共產主義各國能夠成功地合作嗎？民主的與共產的國家在對抗法西斯主義作戰獲勝後能夠繼續合作，以保障持久的和平嗎？這些是面對勝利的各國開始調查戰後世界基本問題的一部份。並且，最重要還是這問題，是否教育能夠成爲有力地造就贊成國際與世界合作的態度與忠誠，因在法西斯的各國中，這種教育曾有力地養成民族主義的猜忌與怨恨。

一、國際的政治關係

第一次世界大戰 二十世紀的開首十年，從十九世紀後期開始之帝國主義的敵對行動，是顯示升高的。此時工業主義對於原料爭取，比任何時期是更激烈的競爭。在歐洲以外幾處殖民地發生戰爭：西班牙—美國戰爭（一八九八）、法蘭西與英吉利間在埃及非蘇地（Fashoda）的事件、英國與波亞（Boer）共和國間在非洲之戰（一八九九—一九〇二）、中國義和團之亂（一九〇〇）、日俄戰爭（一九〇四）。較近於歐洲者，三國同盟（德奧意）與三國協約（Triple Entente，英法俄）間的敵對變爲更尖銳，導致一九〇五與一九一一年間的摩洛哥危機，一九〇八年的巴爾幹危機，及一九一一二與一九一三年的巴爾幹戰爭。最後，當奧匈王斐迪南（Archduke Ferdinand）於一九一四年在波士尼亞（Bosnia）的塞拉耶佛（Sarajevo）被刺，便引起導火線，而發生三國同盟與三國協約之第一次世界大戰了。一九一五年，意大利退出三國同盟而加入協約國方面；一九一七年，俄羅斯脫離協約國，逕與德意志言和；一九一七年四月，美國加入協約國戰團；一九一八年十一月十一日，休戰簽訂，實際的敵對行動宣告停止了。

威爾遜（Woodrow Wilson，一八五六—一九二四）總統所提出十四點被接納，對於和平及代表各處善意人民的希望，作爲一嘗試的基礎。此十四點包括公開外交的原則、洋海的自由、領土不歸併、民族自決、與一個國際聯盟。在巴黎和平會議中，起草凡爾賽條約（Treaty of Versailles），所謂四巨頭者，是美國的威爾遜、英國的勞路喬治（David Lloyed George，一八六三—一九四五）、意大利的奧蘭多（Vittorio Orlando，一八六〇—一九五二）、及法國的克里孟梭（Georges Clemenceau，一八四一—一九二九）。爲着促進國際聯盟的成立，威爾遜對其十四點曾讓步妥協：公開外交常被秘密條約所破滅；解除武裝祇施之於戰敗國；三國同盟的殖民地與領土被戰勝國所瓜分；向戰敗國索取重大的賠償。民族自決放寬的尺度，像波蘭、捷克、羅馬尼亞、南斯拉夫、芬蘭、立陶宛、拉脫維亞、與愛沙尼亞的人民，皆有成就。雖尚有許多不滿意，但比戰前較多人民在政治上獲得更多自治了。

國際聯盟　國際聯盟的盟約，大部份經過威爾遜總統的堅持，遂訂立爲凡爾賽和約的主幹部份；

威爾遜憂慮，倘若聯盟在和平會議中提出，則會失敗。這聯盟的盟約，由和會中一個特別委員會，以威爾遜主持經過六星期所起草，但很少或沒有由有關的國家曾預先討論過的。這聯盟採取國家的主權之原則，因此並非志在一個眞正世界的組織，但主要的依賴於公意與道義的說服。其目的是勸導各國裁減軍備，尊重與保全會員國領土的完整與政治的獨立，對任何引起戰爭的爭端，提出仲裁或裁判的解決，對任何侵略的國家實施經濟的制裁，或應聯盟理事會的勸告，則出兵以保護聯盟的盟約。

聯盟的組織，總部設在日內瓦，被指定有三個主要機構，即大會、理事會（Council）、及秘書處。大會是由全體會員國的代表所組成；每一國有一票，任何決定，要經一致票通過。大會在年會中是授權以討論在聯盟行動的範圍內及影響於世界和平之任何事情。它認可新會員、監督新預算、提出對理事會的委託、及選舉理事會的非永久性理事。

理事會實則是聯盟之執行的部門，原始的包括五個永久性理事及四個非永久性理事。英國、法國、意大利、日本、及美國預定爲五個永久性理事，但美國不參加聯盟。一九二六年，德國成爲第五位永久性理事；一九三三年，德日退出聯盟；一九三四年，俄羅斯被認可；一九三五年，對意大利制裁；一九三九年，俄羅斯因侵略芬蘭而被逐出。理事會之決議，應由全體理事之一致票通過。

秘書處是永久性行政的機構，由一秘書長主持，並附以全體的僚屬，以應付問題的廣大範圍的細事，包括託管土地、裁減軍備、衞生、法律、新聞、與智識的合作之處理。秘書處的各部門，顧問委員會及技術性的組織，皆無權力，祇主要的準備資料提供於理事會及大會。

兩個自主的機構，與聯盟相聯絡而工作。一為在海牙之國際審判永久性法庭（世界法庭），以法律的與審判的判決，給予聯盟的會員國及其願意接受這判決的國家。它是根據國際的大會、習慣、與條約而判決的法庭，不得與公斷的永久法庭（海牙法庭）相混亂，此乃最初於一八九九年由海牙會議所設立，復於一九〇七年給與爭論的判決。另一自主機構是國際勞工組織，它是被指定以協助改善全世界勞工的情形。它包括㈠國際勞工會議（以國際聯盟的大會為榜樣），這對各國提出獻議，依照以起草關於工作狀況、女工與童工、失業、工會，諸如此類的立法。㈡國際勞工處（International Labor Office，以國際聯盟的秘書處為榜樣），它設在日內瓦之永久行政機構，草訂契約及主持研究。這國際勞工處歷第二次世界大戰甚至當國際聯盟實際上已告殞滅的時候，依然存在與執行職務。

法西斯主義的興起　一九一四年以前及第一次世界大戰後未幾，西歐大部份人民覺得終究地理性、自由主義、與民主政治要佔優勢。民主政治的增進是表現於英國、法國、及在魏瑪（Weimar）共和下的德國。民主政治的政府，是在瑞士、荷蘭、丹麥、挪威、瑞典、芬蘭、與捷克，建立或維持。大部份中歐國家，雖然在實際上是較接近於獨裁的，皆建立共和政體的政府。無論如何，一九二〇年，漸增地，理性的主張與民主政治，在許多國家中開始遭受嚴重的挫折。領土發生更激烈的爭論；對於賠償與戰債支付的計劃遭遇漸增的抵拒；裁減軍備會議失敗了；世界不景氣更嚴重的；德意索還喪失的殖民地，變為更固執的要求；經濟會議失敗；在歐洲不斷的運用手段以謀爭權力；大多數國家不願放棄充份主權讓國際聯盟有一眞正力量以維持和平及國際的合作。在此敗壞的情勢中，新呼聲開始攻擊民主政治而讚揚法西斯主義之社會的價值，作為解除困惱世界人民的戰爭與不景氣之災禍。

法西斯主義雖然採取許多不同的方式，但在各國中它有一定的共同因素。首先，它在性質上是投機的，由攻擊人民所不願意的任何事情及由聲明做任何人所需要的各種事情，試圖以奪取權力。同時並攻擊共產主義、社會主義、資本主義、民主主義、與自由主義。它既公言保留私有財產的主張，但將生產的工具與所有權大量集中受國家的控制。它呼籲工人階級的支持卻破壞自由的工會；復呼籲被壓抑的下層中產階級及白領工人的支持。這由於宣傳極端民族主義的愛國觀念，利用敬畏與忠心。這加強戰爭、擴張、與侵略的思想，認為年輕有力的國家於其進攻衰微的與荏弱的民主國家，乃正常的與自然的。

法西斯主義誇大種族之獨佔的象徵，作為煽動與利用偏見的方法，欲結合一民族以反對一眞實的或幻想的代罪羔羊，像猶太人或波蘭人，共產黨或資本家。這宣佈各民族本質上不相等，而拒絕自由、平等、與民主的自由學說。這拒絕視為無效力之政治上的民主主義的理想，及在政治上的決定化成公式說明來統治的承諾；崇拜最傑出的一黨制度的效率，恰當地能攫取政權與控制極權國家的命運。所有權力屬於領袖，他不知道怎樣瞭解其他人民什麼是最好的。最後，法西斯主義利用恐怖、暴力、結黨的秘密、殘忍的鎮壓所有反對者、密探、宣傳，以獲得權力及維持其黨的鞏固。法西斯主義一旦掌握政權，所有這些方法，加上完全對所有聯絡機構的控制，是用以辯護、傳布、及強迫對該黨政策的實施。

第二次世界大戰　意大利在墨索里尼統治下首先出現，而德國在希特勒統治下，具有更大的實力，一九二〇與一九三〇年間，法西斯主義在歐洲步步勝利進行，不消說，一九三一與一九三七年間，日本且向中國發動侵略了。當日本侵略中國的領土時，國際聯盟祇表示對中國同情，而未有制裁的行動，因是第二次世界大戰遂醞釀着。當一九三五年意大利侵略衣索匹亞（Ethiopia），國聯雖實施經濟制裁但不肯進行對意大利作戰，以阻止其暴行。迨一九三六年希特勒違反和約而進佔萊因河以西地區，國聯亦不復準備採取武力行動。德意兩國並於一九三六年共同組成羅馬柏林軸心，爾後日本亦加入。

一九三六至一九三九年西班牙內戰，衝突的陣線更爲明顯，當時德意兩國協助佛朗哥及其法西斯，以對抗西班牙在共產黨控制下的共和國，而法俄兩國則援助共產黨。最後，當希特勒獲得控制奧地利，隨佔領捷克，一九三八年在慕尼黑（Munich）會議，英法與其妥協，犧牲了捷克。一九三九年，希特勒與蘇俄簽訂互不侵犯條約，墨索里尼侵略阿爾巴尼亞，而一九三九年九月一日，希特勒侵略波蘭，英法立即對德宣戰，第二次世界大戰，遂正式爆發了。由於初期勝利的鼓舞，希特勒於一九四一年六月，侵犯蘇俄，同年十二月，日本偷襲珍珠港，美國亦加入作戰。

鏖戰三年，軸心國在歐洲幾無敵手；以迄於一九四二年十一月，它們是實際上佔領或統治整個歐洲，東自莫斯科與史太林格勒起西至英倫海峽，北由挪威起南至北非洲，囊括無遺。這種情勢，一九四二年之末，開始轉變，當時英軍在埃及的厄爾亞拉曼（El Alamain）擊敗隆美爾（Erwin

Rommel，一八九一—一九四四，德軍元帥）；其後聯合國軍隊在北非洲登陸，俄軍於一九四三年二月，解史太林格勒之圍。爾後兩年之間，對聯合國的成功，開始增加其速度。意大利於一九四三年九月三日無條件投降，變爲聯合國之一作戰國。一九四四年六月六日，聯合國軍在法國登陸，然後美英從西面，蘇俄由東面對德開始作最後的夾攻，一九四五年五月八日，德國卒宣佈無條件投降。同時，在太平洋區對日本作戰，由一九四二年末起，加緊進行，以迄於美國使用原子彈及由蘇俄之宣戰，亦使日本於一九四五年八月投降。法西斯國家經已決定性失敗了，聯合國自經人類遭逢最大毀滅性戰爭之後，一時之間，復轉而面臨和平、善後、與國際合作等困難問題。

經過長期連續會議之後，英、法、俄及美國的外交部長會議，對於意大利、匈牙利、保加利亞、羅馬尼亞、及芬蘭等戰敗國，起草臨時的和約。全面的和平會議隨卽於一九四六年夏季在巴黎召開，以批准及提議變更各種條約。無論如何，最後決定，歸於四強。在會議進行中，蘇俄集團與西方集團間的對立，似乎尖銳的與緊張的，那些冒險的尋求擴大共同協定的基礎，發生許多困難。

聯合國　世界寄以一大希望的國際合作，比諸第一次世界大戰後所成就的更爲成功，蓋在贏取戰爭勝利中的合作既如是有效的，那麼在和平時繼續合作的計劃，於大戰完結以前，久已安排了。進行採取的幾個重要步驟，其中許多是由於美英俄各政府首長中個人的商定。早在一九四一年八月，甚至美國參戰之前，羅斯福總統與邱吉爾首相宣佈大西洋憲章的原則，得到三十一國最後的簽署。大西洋憲章宣佈和平的目的如下：無領土的擴大；各國自決；各國得以相等條件對於世界貿易與獲得原料之便；各國改善勞工標準與經濟上安全保障的合作；各國在其自己境內有居住的安全；洋海的自由；一俟全面安全之一種永久制度的成立，各國最後放棄武力及侵略國的解除武裝。

一九四二年正月，聯合國宣言簽訂，保證二十六國對軸心作戰以迄勝利爲止。一九四三年十月，莫斯科會議中，英俄美三國，簽署大西洋憲章的原則，同意於戰後維持和平及設立一國際安全的組織。一九四三年十二月在德黑蘭，與一九四五年二月在雅爾達，羅斯福、邱吉爾、及史達林相會，以佈置擊敗德國的策略，及進行他們所保證在平時以及在戰時共同合作之詳細計劃。

一九四四年十月，英國、蘇俄、美國、及中國的代表，在華盛頓頓巴敦橡樹園（Dumbarton Oaks）會議，訂立全面安全組織的提議，提交於聯合國所屬之各國政府及人民來討論，然後於一九四五年四月在金山召開聯合國安全會議。在金山，聯合國之五十個國家代表，討論及通過聯合國的憲章。美國於一九四五年七月二十八日得參議院認可，是第一個國家核准這憲章。當第二十九個國家的蘇俄於一九四五年十月二十四日核准這憲章時，這組織便正式實現了。經過一系列的預備會議之後，聯合國組織於一九四六年正月在倫敦擧行第一次會議。在那時，制訂各種計劃，預定在紐約州威斯赤斯特（Westchester）縣或康乃狄格州化亞非爾特（Fairfield）縣某處設立永久性總部，但爾後各種會議，規定在紐約市設置臨時總部。

聯合國組織，許多方面仿照國際聯盟之行政的模式，但似乎有許多優點。第一、在世界上這兩個最有力的國家—美國與蘇俄，自始卽爲會員國；而兩者在其開始時並非國際聯盟的會員國。第二、這是預先組成與獨立的和平會議；各國有充份時間以討論頓巴敦橡園之建議，與在金山會議之發言反對及提議。最後，安全理事會之權力，比國聯之理事會爲大；該組織之一般宗旨，包括促進社會的、經濟的、教育的、與文化的合作，以及採取集體行動以維持國際和平與安全爲目的。聯合國設立五個主要的機構，卽大會、安全理事會、秘書處、經濟與社會理事會、及國際法庭，而與國聯之三個機構不同。

大會包括所有會員國的代表，每一國有一投票權，重要的決定要由三分之二票大多數的通過，其他的決定則由簡單的大多數通過。大會有權討論在國際關係的範圍內任何事情，對似乎損害一般福利的任何情勢，向會員或安全理事會提出建議，作和平的處理。大會亦可認新會員；停止會員；選舉經濟與社會理事會的理事，及安全理事會非永久性理事；創始研究與提出建議以促進政治的、經濟的、社會的、文化的、教育的、衞生的問題之國際性合作，這將有助於實現基本人權及對所有人民並無種族、語言、宗教、或性別的差別之自由。

安全理事會包括五個永久理事（美國、蘇俄、英國、法國、與中國）與六個非永久理事，後者每一理事由大會選出，任期兩年。凡程序問題的決定，是由任何七個理事投票所通過；主要法規的決定，亦由任何七個理事投票所通過，其中包括全部五個永久理事。這是在雅爾達會議所同意的投票手續。

安全理事會，對於維持國際的和平與安全，包括侵略的阻止與鎭壓，作主要的負責。這可提出建議對爭端之和平解決，可決定何者構成對和平的威脅或侵略的行動，與可採取步驟使用陸海空軍以維持或恢復和平。會員國對於徵召此類武裝部隊，是有效的供應及完全協助其調遣。如欲立卽可能的軍事行動，會員國是有效的供應國家空軍分遣隊，其兵力、有效、及飛機的調用，由安全理事會藉軍事參謀委員會之助而決定，該委員會包括永久理事之參謀總長所組成。爲着克服國際聯盟阻止侵略一項的弱點，安全理事會擔當極大的權力，並授權繼續執行職責，不僅在緊急事件發生之後爲然。

新秘書處與國際法庭，在總綱上仿照國聯相同的機構。

最新與非常重要的機構，是經濟與社會理事會，其職務是促進㈠生活之較高的標準，充份的僱工，經濟的與社會的進步及發展之情形；㈡解決國際經濟的、社會的、衞生的、與其他的問題，及國際的、文化的、與敎育的合作；㈢普遍重視人權的遵守與對於全民並無種族、語言、宗敎、或性別的差別之基本的自由。

經濟與社會理事會，由大會選出十八個理事。這是被授權以設立此類委員會或機構，像國際勞工組織、國際貿易組織、國際糧食與農業組織、國際貨幣基金、國際復興與開發銀行、國際衞生組織、及國際敎育科學與文化組織。第二次世界大戰之毀滅與原子彈最後階段的出現，使其絕對不能推諉的，願意和平與國際合作，將由人類能想出之一切敎育的與文化的力量在各國人民中而產生。作爲國家政策工具之舊敎育概念，當世界性戰爭之結果如再來使表白給全體注意之時，深覺已過時的和極危險的了。

二、國家政治的發展

英格蘭　當二十世紀伊始，保守黨份子在英格蘭是得勢的，但自由主義份子與勞工集團亦漸增其勢力。工會與社會主義份子關於一八九九年組成新工黨之性質，爭論很大，以迄一九〇六年，他們調整其相左的意見，工黨才突然出現，作爲一有力之政治的原動力。藉工黨之助，自由主義份子於一九〇六年重掌政權，在勞路喬治、亞斯奎夫（Herbert Henry Asquith，一八五二—一九二八）、及邱吉爾（Winston Churchill，一八七四—一九六五）領導下，始做一系列的改革。

陸續經國會的決議，規定礦場及工廠之時間與工作條件，發給受傷工人的賠償，並制訂各種計劃，對於老年人的養老金、疾病、與失業的保險。向資產階級征收更重的賦稅，阻止衆議院立法之樞密院的權力，於一九一一年完全打破，投票權給予每一個成年男子及三十歲以上的婦女。一九二八年以前，已達到普遍的投票。第一次世界大戰後，社會主義的與民主主義的理想傳布，一九二〇年在麥唐納（James Ramsay MacDonald，一八六六—一九三七）領導下，工黨躋於強有力的；但在一九三五年，在包爾文（Stanley Baldwin，一八六七—一九四七）及其後在張伯倫（Neville Chamberlain，一八六九—一九四〇）領導下，保守黨又重握政權。

當張伯倫於一九三八年同意慕尼黑的協定，政治風暴開始湧集，終於一九四〇年倒閣。在邱吉爾領導下遂組成聯合政府，他藉工黨、自由黨，及其所隸的保守黨之助，實行作戰計劃。當第二次世界大戰時，勞工的情緒急卽增長。一九四五年七月之大選，工黨獲得決定性勝利，使一個社會主義份子艾德禮（Clement Richard Attlee，一八八三—一九六七）爲首相。

英國人認可之勞工計劃，包括明確的社會主義的步驟，有如下的方向：㈠煤礦、電力、運輸、鐵、及鍊鋼工業之國有化及歸國家所有權；㈡私營之英格蘭銀行之國有化及信用之自由主義化；㈢社會安全、教育、與衞生之放寬；㈣住宅、傭工、及農業由政府管制，以消滅壟斷與卡特爾（Cartel，同業同盟），並設置適當的價格與工資的統制。這種由第一次世界大戰之前已開始之社會改革的傾向，自第二次世界大戰之末起，實行大推動。

法蘭西　由這世紀開始至第一次世界大戰，在法國的政府中，左翼的各種社會主義的黨派及中間的共和黨各派，是最強有力的集團。社會主義份子一般的是贊成社會改革的擴大計劃，而共和黨則主張較溫和的改革。右翼的保守黨派代表傳教士、王族、地主、與商人。一九〇一年的聯合法案（Association Act）是著名的立法，解散宗教的傳教會及禁止學校裏的宗教教學。一九〇五年之分離法案（Separation Act），教會和國家分離，停止支付傳教士的薪酬。由其他的法案，禁止童工與女工；最高限度工作時間被裁減至十小時；設置強迫老年保險及養老金制度，並配合工人之意外與義務保險。第一次世界大戰之後，各黨合作中有小小顯著的變更，但大多數依然保留。

一九四〇年六月，法國被德軍攻陷，第三共和遂終結，組織維琪（Vichy）政府，以貝當元帥（Marshal Henri Philippe Petain，一八五六—一九五一）爲之首。貝當與其法國的投降份子，藉納粹之助，歷四年之久，冀圖建立一個「有權威的教職政治之社會」，高級官員對貝當本人要宣誓個人效忠及保證忠誠的誓願。對於共和國之自由、平等、與博愛的理想施以攻擊，而盡力以「家庭、國家、與工作」的價值來代替。議會的政府是被棄絕視爲不民主的；眞正的民主政治是被要求信賴以少數人君臨的一個有力的全國政府。教會是獲得重握權力，一九四二年法令取消一九〇一年的聯合法案，恢復宗教的傳道會作爲公用的完全合法地位。通過反猶太條例，並且，在一次顯明的演講中，貝當棄絕自由主義、社會主義、與資本主義，斥之爲舶來思想。這種歷史的曲解，表示維琪政權許多是仿自法西斯的意識。

一九四四年八月，法國被聯合國軍隊解放，在戴高樂將軍（General Charles De Gaulle, 一八九〇－一九七〇）領導下之臨時政府成立，在政府中，一個諮詢議會（Consultative Assembly）代表法國各主要的抵抗集團。一九四五年十月，舉行大選以選出國民代表大會（National Constituent Assembly）的代表，其主要目標是代替臨時政府及由第四共和精細作成的憲法以奠立永久政府的基礎。在這些選舉中，一種決定向左的趨勢，其所得最大的單票數，首爲共產黨，其次爲社會主義份子，又其次爲人民共和運動（Popular Republican Movement）的新黨，主要的包括溫和的中間集團。這三個政黨構成國民代表大會的大部份，這大會經過若干困難之後，進行請求戴高樂組織臨時共和第一個合法的內閣，專注於復興與社會改革的問題。第一次提議創制新憲法，一九四六年被法國人民拒絕，迨在人民共和運動漸強的實力之下，這新嘗試才告完成。

德意志 略似法蘭西的，二十世紀最初十年，在威廉二世統治下，帝國的議會中社會主義者是獲有權力的。一九一二年選擧中，社會民主黨變爲德國唯一最大的政黨。該黨能指示在那時世界上最包含社會生活保障制度計劃之一，包括縮短工作時間、社會保險、與工作情形的條例。社會民主黨雖不能阻止第一次世界大戰的攻擊，但當一九一九年由魏瑪憲法所成立之德意志共和時，依然爲一有力的政黨；第一個政府是由社會主義份子愛柏特（Friedrich Ebert，一八七一—一九二五）所領導。德意志共和包括約二十個聯邦，每一聯邦在議會的代表，乃由各政黨選出，略似法國一樣。可是，在一九二〇年，嚴重的不景氣、普遍的失業、工業衰落、與極大的通貨膨脹，引起人民尤其低等中產階級以大騷動，爲造成希特勒及其國家社會黨以成熟的機會。希特勒（Adolf Hitler，一八八九—一九四五）採用法西斯技術以吸收大量黨徒。一九三三年，他被總統興登堡（Paul Von Hindenburg，一八四七—一九三四）委任爲總理，議會隨卽授以絕對的權力。

希特勒與納粹（Nazi）立卽發動以建立完全控制德國政治、經濟、社會、與文化的生活。所有政黨均被廢止，納粹黨被宣佈爲唯一合法的政黨，權力甚至超乎國家之上。完全集權與主張服從權力的政府成立，幾個德意志邦的獨立被破壞了。所有工會被掃除，以一個大規模德意志勞工陣線取而代之。主張服從的權力是由最高層的希特勒降旨而下，以達政府各部門。言論、集會、教育與宗敎的自由被抑制，並諸多設法以破壞羅馬天主敎及新敎的敎會之權力。

極權主義是用力控制資本與勞工、貿易與商業、農業，及所有個人的、社會的、及家庭的生活。

其最高目的是使任何事情要服從於納粹黨的理想。共產黨、社會主義份子、及猶太人，均喪失他們的資產與公民資格，被迫拘入集中營，被放逐，或被殺害。違反人權之最大迫害者，是有系統的計劃，不祇在德國，而且在全歐洲，欲完全滅絕猶太人。當第二次世界大戰終結，這裏所發現的，納粹黨幾乎成功，在德國七十五萬猶太人中有百分之八十被屠殺。納粹集中營由文件證明的恐怖情形，當聯合國軍隊攻入德國時所暴露的，曾震動整個文明世界。

希特勒立即建立德國的重工業，五年之間，使德國一躍而爲世界上最強大的軍事機構。一九三六年，違反凡爾賽和約，開始在萊因重整軍備，希特勒以威嚇其鄰國採取迅速的一步步爲德國爭取「生活的空間」，於第二次世界大戰發動進攻之前，征服歐洲的大部份了。迨一九四五年五月德國的投降，歷一千年之「第三神聖羅馬帝國」（Third Reich），經十二年可怖的生活之後，終歸覆滅。一九四五年七月，杜魯門總統、史達林總理、邱吉爾首相（其後爲艾德禮）在柏林會議，安排德國重建的計劃，以免重蹈第一次世界大戰後對待德國所犯之錯誤與缺點。一個聯合管理委員會（Allied Control Council）是授權設立，作爲俄英美法四佔領區主持德國之聯合行政機構。

聯合管理委員會依循政治上原則如下：德國完全解除武裝及撤消軍備；納粹黨及其思想與組織完全消滅；戰犯與納粹領袖之檢舉與審判；教育之完全管理以消除納粹及黷武主義者的理論，而提高民主的思想；對自由民主的政黨及工會之鼓勵；言論、出版、與宗教的自由之促進。經濟方面，這種管理是志在防止所有軍用品及能供應戰時經濟的工業之生產，分散德國經濟以消滅獨佔、企業家的組合、與同業同盟，而鼓勵農業與平時工業，控制出入口貿易及科學的研究，與強求賠償，俾受戰爭蹂躪的各國恢復它們的經濟。並且預定，德國將繼續被佔領，以迄於這計劃之完成，與這軍事政府能夠進展的將管理交與德國的負責當局爲止。這是無疑的，德國人的再教育，在造就一個民主的與和平的德意志之全部過程中是絕對重要的，爲對一個和平的歐洲與世界的關鍵之一。

意大利　在二十世紀最初數十年間，因爲第一次世界大戰終使廣泛的失業、物價騰踊、與普遍的不滿，經濟與政治的情勢，越來越混亂。在這種情勢下，以前爲社會主義者的墨索里尼（Benito Mussolini，一八八三－一九四五），乘人民對社會主義渴望之便，遂組成其法西斯黨（Fascist Party），由於提議向富裕者征收重稅而博得人心，但同時利用強有力民族主義的與愛國的情緒，以反對在意大利的共產黨。墨索里尼既運用法西斯的技術把握政權，一九二二年更躋至總理。他立即發動使全國事權落於他個人的掌中。他的黨員皆擢至高級地位，選舉法是變更而使其可靠的，由黨控制所有低級的職位，全國工會與僱主會，是在黨的及國家的嚴密控制下組成。

一九二九年，墨索里尼與教宗的協定，由國家承認梵蒂岡的獨立，恢復其土地，使羅馬天主教爲國家的教會，遂獲得羅馬天主教的支持。教宗以爲報答者，承認墨索里尼的意大利政府，與放棄對天主教各國控制其政治的舊要求，這種控制自一八七〇年意大利王國成立以來經已保持。墨索里尼建立意大利軍隊，並宣佈欲恢復失去的殖民地，及使地中海像羅馬帝國時期復爲一個意大利湖。他甚至試圖仿效希特勒的打擊猶太人，及維持亞里安（Aryan）族爲種族上純粹的意大利人之神話。他是趾高氣揚的「刺法國之背」而加入戰爭，但他也是軸心的第一個投降者。

迨聯合國軍隊進侵西西里，維多伊曼紐三世（Victor Emmanuel Ⅲ）於一九四三年七月罷黜墨索里尼而委任巴多里奧元帥（Marshal Pietro Badoglio，一八七一—一九五六）爲總理。九月，意大利投降，未幾，重演其第一次世界大戰的反戈把戲而變爲與聯合國軍隊並肩作戰者。在聯合國統帥的指揮下，意大利內部情勢在非常困難之中開始恢復政治的自由。墨索里尼於一九四五年四月被意大利游擊隊長捕獲，立卽處死，其生涯就此完結。他的屍體在米蘭街道上示衆，這可能是現代獨裁者第一位遭遇最卑賤的死亡。因爲第一個軸心國的投降，意大利在重建中要經過一最困難的時期，是被注定了。連續冀圖組設一個穩定的政府之後，一九四六年六月，意大利人民投票，拋棄君主政體而採取共和政體的政府。

俄羅斯　在二十世紀前半期，俄羅斯在歐洲政治之林由沙皇帝國（Czarist Empire）變爲蘇維埃社會共和國，未幾成爲世界上大工業的與軍事的強權之一。自從一九〇四至一九〇五年日俄戰爭之後，一九〇五年的革命成就了一套憲法及由沙皇對政黨的承認。憲政民主黨，大部份包括中產階級，希望仿效西方列強成立一個立憲的政府；社會革命黨，志在更急進的改革，像分給土地與農民；社會主義黨，皈依馬克思學說，分裂爲少數的（Menshevik，Minority）要求逐漸改革者，與多數的（Bolshevik，Majority）主張立卽推翻政府而成立無產階級的獨裁。

第一次世界大戰，極大不利於俄羅斯，沙皇被推翻（一九一七年三月），中產階級之憲政民主黨的臨時政府遂成立。未幾，權力交與更急進的克倫斯基（Aleksandr Feodorovich Kerenski，一八八一—一九七〇），他對盟國答應俄羅斯要繼續作戰。但由於憲政民主黨份子及布爾什維克（Bolsheviki，即共產黨）的反對，克倫斯基不能繼續其權力。共產黨掌握各種問題，在列寧(Nicolai Lenin，一八七〇—一九二四）領導下，於一九一七年十一月革命，奪取政權。一九一八年三月，在布勒斯特李托威斯克（Brest Litovsk）條約中，單獨與德國媾和。

自是以迄一九二四年，列寧爲掌握俄羅斯主權的人物，共產黨對於無產階級變爲指導機構，直至人民能管理自治的時期爲止，在理論上，共產黨的獨裁政權是臨時的。共產黨發表大事改革，不祇對政治，而且對俄羅斯之經濟、社會、與教育的結構。根據共產黨的見解，爲着達到這些目的，凡中產與上層階級的人物要清算。因此，一九一八年的憲法給予政治上特權，規定凡十八歲以上者要做生產的工人或軍事人員，而所有其他的則列爲資本主義者，故爲人民的公敵。在秘密政治警察委員會（Cheka）之下，藉杜洛斯基（Leon Trotsky，一八七〇—一九四〇）統率下紅軍之助，清算的程序，立即進行。人民被組編爲一系列的地方委員會或蘇維埃，由是選出高級代表，達於最高的全俄羅斯國會，由那裏選出中央執行委員會作爲俄羅斯最高立法的機關。實際上，這些政府機構的事務，穩握於各級共產黨的手上。

列寧立即發動土地與工業完全國有化的進行，但在一九二一年以前，農民很強烈的反抗，因此制定新經濟政策，對於工業私人所有權及對於農民出售其穀類不受此嚴厲的國家統制，稍予以自由。情況一時相當改善。一九二四年，列寧逝世，史達林（Joseph Stalin，一八七九－一九五三）變爲黨的首領，開始建立一個堅決的國家主義的與共產主義的俄羅斯。

一九二八年，新經濟政策被拋棄而實施第一次五年計劃，將所有私人的資產國有化，對於製造業與農業之重工業產品，加速生產。土地被組成爲大規模的集體農場，歸於國營，而由農民耕作。那些擁有私人資產者，根據合作基礎而併入合作農場，以便利用科學的農耕方法及農業機構。對於此種方法，復發生大反抗，於是生產衰落，直至一九三二至一九三三年大饑荒，始克服這種反抗。一九三三年，第二次五年計劃開始，增加消費品的生產。顯然的，反抗是仍然展開；可是，一九三六至一九三八年，陸續的清算與審判，遂消滅大部份的反抗了。

藉這些獨裁的方法，其中有些接近於德意的極權主義，共產黨遂能於區區二十年間廣大的擴展俄羅斯工業的潛力，而使其教育的、社會的、與文化的生活，爲着黨之政治的與經濟的目的，而在黨的控制之下。第三次五年計劃於一九三八年宣佈，但由於一九四一年德國的侵略，被迫停止，而未達到其目標。一九四六年二月，史達林宣佈第四次五年計劃，大量增加鋼、鐵、煤與石油的生產。一九二〇至一九三〇年間，西方民主各國對俄羅斯的共產主義，均反對其進展，但當俄羅斯參加它們的國際合作以擊敗軸心之時，它們是喜不自勝了。戰後世界之最基本社會問題，是民主國家能否繼續與共產主義的俄羅斯合作，以建立一安定的、公平的、與持久的和平呢？

三、經濟的與社會的機構

在前面幾部份曾經說過，經濟的發展作爲有關於政治的大事，這大事僅有少數的世代造成。這是分明的，二十世紀的工業主義變爲超過其他顯著的經濟事實。由於速度技術的進步，發生是使人驚異的，與最似戲劇性的實例來觀察，隨第二次世界大戰而來，加速工業很大的進步。在幾個短短年頭，萊特兄弟（Wright brothers, Wilbur 一八五五—一九一二，與 Orville, 一八七一—一九四八）首創體弱的飛行機發展到變爲時速六百英里的追逐機及變爲運輸機，甚至時速一千英里噴射推進的火箭機。馬可尼（Marchese Guglielmo Marconi, 一八七四—一九三七）之微弱的無線電通信變爲強有力廣播站的地球環繞網，與雷達之奇蹟可直達月球。卽使第一次世界大戰的非常毀滅力，但在第二次世界大戰之巨型高度破壞力炸彈及超音速之V彈的面前，已變爲失卻其重要性了。

尤其要者，在其社會的含意中幾乎不能理解者，是原子能的投放，此原子能以原子彈之故而震動世界。直至現在，倘若環球人民不注意由工業主義發展而興起的各國之顯示的互相依賴，他們不能忽視它—或是他們冒險這樣做。縱使有些早期要求是誇大的，這是或許更重要的，原子時代的分門別類將超越想像。世界的希望是不會超過社會的智慧之範圍。

因爲由工業發展所形成工業主義成了大躍進，全世界越來越多人開始了解，自由競爭資本主義的舊觀念，是變爲過時的了。世界的互相依賴需要合作的努力，故各國不能再靠生產與分配之獨自的方法。資本主義本身的信徒，在他們的實在經營中認知了這種事實，不管自由競爭與個別努力所陳述的理論。二十世紀資本主義由工業的資本主義（資本主義第二級）變爲金融的與公司的資本主義。大規模財源與大規模生產之需要，引致公司的業權，對此唯有大規模銀行與信用的處理是適宜的。這引起許多國家對壟斷與國際上同業同盟的產生，以控制生產、分配、與價格。世界之原料來源，是由此等大規模投資所控制及發展，而經過高度關稅之抑制貿易，變爲對各國的經濟福利以一威脅。

這事實，當原料、樹膠、石油、糧食、與許多其他產品之通常的來源，被第二次世界大戰連續的事變所截斷時，似是戲劇性的被認清了。這種情勢，引起科學的探求人工製造代用品，以代替這些與其他的產品。無論如何，更重要的，是實現國際上努力以控制及刺激世界貿易，是無可推諉的。因此，聯合國開始採取步驟，趨向於合作上商業的與金融的整理。一個國家經濟的福利是被認定與全體的福利有密切的連繫。這意謂由其他國家作帝國主義支配若干人民的舊觀念，在一個互相倚賴的世界中亦不適宜的。沒有國家自己能完全孤立的生存，也沒有能夠長久的靠剝削別國而生存的。

四、宗教的機構

各敎會於二十世紀起伏不常，但其對於人民的生活中，繼續扮演一大角色。在法蘭西，羅馬天主敎會由第三共和一九〇一年聯合法案及一九〇五年分離法案，被奪去其賦與國家的特權地位，但主要地對那些固執於任何宗敎信仰之法國人來說，仍爲優先的敎會。在維琪政權之下，敎會開始恢復其一部份的特權，但這些是似乎在第四共和之下短暫的存在。法國雖隸屬於社會主義黨與共和黨，但傳敎士的情狀在法國政治上仍扮演一有力的角色。

在意大利，羅馬天主敎繼續遠勝於人民的敎會，經歷法西斯獨裁的大權之後仍然存在，甚至於一九二九年與墨索里尼政府協定之結果，獲得政治的權力。因爲一種世界性的機構，這敎會是全然反對各地的共產主義以及納粹，但反對在意大利與西班牙的法西斯，並未採取相同的立場。英格蘭的國敎，繼續其優先的與中央的地位，而與有力的新敎徒敎會並立。

在納粹之下的德意志，敎會遭受最嚴酷的挫折。希特勒排布與採取各種方法，以攻擊傳敎士，摧毀他們的權力，與使年輕一代斷絕了宗敎的敎義。納粹冀圖建立沒有基督敎精神之納粹的國敎，而迫害羅馬天主敎、新敎，尤其對猶太的領袖更殘酷。由於法庭的命令或其他的方法，家長們如試圖敎導基督敎敎義、反戰主義、或反抗納粹思想者，則接管其子女。希特勒試圖重寫基督敎歷史，聲稱神的指示站在他的方面；在其反猶太的爆發中，甚至聲明基督並非猶太人，不過爲一個善良的日耳曼印歐語之人（Aryan）。無論如何，各敎會盡力掙扎維持，而歷經納粹政權中，爲構成少數反對力量之一。迨聯合國的勝利，德意志敎會始恢復自由以擔負它們的活動。

在俄羅斯，當共產黨革命之前，希臘正敎的敎會，在政治生涯中佔一顯著的地位；在特權階級中，敎士品列於高貴。及共產黨奪取政權後，立卽進行清算敎會，詆之爲舊資本主義的及沙皇政權的堡壘。馬克思著論，曾謂宗敎是「人民的鴉片」；列寧響應此說；史達林且斷言共產黨贊成科學，而宗教是絕對反科學的。教會資產被沒收了，教士被禁止宣講、傳道、或擔任慈善的活動了。在教育與文化活動上，青年受教導謂共產主義是不容許這種舊式的宗教。

在一九三六年的新憲法中，雖然提及宗教自由的原則，但在第二次世界大戰以前，教會祇得到很少的利益，及至第二次世界大戰，始由政府正式給予更多的鼓勵。因為教會支持作戰以對抗德國，故不視為對國家有安全的威脅，而共產黨亦覺得西方民主國家的態度，傾向於宗教的自由。雖然如此，實際上教會無法恢復已喪失的基礎，一九四五年估計，蘇俄現有希臘正教的教會一萬六千餘間，而在革命前則有五萬四千間。這教會明確地依然在一附屬的地位，但顯然的稍為得到些少進步。

根據他們的社會觀點，各地教會似乎是較保守的。共產主義與社會主義對於教會，以其增強許多決心以對抗急進的或徹底的社會之改變，常施攻擊。無論如何，在各方面，各教會若干份子開始更有效的宣講「社會的福音」，與將基督教的道德應用於經濟的與社會的業務，俾完成一更大的社會主義。教宗庇護十一世（Pius XI 一八五七—一九三九）曾重述教宗利奧十三世（Leo XIII 一八一〇—一九〇三）所公布贊成勞工同業組合主義，而在英格蘭馬耳威恩（Malvern）會議，照英格蘭教會中改革份子想法，對於非羅馬天主教的基督教開列前進型的社會計劃。

第二節　人們所賴的思想

在二十世紀，法西斯主義、共產主義、社會主義、與民主主義之社會的信條，提供對於人們忠誠的共同振作點，許多像改革時期宗教信條所實施者相同的方法。二十世紀的世界大戰象徵這事實，民族主義的與社會主義的信條，是世界衝突的禍源，而非在教派的信條，這信條有助於說明十六與十七世紀的宗教戰爭。這曾經假想過的，設若極權國家對其人民像改革時期宗教領袖給予其信徒的信仰與保證，則其進行比民主國家更爲成功的。

三個世紀世俗的力量，已增強民族主義、工業主義、法西斯主義、社會主義、與民主主義，而犧牲較早時期所有接受宗教的誠心。這沒有二十世紀早期那麼多戲劇性似的，但或許完全的作爲基本改變人類經歷長期的思想，是現代科學的發展。在第二次世界大戰之末，原子彈實現科學的發展，甚至比其他力量更戲劇性似的—這樣戲劇性似的，所有其餘面對那現出毀滅的可能性時似乎變爲相對的不重要了。這關於人類是否要提倡科學以謀人類的福祉抑或使種族的消滅，是亟待的決定。

一、世界眼光

標示第二次世界大戰結束的原子彈，是始於十九世紀末而在二十世紀迅速進步的科學新發展中，更進一步。新科學的發明，引進一種宇宙的與實體性質的觀念，推翻了十九世紀依賴牛頓物理學之科學的觀念。一種二元的唯心論之傳統哲學上的與宗教的觀念，加以修正，似乎亦需要的。構成牛頓物理學基礎之絕對自然律的嚴謹，是被在天文學的宇宙中相對論的與在次原子的體系中不固定的學說所代替了。

天文學家與物理學家開始描述一個難以想像的體積之新宇宙，在那裏，太陽在我們的天體的星羣中變爲一個不重要的單位，而我們的星羣也許僅爲可比例於一百萬星羣之一。實體不要視爲強硬的、堅固的、與不可毀滅的，及順從某種已確定的法則，像在牛頓學說的意識中之吸引律與因果律；它變爲被視作能（Energy）所組成的一種方式。無論如何，終極的物質之實在是被想像當作能，原子並非一個單一的與完整的體，祇變爲一種物質的—能（Physical-Energy）系統，這系統是在複雜方式中動作的原子與中子（Neutrons）構成。這種相對論、量子物理、電子機械學（Electromechanics）、與放射能（Radioactivity）的理論，產生實體與能的完全一套新觀念。

這一方法，此類關係能夠適當地詳述，是由一新數學以代替牛頓的與歐幾里德（Euclid）的。用新儀器像原子—分裂磁力加速器（Atom-Smashing Cyclotron）作實際的研究，可能以證實朋加萊（Henri Poincare,一八五四—一九一二）、蒲郎克（Max Planck，一八五八—一九四七）、愛因斯坦（Albert Einstein，一八七九—一九五五）等理論數學家的計算。因爲原子是散開、分析、與細心計劃，以產生迄今未知的物質的原素與使實體變化由一形態至另一形態，變爲可能的。由於在物理學家實驗室陸續發現，這成為明白的，原子時代開始，並非肇自投下原子彈於日本之時，而由於數學家與物理學家於二十世紀初年已開始奠下基礎。無論如何，宇宙之傳統見解的再化成公式說明，是被二十世紀的新科學所強制了。

二、人類本性

雖然人類與由科學所想像之天體物理的宇宙來比較，似乎要降於不可思議的不重要之地位，但二十世紀伊始，更注意於人類本性的研究。一般來說，進化的理論恒比諸人類學家研究種族的起源，及心理學家研究人類行為的基礎，更受廣大的接納。人類學表示，人類軀體上與文化上之發展，因為其與環境的交互作用，經過人類發展的長久世紀。無論何處科學是自由的，人類學家產生許多證據以駁倒納粹及法西斯之種族純粹與種族優越的理論。

人類學家均同意，全人類有一個共同的祖先，在人民的羣體中能夠發現皮膚或眼色、體格大小、頭或鼻的形狀、或顏色上之特色。無論如何差異，比較上是不重要的。縱使大種族像高加索種、蒙古種、或黑種的分類，但在一羣內差異的範圍比諸各羣間的差異是更大的。人種的世系既如是分散，而在世界各地共同混合又如是長久，所以很難找到一種絕對「純」種的人類。人民羣體中的差異，所同意者，主要的應為文化、語言、習慣、與教育的不同罷。

無論如何，各個人間的差異，是被認為很大的，不管什麼種族的或人種的背景。心理學注意傾向於個別差異的問題。這種興趣許多是專心於知覺器官的感覺與運動神經的反應之科學的研究，跟隨馮德與其他歐洲的心理生理學家的引導。在歐洲另一發展，大有影響於人類本性的觀念者是心理分析，主要的由佛洛伊德（Sigmund Freud，一八五六—一九三九）、阿德勒（Alfred Adler，一八七〇—一九三七）、及容格（Carl Gustav Jung，一八七五—一九六一）精細想出。他們的興趣首要的在解釋成年人心理變態的理由。他們都同意大部份困難追溯於個人的與社會的欲望之間衝突，這種衝突，在兒童時代早期主要的在兩歲與五歲之間，逐漸顯露了。

心理分析學家堅持心與身一種基本的二元觀念，作為人類本性的因素，但它們與盛行於二十世紀之初最顯著的唯理主義觀念斷絕了。他們主張，心亦為二元的，包括有理性的選擇之自覺心與實際上指揮大部份人類活動之下意識的心。因為在個人中，思想和信仰常發生衝突，他必須滿足社會壓力之交替的要求。因此有些思想和信仰必須要抑制，但不免被驅迫落於下意識的地位，那裏它們繼續活動，常引起反常的行為。

佛洛伊德解釋大部份抑制的思想與欲望之起源，因性慾產生衝突，明白地規定性（Sex）作為個人總推動力。阿德勒說明基本的人類驅策力作為能力慾，當兒童在社會壓力中面臨自卑與無助的意識使其試圖達到優越而來。當阻止這些努力時，其發動能力在兒童時代被抑制，爾後在成年時代他們自己再主張，通常見諸變態的形狀或社會上惹人討厭的行為。容格闡釋這總推動力當作欲望，表達個人自己的個性以對抗外面社會的強迫其依從。

儘管許多反對心理分析學家的特別解釋，他們認爲教育家轉移其注意於早期兒童時代的年齡，對人類行爲的構造之重要性，有極大影響，且他們又是心理衞生強調的先驅，心理衞生於這世紀稍後始視爲重要的。這意味教師與父母需要受訓練，俾知道幼年對於他們的兒童之個性發展，發生有力的影響。

三、學習與智力

科學的心理學實行向前攻擊傳統上理性論者的觀念，及增強實驗的著重於感覺的經驗，作爲學習的基本原理。二十世紀初期，有三種觀點被廣泛的採納，常稱之爲結構主義（Structuralism）、機能主義、與行爲主義（Behaviorism）。結構主義學家發表分析知覺的心理狀態爲心知的、易感動的、與志願的。關於心知的，他們發現了感覺（Sensations）與知覺（Perceptions）作爲簡單心理狀態之主要因素。複雜的心理想像（Images）與思想是當時由聯合的進行所加強，在那裏感覺與想像在個人經驗中是共同連結。換句話說，共同發生的心理狀態，當同樣的刺激在一隨後時期出現時，將共同再度浮現。結構主義的方法，主要的是心理狀態之內省的分析與分類。

機能主義學家冀圖在結構主義學家外應用進化的理論更充份地對人類行爲來解釋。因此，他們對心理活動視爲個人冀圖使適應他的環境之結果。他們認爲內心當作一種活動的、有動力的實體而非作爲心理狀態之一種靜的結構。（第十章有更詳細的敍述）

行爲主義在兩派外進行應用嚴格的科學方法以研究人類行爲。行爲主義學家集中從事於行爲的研究，而排拒結構主義學家與機能主義學家之關心於感覺、知覺、想像、思想、意識、與意志等。他們不肯說「內心」或心理活動而祇說行爲，以其能從外面可以觀察的。他們極著重地傾向於蘇俄畢治他里夫（Vladimir Bechterev，一八五七—一九二七）與巴夫洛夫（Ivan Petrovich Pavlov，一八四九—一九三六）的學說，彼等以動物試驗完成條件反射的原理。例如以食物飼狗，在控制的情況下同時搖鈴，巴夫洛夫發現簡單地搖鈴可能引起口涎的流出，這口涎原爲由食物產生的。故其原理是這樣：倘若兩種刺激（食物與鈴聲），其中之一是充份有力地以喚起反射（口涎流出），如兩者常常共同充份地發生，則第二次或以前不適當的刺激（鈴聲），亦將足以喚起反應。行爲主義學家（主要的在美國）始建立條件反射的基本理論，一套學習的全部理論，在那裏全部所謂思想的「高級」程序，是認爲由聯合刺激的反應一種同樣的制約而加強。

在歐洲與美國有些心理學家，逐漸的對於結構主義之分析的方法及受條件限制反射之純客觀的方法，皆爲同樣的不滿。這種不滿，帶有其起源於德國而稱爲形態心理學（Gestalt，經驗之統一的整體）第四點見解的性質。當二十世紀第二十年代，在威他美（Max Wertheimer，一八八〇—一九四三）、郭拉（Wolfgang Kohler，一八八七—一九六七）、與古夫卡（Kurt Koffka，一八八六—一九四一）領導下，完形心理學家開始否定這原理，卽學習由於一特殊刺激與特殊反應之間的聯絡及刺激—反應之反射的聯合之所致。他們寧可爭論，學習經驗之全部情形影響學習程序，與軀體全部的活動是被包含於學習之內，而非祇靠感覺的與運動的神經。

完形心理學於是著重學習程序之有機的性質。學習者反應當作一種有機的整體，他對整個的情況作反應，不祇在於一種無意識的、機械的、或零碎的習尙。在學習中，洞察力與決心變爲重要的因素。如祇是複習不被認爲充份的學習，除非個人由洞察獲得他的活動之同一目標，這目標教師或實驗者所有的。完形心理學家亦強調，生長與成熟是重要的方法，由此學習者開始注意當他們在與其環境交互影響中動作對其學習情形的重要。一九二〇與三〇年間，完形心理學於影響美國一種新心理學展望的發展中，負擔一重要角色。

在歐洲，另一非常有影響的發展是測驗的方法，由法國的比內與西蒙（Theodore Simon，一八七三—？）精細地創成。他們主要的是志在迅速的辨認不正常的兒童，以其智能在正常兒童之下，因欲給予特別的協助。比內與機能主義學家假定，內心是由各種機能像聯合、記憶、運動技能、注意、推理、及意志所構成，所有這些機能，皆可獨立的量定。他另外的假定，這些機能在大約相同的比率發展，因此在一規定時間，一個或多個機能的測量，將給予其他的狀態以一端倪。他所以精細設計創出聯合、記憶、與注意的測驗，根據難題而類別其條目，並得到對各年齡等級的規範。依此基本原理，他想出「心理年齡」的觀念，這對於五歲、六歲等等之心理年齡，定立一種略帶客觀的標準。比內的創始，立卽被接納，二十世紀之初，在美國由重要的一羣心理學家展開有力的智力測驗運動。

四、學藝與科學的社會任務

語言技藝與人文學科　二十世紀，對於語言的與文學的技藝之有創作力的以及博學的致力研究，已證明有顯著的成就。主要的各國，學者著重於語言學及本文的與文學的批評，積成極大的智識體。對文學、戲劇、與詩之創作的努力，表示新資本主義的工業主義、社會改革、科學、及佛洛伊德心理學之社會的傾向。一般來說，十九世紀文學之浪漫的與言情的一般趨勢，開始由社會力量之唯實的描寫及個人對於希望、失望、與憤世嫉俗的表現所代替了。著名的小說家，在英格蘭有康拉德（Joseph Conrad,一八五七－一九二四）、高爾斯華綏（John Galsworthy,一八六七－一九三三）、吳爾夫（Virginia Woolf, 一八八二－一九四一）、羅蘭斯（D. H. Lawrence,一八八五－一九三〇）、赫胥黎（Aldous Huxley,一八九四－一九六三）、威爾斯（H. G. Wells,一八六六－一九四六）、貝涅特（Arnold Bennett, 一八六七－一九三一）、摩爾（George Moore,一八五二－一九三三）、及喬伊斯（James Joyce,一八八二－一九四一）.,在法蘭西，有法朗士（Anatole France,一八四四－一九二四）、蒲魯斯特（Marcel Proust,一八七一－一九二二）、紀德（Andre Gide,一八六九－一九五一）、及羅曼（Jules Romains, 一八八五－一九七二）.,在德意志，有麥恩（Thoms Mann,一八七五－一九五五）、威爾非爾（Franz Werfel, 一八九〇－一九四五）、及茨偉克（Arnold Zweig, 一八八七－一九六八）.,在俄羅斯，有高爾基（Maxim Gorki,一八六八－一九三六）、托爾斯泰（Alexei Tolstoy, 一八八三—一九四五）、紹洛哥夫（Mikhail Sholokhov, 一九〇五—？）、及艾倫堡（Ilya G. Ehrenburg, 一八九一—一九六七）。戲劇的文學，寫實主義之社會的戲劇，在著作上是點綴着浪漫的情操、神秘主義、與喜劇，其作家有蕭伯納（George Bernard Shaw, 一八五六—一九五〇）、高爾斯華綏、貝利（Sir James M. Barrie, 一八六〇—一九三七）、葉特斯（William Butler Yeats, 一八六五—一九三九）、及歐凱西（Sean O'Casey, 一八八〇—一九六四）；羅斯唐（Edmond Rostand, 一八六八—一九一八）；梅特林克（Maurice Maeterlinck, 一八六二—一九四九）；皮蘭代羅（Luigi Pirandello, 一八六七—一九三六）；與蘇德曼（Hermann Sudermann, 一八五七—一九二八）、霍普特曼（Gerhart Hauptmann, 一八六二—一九四六）。詩在梅斯菲爾德（John Masefield, 一八七八—一九六五）、羅蘭斯、霍斯曼（Alfred E. Housman, 一八五九—一九三六）、哀利奧特（Thomas S. Eliot, 一八八八—一九六五）、及喬治（Stefan George, 一八六八—一九三三）的著作中，發現重要的表情。

數學與科學　在科學上，有些使世界破滅的發展，經已說過。科學之基本的發展是奠立於一種新數學的基礎之上，這新數學是研究歐幾里德的幾何學關於空間、時間、運動、線、與平面之基本的假定。其巨大的躍進，是由朋加萊、蒲郎克、及愛因斯坦於發展函數、定量、相對論、與應用它們於天體物理學、物理學、與物理的化學而造成。在實驗的與數學的物理學中，原子的性質，是由包爾（

Niels Bohr,一八八五—一九六二）、戴布勞格利（Louis de Broglie, 一八九二— ？ ）、士洛丁格（Erwin Schroedinger, 一八八七—一九六一）、及海森堡（Werner Heisenberg,一九〇一—）所探究。原子是被視爲一個完全物理的系統，猶如太陽系，在那裏原子核當作太陽，電子環繞旋轉，極似行星繞着太陽旋轉的一樣。這引導於這種理論，原子是電力的一種脈動的能系統，這電力發出輻射波，照愛因斯坦及蒲郎克說，或把能變爲微塵及微粒之似子彈之放出者，叫做量子（Quanta）。

另一步驟以描述原子的性質，來自X光線、放射能（Radioactivity）、及鐳（Radium）之發現：其發現者是克魯克斯（Sir William Crookes, 一八三二—一九一九）、欒琴（William Konrad Roentgen,一八四五—一九二三）、白克勒爾（A. Henri Becquerel, 一八五二—一九〇八）、與居里夫婦（Pierre, 一八五九—一九〇六、Marie Curie, 一八六七—一九三四）。放射能與電子學（Electronics），是由拉塞福（Ernest Rutherford,一八七一—一九三七）、蘇第（Frederick Soddy,一八七七—一九五六）、湯姆生（Joseph J. Thomson, 一八五六—一九四〇）、尤列（Harold Urey, 一八九三— ？）、威爾遜（Charles T. R. Wilson, 一八六九—一九五九）、米里坎（Robert A. Millikan, 一八六八—一九五三）、及勞倫斯（Ernest O. Lawrence, 一九〇一—一九五八）等另外用心地作成的。

有機體的與無機體的化學之間的界線，因爲物質的綜合生產是逐漸擴大，與因爲生理的化學及內分泌學透露卡路里（Calories, 熱量的單位）、維他命、腺，及用於人體的藥物之效力，開始被打破。此類發現之應用於醫學與外科，帶來麻醉劑、防腐劑、X光線、與細菌學的新發展之性質。梅毒的細菌，由蕭丁（Frity Schaudinn, 一八七一—一九〇六）使其隔離；特殊的驗血，由瓦塞爾曼(August Von Wassermann, 一八六六—一九二五）用公式表示；梅毒之特殊醫治採用六〇六注射劑（Sal-varsan），是由艾爾利希（Paul Ehrlich, 一八五四—一九一五）發明。磺胺藥劑（Sulfa）與盤尼西林（Penicillin）特有奇效的藥物，對許多時病以廣大的治療。自然地理、地質學、與其他科學之研究與調查，保持進展。哲學方面，傳統的唯心論與經院哲學是由克魯西（Benedetto Croce, 一八六六—一九五二）及馬利坦（Jacques Maritain, 一八八二—一九七三）爲之辯護，但科學與數學之應用於哲學與論理學，則在羅素（Bertrand Russell, 一八七二—一九七〇）、懷特海（Alfred N. Whitehead, 一八六一—一九四七）、及哈爾登（John B. S. Haldane, 一八九二—一九六四）的著作中，賴鉅以完成之。

社會的科學　從一種客觀的科學觀點以及由社會各方面，關於社會的性質及社會的力量之廣大的研究與調查，表明了社會科學的發展。歷史的研究與著作，從軍事的與政治的年鑑轉而對世界文明與國家文化的進化之追溯，及社會機構的盛衰之解釋。著名的史籍，是由蘭帕里希（Karl Lamprecht, 一八五六—一九一五）、施彭勒（Oswald Spengler, 一八八〇—一九三六）、比亞（Henri Berr）、列拿（Georges Renard）、與威爾斯（Herbert G. Wells, 一八六六—一九四六）所撰著。社會學的學問，是由巴萊多（Vilfredo Pareto, 一八四八—一九二三）、列辛荷化（Gustav

Ratzenhofer，一八四二—一九〇四）、多克海姆（Emile Durkheim，一八五八—一九一七）、霍布荷斯（Leonard T. Hobhouse，一八六四—一九二九）、及威斯（Leopold Von Wiese）所得之造詣。至於經濟與政治的科學，其卓著的一羣作家，包括索巴特（Werner Sombart，一八六三—一九四一）、韋伯（Max Weber，一八八一—？）、多克海姆、雪尼韋布（Sidney Webb，一八五九—一九四七）、巴特斯韋布（Beatrice Webb，一八五八—一九四三）、陶尼（Richard H. Tawney，一八八〇—一九六二）、霍布遜（J. A. Hobson）、拉斯基（Harold J. Laski，一八九三—一九五〇）、及華拉斯（Graham Wallas，一八五八—一九三二）。大多數是覺得無可推諉的需要，令社會科學進至與自然科學所達有效的水準，及支配爲求人類福利的機構，不容偶然以決定社會的進步。

藝術　在建築方面，工業的城市文明之發展，指示辦法，對於建築的形式，不祇在圖樣表示用途上有用，而且適應大衆居住及更好社區設計之需要。著名的建築家，計有薩里寧（Eliel Saarinen，一八七三—一九五〇）、貝倫斯（Peter Behrens，一八六八—一九四〇）、葛羅皮斯（Walter Gropius，一八八三—一九六九）、拉哥布西亞（Charles Le Corbusier，一八八七—一九六五）、及伍德（J. J. P. Oud，一八九〇—一九六三）。圖畫採取幾種方式：解析的與幾何的混合，爲畢加索（Pablo Picassò，一八八一—一九七三）及布勒奎（Georges Bracque，一八八二—？）之立體派圖畫作風；馬蒂斯（Henri Matisse，一八六九—一九五四）、戴爍（André

Derain, 一八八〇—一九五四）、與烏拉明克（Maurice De Vlaminck, 一八七六—一九五八）之著色的感情主義；巴拉（Giacomo Balla, 一八七一—一九五八）、及德山普（Marcel Duchamp, 一八八七—一九六八）的未來派；葛羅斯（George Grosz, 一八九三—一九五九）的表現主義；達里（Salvador Dali, 一九〇四—）的「達達派」（Dadaism, 起於第一次世界大戰後的）及超現實主義。這些較新的嘗試個別的表現，公衆對其價值的鑑賞，常常失敗。彫刻術，公衆能夠較爲容易瞭解馬里奧路（Aristide Malliol）、米爾斯（Carl Milles, 一八七五—一九五五）、及梅斯特羅維契（Ivan Mestrovic, 一八八三—一九六二）之略爲傳統的與保守的作品。在音樂方面，同樣地，公衆的鑑賞，是更迅速即將來臨之現代作品，像戴卑西（Claude Debussy, 一八六二—一九一八）、狄里雅斯（Frederick Delius, 一八六三—一九三四）、司各脫（Cyril Scott, 一八七九—？）、西貝留斯（Jean Sibelius, 一八六五—一九五七）、拉維爾（Maurice Ravel, 一八七五—一九三七）、斯特拉芬斯基（Igor Stravinski, 一八八二—一九七一）、斯古恩堡（Arnold Schoenberg, 一八七四—一九五一）、及蘇斯達諾維契（Dmitri Shostaknovich, 一九〇六—）的。

第九章　二十世紀歐洲的教育

第一節　教育機構的組織與行政

一般來說，二十世紀歐洲的學校制度，其趨勢更集中於國家與世俗的控制。英格蘭與法蘭西的改變是較爲逐漸的；納粹的德意志，法西斯的意大利，與共產主義的俄羅斯，其改變則似戲劇性的與徹底的。最感人的事實，是認爲教育乃政治控制的一種重要的力量。在不同各國中，採取不同的方式，但基本的傾向，瞭然的是由英、法、德、俄所代表。

一、英格蘭

英格蘭的教育，一向採取自然演進的故道，本無教育制度可言，其變更每由許多委員會報告、辯論、與試行的法律而顯示，但這些法律並非完全實行的。無論如何，在五十年間，明確的進步，由趨向於更統一的、公立的、與世俗的學校制度之建立所促成。這種發展，由一九〇二、一九一八、與一九四四年三次大教育法案之助而可能敍述其情形的。

一九〇二年巴爾福法案（Balfour Act）　這法案是重要的，因爲它規定公共管理之基本性質，以迄於第二次世界大戰之末。它廢止舊學校董事會，而將公共教育的責任交與地方政府新組成的機關，即縣議會、縣自治市鎭、自治市鎭、與城市區，此類機關能征稅以供應中等學校及小學。舊「公立學校」變爲人所共知之「議會學校」，即學校由公費給養及在地方議會的公衆管理之下。私立的與教會的創辦之學校，繼續稱之爲「私立的」學校。保守的與宗教的集團，每將條文插入法案中，使公共稅款亦可供應這些私立學校。自由派份子與改變教會的集團，曾力爭這種法律的觀點，以其意味着公衆支持宗教的教學，尤其偏袒於英格蘭教會，但沒有效果。

一九〇二年，約有公立學校五千八百間，私立學校一萬四千間。私立學校既然是較舊的，需要款項以使其合乎標準，這是必定的。使教育的設備有效的以收容較大量的兒童，最容易的辦法，是補助已存的私立學校。這種二元制，對於管理、財政、及宗教教學的問題，引起不斷的討論與混亂。當自由黨與工黨於一九〇五年執政時，始通過立法，供給貧苦兒童膳食、設立托兒所、醫藥照料、娛樂、及其他設備，但不能撤消公立學校對宗教的注重。

一九一八年費施爾法案（Fisher Act）　第一次世界大戰的改革運動中，產生一九一八年的教育法案，這法案制訂強迫教育由五歲至十四歲、規定在補習學校半時間上課至十六歲（七年後，改至十八歲）、與公立小學免費。地方教育當局自己征稅，及由全國教育董事會領受款項，以實施公立小學與中學全部敎育制度的計劃，包括繼續資助私立學校。地方敎育當局能備辦收容五歲以下兒童的托兒所、推廣醫藥照料、體育、與娛樂，並增設中等學校的獎學金。一般來說，管理的理論是地方敎育當局要有相當的自由，連同由全國敎育董事會的激勵、勸告、與提議，供給敎育以應它們的需要，全國敎育董事會有權視察公私立的學校。無論如何，這些稍爲精細擘劃的提議，當一九二〇年之初，因爲由於保守的集團裁減敎育預算，造成經濟上窘迫，對於任何範圍，從未實現。一九二一年與一九三六年另外的法案，擬實現這些規條的少許，也未達到徹底的應用。

一九四四年教育法案　無論如何，完全改革運動於一九三〇年末已臻強固，正當第二次世界大戰的年頭，關於敎育改造的白皮書，一九四三年由全國敎育董事會會長巴特勒（Richard A. Butler，一九〇二—）呈遞國會，其中較重要的提議變爲一九四四年的敎育法案。這些提議，是由職工協會（Trades Union Congress）、合作同盟（Cooperative Union）、全國敎師協會（National Union of Teachers）、與工人敎育聯合會（Workers' Educational Association），連同工黨與保守黨中自由份子所提倡。該法案的條文逐漸擴展爲全體免費公共敎育的原則。

全國敎育董事會變爲敎育部，對於領導地位、管理及指揮，有更集中的權力。地方敎育當局現時主要的有兩種：縣議會與縣—自治市鎭議會，這在其管轄權內提出全部敎育發展的計劃，以俟新敎育部長的批准。每一地方敎育當局，對敎育的三個階段是做準備或取得適當的設備，在原則上頗似梯形的制度，在那裏每一兒童會有一前進的機會，直至他的必要和能力的成就爲止。這三個階段如下：小學教育，包括兩歲直至十一歲；育嬰學校或育嬰班，是收容由兩歲至五歲的小孩，與由五歲至十一歲的初級學校分開。中等教育包括年齡是由十二歲至十八歲；上課是強迫至十五歲及至十六歲，立即可實行的。補助教育是規定凡超過十五歲或十六歲之離校年齡者，作為所受之全部教育；這包括那些並未有在其他學校以全時間上課者，必需在縣學院上課，每星期一日或兩個半日，至十八歲；這包括成人教育以及技術的、商業的、與藝術的教育。

對於初等與中等學校，制訂幾種管理與給養的規定。㈠縣立學校（前為議會學校），完全是由地方公共教育當局所給養與管理。㈡私立學校是被指定㈢「幫助學校」（Aided Schools），私人的經理支付修理與改變的經費之一半，使學校合乎標準，而經理可聘請及解聘教師與主持教派的宗教教學；㈡「監督的學校」（Controlled Schools），地方教育當局負擔完全財政上責任，由私人經理之批准而聘請及解聘教師；㈢「特別同意的學校」（Special-agreement Schools），在一九三六年法案之下，開始計劃聯合公共與私人的給養。㈢輔助學校（Assisted Schools）各私立的與教會的學校，接受公款的津貼，但非由地方教育當局維持。㈣獨立的學校（主要的舊「公學」）是所有其他私立學校，應由教育部登記及視察。在這些方式中，公共教育當局的權力與監督是由於利用與改善私立學校而擴展，這私立學校業已存在而不在由創立學校的新公立制度之內。

惹起最大顧慮與似乎是常感困難的規定，由於施行宗教的教育。法案規定，所有縣立及私立學校，應開始每日使全體學生實行一種非教派性集體的崇拜，並且宗教的教導亦應於所有學校中實施，如果經父母請求，則學生可以寬免。在縣立學校中，宗敎的敎導是應爲非敎派的，並根據由代表英格蘭敎會、地方社區其他敎派、敎師聯合會、及地方敎育當局四個委員會會議所草擬公認的講義綱要來施敎。在監督的學校中，敎授公認的講義綱要，連同敎派的敎學，每星期不超過兩節，由「後備的敎師」講授其父母所同意敎的學生，此類敎師是爲着此目的而委任者，但不包括超過學校敎師五分之一。在幫助學校中，敎派的宗敎敎學是在經理的支配之下，但公認的講義綱要可以敎授那些父母所同意的學生。在縣立、監督的、或特別同意的學校中，因爲其宗敎的立場，如果沒有此類敎師是不合格的。這所有意味着在英國的學校中，宗敎的成份依然強固，因此，似乎是隨後許多年爭論的問題。

這法案一般的條款，包括如下的原則：小學與中學敎育，應分校辦理；對中等敎育學生的選擇，並非根據像以前於十一歲時經過特殊情形的考試，而是根據學生之全部紀錄與前途；敎育盡可能依據家長如許的願望而供應，包括膳宿學校的準備；在分校或分班中，對於任何身心殘障者，設置特別的供應；免費醫藥的檢驗與治療；對於需要牛乳、膳食、衣著者，免費供給；在校舍、球場、日間中心（Day Center）、遊戲場、及浴池中，對於娛樂的、社會的與體育的訓練，增加各種設備；如地方敎育當局認爲有害於學生健康或敎育機會者，禁止童工或其任何僱用。當第二次世界大戰完結，這是瞭然的，由於特殊的漸進主義與妥協的方法，英國於最後實現全國敎育一種更眞正統一的與民主的方式，造成大進步。然而一九四四年，英國兒童受中等敎育的機會者僅有十分之一，受高等敎育者更爲稀少，這方面應漸增地開放更大機會，俾較多兒童更向敎育的階梯上進。

二、法蘭西

第三共和 在第三共和之下，法蘭西維持其集權制及反對在公立學校宗教的教學之立場。一九〇一年聯合法案，盡力於國家控制那些宗教的傳道會，此等會是仍准許在公立或私立學校中教學，迨一九〇五年後，分離法案規定，十年內所有小學教師應爲俗人，而所有宗教的傳道會則受限制。教會對於宗教的教學，其鼓動並未停止，但社會主義的與共和的力量，打破所有此類的冀圖。私立學校，大多是宗教的機構，繼續存在，收容法蘭西兒童也許佔三分之一，但它們要經教育部批准而不能由宗教的傳道會主理。

同時，法蘭西教育制度依然爲二元的與有階級意識的。初等教育幾乎仍爲低下階級唯一的準備，中等教育則保留供給於上等階級。散見的冀圖，曾發起使中等學校藉獎學金以便低下階級兒童的肄業，但未實現有多少進步。高等小學之實用教育及高等小學外之技術的與工藝的學校，逐漸給予更多的注意，但中等學校實際上依然避免受下層階級汚染其聲譽。

跟着第一次世界大戰，由某些集團所發起，特別是由退伍軍人，相當振奮的力爭全體一元的學校制度，好像統一學校一樣。根據這種制度，免費教育應有效的供應於全體兒童，盡可能遠溯教育的階梯而上，包括大學的院系。這些鼓動，力求較優的工藝與技術的教授、較多的補習學校、與給予女子以更佳的機會。無論如何，學校制度之傳統的保守，由於被中等教育之貴族觀念所支配，祇得到無足輕重的進展。一九三三年，國立中學的學費開始免收，由最低年級開始，然後每年增加一級，直至六個年級完全豁免爲止。這種推行以迄於第二次世界大戰的開端。

維琪的法蘭西　一九四〇年法蘭西淪陷後，貝當元帥完全取得政治控制在其掌握中，開始在學校中恢復宗教的成份。這嘗試採取兩種方式：在國立學校中努力重建宗教的教學，及在他們自己宗教的學校中復興教會傳道會，由國家給予公費。在第三共和之下，公立學校中宗教的教學，並未准許，但每星期的半個假日，如果其家長願意的話，准許在校外接受宗教的教學。一九四一年初，一個法令之下，擬在學校內或附近，於星期二晨間，授予宗教的教學，及包括在學習的正常學科中一小時半的宗教教學。當然，這是遭遇教師們的激烈反對，因爲他們曾在世俗的情況中受過訓練，並且，地方上的教師與地方上的教士之間，引起激烈的爭論。一九四一年末，這一法令遂被解除，但由於復提出這問題時，造成了許多損失。

一九四二年，追溯於一九〇一年與一九〇五年宗教教學的禁令，復被解除。它們由國家授予法定地位與特權；國家的公款，配給於教會的學校。德國當局，認爲法國內部不和可用此種方法激勵，乃促使國家撥款於獨立的教會學校，由是獲得更多的權力。一九四一年，學生註册者有一百二十萬。在這方面，宗教的爭論再起，變爲法國最嚴重的內部困難之一。學級界限的加強，亦爲一種區分的技術。如果沒有通過一種特別考試，由初等轉入中等教育是不准許的，而且中學的學費恢復征收，使轉學仍然感到更多的困難。

第四共和　一九四四年臨時政府的成立，注意點是再趨向於敎育制度的改革。這是很明顯的，社會主義的、共產黨的、與共和黨的政黨，是再支配法國的政治，這似乎公立學校復歸於他們之世俗的政策，而公衆對於敎會學校的支持，將被撤消了。由諮詢議會（Consultative Assembly）所委派的敎育改革委員會，起草計劃，重整法國敎育，幾乎大多效法美國，對法國全體青年，給予接受中等及高等敎育更大的機會。照所定計劃，強迫敎育將由十三歲提高至十五歲，強迫半時間的、對於有工職者提高至十八歲。技術的與中等的學校的數量，大爲增加，特別對於科學的、技術的、與職業的方面爲然。並且計劃將高度集權制的權力貶抑，而對於地方敎育的主動則具較多彈性的。因此，當第二次世界大戰後法國的社會改革運動，獲得這樣進步，在法國敎育上表明更民主的，較多世俗的控制，及減少集權的權力主義。當然，第四共和之成功與穩定，大部份將決定於這些新運動的成功。

三、德意志

帝國　直至第一次世界大戰，德意志敎育，在結構上依然爲強有力二元的，但行政上是集權的。雙軌制是被保持，兒童六歲分別入學，低下階級的兒童入國民學校（Volksschule），上等階級的兒童入第一預備學校（Vorschule），即於九歲時進入一種中等學校以前，三年準備的敎育。敎育繼續由六歲強迫至十四歲，男女分校，極力保持。敎育受宗敎的繼續控制，是令人討厭之事。社會主義的與自由主義的集團，反對曾經謀劃敎派的公立學校之處理，欲使敎會之從公共敎育完全分離，從未成功。無論如何，尙有些進展。除了教派的公立學校之外，有些各教派間設立的學校，在那裏，學生依循其特殊的教條，分別的接受其宗教教師的教學，又有世俗學校的設立，那裏並沒有教派的宗教教學。上等階級與保守的官吏集團，重申維持着學校應竭全力以反抗社會主義。工業的集團是奮力的以擴展各級科學的、技術的、工藝的、與職業的教育。一般而言，對國家效忠的反覆叮嚀，與從黨徒淘汰進行以選拔領袖，仍爲德國教育之顯著目的與特色。

共和　第一次世界大戰後，魏瑪共和擬廢棄德國學校之貴族的與集權的性質。於冀圖民主化的學校，建立一個統一的，對全體兒童由六歲至九歲四年基本的課程，叫做基礎學校（Grundschule）。這種整理的理想，是供應全體兒童以一種普通教育的背景，及延長小學與中學之分離時期直至十歲爲止。這亦謀劃給予低下階級的兒童以更多機會，用奬學金與免費的辦法，使其轉入幾間中等學校。

小學之第二個四年，稱爲國民學校的高級部（Oberstufe），對於工藝的、技術的、與補習學校之準備的方法，遂被加強，並更注意於中間學校（Mittelschule），這是培養低級商業的、文員的、與公務員的職位。除了這三種主要的類型較早的設立外，中等學校的新類型出現了。這新類型是革新文實中學（Reform Realgymnasium,比文實中學仍更現代的）、德意志中學（Deutsche Oberschule,著重文化上民族主義的與德國的觀點）、及建立中學（Aufbauschule, 特殊的設在小市鎭與鄉村裏，那裏並無其他類型之中等學校存在。）略爲相等但分離的女子中等學校，同時也設立了。

在這些方面，魏瑪共和對德國兒童大衆，冀圖給予較有伸縮性的機會及增加他們上進的機會。教育的管理，授給構成共和的各聯邦以更多的權力，乃爲了這制度應該採用於地方上需要。各邦中的教會，在公立學校中亦維持有力的地位。例如，羅馬天主教會之擁護共和，因爲普魯士與帝國雖贊成新教主義，然而在共和之下，即使在新教的堡壘地區，這教會仍能維持教派的公立學校。由於公共教派的制度之結果，略爲需要許多私立學校與極小比率的德國兒童進私立學校（一九三〇年中期，約有百分之三或四）。沿着所提議法國統一學校（Ecole Unique）的路線，對於統一學校制度（Einheit-schule），曾鼓動一時，但傳統性是過強，而共和的生命亦太短。

國家社會主義　當納粹於一九三三年掌握政權，當然，其第一目的是取得對德國教育制度之完全控制，以適應他們自己的宗旨。這意味着毀滅各聯邦在教育上以及在其他政治事務的權力，而建立一個比帝國時期所夢想的更完全集權的教育制度。這亦意味着，納粹從所能想到的各方面着手，以打破教會對學校的控制。除本黨外，他們不容對立及效忠於其他。在表面上，納粹亦攻擊這兩級，教育之貴族的制度及轉而注意於犧牲中等學校以加強小學，因此中等學校學生註册相當的減少。但實際上，其目的是志在利用民衆學校，對所有兒童灌輸納粹信徒的意識，然後選擇新貴族，或者精英，並不是根據其經濟階級或智識的成就，而在對黨的忠誠。

不祇改變學校課程的內容以配合納粹的宗旨，而且所有各種班外活動，比諸班級教學扮演更大的角色。此等學校之外的活動吸引許多青年，不祇包含有種種特權，而且亦因爲他們對於大多數德國學校高度的形式，書獃子的，與過份智識化性質之自然的反抗。納粹或比任何其他國家爲着政治的目的更進而把學校完全控制；他們顯示於世，一種權力教育能夠達成政治的與社會的目的，不管因爲有害的及破壞性的結果。當一九四五年，聯合國佔領當局開始在德國進行工作時，立卽注意在德國創立一種眞正自由的與民主的敎育之程序，一種龐大部份的作業，因爲納粹會這樣徹底的做過他們的工作，及因爲在德國的傳統中比較上有這樣些微的期待。

四、俄羅斯

沙皇時代的俄羅斯（Czarist Russia）　俄羅斯的沙皇對於人民大衆的敎育，做得很少，這是因爲上層階級，包括希臘正敎的敎會，認爲如果受太多敎育，卽使僅有閱讀寫作的能力，也許對於政權有危險。因此，與傳統的模型一致，俄羅斯敎育是根據較早世紀之高貴地貴族的型式，幾乎唯一的指定中產與上等階級，始有享受敎育的機會，實際上仍像在封建時代的一樣。一九〇五年的革命，促使以刺激沙皇政府的行動，十年之間，俄羅斯各級學校及大學，各類年齡的學生約有七八百萬，雖然在人口中約有百分之六十，仍爲文盲。當一九一七年共產黨革命發生時，革命份子是面對世界上任何大國之最忽視與極貧乏的敎育制度。

蘇維埃俄羅斯　當共產黨掌握政權，宣佈使俄羅斯的教育世俗化、社會化、及集權化。他們沒收敎會學校的資產，廢止私立學校，開始設立一種普及的與免費的敎育制度，完全在國家控制之下。在這時期之中，一種統一制度出現，包括育嬰堂與托兒所，收容三歲以下的兒童（許多設在工廠），全日幼稚園，收容由三歲至八歲的兒童，四年制小學（八歲至十二歲），三年制初級中學（十二歲至十五歲），三年制高級中學（十五歲至十七歲）。在中學之上，是技術的、科學的、農業的、與大學的各院系；與中學相平行者，設立特別工人的院校，尤其對於在工廠享受權益較少的城市階級及對於在集體農場的農民，補充其智識。除此之外，有相當數量的學校及推廣班，爲工業的、農業的、商業的、及專門的部門之成年教育。特別注意者，是指定各級以掃除文盲及推廣技術的、文化的、與政治的教育。

各學校面臨對宣傳共產黨意識之需要，完全負擔此種任務。舊式貴族的與淘汰的方法，因爲特權階級的兒童入高等學校的機會被否定，而優先權則給與工人階級，變成本末倒置。在大多數學校中，男女同學成爲慣例，沒有種族或國籍之分。雖然以共產黨意識爲核心，支配着集權化的控制，但自治共和國以其土語設立學校，仍容許相當自由。自然增加於任何集團無論何種特別的特權，帶有對黨及紅軍新貴的特權之性質，用嚴格的方法，在特種學校裏來實施這種特權的訓練。

由於所有這些改變的結果，俄羅斯入學的人數驟增，一九二九年約有一千五百萬人，一九三六年三千五百萬人，一九三九年多至四千七百萬人。在不足二十年間，教育設備之大量擴充，沒有其他任何國家可以相比的。在這二十世紀，俄羅斯比任何其他大國更進步，而且進步得迅速。好像納粹一樣，共產黨顯示當全心傾向於思想與忠實的培養，適合於嚴密組織與密切結合黨之手中的指導政策，算是有效的教育，蓋黨才認識進行的方向及有權力在這方面以構成所有教育的機構。

五、教學職業的任務

英格蘭 英國教師的訓練，通常遵照兩級制的原則。小學教師經過小學教育直至十七歲，跟隨資深的教師充當學徒二年至五年，然後授以教學的資格。特別的師資訓練機構，大部份在私立及教會控制之下，是逐漸設立以培養小學教師。中學教師是由中學畢業生來補充；有些簡單的在教學中獲得經驗，其他則進入大學在循例的教材各部門進修。中學教師通常是不預定修習「教育」。知道教什麼就夠了；知道怎樣來教，對於一個在教材上有優良基礎者，是認爲多餘的。

這種制度，在小學與中學之間確立內生的一種頗高的地位。全國教育董事會控制公立小學師資學院，遠溯至一九二〇年之初，已規定修習的學科。自一九三〇年之初以來，這些規定經已鬆弛，許多地方的創制亦受容許，該董事會祇說教師應該能勝任的。

最近多年來，對於師資訓練制度的改革，曾有相當的爭論。這似乎在一九四四年教育法案之下，舊式師資學院對大學的二元制，將爲之瓦解，而從人口中所有階級將供應各種學校之補充教師，有更大的機會。不論任何變更的發生，它們似乎是在放寬師資教育觀念之方向中，因此小學教師可以求得一種新教育的問題、方法、與哲學更廣泛的觀念。就任何情形而論，倘若新法案之更民主的目的是要達成的話，對師資訓練的準備將需要極大的擴展與薪俸的提高。

法蘭西　在第三共和之下，師資訓練之班級的差別，比英國更爲嚴格。小學教師略從如下的方法中訓練：修完小學後，未來的教師在一特別的準備學程修習兩年，然後進入初級師範學校，授給三年學程；畢業後準備返回小學充當教師，時年十八歲。法國每一行政區，設有此種初級師範學校一所。這幾乎小學教師完全是由內部生發的。

另一方面，中學教師是市立中學或國立中學的畢業生，年齡十八歲，進入與各大學設備有關之師資訓練機構，肄業兩三年，對教材各部門通過許多次困難而嚴格的國家考試，然後返回在中學任教。因此他們曾受人文主義的、博愛的、與古典文學的嚴格訓練，此用以維持法國中等學校之傳統的與保守的性質。這些高等師範學校之最有影響的是巴黎大學之高等師範學校。

在維琪政府之下，師資訓練機構展開掃除小學教師中之自由主義的與急進的運動。一九四一年法令，廢止特別的初級師範學校，命令未來的教師依照正常的高等小學的學科。這無疑是對曾在這些訓練學校教授自由主義的與世俗的學說以打擊。反猶太法令亦使許多猶太教師在學校與大學繼續教學，甚感困難，雖然當通敵者的熱心開始降低時有些人暗中復業。

當維琪教育部長公開變爲法西斯份子時，教師的團體盡其有力的抗議，許多教師遂紛紛參加地下的反抗運動。在第四共和新計劃之下，那些欲再確立師資訓練雙軌制者與那些希望放寬與擴展機會在大學爲培養中小學教師者之間，無疑鬥爭將再出現。或許法國與美國之間，學生與教育家的交換，將受激勵的。

德意志　在共和以前，德國師資訓練，反映慣見的雙軌制。未來的小學教師要受八年小學教育，然後進入三年特別的預備學校，復入三年的師範學校，這著重於小學的學科教學之例行訓練。公立小學既提供教派的宗教教學，邦立師範學校亦是教派的。一九一二年，在普魯士二百零一所邦立師範學校中，一百二十六所是新教的，七十一所是天主教的，其非教派性質者，祇有四所而已。對於小學教學之願受檢定者並不注意中等學校。

同樣地，未來的中學教師要修完九年制中學（大部份常爲文科中學），然後進入一所大學，修習教材部門凡四年，直至能通過一主系與輔系的學科之理解力考試爲止。通常他們對於教育的方法或準備教學等，很少訓練。學識與智識的能力，對於中學教師被認爲要有充分的合格。經過一兩年試用教學復通過教育職業考試，候補生才準備領得證書作爲正式的教師。

當共和時期，盡力打破二元制，而在小學與中學之間建立更多的溝通；分別的初級師範學校在大部份各邦中已被廢止。未來的小學教師是預定進入普通四年制基礎學校，然後歷九年制中學，最後受兩年或三年大學分科或學院，或大學等級之分設的師資學院的教育，那裏課程著重心理學及教學法。這因此希望小學教師訓練的水準要提高至中學教師訓練的一樣。

迨納粹的來臨，師資訓練的制度歸全部納粹教育中進行。學生皆編入褐色襯衣隊，對於教學主要的資格，爾後變爲對黨的忠實與突擊隊（Storm Troops）的隊員。根據黨的路線，未來的教師在信仰上與行爲上要完全正確，任職期之長短，完全要依靠於此種身份之維持。當然，共和時期遺下所有敎師，曾被注意檢查其政治上信仰，危險份子則被剔除。所有敎師的組織，皆由國家社會主義敎師聯合會取而代之，指定以納粹學說改造敎師，否則將其逐出學校。

由於聯合國佔領當局期望德國敎育的重建，訪聘有適當民主思想的敎師，是壓倒性問題。這種可能是在納粹以前的敎師能保存為戰後德國之用者，由小學的比由中學及大學的佔較大部份。由勞工及下等—中產階級而來者所表現，更大部份的小學敎師是似乎有自由主義的、反納粹的、或社會民主主義的展望，由是一種民主敎育的制度，可能建立。並有這種可能，德國以及其他受過戰禍的歐洲各國，不見得贊成由美國或由其他民主國家輸送大批敎師，以協助重建它們的學校。

俄羅斯　當共產黨在俄羅斯掌握政權，他們曾利用在學校原有最大部份之敎師掌敎，以迄於能夠訓練忠於他們的革命理想之新敎師為止。因此，在開始時，他們並不給予敎師太多的權力，但志在藉由黨控制的青年運動，直接把握兒童與青年。一旦青年被說服，他們對於不願接納新意識的敎師，反而施以壓迫及批評。學生控制訓練、行政的策略、及關於敎師的「報告」，為迫使敎師就範之有力的武器。

一旦師資訓練學院是被改組或創立，新一代的敎師露現，即可開始供應學校的人員。一九三〇年以前或在這時，有充分的新敎師業已培養出來，舊敎師亦使改變信仰，這樣，他們在學校就能夠授給更多的權力與特權。一九四〇年的嚴密法令，使兒童毫無疑問要服從敎師的命令。青年組織是使負擔義務，以幫助敎師維持秩序與紀律，及奉行他們的命令，而不許干涉或批評敎師的敎學。政治的正確無誤是認爲蘇維埃教師至高的資格。

六、教育上不屬學校的機構

在二十世紀，這變爲比無論何時更明確的，對於兒童與青年有組織的學校之外的教育作用，能產生很大的影響。廣播、電影、新聞紙、定期刊物、書籍、及任何傳達的迅捷方法，對於公衆討論的提倡及公共意見的塑造，是更容易的。例如，在英國，成年教育的大躍進，乃藉此類作用，像工藝工會、政黨、教會團體、公司、大學推廣課程，最重要者爲工人教育聯合會，這會在全國設有許多分會，供應演講者及討論團體的領袖，對於各種公共問題，分發大量印刷品與照片。當第二次世界大戰時，軍部現行事務局（Army Bureau of Current Affairs）主持英國官兵中重要問題討論之有效的計劃，及同樣地執行本土前線之民防計劃。青年服務處（Youth Service）亦推行衞生、娛樂、及在俱樂部與青年中心之餘閒活動的計劃。無論如何，西方的民主各國，對於組織大規模的校外青年活動，比諸德國、意大利、及俄羅斯，落後了許多。

約在二十世紀之初，納粹之前的德國，在費施爾（Karl Fisher）領導下一種青年運動，在十五至十八歲的男女青年中，極爲盛行。這是反對當時漸增的工業的、城市的、與物質文明的一種反動，而代表自由的一種浪漫精神之復活，及反對智識化教育約束的反叛。踏進這國家裏，在農村與鄉村區域之習俗與生活中，啓發一種復歸自然的感覺與興趣。第一次世界大戰，改變這種浪漫的精神而成爲一種侵略的與從迷夢中醒悟的；這些青年，表明其爲納粹最好的工具，納粹立卽認識組織的價值，作爲把握年輕一代的忠心及利用他們作爲基幹的工具，以對抗舊集團之反納粹的情緒或漠不關心。

一種組織是加強，普通叫做希特勒青年團，包括所有由十歲至十八歲的兒童。有一種預備的組織，包括由十歲至十四歲的兒童，側重「特性」的發展與體格的訓練。由十四歲至十八歲青年的組織，特別稱之爲希特勒青年團，是指定以供應使熱心於成員各種活動，陶鑄他們成爲優秀的納粹。遠足、徒步、露營、各種費力的體格運動，與歌唱晚會、講故事、行軍、及廣播遊藝，構成其校外活動的大部份。首先，所謂「地勢運動」（Terrain Sports）雖稱不是軍事訓練，但在一九三九年以前，公開宣佈手槍與步槍練習，而側重於假想戰場的進攻與防禦。開始以志願做起點，至一九三九年，希特勒青年團是強迫由十歲至十八歲所有男女青年要一律參加。

德國的青年領袖席拉克（Baldur Von Schirach，一九〇七—）保持國家書記的職位，他有一句名言說：「德意志青年屬於領袖（Fuehrer）」。堅定的著重是煽動責任、服從、德意志光榮、特性、精神、鼓勵、風紀、與領導，皆引起爲着祖國與領袖而犧牲的宏願。爲訓練使在納粹黨中成爲精英的特別隊，是被組織及給予對領導能力作最嚴格的與兇暴的鍛鍊。曾一度有七百萬以上青年屬於希特勒青年團，超過德意志青年之大多數。民主各國不曾了解德國青年採取此種「信仰的聲明」多麼嚴重，像一九三七年勞工陣線的首領雷伊（Robert Ley）在柏林對一萬五千青年發表演講：

我們在這大地上唯一的信仰希特勒。我們深信國家社會主義是我們人民唯一的信仰與拯救。我們深信天上有一天主，創造我們，引導我們，及公開地降福於我們。我們深信天主賜遣希特勒於我們，因此德意志可承受對其生存的根基歷千萬年長在，希特勒，勝利萬歲！

除了希特勒青年團運動之軍事的與意識的鍛鍊，掩蔽了在學校之正常訓練之外，納粹加強為服務及愛護國土的理想，以及派遣十四五歲男女青年作一年的組織，直接在農場工作，這階段叫做「土地年」（Land Year），以增進健康及體力。晝間，他們參加田野工作，作體格的訓練；傍晚，接受在納粹意識中民族主義的及政治的薰陶。同樣地，所有十八歲的男青年，即在強迫軍事服役之前兩年，規定要勞動服務半年。

因此，這黨創立全體青年校外教育之全部構造，指定以培養一種強有力的與訓練有素的青年，俾追隨着參與突擊隊、精銳衞隊、及黨的本身。完全控制廣播、新聞紙、書籍、藝術、戲劇的娛樂，與所有交通及宣傳的方法，給予黨以極大的權力。由表演自我犧牲、服從、及對運動服務之英雄的理想，而投青年之所好，這是極端巧妙的。用這些方法，他們便產生有力的與狂熱的忠心，每為民主國家所低估的。

意大利的法西斯與蘇維埃俄羅斯，其發展青年組織的技術，是略與德國的相同。在俄羅斯，十月團（Octobrists，八歲至十二歲）、先鋒隊（十歲至十六歲）、與共產黨青年團（十四歲至二十三歲），提高共產黨的意識及準備進入共產黨的門徑，滿足相類的宗旨。蘇維埃聯邦是極端擅長替成年人及青年集團發展其文化的、戲劇的、及藝術的計劃，這不僅固結政治的意識，並且在一般人民中，亦提高智力與見識的水準。

第二節　教育的目的、課程與方法

一、小學教育

英格蘭　英國小學主要特色之一，是在課程上以及在制度上與維持上常變化多端。在課程構造上，本地的創制與自主，於二十世紀繼續顯而易見的。英國人並且傾向於相信：家族與家庭是基本的機構，而學校不過是給予家庭所未授之訓練的輔助機構。甚至教育法規亦慣常的發出曉諭，使家長明白他們的兒童受教育不在著重於入學。這意味着性質與道德的訓練處在一高等地位，如是則教材的精通是稍爲次要的。此外，教材本身，像一九二一年教育法令所顯示，是頗爲精細的設想，那簡言之，父母必需命其兒童由五歲至十四歲接受讀、寫、算的基本教導。

這些是在各小學中實際上所認定唯一的學科。除此之外，每間學校能夠自由擴張，如果認爲適合於教學的此類學科，像地理、歷史、自然科、圖畫、音樂、體育與衞生、及手工藝與家庭藝術。這些學科授課時間的總數有差別的；全國沒有規定教科書，沒有章程訂立關於其應包含之內容。宗教教學在大部份小學中依然扮演一大角色。普通實施是舉行特別安置的考試，以決定那個十一歲的兒童應該進入中等學校，及那個應繼續在小學的高級以接受初級學科中附加的訓練。無論如何，小學教育範圍與觀念的放寬，在一九四四年教育法令中，是强調那裏規定教育應該適合於兒童與社區之道德的、智力的、與體格的需要。

法蘭西 法蘭西小學，民族主義的要素常為教學方法與課程之直接的與有力的部份。連同民族主義，教材之徹底精通的理想，扮演一大角色；因此，許多强調是增進於基本的技術、事實、與有系統智識的獲得。教科書之種類與內容，是由教育部之嚴格規定；所有十一歲的兒童，復在高等小學畢業時，要經過國家考試—口試與筆試。除道德與公民教學之外，課程通常包括讀寫算、法國歷史地理、自然科、圖畫、唱歌、手工藝與家庭藝術、體育與軍事訓練。教學之最普通方法，包括由教師之直接解釋、問答、口述筆記、及記憶與朗誦所抄寫的資料。

當被納粹佔領時，極力採用對德親善的教科書，而掃除那些涉及在第一次世界大戰時德國的戰爭罪惡及兇暴或其他反德的思想。在第四共和的臨時政府之下，仿效美國，製訂計劃，以革新小學的教學。有一種實驗的計劃，十一歲兒童二百班約五千人，於一九四五年秋季開始施教，側重於使具個性及活動計劃，倘若核准，這在小學中是更廣泛的擴展。

德意志 在共和政府之下，德國的小學教師，對於教學之「進步」的方法，變為熱心的，這側重擺脫受限制之個人自由與合成一整體的教材，為對過分的控制、權力主義的、與帝國學校訴諸智力的教材之一種反動。最注重者是對於本地環境、旅行、遊戲、音樂，及藝術的學習，作為自由表現的媒介。學習之印定的學科，是用「建議」代替，對兒童極注意心理學、學生的興趣、及師生間親愛的關係，以代替普魯士軍事傳統上鞠躬與脚跟「拍答」一聲立正行禮的特徵之形式訓練。當然，此類自由與個人主義，爲許多德國人所不滿，而此類活動方法的過分，難免的產生一種甚至比在納粹之下更反動，回復於嚴格管理、服從、管訓、與教師的權威。

在納粹之下，課程的內容，是純粹的採集國家的過去、現在、與照納粹所想像的將來而構成。對歷史極注意，幾乎獨有的對於歷史上德國方面，崇拜古代與神話中英雄及用兵的武功。新教科書的書目是鮮明的，例如，古代的煙雲（In the Mists of Antiquity）、北歐的英雄（Nordic Heroes）、日耳曼的戰爭（German Battles）、犧牲與領導中日耳曼的偉大（German Greatness in Sacrifice and Leadership）等。國家現在的光榮是被反映於減少對外國語的注重。這是極端注重德意志語言、文學、文化、藝術、與音樂，當然，日耳曼釋作「印歐語族之人」（Aryan）及非猶太的，而意味猶太人對所有這些部門的廣大貢獻，要予以消滅了。地理是用來讚美德國，及授給兒童對全國更加的忠心。

民族的將來，對於生物學、人種改良學、及「血統純粹的科學」之研究，發生濃厚的興趣。這裏的興趣，是在健康、印歐語族之人中「正確」的結婚、及爲國家而生育子女。德國將來任務之經濟的與政治的研究，注重於必需收復喪失的殖民地、將全世界日耳曼的血統團結爲一大祖國、及造成德國自給自足，以迄於能支配世界經濟的與政治的安排爲止。在聯合國佔領之下，百廢俱興，像在德國學校中客觀的智識或民主的教學，意欲編撰新教科書的一種極大任務，這些教科書，要有民主的眼界，而且像納粹的那樣神秘而具有吸引力的、興趣的、與生動的。

俄羅斯　在俄羅斯，於其最初冀圖改革小學時，共產黨採取他們所認爲進步的方法，在那裏，各種活動、設計的方法、學生自由、與政治意識，是被採用，爲對青年的一代，灌輸新政治的理想並「改造」教師。個別的年級及競爭，指爲保存資本主義的意識，是被廢止的；而對於集體合作的工作中表演能力，是作爲理想的頌揚。無論如何，在第一次五年計劃之後，共產黨覺得充分保證復行更多傳統的方法，傳給有組織的與合乎邏輯的智識於人民，是作爲在短期內建立一高度工業化國家的手段。昆斯（George S. Counts，一八八九——）教授對俄羅斯教育之新態度，曾作精確的敍述：

教育制度的策略，是逐漸地致力於「智識的精通」。鑒於一九二九年蘇維埃教師通常說過的，他們的主要工作是協助以達成第一次五年計劃的目標，在一九三八年以前，他們承認，謂他們的主要責任是協助青年於此類一種莊重之事，像精熟俄羅斯語言、數學、科學、技術、地理、與歷史。學科的教學是重振的，「固定的」或概括地規定教科書是謹慎的準備，學習上精密地有組織之順序是在每一部門確立，實行嚴格的考試與學校記分數，一般來說，一個有系統的課程，在其嚴格、苛刻、與普及上，與法國所發展的相似。

低年級的政治教育已被取消，教師的絕對權威與綱紀，並再確立。學生的自己負責，對於盡責的工作、優良成績、通過考試、勤力修習、嚴格的服從教師、及個人的外表、舉止、與行爲，是注重自律的。全國的目的以建立一個共產黨國家及一個工業的社會，在教育的方法與內容上採取新方式，而且這些目的繼續遍及於學校全部的實施。初等教育是確定的國家一種政治的分支，在俄羅斯，國家的解釋就是共產黨。

二、中等教育

英格蘭 英國雖然公開支持中等學校之穩健的發展，但中等教育之步調與風格，繼續保留此類龐大的、私人經營的「公學」，像伊頓、哈羅、及魯比等。其古典文學的、宗教的、與貴族的模型，大多是可能遠至由捐贈基金的日間學校及其他私立的膳宿學校所摹仿。照英國社會的評價，公學保持崇高的地位，作爲培養政府、商業、與教會領袖人物的機構，而在同時，因其獨有的與精選的性質，逐漸地受到批評。它們的保有英國之優先公民的、政治的、及管理人的地位，是強有力的。

縱使在中等學校是應授給更多的「免費身份」與獎學金，但家長之階級差別與經濟水準，在求教者選擇中起最大的作用。小學的學生在獎學金考試中，因爲考試之大多屬古典性質，是經常落後的。品性陶冶與「溫文有禮」，在公學中比諸嚴格的智識訓練，佔更大的位置。第二次世界大戰引起對公學的新批評，甚至提議應由政府接辦。因爲眞正的公立中等教育根據一九四四年教育法令而擴展，公學的將來作用依然未明，但祇要大部份本地的自主與控制全部課程是留在校長與私立學校經理之手，縱使不多，而在影響方面，無疑將繼續佔有重要的位置。無論如何，它們在一種二元的學校制度中曾享有歷許多世代的特權，將永不再有扮演獨佔的與支配的角色之機會了。

法蘭西　歐洲各國中，法國中等學校最嚴格的堅持古典的學問而更完全的對抗包括現代科學的、歷史的、與技術的學科。法國曾深信一種貴族的與拔萃的中等學校是對於民主社會培養領袖之最好工具。人文學家聲稱，他們深知什麼是普通文化基本的成份，而一種古典的課程是產生學養人物之主要教育的方法。一九〇二年，黎阿德（Louis Liard）是與有力的引入中等學校一種平行的課程，這著重於現代語及科學，與著重希臘文拉丁文之古典課程相輔而行。兩者的學科是包括一定的數額之歷史、地理、數學、與科學，但較新的課程是從未被完全承認與較古的古典學科視爲相等的標準。

爲着對現代學科之闖入的反動，及在法國國會激烈爭論後，一九二三年貝勒德（Leon Berard, 一八七六－）頒令，在國立中學及市立中學所有學生要強迫學習拉丁文四年及希臘文兩年。無論如何，兩年後，現代語與拉丁文之間的選擇是恢復了，而在國立中學最高年級時，亦准許任由選擇哲學或數學。在中學第六年級之末，舉行國家考試，第七年級之末時再舉行一次，當授予學士學位時，方准許升入大學或技術學院。

維琪政府宣佈其意旨，對於人文學家的厭惡，沿德國青年運動的路線，「非訴諸智力」法國的中等教育。依隨「廚房、教堂、與兒童」的哲學，這提議是把手工訓練、家庭的科學、體格訓練、與其他實用的及職業的學科，引入於國立中學莊嚴的校舍之內。完全作爲改革性的，在國立中學的最後學年，廢止哲學的學科。當然，此等提議，遭遇堅決的反抗，從未完全實行。似乎更徹底的，是第四共和所提議的改革，傾向於技術的以及傳統的中等學校之一種大擴展。但究竟如何完全的把這技術的與科學的學科會准許編入傳統的中等學校之內，是留下的疑問。

對這問題之典型的歐洲式解決，曾保持傳統的中等學校之完整，而另設新型的學校以應技術的與職業的教育之要求。倘若這兩式的學校，在標準、聲望、與對各階級青年的機會是更相等的，比諸假使它們對學生、身份、與準備高深專門的與職業的工作表示卓越的與劣等的地位，將達更民主的目的。最近法國與英國的趨向似乎表明一種發展，有類於美國之梯形制度與現代中學的發展。

德意志　德意志中等學校之增多，比諸法國或英國是更向前的，尤其在魏瑪共和民主的教育改革的推動之下。法國既然實在衹有中等學校（國立中學及市立中學）同一式樣之兩種說法，作爲入大學之路，德國則規定至少六種式樣的學校引致於技術的或傳統的科目之高等教育。無論如何，直至納粹的政權，文科中學繼續爲優先之路，極似法國之國立中學及英國之公學。納粹發表裁減傳統的中等學校之堅持作入大學的準備。他們取消每星期六上課而將時間用爲希特勒青年團的活動，又裁減古典文學之重要性，並限制猶太學生的參加。其結果，德國文科中學被裁減上課時間兩年或三年，上課降低百分之二十五至三十。德國中等學校制度，與西方大多數其他各國之學校制度比較，智識與學識的地位是大量貶低的。這種地位於沿着民主的路線重建德國中是否能夠恢復，依然要待事實證明。

俄羅斯　蘇維埃政府使復活其中等學校的課程，稍反映於智識的與文化的問題一條新通路。一切事物不復完全隸屬於政治的與經濟的理論之唯物論的馬克思學說，縱然它們仍爲強有力的。最近新強調是注重於歷史、文學、古文學、與藝術，以及對於科學與技術。沒有學校比俄羅斯學校有更多歷史觀念的，俄羅斯學校授俄羅斯史三或四年，以及世界史與美國史。由於第二次世界大戰中合作之結果，引起俄羅斯學生對美國、英國、加拿大大感興趣，不管對立的經濟形勢怎樣，但有渴望以認識美英生活的證明。英文文法與文學的學習，亦成爲廣泛的興趣。

在所有這些方面，環繞於一個國家之社會主義的建立，其舊式孤立主義屈服於一種更大的國際利害關係。即使俄羅斯的文學與藝術，開始對其文學的與藝術的性質，對人類感情與個別解釋的描寫而學習，不在純然地僅視爲達成無產階級社會的工具。蘇維埃俄羅斯教育之基本的政治性質沒有減少，學校更由最近的新精神代表其特色，這新精神是提高智識的與文化的理想，以前在階級間革命鬥爭中祇有很小的地位。這兩者在蘇維埃俄羅斯是否能永久的調和，依然尚待證明。

三、高等教育

英格蘭　英國的高等教育歷被牛津劍橋兩大學所支配。傳統上，它們所著重的，研究不及教導，這教導要引致於適應英國統治階級之一種社會的、道德的、與政治的性質。縱使奬學金額與免費身份的數量，不斷的增加，但對於入學的主要機會，無疑屬於較有特權的家族。牛津或劍橋的學位與一高級政府的地位之間的密切關係，久已顯然了。

經過許多年，對於高等教育的機會略像美國州立大學的模樣，已穩定的擴展。此類機構中，著名的是倫敦大學及伯明罕（Birmingham）、布里士托（Bristol）、利玆（Leeds）、利物浦（Liverpool）、曼徹斯特（Manchester）、及雪菲爾德（Sheffield）的市立大學。倫敦大學擁有許多及分散同等的半自主的機構，包括兩間大學部學院（國王學院及大學學院），特別有關的幾間學校，像倫敦經濟學院、帝國科技學院，及幾間研究所、醫院、師資訓練學校與其他等。也許，在工黨政府之下，國家對教育的關心，將伸展至大學，對於公立高等教育造成更大量的聲譽與重要性。

法蘭西　在法國，有幾種國立機構構成對於高等教育的機會。在第二次世界大戰以前，有大學十七所，在全國每一教育行政區設有一所。各大學主要的有兩方面：大學分科，通常包括文科（在巴黎大學有文理學院）、科學、法律、醫學、與藥劑，屬於一般教學與修習；研究所，在一分科之內特別的研究或專修，或將傳統上教材部門再劃分爲特殊學問之專攻，例如工業化學、鐳、光學、心理學、統計學、人種學、語言學、藝術與考古學、及體育與其他。於正常大學分科與研究所之外，又有幾種高等學校，另開學門，作特別的教學。有些是技術的與科學的，像工藝、陸軍與海軍科學、航空學、礦冶、森林與農業、工程與工業等學校；其他的，由教育部管轄，包括高等師範學校，藝術、手藝、音樂等學校，及技術學校等。

大學分科、研究所、及高等學校，凡欲入學者除了合格的考試之外，通常規定要有某種中等學校文憑或學士學位。他們修習兩年或三年後，領得各種執照；博士學位，通常規定繼續另兩年或三年修習。「學友學位」（Agrégation），是根據選擇中等學校教師或高等分科的教師而通過競爭考試所頒發的。

除了授給學位的機構之外，有幾種公立高深研究機構，其講授的學程與設備，是公開與免費的，但不需考試或授給學位。其中著名的是法蘭西學院（College de France）、國立自然史博物院、及國立藝術與手藝學校（National Academy of Arts and Crafts）。最後，有私立的和教會的高等教育機構，在許多學門中供給一種廣大範圍的學習，但一般來說，關於承認與支持，每被公立機構所掩蔽。

高等教育機構雖然有這種種的不同，對於領得學位與通過國家考試的機會，通常限於來自中等學校相當限制嚴格的學生。倘若第四共和遵循其初時的意旨，以增廣中等教育的範圍，及使其對於大多數人更完全可用的，則大學改革也許將依照相同的方向。

德意志　直至一九三〇年，美國大部份教育家視德國的大學作爲供應教學與研究之最高水準，因此認爲是世界最優良的大學。柏林、慕尼黑、海德堡（Heidelberg）、哥丁根、哈勒、耶拿（Jena）、弗來堡（Freiburg）、漢堡、波昂（Bonn）、科倫（Cologne）、法蘭克福（Frankfurt）、布雷斯留（Breslau）、及康迪斯堡（Konigsberg），連同其他的十餘間，聲譽之隆，是令人非常仰慕。教授與學生之學習與教學的自由，哲學（藝術與科學）、醫學、法律、與神學分科的自主，研究的能力，及科學與智識的客觀性，受崇高的尊重。此外，在大學之外有許多科技的機構，常常認爲對於高深的研究與教學有相等的地位。

當納粹掌握政權，制定計劃，把大學變爲他們自己之用，於是對師生主要的規定卽要對黨忠實，掃除「墮落的」自由觀念，這觀念認爲科學與智識應該客觀的。智識與科學在展望上不復爲非國家的或國際的，但應該隸屬於納粹的意識。一九三六年，敎育部長魯斯特（Bernhard Rust，一八八三—）宣佈：

> 科學並非一種自由的與獨立的構造，既非順應空間亦非順應時間，祇爲國家精神之一種特別的造詣。青年科學家之政治的責任與其科學的責任，首次已合而爲一。領袖呼喚他們。他們將動手以從事那呈現於德國科學的工作。

敎授們之不適應於種族、宗敎、或政治之納粹思想者是被嚴厲的攻擊，許多不能調整其立場者，則被開除或清算。對許多學院發出奇異的新課程，像民俗與種族、納粹哲學與種族理論、國家社會黨哲學的基礎、及古代德國宗敎的性質等科目。一九三二與一九三五年間，學生註册者實際上降低百分之五十。一九三六年，納粹舉行慶祝海德堡大學創立五百五十週年紀念，世界上各大規模的大學均被邀派遣代表參加。許多大學接納並派出代表，其他以保留態度接納，又其他由伯明罕、劍橋、及牛津領導則予以拒絕。一九三七年，哥丁根大學兩百週年紀念，以納粹制服的全副甲冑，進軍、歡呼、演講，及奇觀的表演來慶祝。三十所外國大學均派有代表參加。

顯然的，許多敎育家是被德國各大學由納粹控制的景象所混惑。有些全部指責納粹破壞自由的與客觀的研究及敎學之理想。其他，除完全指責納粹外，並堅持對於德國各大學本身應不能辭其咎。他們追憶德國大學之傳統上貴族的與非民主的性質，這使其遁隱於象牙之塔，而對於時代之政治的與社會的動向，漠不關心。

俄羅斯　當十九世紀，俄國貴族鄙視大學，農工階級又被禁止入學；因此，學生本身之最大成份，通常代表自由的、崇尚憲法的中產階級。此等學生遂常被貴族的統治階級指爲危險的革命份子，他們因時常爲自由改革而爭論及因支持一九〇五年的革命，證明貴族的憂懼是應該的。當第一次世界大戰時，制訂各種計劃，恢復各大學初時所獲得的些少自主，及強調探索與高級研究，而不在爲公衆服務的特別準備。這些大學，因其所爲代表中產階級的展望，反對一九一七年十月的革命，故亦受共產黨之全力攻擊。

迨蘇維埃政權成爲執政，其第一步是廢除入學規定、國家考試、與學位，而將大學開放，讓所有十六歲以上之男女入學。因爲農工青年沒有教育程度以適合於大學進修，乃設立新機構的勞工學校（Rabfacs），集中三年的學習，以準備低等階級學生的入學。當一九三二年，在勞工學校註册的學生有五十萬人，雖然他們迅速的濫進大學的校舍，引起大反對。

一九二二年，高等教育宣佈徹底改組；大學是定爲國家制度之教育的一部份，與許多其他高等學校一併設立，兩者志在各種職業中培養專家與科學的工作者，及向大衆傳佈智識。入學試被恢復，但這時優先權給與無產階級出身與背景的學生，他們全靠國家費用來維持。

現時，高等學校已變爲共產黨之政治的武器，高等學校與大學的課程，利用社會的與政治的學科，以傳布馬克思主義。體育和軍事訓練，亦爲強迫性。例如一九二〇年的低級學校，學生與青年團體委與許多責任以經營會社，作爲打破不同情蘇維埃意識之教職員的固執的手段。學生團體、報紙、會議、旅行、遊藝、及討論，扮演此等會社活動的角色。等第的競爭被廢除，而贊成平等報酬與集體負責的原則。學生着手向成年人掃除文盲，當休假及在緊急需要中爲農場與工廠工作，及協助設立集體農場與主持選舉。

一九二九年後，蘇維埃高等學府的性質再變更，極似第一次五年計劃開始時低級學校的變更一樣。此時強調是在智識精通，作爲培養專門的與特殊科學人員的方法。中立的或敵對的教授被清算，展開一大運動以無產階級的共產黨主持學生的團體。科學必須適用於社會主義成爲包含一切的目的，此種學說，很像納粹所說科學必須適用於國家社會主義的一樣。高等教育機構是與許多工廠聯絡而設立；因此，生產的中心亦變爲教育的中心。

當一九三三年開始進行第二次五年計劃時，教學的方法變爲更標準化；個別的班級、考試、與學位皆恢復，連同注重對於學生更嚴格的風紀與教授具有更大的權威。除了爲着生產工作之專門的與實用的訓練、體育、及軍事訓練之外，普通教育對於社會學科及科學是更多的提供。十二所大學最初是被指定以訓練高級工人，學習自然的與物理的科學。稱爲「文化大學」的新機構突然而起，再維護歷史、文學、音樂、與藝術修習的價值，以增廣老百姓的文化背景。第一次五年計劃所提議對於工技的成就之推動力，一旦適當地固定，蘇維埃當局覺得除專家的程度外教育應該放寬。學生們羣集於高等學府，以迄於一九三〇年之初，俄羅斯全國青年接受高等教育之機會，堪與美國匹敵了。

四、教育的世界合作

當第二次世界大戰行將結束時，許多國家發出呼聲，要求聯合國既在戰時合作，那麼在和平時應擴展至教育。越來越多人民開始認識多少戰爭皆歸咎教育制度所激起，因此等制度本身全部專供侵略國家以達其國家主義的目的。一九四四年，預備委員會在倫敦及各處會議，起草國際教育機構的計劃。一九四五年十一月，聯合國之四十四國代表在倫敦開會，通過聯合國教育科學與文化組織（UNESCO）之憲章。但蘇俄在進行中曾拒絕參加，因爲此類組織之設立要等候由聯合國組織的授權，而聯合國組織於一九四六年之初始舉行首次會議。計劃制訂，於一九四六年十一月五日在其設在巴黎的總部，舉行第一次會議。

該聯合國文教組織之主要目標是促進國際和平，藉各國教育制度以改善國際合作與諒解，減少文盲，志在使各國人民教育機會的均等，反對種族的優劣論及國家的爭執，因爲戰爭每從人民意見中所引起。唯有各處男女是受過教育以求世界和平，則和平才能達到。對於達到這些目的之主要方法，是學者學生與教育資料之擴大的交換，遭受破壞的各國之凋殘教育，協助其設備，用合作方法以推廣科學的及文化的研究，與每年關於各國進步的報告。這是明白地承認，除非羣衆傳達思想（新聞、廣播、電影及其他）的各種媒介物全部支持聯合國文教組織的目標，如單靠學校的努力，則成就依然渺小。

雖然有些人欲使聯合國文教組織有更大的權力，以控制或監督對和平有危險的教育制度，但憲章卻特別的保護各國學校的完整與獨立，反對國際機構的干涉。聯合國文教組織之成功，端賴各會員國促進世界和平之純正的意志與願望。倘若此類意志保持堅定，則聯合國文教組織無疑能增進國際的合作。倘若它獲得增進與加強世界人民對於和平的願望，這變爲歷來想出最重要經理機構之一，直至世界各國是準備將其更大部份主權授與一眞正的世界政府之時。因爲原子彈與美俄不穩定的關係變爲戰後第一號政治的問題，越來越多人民覺得在這個方向應該採取緊急的步驟。

在教育上需要世界合作漸增的意識之另一表示，是教學職業的世界組織（World Organization of the Teaching Profession）之組設，於一九四六年八月，三十國代表在紐約州的恩狄高特（Endicott）會議中成立。其主要目的是保證世界職業的教師組織中更大的聯合，以擴展對全體而無歧視之完全的與免費的教育，以改善教師的地位，以忠告聯合國的經理機構，及以提倡體育的、社會的、與智識的合作條件，蓋世界必須藉此合作，才可臻於和平與安全。

第十章　二十世紀的美國

第一節　人們所賴的機構

二十世紀前半期，美國機構與思想之廣大的場面，事情以非常增大的速度而變動。雖然在若干年份略有「常態」的呈現，但在美國生活中發生各種變化，這是基本上影響教育之性質與計劃。

一、國內政治的趨勢

美國政治發展最令人感動的特色，不管由保守的與頑固的勢力之反對，但在政治的改革與社會的立法指定以促進人民一般福利的方向，是獲得進步。雖然此進步也許不適合於若干極端的份子，但一九四〇年政治生活的性質已比一九〇〇年顯示極大的改變了。一九〇〇年曾有大聲疾呼攻擊認爲激烈的與無意義的，但至一九四〇年，對於政府負責的原則，已普遍接納了。

在馬京利（William Mckinley，一八四三—一九〇一）、狄奧多爾·羅斯福（Theodore

Roosevelt，一八五八—一九一九）、及塔虎特（William Howard Taft，一八五七—一九三〇）總統領導下的共和黨，支配二十世紀的首先十年；在威爾遜（Woodrow Wilson，一八五六—一九二四）領導下的民主黨，支配第二次十年；共和黨於一九二〇年，在哈定（Warren G. Harding，一八六五—一九二三）、柯立芝（Calvin Coolidge，一八七二—一九三三）、及胡佛（Herbert Hoover，一八七四—一九六四）之下，復掌政權；而民主黨於一九三二年在富蘭克林・羅斯福（Franklin D. Roosevelt，一八八二—一九四五）之下復執政，並由羅斯福至杜魯門（Harry S. Truman，一八八四—一九七二）維持其政權於第五次十年。此後兩黨執政，互爲更迭。傾向於更廣佈之社會的立法是無誤的，但在共和黨之下實行或較緩慢的，而在民主黨之下則較迅捷的罷。由各小政黨紀錄，當共和黨控制略爲衰退時，反對的投票曾達顚峯，而新政（New Deal）似乎反映公衆的願望，由政府更大的參與實現經濟的與社會福利的措施。

因爲商業與工業在能力上與範圍上增長，由是政府亦增加權力與管理的控制。對於聯邦政府擴大管轄權的趨勢，是二十世紀之中心政治的事實。這趨勢是否合意，曾引起熱烈的爭論。由於歐洲極權趨勢的影響，有些人斷言增大政府的管轄權是難免走上「農奴制之路」；其他則認爲美國人在社會的發明之創造力，能夠使政府，甚至大而有力的政府，仍然比其過去更爲民主的。

改革運動　當馬京利於一九〇〇年復選爲總統時，以狄奧多爾，羅斯福爲之副，先前幾年，共和黨曾保有其健全的商業成就之政迹，故布利安（William J. Bryan，一八六〇—一九二五）及民主黨的候選人名單，比在一八九六年競選更遭嚴酷的失敗。及一九〇一年馬京利被刺而由狄奧多爾・羅斯福繼任爲總統時，他在改革家當中，對於他的「公平交易」攻擊托辣斯、努力在聯邦控管之下保存國家的資源、及對於一九〇二年煤礦工人罷工權的支持，引起若干熱心。自塔虎特得狄奧多爾・羅斯福之助，於一九〇八年對抗布利安爲民主黨競選所用人民黨的（Populistic）學說，在大選中獲勝後，亦攻擊托辣斯及支持憲法上入息稅的修正。無論如何，雖然有此等政策，一九〇九年的高稅率與其他策略，在威斯康辛老參議員拉富利地（Robert M. La Follete,一八五五—一九二五）領導下，引致相當的進步派黨員，於一九一二年大選中由共和黨中組成一種叛變。

在那年，共和黨復提薦塔虎特，進步黨則提薦狄奧多爾・羅斯福，而民主黨提威爾遜，後者因支持改革的人民黨政綱之要點而獲得布利安的擁護。由於共和黨內部分裂，威爾遜遂被獲選；但有許多票投羅斯福，及幾有一百萬票投選社會黨的候選人戴布茲（Eugene V. Debs, 一八五五—一九二六），顯示對兩大政黨漸增的不滿意。威爾遜依照他的「新自由」的學說，立卽發表擴展社會的立法。另外努力以解散托辣斯，指控其對貿易的束縛，一九一四年設立聯邦貿易委員會，公認政府不要容許無限制的競爭，爲着公共的福利應該約束商業與工業。銀行之聯邦儲備制度成立，俾政府更控制通貨與信用，減低稅率，一九一六年農田貸款法案創立聯邦土地銀行，以較低的利率貸款於農民。國會通過八小時法案，在州際商業中裁減鐵路工人工作時間至八小時，給予工人若干的體恤；一九一四年克雷頓（Clayton）反托辣斯法案，由於阻止僱主利用聯邦法庭所發不分皀白的禁令以破壞罷工，及由豁免工會被檢舉作爲對同業約束的組織，給有組織的工人發揮更大的機會。威爾遜於一九一六年再被當選，但其對本國的政策，感到受第一次世界大戰的影響。

同時，當二十世紀首先二十年中，社會改革的激動，是反映於各州社會的立法之濶大的場面。許多州議會通過法律，裁減男子及婦孺勞工的時數；在工廠礦場及工業關於安全與衞生的方法，規定其實施；確定僱主對於僱工意外的負責；設立強迫性意外保險的計劃；疾病保險，及對時病之防止與控制的公共健康方法；通過房屋律例，以消除在大城市中擠滿的與住宅區之惡劣狀態；規定公用事業之價格、服務、與特權；通過法律以保護國家之森林、水利、礦山、與土地的天然資源；推廣入息及遺產稅以量力征課；通過法律供給老年恩俸及對寡婦孤兒的恩澤。所有這些計劃，便產生一種觀念，認爲民主的政府，有權及義務以防止事業之操作有危害於人民之健康與安全，而由公共管理與控制，以促進一般的福利。

除政府任務的擴展外，改良民主政治之政治上程序，大有所得，由是控制是更直接的置於人民之手中。這帶有由政黨首腦及政治上政黨會議攻擊統治的性質。由各議會選擧美國參議員的施行，是被人民團體漸增批評的目標。最初所得，當各州議會是被規定以選擧由人民所選擇的候選人時發生。最後，憲法第十七條修正案，於一九一三年批准，規定由幾州的人民對參議員之直接選擧。其他改革是被指定慣例，於是黨的候選人是由黨魁或政治的大會所選出。一九一〇年以前，南部及西部許多州規定直接初選的方法，於候選人分別的由兩黨之人所選出。

投票的方法既已改良，由使用澳洲式投票，採取預防方法以保證秘密，其後有些大城則使用投票計算機。婦女投票權之改革運動，一州州得到成功，最後直至一九二〇年憲法第十九修正案之批准，給予全國婦女之平等選舉權。當然，這些改革並未完全阻止政黨的濫用；在大城市政治的首領學得「叫人投票」的新方法，而在南方（同等的選舉）民主黨的初選用種種方法以排拒黑人。無論如何，儘管許多此類缺點，但一般來說，一九四〇年的選舉是公正了許多，比十九世紀的選擇，更爲眞正民意的代表。

共和黨的常態　跟着第一次世界大戰後的不滿與不安的波動，民主黨是退出全國的公職，共和黨的候選人哈定與柯立芝對科克西（James Cox, 一八七〇－一九五七）與富蘭克林·羅斯福而獲選。從一九二〇至一九三二年，共和黨保持政權，堅認謂在他們的領導下已回復「常態」，而人所共知之最大繁榮，是其所創造。一般來說，大商業與工業感覺更多自由以經營其事業而無政府的控制與約束。當哈定於一九二三年逝世，柯立芝繼任爲總統，一九二四年與道斯（Charles G. Dawes, 一八六五－一九五一）是被提名。但改革的精神並未消逝，另一次共和黨進步派的反叛發生，老參議員拉富利地爭取進步黨的候選人而與共和黨之柯立芝對抗，大衞斯（John W. Davis, 一八七三－一九五五）則爲民主黨的候選人。柯立芝雖獲選，但進步黨所得票數近五百萬。一九二八年，胡佛是被獲選，壓倒紐約的斯密（Alfred E. Smith, 一八七三－一九四四），後者以他的禁酒修正案（一九一九年通過）廢止的主張與屬於羅馬天主教信仰，是對其競選不利的。

當一九二〇年的繁榮之一般感覺，不利於社會立法之繼續提議，但略有所得，對柯立芝及胡佛之意願或不重視的，有時支持，有時反對。柯立芝贊成一修正案，廢止童工，但反對入息稅與遺產稅的擴張。波爾達水壩（Boulder Dam）使政府介入大規模業務（水與電力），但柯立芝與胡佛兩人否決蠔貝淺灘（Mussle Shoals）之政府業權的計劃，這是由內布拉斯加（Nebraska）的參議員諾利斯（George W. Norris, 一八六一—一九四四）所主持的。由於通過法律，在牲口、穀類、及易腐的農產品之運輸，保護農民而反對欺詐，以減輕農產品之逐漸過剩與農人降低入息，故不甚放膽的開始實行，在兩次特別事件，柯立芝否決更徹底的提案，以協助農人實現較高的價格及他們的過剩之消除。

一九二九年，胡佛贊成一農業的市場法案，藉一農業董事會（Farm Board）設計，以安定價格及降低生產，作為對農人的救濟。由一九三二年在共和黨參議員諾利斯（George W. Norris, 一八六一—一九四四）與衆議員拉瓜地亞（Fiorello H. LaGuardia, 一八八二—一九四七）的領導下反禁令法案，勞工在其集體交易的鬥爭中，是更進一步加強。當一九二九年破產發生，胡佛預料「繁榮就快來臨」，逐漸採取步驟，提出一種公共事業計劃及設立復興財務公司，以貸款於大商業與工業公司，並與房屋業主貸款公司以貸款於產業之業主，應付不景氣。然而，這不景氣變得這樣尖銳，投票人不滿於共和黨阻逆潮流的冀圖，一九三二年遂以壓倒性的大多數投選羅斯福與民主黨。

民主黨的新政　羅斯福總統執政逾十二年，打破反對第三任的傳統，而達到無匹的聲望獲選為第四任。他於一九三六年擊敗藍敦（Alfred M. Landon, 一八八七一），一九四〇年擊敗威爾基（Wendell L. Willkie, 一八九二一一九四四），一九四四年擊敗杜威（Thomas E. Dewey, 一九〇二一）。他於一九三三年三月一個黑暗的日子就職，因全國大多數的大銀行倒閉，羅斯福發出恢復信心、救濟災難、挹注於商業、與在一廣濶場面進於社會的改革。新政所採取的許多步驟，並非是新的，但施行是這樣迅捷而有力，故於一九三三年與第二次世界大戰前夕之間，發生極大變化。

對於全國銀行業、信用、與通貨結構之管理與約束，其擴展的策略是被構成，以防銀行在銀圓價值上破產與漲落，及保護銀行儲戶的款項。通過復興財務公司、房屋業主貸款公司、聯邦供給房屋當局（Federal Housing Authority）、聯邦農業信用管理局（Federal Farm Credit Administration）、及其他此類機構，以大量款項貸予各類機關與個人。進行許多種努力，以鼓勵僱傭，及由於對農產品的農業調整法案、對工業產品的全國工業復元法案、對股票與公債的證券交易委員會（Securities Exchange Commission）、及對某種公用事業之聯邦交通委員會，以調節貨品生產與價格的關係。

從事於救濟失業，其採取方式，不僅對商業借貸以資挹注，而且亦直接救助較少權益的美國人，努力以恢復人民大衆之購買力，因此造成刺激生產的方法。聯邦緊急救濟管理局（Federal Emergency Relief Administration）協助各州以應付不斷增加救濟的負擔；平民保護團（Civilian Conservation Corps）及全國青年管理局（National Youth Administration）對於青年供應職業與訓練；平民作業管理局（Civilian Works Administration）津貼許多種臨時服務工作；公共工程管理局（Public Works Administration）刺激公共建築的計劃；作業發展局（Work Progress Administration）對以數百萬計的失業者配給各種職業。一種大規模公共計劃的新觀念，是由田納西流域開發管理局（Tennessee Valley Authority）、土壤保護服務處（The Soil Conservation Service）、鄉村電化管理局（The Rural Electrification Administration）、再安置管理局（Resettlement Administration）、及全國房屋供應處（National Housing Agency）來實行。直接救濟不幸者與生活保障之一種最低限度的原則，是包括於社會生活保障的法案之內，而博施恩澤於失業的、依靠的、殘廢的、與年老的人們。

組織勞工是由原始的全國工業復原法案及由全國勞工關係法案所鼓勵，全國勞工關係法案是由紐約的參議員華格納（Robert F. Wagner，一八七七—一九五三）負責，創立全國勞工關係局以執行集體交易的原則與常例。對於未經組織的工人，工薪與工時法案規定許多公司最低限度工薪每小時四角，一週工作最高限度為四十小時。雖然許多人反對，但新政計劃的主要大綱似乎是解決嚴重不景氣年份問題之一種，獲得美國大部份人民的支持。

由於第二次世界大戰的開始，羅斯福得國會授予極大的擴展其緊急的權力，故政府的控制和約束，是幾乎推廣至美國經濟的全面。為軍事服役之人力動員，被指定由征兵局局長主持。戰時生產之人力動員被指定由戰時人力委員會負責。戰時工業的動員是成功的在戰時生產局、生產管理處、作戰動員處、作戰動員與使恢復平時狀態處等機關之手。物價管理與物品統制是由物價管理處主持。現存的設備是由政府接收；廣大的新設備是由政府或由政府資助之私家建立；工人的職業被凍結或規定轉移於對戰爭努力較重要的職業；各種租稅升至歷來新高率，而入息稅則向以前從未有受影響的數百萬人征收。

一九四五年四月，羅斯福總統突然殂逝，對德日作戰終結，杜魯門總統立卽開列其計劃，撤消戰時統制，而在同時迅速恢復平時狀態及推廣社會的立法，大部份根據新政的體制。一九四五年九月六日，杜魯門對國會致詞中，提出如下的步驟：聯邦政府支持二十六星期每星期二十五元之失業補償的計劃；最低限度工資標準每小時增加四十分；「全部僱用條例」，根據此條例，如私人企業不能對全部工人提供職業，則政府的公共事業將予以開發；設立一永久性公平職業實施委員會（ Fair Employment Practices Commission ），以防止由僱主及工會對種族的與宗教的歧視；一俟物品變爲充分豐足時，統制卽行解除；作戰權力逐漸解除與政府之行政駢枝的改組；戰時勞工局的廢止與在華盛頓勞工—經理會議的維持；美國僱傭處（ United States Employment Service ）復歸於各州；維持農產價格與收穫保險計劃；凡男子十八歲與二十五歲之間的年齡強迫服兵役兩年；聯邦陋巷肅清的綱領及每年建築一百萬新房屋的計劃；租稅逐漸降減；對於退役軍人的醫藥照料、教育、與善後，更寬大的規定；聯邦公共事業與自然資源保存的龐大計劃；對於健康保險、社會生活保障制度、與教育之推廣聯邦計劃的允諾。不管這種廣大綱領的各部份實施與預料其實行遭遇種種困難，但指明事實，聯邦政府對美國人民創造一種更良好生活的進行之中是公平的。這五十餘年的趨勢，是業已加速了。

一九四三年，由羅斯福總統委任之全國資源設計局提出其戰後計劃，以推廣社會生活保障制度、社會的服務、與全部的就業。這雖然遭遇國會保守份子的反感及其本身因受衆議院不肯撥款維持而停止存在，但由其制定「權利新法案」（New Bill of Rights）以迎合有社會意識之人民中預備的反應，他們覺得政府與私人企業應該合作以實現全民之更完滿的生活。該局的計劃包括如下各點：

㈠對工作之權，有效的與創造的完成生產的年度。

㈡對公平報酬之權，對工作、意見、節儉、與其他社會可貴的服務之交換，適當地博得生活上必需與愜意。

㈢對適當糧食、衣服、住宅、及醫療之權。

㈣對生活的保障之權，以免於老年、貧乏、依靠、疾病、失業、與意外的憂慮。

㈤對在自由企業制度中生活之權，免除強迫的勞工、不負責的私人權力、專制的政府權威、與不受約束的壟斷。

㈥對來往、發言或靜默之權，免除秘密政治警察的偵查。

㈦在法律之前平等之權，以公平的接近於根據事實的裁判。

㈧教育之權，爲工作、爲公民資格、與爲個人發展及快樂。

(九)休憩、娛樂與冒險嘗試之權，享人生快樂之機會及參加進步的文明。

美國是否能實現這種理想，端賴決意在國內完成民主的工作與在國外為國際和平而合作。否則所有此類理想將另冒一次世界大戰的危險了。

二、國際的關係

五十年間，美國變為一個世界上大強權，曾經三次大戰，進行幾次小規模軍事遠征，與由一國家主義與帝國主義的政策轉變為極注意於世界合作。每一事件，公意分歧，與強有力少數派的反對，便感受壓力。當馬京利於一九〇〇年復獲選時，共和黨人辯明美西戰爭及菲律賓與波多黎各的佔領，乃基於美國對該等島嶼貧苦人民的責任，與美國國家主義的維護。布利安及民主黨痛斥共和黨的帝國主義及其為達到此目的而使用武力，但他們在選舉投票時却受譴責了。

狄奧多爾·羅斯福總統，由於建立海軍，維持對華門戶開放，建築巴拿馬運河，及聲明原則，美國不只有權要歐洲各國退出拉丁美洲，並且如拉丁美洲各國有不能履行國際義務及其國內不能維持安定時，對其內政亦可干涉。這是擴展美國地位為世界強權所從事的外交政策。塔虎特總統繼續及擴展這政策，主張政府應保護美國人在海外的商業利益。在這種金圓外交概念之下，塔虎特派遣陸戰隊赴尼加拉瓜，與威爾遜派遣陸軍往多明尼加、海地、與墨西哥，以建立秩序與保護美國的利益。

當一九一四年第一次世界大戰爆發，威爾遜正式宣佈美國嚴守中立，大多數美國人信以為「會置身於度外」。可是，未幾，顯然的美國不能與交戰國自由貿易及預料對其船隻、貨船及人員之免除襲擊。英國設立對歐洲的封鎖線，而德國則擊沉中立國的船隻，爲着反對此種行動，威爾遜遂向兩國政府抗議。當德國宣佈無限制潛艇作戰以對付美國船隻，不能保證美國人命的安全，威爾遜經過幾次通牒後，於一九一七年四月要求國會對德宣戰。在美國雖然有大量親德的與反英的集團之反對，但卒授予威爾遜以廣泛的作戰權力。一方面，這戰爭當然是爲民主政治使世界安全及終止所有戰禍的戰爭，但在另一方面，這在事實上不過是另一種與更大的帝國主義之冒險，並非我們的勝利。以迄於休戰（十一月十一日）之時，美國在傷亡失踪者遭受逾二十五萬人的損失。

當威爾遜由和平會議回美，將國際聯盟的計劃提出於參議院時，所有潛伏反對對德之艱苦和平、關於德國戰爭罪行的議誚、反英的情緒、與逐漸反對民主黨的政策，一九一九年在參議院發生爭論。在國會中，共和黨的大多數派反對國際聯盟的激辯，是基於這將侵犯國會對於宣戰之權與牽涉美國於將來對毫無作用的外國戰爭。威爾遜爭辯，謂美國不能被迫違反其意志而進行作戰，這是我們道義上義務以借重我們力量對世界和平的維持。參議院波勒（William E. Borah，一八六五—一九四〇）與外交關係委員會主席資深參議員洛吉（Henry Cabot Lodge，一八五〇—一九二四）領導共和黨攻擊聯盟，堅持保留，以保存美國的主權。

威爾遜堅持不變的反對任何保留，乃號召民主黨人爭取核准這聯盟。一九二〇年三月，參議院相差八票通不過聯盟的核准，美國遂退出這對世界和平之正式合作。威爾遜希望一九二〇年大選中支持他以選舉科克西及羅斯福，但哈定與柯立芝被獲選，於一九二一年分別與德國、奧國、及匈牙利簽訂和約，這新行政當局，直至報紙公開的揭發甚至對聯盟的通知，亦不予答覆。非正式的觀察員派遣前往參加聯盟會議，各條約是自動的交付於聯盟，祇派遣代表參加幾次國際會議而已，哈定、柯立芝、胡佛、與羅斯福相繼提議加入世界法庭，但不獲參議院通過。大多數美國人，對於國際事務中我行我素，顯然認為滿意的。

一九三〇年以國際事情的轉壞，美國開始試在兩個方向中進行。一九三四年，約翰生法案（Johnson Act ）阻止任何新借款於不肯償付戰債的國家，與一九三五年中立決議案禁止武器與軍用品售予任何未來的交戰國。一九三六年，中立地位勢不可當的加強，侵略的國家是再受鼓勵了。無論如何，一九三七年，美國這種情勢開始轉變。羅斯福在支加哥發表其著名的「停船檢疫」演講，聲明友邦各國必須合作以反抗欲為侵略者。經過國務卿赫爾（Cordell Hull, 一八七一——一九五五）的努力，與各國簽訂互惠的條約。一九三八年，羅斯福要求對海軍更大的撥款。

迨一九三九年歐洲戰爭爆發，美國由「干涉份子」與「孤立份子」的爭論而分裂，但逐漸的大多人民開始注意禍害之兆。中立的條款是放鬆；以五十艘逾齡驅逐艦交換由英國租借西半球的海空軍基地，兵役法案（Selective Service Act ）於一九四〇年通過，租借法案於一九四一年通過。公意這樣慎重的猶豫，一九四一年，在珍珠港事件前數月，兵役法案修訂，由一次表決通過。當一九四一年十二月日本的偷襲時，大部份公開的爭辯停止了，而大多數美國人轉而從事於戰爭的工作。

事情的打擊所表現者，比所有爭論以說服美國公衆對於世界合作的需要爲多。因此，在大戰結束之前，準備繼續合作的方法，採取許多步驟。除了在莫斯科、德黑蘭、雅爾達、波茨坦（Potsdam）舉行國際會議之外，在本國亦作種種準備。在國務院與參衆兩院的外交關係委員會之間設一聯絡委員會，於一九四三年開始工作；一九四三年衆議院富布萊特決議案（Fulbright Resolution）及參議院康諾利決議案（Connolly Resolution），以及一九四四年共和民主兩黨競選的政綱，皆表示美國參加一個國際組織的意向。

關於聯合國救濟善後總署、布利頓叢林（Bretton Woods）、頓巴敦橡園、及泛美區域安全體系所經營之籌備工作，皆爲金山會議與聯合國組織憲章批准之準備。美國代表參加金山會議者，不僅包括由國務卿斯德丁紐斯（Edward R. Stetinius,一九〇〇—一九四九）及參議員康諾利（Tom Connolly,一八七七—一九六三）所率領三名民主黨人，並且由參議員范登堡（Arthur H. Vandenberg, 一八八四—一九五一）及明尼蘇達前任州長斯塔生（Harold E. Stassen,一九〇七—）率領三名共和黨人，另有四名其他的。美國代表團的顧問，包括許多政治的，工業的、勞工的，科學的，教育的，與其他有組織的團體之代表。羅斯福總統徵求廣大範圍的公意與支持，俾美國參加一國際組織的設計之進行，因此避免像從前對於國際聯盟爭論之政治上與策略上錯誤。世界的希望，凡志願參加者要同心同德以完成這新組織的工作。

三、美國經濟上的矛盾

二十世紀首先五十年中，在歷史上個人主義之資本主義的希望，與美國經濟生活上實際應用之間某些大矛盾的出現，是變爲逐漸的明朗。或者最顯著的差異，以物品的生產與入息的分配相比而達致。資本主義曾聲明有能提供比世界上任何其他經濟制度更大的生產，而且在一九三〇年進行科學的研究表示着，即使在一九二九年全國總生產力是遠不及當時現存生產設備的能力而工作。由哈羅德勞卜協會（Harold Loeb and Association）執行對潛存生產能力的調查，表示一九二九年當顛峯的年頭，全國生產是僅佔其能力百分之七十。布魯金斯學社（Brookings Institution）較保守的估計，謂生產是佔其能力僅達百分之八十。

因此，最善的估計者均同意，倘若生產的設備以全力工作，則美國能夠比其所做的要增加生產百分之二十至三十。當一九三二年的不景氣時期，生產曾降至僅佔生產能力百分之五十至六十。估計者曾說，一九二九年倘若生產達到全力，則美國能出產約值一千三百五十億美元的貨品。由相當準確的事實來證明，一九四三年，美國在戰爭的壓力與政府鼓勵及管理之下，生產超過一千五百億美元的貨品。顯然的，倘若聽其自由，自由企業生產不會像其所能之多。

甚至極顯著的，是美國未能達到諾言的程度，這諾言是由自由競爭的資本主義所定，謂它已準備對「全」民在世界上生活的最高標準。入息分配，由全國資源委員會於一九三五—三六年報告，表示美國家庭百分之二十七每年平均收入不夠七百五十元；百分之四十二不夠一千元；百分之六十四不夠一千五百元；百分之八十三不夠二千元；百分之九十一不夠三千元。不僅是「全國三分之一陋居粗衣惡食」，而且入息集中於高等分類之內者是令人驚異的。家庭百分之三，佔據全國總收入百分之二十一的合計入息的等級之上，而最低入息者多至約百分之五十。在最高級百分之一收入幾乎多至佔基層的百分之四十。這似乎明顯的，有「潛在大量之中廣佈的貧窮」。當然，當兩次世界大戰期中，入息與生產有驚人的暴漲，人民開始懷疑何以略有同樣的努力，竟不能適用於平時生產與消費。

這亦變成明朗的，不斷的擴展職業的諾言實未曾兌現，因調查人員發現，每次不景氣，最嚴重的是在一九〇七至〇九、一九二一至二二、與一九三〇至三三年，失業的人數愈多。自由企業的提倡者力辯，不景氣祇是當然的商業盛衰循環之一部份，可以預料的；但由於失業的人數升至於一九三〇年初的最高峯，許多人開始懷疑何以當然的發生這事情而着手向政府以求助？自由競爭的資本主義在歷史上學理曾經指明政府應脫離商業；但當陷入於不景氣，嚴酷的打擊商業與工業之時，乃轉而向政府求助，猶如失業者渴望求助的一樣。然而資本主義的學理曾信仰獲利動機與私產，作爲人類本性之基本的經濟要素，這變爲清楚的，以十分之九沒有產業而依賴俸給或工薪作爲入息者，盈利則讓給於股票作爲對於工作與努力之主要經濟的動機。

根據自動供求律，經營一公開市場中自由競爭的歷史上學理，亦讓予由大公司與專賣公司之定價的實行及生產的規定。越來越多人民開始感覺，倘若這些實行是繼續的，他們寧願物價、生產與工薪由政府、工人與經理共同努力來管理，而不願將此類事情完全流於私人業主與經理之手。然而自由企業的提倡者曾經聲明，設計是不適於美國生活的方式，許多人開始注意，大量的經濟設計納入於巨型公司的經理部；他們亦開始堅持，政府與勞工對設計應有更大的貢獻，以保證設計的盈利自然增進於大衆的福利。

雖然個人主義的資本主義在歷史上本身與民主政治之生長相同，堅持着機會與企業的自由唯有在私人贊助下才能存在，可是許多美國人開始提議，不變的資本主義對於大部份人民繼享的自由與幸福是一種威脅，這些人在經濟地位中愈少機會以振作獨立的個人。所有此類關於歷史上資本主義的懷疑與疑問，引致對於由政府在新政中達最高潮之社會的立法，漸增的支持。十九世紀肇始之工業的與技術的趨勢，發展到目前爲止，倘若唯有這經濟制度能保持有效的進行，則技術的效率便產生對於全體生活較高的標準。這變爲對民主政治在二十世紀慢慢挨過待解決之政治的與經濟的主要問題。

四、社會的趨勢

在二十世紀最重要發展之一是有組織的勞工之生長。因爲經濟力量變爲更集中於銀行家、金融家、龐大的公司、僱主與業主之手，無產業的勞工之唯一依賴者是更鞏固的組織以獲得略爲相等的經濟力。這種以百萬計勞工所希望的趨勢，似乎對僱主最不利。在勞工運動中，雖然激烈份子是由世界工業工人（一九〇五年由戴布茲，及其他所組織）與一九二〇年後由共產黨代表，但有組織勞工的主流是在確立的經濟系統中使滿意於工作。

一般來說，勞工藉罷工與集體交易作爲求取更高工薪、縮短工作時間、改善工作環境、及對於勞工及其家眷更安全的方法，發出在全國經濟產品中實現更大貢獻的目的。以幾乎不及一百萬有組織的勞工踏進第二十世紀，儘管當大不景氣時倒退，但這種運動生長，主要的是由新政之承認與支持，直至第二次世界大戰之末，會員註册者約有一千五百萬人。全國工業恢復法案、反禁令法、及全國勞工關係法案，曾爲勞工權利的增進與合法承認中立法行動的重要事件。

一九三五年，美國勞工聯盟（A F of L）的隊伍是被勞工運動的兩種理論間漸進衝突所撕破。美國勞工聯盟，在格林（William Green, 一八七三——一九五二）、渥魯（Matthew Woll, 一八八〇——）及其他領導之下，曾在歷史上堅持「同業聯合主義」的理想。在一種特殊的工藝中有技術的工匠，被編入在全國設置的地方分會之中，以達至最高的一個全國性工會，在美國勞工聯盟系統中與其他全國各工會合作。一九一三年，聯邦政府另設勞工部，在社會的立法中曾有許多成就。無論如何，在若干勞工領袖中，這種組織之不同理論，開始出現。他們堅持着，工業社會之較新的狀況，已使同業工會過氣了，全部工業應該組成一個工會，包括在工業中熟練的與不熟練的工人在內，不管他們特別技能之水準如何。這種「工業聯合主義」的觀念，是由柳易斯（John L. Lewis, 一八八〇——一九六九）、杜賓斯基（David Dubinsky, 一八九二——）、希爾曼（Sidney Hillman, 一八八七——一九四六）、及摩雷（Philip Murray, 一八八六——一九五二）等人物提倡。一九三五年，在柳易斯領導下，組成工業工人組織委員會（Committee for Industrial Organization），以追求在美國勞工聯盟中這種類型組織的進行。這引起新委員會與美國勞工聯盟的領袖間一連串的衝突。

至一九三八年，勞工發生爭執至這樣劇烈，有十個工會退出美國勞工聯盟，而另組成工業工人的組織會（Congress of Industrial Organization），在柳易斯領導下，其後繼之以摩雷。工業工人的組織會穩定的增長力量，特別在此類基本工業像汽車、鋼鐵、衣服、及運輸等工業，甚至在農業的部門為然。其自己表明，在戰鬥性團隊各工會中更進取的，採用「坐下罷工」的技術，與通過其政治行動委員會（Political Action Committee）追求社會的改革，這會是直接參加政治運動以支持某些候選人而反對其他。為着這些理由及因受共產黨滲透其行列的指責，工業工人的組織會惹起美國勞工聯盟及工業的管理方面兩者的憤慨，但其尚繼續興盛。儘管經過幾番努力，兩大勞工組織的破裂未能彌縫，而其離異削弱了勞工在全國的地位，但此類大進步經已達到，有組織的勞工在全國之政治的與經濟的生活中，變為一種極重要的因素。

另一種非常重要之社會的趨勢，是人口出生率之降低。在二十世紀，人口繼續增加，但由於移民減至小量，在二十五年間增加率降至此類曾經估計的數額，約近一九七〇或一九八〇年，美國會有一種固定的人口，其最高峯略可超過一億五千萬人。在近數十年顯然的出生率之穩健的降低，但由一九四一年是被增加的開端所阻遏。或許甚至較為重要者是這種事實，生殖的指數，在城市的比鄉村地區的為低，而最高的出生率是在南方的鄉村，這在全國中經濟上與教育上最貧乏的狀態。大城市不能由其本地的出生維持其人口。

同樣，對於家庭的地位非常重要的是婦女大批的參與工商業，由第二次世界大戰起，這趨勢大爲加速。少年犯罪迅速增加，與其影響道德的與精神的安全，是難以預料的。由全國各地來往戰時工人之驚人的遷居，徹底消滅許多家庭，爲着改變無數社區便產生騷擾的社會問題。生活之正常的錯綜複雜，由於在發明、技術、與交通的改良而預料，是被第二次世界大戰不安定的情況影響，更爲複雜與擴大。戰後時期，面對家庭與教育，曾有幾次調整。

五、羣際的關係

在另一個領域，美國對全民民主的機會在實行上並未完全實現的理想，是在宗教的、國籍的、與種族的集團之關係中。美國曾宣傳機會的均等，但面對美國人大多數的偏見、憎惡、與實際的歧視，繼續爲美國衝突與不安的禍源。許多此類偏見，由經濟的不可靠與憂慮失業或經濟的競爭所引起。值得注意的，這憎恨的運動，尤在戰時與在經濟不景氣的緊張中出現。

宗教的集團　有組織的宗教集團，於二十世紀美國人生活中繼續扮演大角色。根據美國基督教會聯合理事會（Federal Council of Churches of Christ in America）所編美國教會年鑑（Year-book of American Churches），照教會數量來計算，教徒繼續增加，以迄一九四五年有七千二百萬人，代表二百五十六教派。最大單位的教派是羅馬天主教會，約有二千三百四十萬人；各種浸信會報告幾乎有一千三百五十萬人；美以美教徒，八百萬人；首要的路德教會，三百萬人；聖公會逾二百萬人；長老會，二百萬人；基督門徒（Disciples of Christ），一百六十萬人；公理會的會衆，一百萬人；猶太的組合教會，四百六十萬人。以整數計，主要的新教各教派共約三千三百萬人；羅馬天主教，二千四百萬人；猶太教會，不及五百萬人。當然，各大宗教團體之正式立場是反對宗教的不容異說與固執己見，但宗教的敵對是從一個或多個已承認的教派所產生許多種團體而釀成。

跟着第一次世界大戰後，新教徒中三K黨（Ku Klux Klan）是復活，並擴大其憎恨的目標，主要的包括對付羅馬天主教、猶太人、及黑人。一九二〇年之初，延展至南方大部份各州，一九二三年，約計有二百五十萬人。有組織的反猶太（Anti-Semitic）運動，當一九二〇年之初，經過許多組織與印刷事業，以及在僱用、商業、教育機構、俱樂部、旅店與場所，由密謀運動與歧視，變爲盛行。跟着一九三〇年初的不景氣及歐洲納粹的興起，反猶太主義亦由德美聯盟（German-American Bund）及由各種褐色襯衣、銀色襯衣、與白色襯衣，在美國創始。雖然在第二次世界大戰掩蔽下推動，但此類憎恨的組織似乎跟着第二次世界大戰將再以其他方式再出現。

爲着反抗這些運動，所有宗教的善男信女，開始組織，以對付這憎恨行爲而提倡互尊及合作的理想。在這許多團體中，著名的是美國基督教會聯合理事會、全國基督教徒與猶太人聯合會（National Conference of Christians and Jews）、美國猶太人會（American Jewish Congress）、全國天主教福利會（National Catholic Welfare Council）。在法律上與政治上，採取幾個步驟以提倡友誼及阻止反對人類的與種族的以及宗教的團體之歧視。最顯著的是全國性公平職業實施委員會，由羅斯福總統委任而由杜魯門總統支持，州的行動像紐約州反歧視委員會及逾十六州之州長的委員會，以百計地方的市長關於種族間及宗教間合作的小組。可是，這公平職業實施委員會於一九四六年六月三十日爲着戰後的反動而解體。其最後報告表示歧視習慣之復活，特別對退伍軍人爲然。

國籍的集團　二十世紀初期，由歐洲而來之移民曾躋至顛峯，特別由歐洲中部、東部、與南部而來的。一九二〇年大規模移民雖然截斷，但在外國出生的第一或第二代公民的數量是非常高。一九三〇年，全國人口中有百分之二十是外國生長的，另有百分之二十是外國生長或混種的父母。此外，美國人約有百分之十是黑人。因此，美國人實質上不夠百分之六十是以本土出生的父母所生本土的白種人。美國眞是世界上幾乎所有國籍的混合體；無論如何，雖然對所有人民歡迎的理想，但美國人仍然自覺的或非自覺的養成集團偏見以反對更多新移民的集團。

有組織的憎恨集團助長反對「外來人」及「外國人」的偏見，而且甚至更充滿的，是由書籍的作家、新聞紙、廣播、影片、及演劇所採用的老套。一九四四年，作家戰爭局（Writers' War Board）要求在哥倫比亞大學的應用社會研究局（Bureau of Applied Social Research）以調查這老套的普通應用，而發現作家們一般助長虛僞的印象，以爲美國是一個新教的、白種的、盎格魯撒克遜民族的國家，而充斥大量不同宗教的、種族的、與國籍的世代之「惹人討厭的」人民。短篇故事，百分之九十以上的性質針對盎格魯撒克遜民族來描寫，幾乎常視「外來人」爲惡徒或寡廉鮮耻的性質，似乎是最壞的犯罪者。刋登廣告者在其流行的投人所好是公認地勢利眼，通常新聞紙與廣播，並不是像滑稽漫畫册、舞台、及小說那樣開明與本著良心的。無論如何，當第二次世界大戰進行，對於集團關係更好諒解之許多顯著的貢獻，是由漸增數量的作家們造成的。

種族的集團　當日本人偷襲珍球港後的狂熱中，反對日裔的美國人之敵視便發生，政府是負責在戰時徙置當局（War Relocation Authority）之下，設置禁限中心，以羈留日裔美國人。大戰完結後，他們的問題，似乎甚爲困難。在美國少數民族中最多的黑人，佔全國人口約百分之十；黑白種關係的問題，構成最嚴重事件之一，由是美國之機會均等的理想，並未完全實現。

第二次世界大戰，當聯合國對納粹與日本之種族學說及反對其政治學說同樣的作戰，在最前線再引起種族與膚色的問題。在國內，由於黑人向戰時工業中心區擧行羣衆運動及在許多工業區發生暴動，主要的一九四三年在底特律的暴動，這問題變爲尖銳。居住情形是嚴重的，許多工業僱工的歧視仍然很大，但經過公平職業實施委員會與進步的僱主及工會，尤其C.I.O.等努力，始大獲改善。

不管在美南及在參議院的有勢力人士，對黑人的攻擊，但由於最高法院判決德克薩斯州政黨預選票的結果，反對人頭稅及使黑人在南方民主黨預選可自由投票，始達致政治的利益。不管武裝部隊許多部份是隔離，但由於作戰進行及由於批評而改善的條件，在海陸軍是同等的。新聞紙、舞台、與銀幕支持對黑人機會的均等，許多社區團體以及全國性組織，致力於相同的目的。所有大教會亦開始作同樣的運動。

在其他集團中，其開始加倍努力者，著名的有美國團結聯合會（Common Council for American Unity）、美國反偏執委員會（The Council Against Intolerence in America）、魯生華爾德基金（The Julius Rosenwald Fund）、民主政治評議會（The Council for Democracy）、全國有色人種促進協會（The National Association for the Advancement of Colored People）、全國市鎮聯盟（The National Urban League）、南方區域委員會（The Southern Regional Council, 後來變爲南方人類福利會，The Southern Conference for Human Welfare）、美國種族關係委員會（The American Council on Race Relations）、及溝通文化的教育局（The Bureau for Intercultural Education）。文學的趨潮與活動的計劃開始以公式表述，因爲善意的人民開始領悟戰後的困難與認知大戰在軍事意義上這樣完全勝利，倘若羣際關係充分的敗壞，以破裂戰後的復原，如是否認以百萬計的美國人從事於工作與作戰的價值，則在本土也許是失敗的了。

第二節　人們所賴的思想

二十世紀美國的教育，是受一廣大範圍之社會的、宗教的、與智力的思想以及由上述事業機構的力量所影響。這些思想，許多發生抵觸，並顯出其反映於教育上之基本的爭論。此類觀點雖然未能在這裏詳細分析，但可能提出有些展望的範圍。

一、社會的思想

二十世紀，四五種普通社會的展望，已有許多次是提出於美國人民作爲對於政治的與經濟的行動之綱領。此等展望可認明爲傳統的保守主義、改良自由主義、社會主義與共產主義、消費合作、與法西斯主義。這些論點之一或更多的，是在大小政黨以及各種許多有組織的團體，包括專門職業、勞工、商業、農人、教會、同志會、退伍軍人、愛國團體、婦女俱樂部可以見到，及各種從事特別活動之壓力的團體。

保守的論點頗嚴密地堅守，對於十八九世紀發展之個人主義的與自由競爭的自由主義之歷史上的理想。一般來說，這論點確認，歷史上的資本主義與自由企業的原則是基本上穩當的，而公衆福利最好的從事，是由政府解除對工商業之控制與束縛。一九三〇年，保守的發言人，對於不景氣提出指責新政之限制政策，因爲政府的干涉，令致商業失去信心與利潤。他們的主要策略，是使政府離開商業，却用它作爲保證自由競爭與限制對自由個別投資的利益獨佔的公正人。民主政治對他們釋作資本主義的再確定與以最低限度政府設計之利潤制度，如未受抑制，則會引致統制與自由的破壞。照他們的見解，美國社會的基本性質是穩當的。對於這種論點之主要的支持，似乎來自共和黨的富裕和中上階級與大多數小商人與農人。

一種更積極的展望趨向於開明的改革，是由漸多人物所採取，他們的思想淵源於十八至十九世紀自由主義之人道主義的與社會的傾向。美國這種展望，主要的是由民主黨羅斯福總統的新政黨徒所代表。一般來說，根據這論點，資本主義需要徹底的改革，以使其適應於工業社會之變動的情況。這見解之支持者，主張以擴大政府的權力，約束商業與獨佔的慣例，增強人民的購買力，與確保大多數人民之社會生活保障制度與福利。在設計的經濟事務中，政府、商業、勞工、與消費的合作變爲行動的一種基本原則，與被認爲一種可靠的含有民主的理想。一般來說，自由的改革家覺得，倘若它是渡過二十世紀政治的與經濟的風暴，歷史上資本主義必須重建。這論點，主要的吸引中下階級集團、勞工、小商業、農人、與自由智識份子所支持。這是同意的，集體行動是必需，但在政治的民主主義的基礎之內才能從事進行。

社會主義的—共產主義的趨向，淵源於馬克斯的想法，這堅持謂資本主義基本上是一種病態的經濟，在那種經濟中，利潤動機阻止世界貨品之公平分配。因此，資本主義必須實行廢除，而國家控制必須代替私人投資之一種非牟利的、有計劃的經濟。現時國家僅爲一種控制的工具，資本主義的集團藉之而由自己維持權力。這種趨向的提倡者，把進行的基本方法瓦解了。在像湯瑪斯（Norman Thomas，一八八四—一九六八）等人物之下，社會主義黨堅持，政治的民主主義方式應該用於短程與長程兩者的努力；權力應靠投票之憲法的方法而贏得，當基本工業由政府接收時，業主們應該得回公平的補償。在布魯達（Earl Browder，一八九一——一九七三）及爾後富斯他（William Z.

Foster，一八八一—一九六一）之下的共產黨卻相信，權力應由經過訓練的集團，乘機奪取。政府在短期內應放在黨的獨裁之手，以迄於眞正的民主政治，於較長期的將來，在無階級的社會中能夠實現。

社會主義份子與共產主義份子，對於美國的戰時政策，發生尖銳的分裂；許多社會主義份子，贊成和平的與孤立的政策，因爲無論任何戰爭皆是一種壞的戰爭；共產主義份子反對戰爭，視爲一種帝國主義的戰爭，直至蘇俄被攻擊，然後支持美國的參加，作爲對法西斯主義的世界大戰。一般來說，美國共產黨聽從世界共產黨的命令，必須建立對蘇俄擁護的政策。兩黨皆獲得勞工集團與過激的智識份子之支持。

消費合作與法西斯主義，彼等本身從未藉有組織的政治團體表示依照其他意見的所爲。合作運動藉農業、小商業、與消費團體而推廣，作爲減低側重生產上利潤制度與製造業利益之和緩的方法。合作的理想，贊成由政府、勞工、與消費者共同設計，作爲對全部人口更平等的分配貨品的方法，與在更大集體行動的方向中和平地逐漸代替歷史上的資本主義。合作事業，除了爲求其發展而需要一種親睦的政治形勢之外，很少著重政府改革的作用。合作運動，由家庭與農人，支持在不景氣地區，更由勞工與智識份子，吸引其支持者。

當然，法西斯主義堅持，民主政治的與自由的社會，其整個概念是虛僞的。權力應委之於精英之手，他要採取各種暴動與密謀的方法，攻擊那站在資本主義者、工會、自由份子、與共產黨份子方面的立場。爲着由貧苦大衆中獲得實力，及建立一個強有力的、有訓練的及唯一的政黨，其所攻擊者是對於猶太人、黑人、與其他外國的少數民族。暴力、武力、與權力主義之法西斯學說，在美國只有少數的智識份子皈依，著名的像丹尼斯（Lawrence Dennis, 一八九三—）作公開的表示，但在其他措辭掩蔽下，憎恨集團中所出現的法西斯傾向，訴諸人民最富有與最貧窮的所有階級。無論何處民主政治的平等之原則與實際，是被法西斯主義所暗傷了。

二、世界眼光、人類本性與智慧

二十世紀，對宗教的與智識的忠誠，在美國人民中發生很大的力量，雖然在通常人的思想中詳細地有系統的陳述，常比諸宗教的與智識的領袖之思想中爲少。宗教的展望，繼續由絕對信仰聖經者之手最精確的與正統的聖經解釋而至較開明的態度。有些新派人物試圖保持天主之基本觀念，並且配合科學與宗教的堅信，使基督爲一人類教師而非天主之神的代表。其他更極端的新派人物，放棄基督是天主之神的代表，而以聖經及根據其倫理的教義，在求社會的改善而非在獻祭。此完全無神論只吸引少數的智識份子。

絕對相信聖經之宗教信仰與科學之較自由的學說相衝突，一九二五年田納西州有一顯著的事例，是時有一中學教師名史哥比斯（John Thomas Scopes, 一九〇一—）者，因教授進化論的學說以違反州律而被審判。史哥比斯是由達魯（Clarence S. Darrow, 一八五七—一九三八）爲之辯護而被布利安（William Jennings Bryan, 一八六〇—一九二五）檢擧。關於描述人類的起源，教師之權依賴生物科學之發現而非在聖經之文字的解釋，以很大技術來爭論，引起公衆之注意。審判表示宗教與科學在公衆心目中實不一致，而絕對相信聖經之宗教信仰依然是一種強有力的力量，尤其在美國鄉村區爲然。

關於人類性質與人類對自然的關係之智識有系統的陳述中，其對美國教育有大影響者，有三個顯著的觀點。許多教育家與哲學家，對於他們主要的假說，訴諸傳統；其中是新人文學者，理性主義者（Intellectualists），與羅馬天主教的領袖。其他描述世界與人類本性，對於他們的權威之標準，則訴諸自然科學。又有其他關於生活與教育一種哲學之發展，訴諸進化論思想的較新觀念、實用主義、與社會的改革，通稱之爲實驗主義。

三、訴諸傳統

新人文主義　由唯心論、唯理論、與二元論之歷史上哲學的展望，滋生人性的一種哲學與依賴大傳統作爲培養的教育，因此適當地叫做保守的，於二十世紀在美國繼續有力的與有效的陳述，在最極端保守的展望之中，是一種稱爲「新人文主義」。當然，雖然那些自稱爲人文學者的地位各有不同，可是有某種基本的假定，他們皆充分的接受以保證其共同的組合。對人文學者地位的激勵，當二十世紀早期數十年間，由哈佛的諾頓（Charles Eliot Norton，一八二七—一九〇八）、雪曼（Stuart P. Sherman，一八八一—一九二六）、及蘇里（Paul Shorey，一八五七—一九三四）之著作所衍生；稍後是由哈佛的巴壁德（Irving Babbitt,一八六五—一九三三）、普林斯頓的摩爾（Paul Elmer More，一八六四—一九三七）、哥倫比亞的諾克（Albert Jay Nock，）、及依阿華大學的富亞斯達（Norman Foerster，一八八七—）所提倡。

一般來說，新人文主義包含一種守勢，對現代社會的與科學的學說之顚覆含意的反動。在社會的理論方面，這再言明一種貴族的與社會的保守主義之主張，反對社會改革之人道主義的要求。巴壁德明確表示說，人文主義是志在於少數人的陶冶而非在對所有人的訓導，在求個人的至善而非在人類全體的增進。人文主義要求「智識陶冶」的苦行性質之一種重新努力，以更嚴格的控制道德的行爲，如是這將依自發性與自然主義的方向，不難控制。智識上，新人文主義在生活的事情中拒絕自然的與社會的科學之領導，而在本質上復歸於柏拉圖、亞里斯多德、與中世紀經院哲學所代表的傳統哲學。

在最極端人文學者（且暗含的代表全體）之中，其最基本的假定，是人與自然之間本質的二元論之再肯定。他們相信人類與自然的世界之間有一「絕對」的差別，及他們相信人類有確實地唯一的，普遍的與永恒的本性，使其脫離自然之低級的物類。換言之，這極端論者否認進化論的學說之基本含義，這進化論的學說使自然的與社會的科學曾經這樣苦心的建立。這裏人文學者密切地接近類似傳統的官能心理學，蓋人文學者們所說人類本性，似乎是一種分開的實質或實體。

由低級動物區別人類之官能，通常是稱之爲良心、理性、美感、與宗教。人文學者堅持道德的良心是人類天賦之一，以其是絕對的，不容許有程度之分。理性是一種普遍的能力以推論特性及構成判斷力。人類的美感是好奇的脫離時間而獨立與無限的超過其餘的動物世界。最後，有些人文學者說，宗教的本能在人類中是普遍的。人性的特質不能由科學的方法來形容；反之，人性的觀念，是由基督教的宗教與中古時代思想所支持之古典派思想所遺留於我們的。

人文主義的此等假定，對於智識、眞理、與人類價值的特殊觀念，有特別的涵義。人文學者相信價值之絕對的標準，由這種標準，一種情況之智識與眞理可能測驗。對於人文學者的價值是略有關於生存的範圍，這範圍是高出與超過自然，而給予智識與眞理一種不變的與權威的性質。然後，智識擔承眞正原理之一種不變體的性質，這是作爲種族遺傳的授與。

從這種願望的滋生，由訴諸處於經驗的變遷與流動之後一種高等的與確定的價值之領域，引進秩序於社會之混沌的世俗之中，人文學者之學習的與教育的觀念，遂告形成。學習特別以人類本性的官能稱爲理智或理解力而動作，因此學習之主要目的是辨別與判斷之智力的訓練與發展。人文學者辯論，注意着最好提出絕對眞理之不變原則與最有效啓發理解力的學問，是包含在過去文學巨著之中，稱之爲人文主義的學問。

天主教的教義　在許多方面密切聯合人文學者地位，並且顯然的超出其依賴超自然的價值，天主教哲學繼續接受由此類人物，像馬利坦（Jacques Maritain，一八八二—一九七三）、與福特漢（Fordham）大學校長干能（Reverend Robert I. Gannon，一八九三—）、之印象深刻的陳述，及由布朗（James N. Brown）、地化拉里（R. J. Deferrari，一八九〇）、奧康尼爾（Geoffrey

O'Connell, 一九〇〇）、麥施拉（Louis Mercier）、康寧涵（W. F. Cunningham, 一八八五—）所著關於教育的書。強調羅馬天主教論點的所有陳述，是教宗庇護十一世（Pius XI）於一九二九年的通諭，命名基督教的青年教育（The Christian Education of Youth）。當然，天主教教義在永恒與不變之超自然常則，包括天主與所有神聖的與聖靈的事情，而反對變化與流動之自然常則，包括物質的價值與實用之自然界，慘淡經營此二元論，比新人文主義進行甚至更進一步的。人類有一種二元的性質，所謂二元者，其不滅的靈魂是拯救的工具，與其軀體，爲原罪的及人類願望與慾念的中心。人類憑藉他的靈魂之超自然的天賦與理智的能力，由一道不能通過的鴻溝分開其餘的本性。

理性的能力是教育與學習之首要的工具，與眞理由是發現的方法，人類祇能以有限的力量探出眞理。理解力的主要任務是認識的，即是預定眞理之獲得、發現、與證明。自從所有眞理與智識發端於超自然的常則，人類不用參與創造智識但簡單的便習得眞理之不變的與永恒的原則。最高的智識是超自然的啓示，像可能的由推理以確知爲止，而且超過由信仰的。人類行爲與命運的價值，像由教會的解釋，來自超自然界。因此，除非在每一階級滲透宗教的價值與宗教的修行，實在，沒有教育是完全的或能作爲眞正的教育。作爲教育的工具，除了宗教的教學之外，許多依賴是放在古典文學與經院派哲學之上。因此，天主教的觀點，在教育計劃上與人文學者及理性主義者，有相當的類似。

理性主義（Intellectualism）一羣所謂理性主義者，要求傳統的人性與智慧的觀念以作他們的主張之支持，於一九三〇與一九四〇年間，獲得公衆廣大的注意。這些人物中，著名的像支加哥大學校長胡欽斯（Robert M. Hutchins，一八九九—）及阿德勒（Mortimer Adler，一九〇二—），瑪里蘭州亞那波里（Annapolis）之聖約翰學院的巴亞（Stringfellow Barr，一八九七—）及布坎南（Scott Buchanan，一八九五—），哥倫比亞大學校長巴特勒及凡多倫（Mark Van Doren，一八九四—一九七二），與福勒克斯納（Abraham Flexner，一八六六—一九五九）及其他。他們在許多方面同意人文學者，但比諸文學與語言的著重，獨有的興趣較少。依賴天主教哲學許多歷史上要旨，但認爲宗教的教義對於美國教育不能有綜合的作用，理性主義者對於教育展望的標準，專心於傳統的哲學與自由藝。

正如依大傳統的保守信徒皈依唯理主義之基本哲學一樣，理性主義亦然，堅持智識與心理的一種理論，謂倘若與訓練的傳統官能心理學不同，至少傾向於著重智力的機能，略與人性其他各種活動有別。由二元論所假定生活兩個範疇之中，理性主義者固定地提出精神的範疇，與軀體或物體的範疇相對；他們以內心的發展來鑑定教育而致使輕視其他方面的人類活動。他們的心理學提示讚美此類活動的效益，像「智力的練習」、「智力的修養」、「智慧的能力」、及「心理的訓練」。在他們的著作中，有許多側重一種復歸於「首要原則」及「基本的關係」。

在智識的理性主義者理論中，似乎有三個決定要點：㈠智力或推理有一獨立的官能，這是如此有能力的伸展與把握眞理。㈡眞理在其終極形態是絕對的與固定的，並用於對智識的此類低級的形態，像自然界科學的智識與實在事情之憑經驗的智識，給予定則。㈢在他們的皈依固定的眞理，理性主義者堅決的主張，學校與學院之智識的任務，應保持隔離俗事的褻瀆。

這些基本的假定，引致理性主義者責難美國教育太注重於實際的與有用的學科、科學的與技術的學科、實際的經驗、及學生的自由與興趣作爲有效的學習之方法。他們概述其相信的，爲永久的學問憑藉一種共同與永久的人類性質，常常適合於所有青年。他們表示其信賴在中世紀傳統的自由藝、大傳統之唯理主義的唯心論、與形式的訓練之官能心理學。在普通教育的首要地位，是授予過去名著的誦讀，以及正式的文法、修辭、論理學、與數學的學習，作爲思想陶冶的方法。他們爭論，當智識的效能經已適當的啓發時，受過教育的人，會完全具有解決實際行爲與經驗的問題。無論如何，學校與學院之特殊作用，在性質上是智力的而非實用的或道德的。

四、訴諸科學

爲着反抗上面所述保守的傳統觀念，二十世紀美國許多教育家，開始注意現代科學，爲其權威的標準與作業的方法。現代的實在論者，借助十九世紀牛頓學說的科學觀念及孔德與斯賓塞的實驗哲學，開始描述世界當作一種機械，依從固定的與不變的自然法則，而超自然的與唯理主義的解釋却很少或沒有地位了。他們完全相信科學的方法，以爲人類本性，能由科學的方法，以研究自然的宇宙與自然的現象一樣準確的來研究及分析。他們拋棄人類之二元的觀念，而描述人類爲一複雜的機械，其行爲可能預告，甚至以高度的準確與確實性來控制。因此，人類被視作自然的一種固有的部份，雖然許多關於人類的學習借助動物之科學的研究，但在構造上與行爲上比諸動物略較爲複雜。二十世紀美國大部份心理學家是在一種科學範圍的環境中養成。

心理學的部門，發展是如此驚人的，這裏僅能敍述一種或兩種通則。在十九世紀後期所擬想實驗的與科學的方法，在學習、本能、個別差異、與情緒等許多部門中，發展極爲迅速。桑戴克於早些時期攻擊內省的與「官能」心理學。在哥倫比亞大學師範學院，他實際上已創造「教育心理學」，因爲他冀圖把這些精密的科學方法應用於某些教育問題。由於一九一三年他的三卷偉大著作教育心理學出版，美國人開始變爲越來越多注意於一種「客觀的」心理學，以答覆對於原始本性、學習、與個別差異的問題。

由於他的堅持，學習是極特殊的，桑戴克遂作正面攻擊智力陶冶（Mental discipline）的學說，這種智力陶冶久已主張某種學科對於心智訓練（Training of Mind）是唯一有價值的，這樣它能轉移其作用於無論任何部門。桑戴克攻擊這種學說，曾斷言反射弧（反射作用中所涉及的全部神經路線）乃行爲的遺傳單位，而非在未受訓練官能的一羣，學習依賴於許多聯繫的結合，及它們於神經系統的二神經原之神經絲相接的部位中，則易於建立。

學習組成，並非在無定形官能之一般的訓練，祇在情況（S）與反應（R）之間聯繫之特殊結合的構成。根據桑戴克著名學習律，此等S—R結合是建立在兩大方面，即由練習及由滿意的效果。根據練習律，當其常用時則聯繫加強，否則削弱了。其他事情相等的，結合是更常常地與更最近地實行，則聯繫較強，因此學習較有效的。根據效果律，當學習是滿意而對學習者是愉快之時，聯繫傾向將爲深印的，否則將爲削弱了。其他事情相等的，當動作系統是準備行動時，聯繫是較爲容易的建立，否則容易較少的了。

在桑戴克心理學的衝擊下，智力陶冶說便受了一大倒退，尤其在美國中小學的實施爲然。桑戴克指出，唯有當一種學校科目的內容或方法是相同於所提出的使用時，則移轉發生；換句話說，倘若學生是爲着特殊目的而受教育，應修習對那些目的有直接貢獻的科目。這種理論，給予新科學的與社會的學科一大慰藉，對於這些學科，全國有一漸增的要求。因此，專門的學科較容易的編入美國中小學課程之內，但未容易地接納於傳統的學院之自由藝課程之內，這類課程對於陶冶的學說，堅持的更頑強。

二十世紀另一特有的發展是應用心理學的創立，以討論指導、人員的遴選與訓練、廣告的吸引力、與人類關係其他方面之工業的與教育的問題。臨牀的與變態的心理學成正比的產生，應付由心理調整之通常類型的變體。精神病學被發展，更直接的應付心理現象之生理的基礎。心理分析，常被科學的心理學家所反對，提出注意於潛在意識，或內心的，動機與慾望的影響，當其不適當地表達時，終歸於有害的心有所感之精神異態及令人討厭的行爲模式。社會心理學，由於特殊的研究個人對於複雜社會情況的關係，獲得承認。

著名的教育心理學家的一羣，其發展與擴充對於人類行爲之科學的研究者，常共同組合爲「機能派」（Functionalists）；儘管他們的步驟與解釋不同，但他們一般地同意於其事工基本上科學的基礎。除桑戴克之外，其餘著名的是加太爾、安傑爾（James Rowland Angell，一八六九—一九四九）、特曼（Lewis Terman，一八七七—一九五六）、伍德和地（Robert S. Woodworth，一八六九—一九六二）、賈德（Charles H. Judd，一八七三—一九四六）、佛爾門（Frank N. Freeman，一八八〇—）、及蓋地斯（Arthur I. Gates，一八九四—）。

他們較極端的對人類之解釋，作為一種完全可測量的機械作用，是此類行為主義派，像華特生（John B. Watson，一八七八—一九五八）、梅耶爾（Max Meyer，一八七三—）、及魏斯（A. P. Weiss）等。渴望着照物理學家預言自然現象一樣，極確實的可能預言人類的行為，行為主義派根據可觀察的，外面關係之基礎，發表以公式表示人類行為之明確的法則。他們拋棄所有意識、意志、感覺的觀念，簡單地試圖描述行為之可測量的與外表的方面，創設其大部份根據受條件限制的反射弧之學習律。他們說，小孩初生，僅以簡單的、遺傳的、與未學過的驚、愛、及怒的反射，而表示於吸引、拒絕、啼哭，與其他生理反應之外表象徵。全部學習反應之心有所感的精神異態，是由習慣與言辭操作的獲得而增進，叫做思考。

另一方面，對於人類性質本身表現的研究，科學方法的應用，是客觀的與標準化測驗的發展。測驗與測量運動，作為使教育成科學的之方法，於一九二〇與一九三〇年間，大為風行。麥哥爾（W. A. McCall）早在科學中表示這信心，當時他說，無論何事全然存在者，就有些數量存在；無論何物在數量上存在者，就能測量的；一般來說，在教育上測量是與自然科學的測量相同。測驗運動，帶有成績測驗的性質，應用到幾乎所有學校的學科，或許在一九二〇年爲科學的教育方法最特有的特色。

智力測驗與智力商數（IQ）的測量，亦爲許多人信賴。特曼發展與精鍊比內的測驗，在史丹佛大學予以修正，使其適合於美國之用，桑戴克及其他學者協助，在第一次世界大戰發展爲陸軍之智力及才能的集體測驗，對第二次世界大戰各種集體測驗，亦有極大的作用。有許多關於智力商數之不變的討論，大多心理學家主張，照智力商數測驗所測量的天賦智力，是不受環境或教育的差異而有重大的影響。這是假定智力測驗的測量接受遺傳的性能而非在成就，但大部份測驗依賴若干種求得的智識作爲原始能力的證明。一九三〇年其他心理學家開始懷疑這些假說，於是遺傳與環境的主張之間，及本性與教養之間的爭論，變爲更激烈。

最後，由斯多德爾（George D. Stoddard，一八九七—）所報告依阿華大學的研究中表示，以同樣的學生置於不同的養育室，照由智力測驗的測量，發展爲一種能力之廣大的範圍。羅治（Irving Lorge，一九〇五—）在哥倫比亞大學師範學院一長期研究的報告，於一九四五年表示，把對比的學生，當他們受過學校經驗後二十年測驗之時，由於較長的或較短的教育上經驗之結果，表示智力商數有極大差異。其結論是：一個人較長久的在學校及學院，照智力測驗所測量，其能力較大的。爭論尚未完，但重要的所得已由環境論者所獲致。所有這些辯論似乎對於實驗主義的主張曾錯誤的陳述這問題，因爲他們久已說過，人類行爲是個人與其環境間交互作用之事，在教育過程中皆不能忽視的。

五、訴諸實驗主義

反抗保守的與傳統的觀點以及教育心理學家之「實證主義的」科學，這觀點稱之為實驗主義或實驗的自然主義，於二十世紀時開始，獲得越來越多的黨徒。實驗主義冀圖使哲學更密切地遵照於一時代付託於機械技術、民主政治、與科學的要求。在杜威富於智力的領導之下，對於美國教育一種新穎與進步的展望是在各方面明白的陳述，此類人物像基爾柏特克（William H. Kilpatrick, 一八七一—一九六五）、波地（Boyd H. Bode, 一八七三—）、康特斯（George S. Counts, 一八八九—）、柴爾德斯（John L. Childs, 一八八九—）、盧普（R. Bruce Raup, 一八八八—）、魯奇（Harold Rugg, 一八八六—）、華特生（Goodwin B. Watson, 一八九九—）、赫爾非斯（H. Gordon Hullfish, 一八九四—）、及柴伊爾（V. T. Thayer, 一八六六—）。靠近自然主義、經驗主義、與實驗主義之哲學上傳統，與從生物學、人類學、形態心理學、與社會心理學所得之新證據，實驗主義就創出一種哲學，供二十世紀美國教育之用。

關於進步教育之地位的發展，有意義之事，是其冀圖想出一種教育理論，將適當的同化於本章較早所言之新社會的與智識的傾向。這是顯然的對於提倡進步論者，一種適當的教育理論必須注意，由現代自然科學、社會科學、及心理學所提供最好的證明。自從現代美國是趨向於一種更互相依賴的狀態，那裏民主政治的設計與合作比以前更需要，這似乎必然之趨勢，教育必須試圖以協助學生不僅明白，而且更有效的從事以解決呈現於美國社會的問題。

另一方面，進步的景象是在教育各級的一大運動，對個別的學生與其個人發展，比諸在標準化學校情況中經已可能的，給予更多注意。民主政治的教育之要求，每個人在充滿學校與學院之新學生羣中，不應喪失的。這裏它是科學與心理學貢獻於人類本性與個性一種改變的新觀念。

人類本性 一般來說，實驗主義否認傳統的差別或二元論，從自然分別人類，軀體分別心靈，社會分別個人，與動作分別智識。相反的，它解釋科學的發現，意謂人類在本質上是自然的一部份，與其他有機體相似，在自然的及社會的環境經恒交互作用中而生活。根據這基本原理，個人不是稍由社會分開及分離，但由其參加及經過社會的情況的結果，發現他自己獨特的個性與人格。換句話說，以人類本性來看，不是作爲略從永久固定的與不變的，而爲參加及經過這環繞的文化所啓發反應之一種形態。一個人文化的不同，便產生此類人民動作與信仰的差異，我們可以不需說人類本性在隨處都是相同，不管它環繞着社會的環境怎樣。

換句話說，從生活來觀察，在一實際的環境與一實際的個人之間作爲一種繼續交互作用的調節。當個人與環境間平衡的情形被推翻時，行爲便發生了，他由對環境行動欲恢復其平衡，在個人引起緊張與擾亂。在這過程中，個人是由其行爲而轉變，環境亦由其行爲而轉變。

學習 教育的實施，由這種意見而發生及現時開始以影響課程，其若干涵義可以簡單的敍述。從文化的觀點，這是顯然的，教育必須多多著重學校與環繞著社區及較大社會之文化間的重要聯繫。學生必須獲得對社會問題廣泛眞正的明瞭，因此，他必須給予較多時間以對文化的研究。研究必須意味更大依靠各種資料與活動之運用，以觀察一問題對其他問題的關聯，作對解決問題之初步努力。此種解決必須放在越來越多依賴學生們於從事社會活動中的合作，達致於群體決定，並非根據這麼多權威或大多數票決，而係經過討論與共同工作所達致一種眞正的同意。

從個人的觀點，實驗主義者見解的涵義是完全深遠的。在教育中生長（Growth）的觀念，導致於一種更尊重個別的學生及其作爲獨特個性的發展。更有進者，經驗之實際性質的觀念，對於教育的理論與技術，證明是非常有效的。自從經驗是個人與環境的交互作用，當在學習者方面有一實際的反應之時，那麼僅發生熟知的與意欲的，學習被視爲最好的鼓勵學習者自己採取主動的設計、實行、及判斷其自己的各種活動。當學生們自己有隨意實行那些與他們自己眞正的意向與興趣一致之活動時，學習是最好的。學習的測驗因此變爲，並非在班級朗誦或筆試的能力，而在隨後的經驗甚至敏捷的動作之能力。

實驗主義者方法之第三種涵義，是整體的觀念。全部有機體貢獻於個人造成各種感應；因此，學習變爲，學生由軀體的、心理的、與感情的態度，以及智力的意味之情況引致全部問題。從個人的觀點，感應的全部或統合，當個人從內部造成有效的調節好像他從外部面臨情勢一樣之時，是成功的。倘若學習者有效的面臨情況之一種充分的變化，他自己統合爲一種個性；但當許多此類交互作用是充分地不足以推翻個人之正常平衡時，則初發的失調隨之。

因爲個人與其社會的環境交互作用，由其他人民、社會事業機構、習慣、信仰、法律、與意識形態的系統形成，教育必須越來越多考慮所有這些因素以促進最有效的個人之全部個人的與社會的發展。

智力　爲反抗傳統的理性主義以及科學的心理學之實證主義者展望，實驗主義者側重於思想與智力之不同的觀念。思想被視爲不祇僅作爲推理的或受條件限制的行爲之問題，而且主要的作爲問題解決之事。

在他的一九一六年出版廣大影響之民主政治與教育（Democracy And Education）一書，杜威側重科學與科學方法的重要性，作爲支配各種人類事情的中心。在科學的方法，他發現程序的原理，這程序給予他以經驗、智識、與思想的觀念之一種端倪，與保守派份子所主張智力一種獨有的官能之概念，有廣大的不同。他的理論是把智識及思想與動作及動作的結果密切地聯合；智識與動作是限定地並非分別爲兩種對立的範圍，像主智論者的學說所言。眞理，或眞正的智識，不僅是永恒共通原理的獲得，並且根據結果的證明。意想（Ideas）並非略由動作分離，而且是嘗試的假設或動作的計劃由他們的能力試驗，經過對其動作的結果以證實。

杜威因此達到解決問題依靠科學方法的思想之敍述。換句話說，解決問題，在人類事情之支配與控制中變爲人類智力的方法。內心（Mind）並非應付「意想」的特別的官能，祇是給予人類各種活動之名，這些活動，由於改善及增飾人類生活與享受的意向，志在改造人類經驗及完成結果之實在的改變，聰明地使接近經驗。思想作爲問題解決包含有四個步驟：不安的感覺或問題應予解決；環繞問題各情況的觀察；提出假設，或動作的計劃，以其遵照行事之可能的結果，明白陳述；實際的與自動的實驗上測驗，去看看假設，當遵照行事時產生所欲的結果。

然後，教育的方法根據像上面概述之思想的程序，杜威對於教育達致如下的涵義：學生必須在經驗的眞正情形的中心，當這問題面對他作爲一眞正刺激以思維之時，繼續從事於興趣的活動。他必須具有或獲得適當的見聞以資觀察，此爲應付問題所必需的。提議的解決或假設，應該想到他，他必須負責啓發其井然有條的方法。最後，他必須有機會與場合，在實行中由應用它們試驗他的意想以使它們的意義清楚及對他自己發現它們的正確性。因此，教育方法實際上存在於思想的方法之中，導使自覺的與在動作中實現。

有些實驗論者對於這思想的程序之明白陳述，並不滿意，而不相信科學的方法之主要的實情調查性質是包含行爲指導之適當的決定。全國教育的學院師資會（National Society of College Teachers of Education）第二十八年鑑中，定名民主社會實際判斷的訓練（The Discipline of Practical Judgment in a Democratic Society），盧普教授與其同事開列他們的提議，以啓發在各種情勢中關於人民應做什麼之重要的決定。他們爭辯，智力並非僅係實情調查的科學方法或僅係由一智力測驗所測量之事。智力是熟慮的動作之一種形態，包括照適合的事實及價值，合作的與民主的達到明智的決定。因此，實際的判斷包括作爲怎樣做之簡單決定，關於動作的普通方針之確定地說明與實行，與關於人民普通應該怎樣行之基本假定與正常原則的改造。實際的智力必須包括三個階段

：㈠事情之意欲狀態或理想的情況之計劃；㈡在現在情況中存在的有直接關係事實的調查；㈢把理想與現在情況合而爲一的動作計劃，這是由設計而至執行。直接注意學校與學院中實際智力的發展是最重要方面之一，在那裏由某些實驗論者所提議之教育方法，與主智論者之「智力訓練」及實在論者之「科學方法」不同。

六、學藝與科學的社會任務

科學與數學　由於此類著名科學家，像愛因斯坦及其他避難的學者，由納粹及法西斯逃來美國，使美國的科學爲之充實，形成迅速的躍進，從歐洲吸收其發展，開始另外的擴充。數學與物理學的境界，由於此類科學家的調查與研究而放寬，此類科學家像吉布斯（Josiah Willard Gibbs，一八三九—一九〇三）、尤列（Harold Urey，一八九三—）、米里坎（Robert A. Millikan，一八六八—一九五三）、康普頓（Arthur H．Compton,一八九二—一九六二）、勞倫斯（Ernest O．Lawrence,一九〇一—）、費爾米（Enrico J. Fermi,一九〇一—一九五四）、蒲平（Michael Pupin，一八五八—一九三五）、斯坦因米奇（Charles P. Steinmetz，一八六五—一九二三）、及邁克爾生（A. A. Michelson,一八五二—一九三一）；化學的像斯洛生（Edwin E. Slosson，一八六五—一九二九）、蘭穆爾（Irving Langmuir,一八八一—一九五七）、及甘農（Walter B Cannon,一八七一—）；生物學的像摩爾根（Thomas H. Morgan,一八六六—一九四五）、甘農、皮特泰（Donald

Culross Peattie, 一八九八—）、及柏班克（Luther Burbank, 一八四九—一九二六）；醫學與外科的，像奧斯勒（William Osler, 一八四九—一九一九）、顧盛（Harvey Cushing, 一八六九—一九三九）、及喀雷爾（Alexis Carrel, 一八七三—一九四四）；天文學的，像霍布利（Edwin P. Hubble, 一八八九—）及沙披里（Harlow Shapley, 一八八五—）。

對普通人比「純粹研究」甚至更感動的，是新發明的發展與科學的技術應用，對於這些他們已能瞭解了。航空機之發展，由本世紀之初萊特兄弟（Wright, Wilbur 一八六七—一九一二, Orville 一八七一—一九四八）的模型，以至林白（Charles A. Lindbergh, 一九〇二—一九七四）於一九二七年單獨飛越大西洋，最後於一九四五年有噴射—推進機及火箭機等，爲時不及五十年；許多人在其一生中曾見其全部過程。裝設冷氣設備，傳眞機，預鑄房屋，塑膠，人製的橡膠是聯合數百萬人之經驗，迅即又有百萬人計之要求。在這全體之上，便有配裝原子能的聯想。雖然科學家在他們的估計各異，但預告原子能爲着電力的目的之應用，在三至二十或五十年之內實現。

在二十世紀大多科學家堅持社會的中立性與客觀性之學說，他們否認科學家有任何使用的負責，以爲他們的「純粹」研究是脫離社會的涵義，而提出與辯護科學的調查作爲唯一眞正致力於研究。福勒克斯納變爲這種展望的一個象徵。第一次世界大戰留下更多人民的疑惑，因爲停止社會的負責，及原子彈於第二次世界大戰投下後，這暴風雨打破了。許多原子科學家自動採取領導，藉聯合國組織或一個世界政府，要求科學研究之社會的控制，以阻止也許引起各國間可怕毀滅的科學競爭。甚至有些科學家開始主張，科學並非僅純粹「客觀的」；科學家不是與不能完全沒有假設與價值而專心於進行其工作；在文化的力量與傳統中，科學的智識必須探索以知道其對於實用與處理的關係。

工程師在其科學的技術應用，對社會的研究，證諸工業的工程師會在其「技術主義」（Technocracy）的報告及羅卜（Harold Loeb，一八九一—）與布魯京斯社（Brookings Institution）關於美國生產潛力之報告，對這點所見比「純粹」科學家尤爲淸楚。全國設計局與全國資源計劃局皆認識利用科學對於公衆福利的需要。一九四五年，對一切都是淸楚的，當科學家於一緊急國家大計，卽稱爲曼哈坦（Manhattan）設計的政府之原子計劃合作的從事時，一躍便能達到了。在研究中一種合作的與同等的計劃能於三四年完成，這或在大學與私立基金會使各個科學家歷許多次長期的工作。有些開始驚奇，在相同的條件下在平時從事也許可以成就的。

一九四五年十二月，大約有二百名首要的科學家發表一篇報告書，由全國科學基金委員會（Committee for a National Science Foundation）所派發，這委員會係應哥倫比亞的尤列及哈佛的沙披里的邀約而組成。這報告書力勸聯邦款應在政府贊助下分派於科學的研究，與主張科學研究對公衆福利這麼重要，故公款應供給私人的研究。這傾向像保守的哲學家所宣傳，不在智識與動作的分離；這傾向又像實驗主義者所迫切陳詞，是趨向於智識與動作之密切關係。

社會的科學　二十世紀美國學識最重要發展之一，是由許多學者與作家對社會的科學增加注意。社會展望之全部範圍，是在他們的著作中，從最保守的政治與經濟觀點到改革家與社會主義的學說所代表。這趨勢是對美國學術機構一種增進的寫實派的敍述，而其如何進行，則是關於政治的、經濟的、與社會的力量對於美國文化與人民福祉。不管許多的假設，社會的科學必須像物理的與自然的科學一樣，漸多的社會科學家開始認識，他們所敍述的，即使他們工作之最初的作用，解釋是合理的，也非加入社會的事情不可。無論何種解釋，他們所爲者是基本的根據他們所主張之社會價值，與他們覺得在美國生活中可合意的社會關係之種類。

在歷史學家中，跟着新創始或作顯著的解釋，有脫爾諾（Frederick Jackson Turner,一八六一——一九三二）、魯濱遜（James Harvey Robinson, 一八六三——一九三六）、貝卡（Carl Becker,一八七三——一九四五）、士雷辛加（Arthur M. Schlesinger, 一八八八——）、比亞德（Charles A. Beard,一八七四——）、蘇特威爾（James T. Shotwell,一八七四——一九六五）、佛克納（Harold U. Faulkner, 一八九〇——）、斯密（Preserved Smith,一八八〇——一九四一）、巴令頓（Vernon L. Parrington,一八七一——一九二九）、寇第（Merle Curti, 一八九七——）、桑戴克（Lynn Thorndike, 一八八二——）、尼文斯（Allan Nevins,一八九〇——）、費施（Carl Russell Fish,一八七六——一九三二）、威丁巴卡（Thomas J. Wertenbaker,一八七九——）、安德魯（Charles M. Andrews, 一八六三——一九四三）、希克斯（John D. Hicks,一八九〇——）、巴克生（Frederick L. Paxson, 一八七七——）、福克斯（Dixon Ryan Fox, 一八八七——一九四五）、摩禮遜（Samuel Eliot Morison, 一八八七——）、韋特克（Carl Wittke, 一八九二——）、

杜博斯（W. E. B. Dubois,一八六八—一九六三）、柯馬加（Henry S. Commager, 一九〇二—）、尼度利斯（Curtis P. Nettles, 一八九八—）、亞當斯（James Truslow Adams, 一八七八—一九四九）、及佛里門（Douglas S. Freeman, 一八八六—）。

著名經濟學家，包括威卜蘭（Thorstein Veblen, 一八五七—一九二九）、米契爾（Wesley C. Mitchell, 一八七四—）、柯蒙斯（John R. Commons, 一八六二—一九四四）、波里曼（Selig Perlman, 一八八八—）、道格拉斯（Paul H. Douglas, 一八九二—）、西力曼（E. R. A. Seligman, 一八六一—一九三九）、白利（Adolph Berle, 一八九五—）、曼斯（Gardiner Means, 一八九六—）、雷安（John A. Ryan, 一八六九—一九四五）、阿加（Herbert Agar, 一八九七—）、勒那（Max Lerner, 一九〇二—）、胡克（Sidney Hook, 一九〇二—）、哈卡（Louis M. Hacker, 一八九九—）、大衞斯（Jerome Davis, 一八九一—）、蔡斯（Stuart Chase, 一八八八—）、及安諾德（Thurman Arnold, 一八九一—）。對於政府、政治的科學、與法律的作家，包括有美里亞姆（Charles E. Merriam, 一八七四—）、比亞德（Charles A. Beard, 一八七四—一九四八）、李普曼（Walter Lippmann, 一八八九—）、拉斯威爾（Harold D. Lasswell, 一九〇二—）、高斯（John M. Gaus, 一八九九—）、士尼達（Herbert W. Schneider, 一八九二—）、斯密（T. V. Smith, 一八九〇—）、龐德（Roscoe Pound, 一八七〇—一九六四）、卡度古（Benjamin Cardogo, 一八七〇—一九三八）、及法蘭克福達（Fedix

Frankfurter，一八八二—一九六五）。

社會學與社會心理學，有這些人物，像索姆奈（William Graham Sumner，一八四〇—一九一〇）、魯斯（Edward A. Rose，一八六六—）、霍布豪斯（Leonard T. Hobhouse，一八六四—一九二九）、吉丁斯（Franklin H. Giddings，一八五五—一九三一）、柯利（Charles H. Cooley，一八六四—一九二九）、艾爾伍德（Charles A. Ellwood，一八七三—一九四六）、麥愛化（Robert M. McIver，一八八二—）、萊恩德（Robert，1892- and Helen Lynd）、奧格班（William F. Ogburn，一八八六—）、奧度姆（Howard Odum，一八八四—）、麥道高（Wiliam McDougall，一八七一—一九三八）、楊格（Kimball Young，一八九三—）、大來德（John Dollard，一九〇〇—）、華納（W. Lloyd Warner，一八九八—）、及大衞斯（Allison Davis，一九〇二—）。在此類作家之手，人類學增加「尊嚴」者，像包艾斯（Franz Boas，一八五八—一九四二）、奧斯本（Henry Fairfield Osborn，一八五七—一九三五）、林頓（Ralph Linton，一八九三—）、貝納狄克特（Ruth Benedict，一八八七—）、及米德（Margaret Mead，一九〇一—）。著名的哲學家，有杜威、羅伊斯（Josiah Royce，一八五五—一九一六）、桑塔亞那（George Santayana，一八六三—一九五二）、愛德曼（Irwin Edman，一八九六—）、柯亨（Morris R. Cohen，一八八〇—一九四七）、霍京（William E. Hocking，一八七三—一九六六）、米德（George Herbert Mead，一八六三—一九三一）、鄂圖（Max Otto，一八七六—）、及

斯密（T. V. Smith,一八九〇—）。

社會科學家之聯合從事與合作的努力，歸於由西力曼（E. R. A. Seligman,一八六一—一九三九）及約翰生（Alvin Johnson, 一八七四—一九七一）所編社會科學百科全書（Encyclopedia of the Social Sciences ）的偉大的與極端的重要冊籍，及美國傳記辭典（Dictionary of American Biography ）。第一次世界大戰後組立之社會科學研究委員會（Social Science Research Council ），在這門採取領導以致力同等的研究，而美國歷史聯合會（American Historical Association ）提倡幾種合作的學科，其中對教育最重要者是其學校社會學科委員會（Commission on the Social Studies in the Schools ）之分析與解釋。新政（New Deal ）從學院與大學極力徵聘經濟家、社會學家、與政府專家充當諮議與設計者。因此反對者對「智囊團」提出嘲笑，但保守者變爲贊助的似乎支持他們的方面。全國製造業者聯合會、商會，與共和黨，曾有學者代表他們研究、寫作、與演講。

在第一次世界大戰及大不景氣以前，大多社會科學家相信美國社會的基本結構是強固的，但一九三〇年初期曾見社會科學家之興趣極大的復活，以他們試圖尋出經濟崩潰的原因與指示美國應循合意的方針而行。越來越多社會科學家開始相信，美國必須多少迅速的趨向於社會的改革，與社會的智識。作爲社會的設計與社會的行動之指導是有用的。

語言技術與文學　美國文學於二十世紀變爲自有的，最後脫離對歐洲之完全依賴。傳奇小說、歷史、或色情供給許多著作的資料，但環繞各階層社會情況之實在的敍述，開始負擔一更大任務，從懷疑人生事實主義（Factualism）至有力的與最誠懇的社會的改良主義在內。這些論題是敍述於此類人物所撰小說之內，像詹姆斯（Henry James，一八七九—）、何威爾斯（William Dean Howells，一八三七—一九二〇）、倫敦（Jack London，一八七六—一九一六）、辛克萊（Upton B. Sinclair，一八七八—一九六八）、德萊塞（Theodore Dreiser，一八七一—一九四五）、路易士（Sinclair Lewis，一八八五—一九五一）、海明威（Ernest Hemingway，一八九八—一九六一）、巴蘇斯（John Dos Passos，一八九六—）、福克納（William Faulkner，一八九七—一九六二）、法雷爾（James T. Farrell，一九〇四—）、吳爾夫（Thomas C. Wolfe，一九〇〇—一九三八）、斯特布林（T.S. Stribling，一八八一—一九六五）、楊格（Stark Young，一八八一—一九六三）、羅伯特斯（Kenneth Roberts，一八八五—一九五七）、費滋傑維（F. Scott Fitzgerald，一八九六—一九四〇）、艾倫（Hervey Allen，一八八九—）、斯坦貝克（John E. Steinbeck，一九〇二—）、加德威爾（Erskine Caldwell，一九〇三—）、威爾德（Thornton N. Wilder，一八九七—）、及張伯倫（John Chamberlain，一九〇三）。

婦女地位的提高，是顯示無處比此類著名女作家之著作更顯著的，此類作家像華爾敦（Edith N. Wharton，一八六二—一九三七）、凱塞（Willa S. Cather，一八七六—一九四七）、賽珍珠（Pearl Buck，一八九二—一九七三）、索考（Ruth Suckow，一八九二—）、格萊斯高（Ellen

Glasgow, 一八七四—一九四五）、米契爾（Margaret Mitchell）、亞他頓（Gertrude Atherton, 一八五七—一九四八）、及勞林斯（Marjorie Kinnan Rawlings, 一八九六—）。短篇故事變爲文學之廣大傳播與流行的風格，由如下人物的著作爲之證明，像薩洛揚（William Saroyan, 一九〇八—）、施恩（Vincent Sheean, 一八九九—）、加德威爾、法雷爾、福克納、斯特納（Wallace Stegner, 一九〇九—）、費施爾(Dorothy Canfield Fisher, 一八七九—一九五八)及塔金頓（Booth Tarkington, 一八六九—一九四六）。詩是由此類詩人爲代表，像桑德堡(Carl Sandburg, 一八七八—一九六七）、林賽（Vachel Lindsay, 一八七九—一九三一）、馬斯特斯（Edgar Lee Masters, 一八六九—一九五〇）、佛洛斯特（Robert Frost, 一八七四—一九六三）、傑佛斯（Robinson Jeffers, 一八八七—）、連納德（William Ellery Leonard, 一八七六—一九四四）、克雷恩（Hart Crane, 一八九九—一九三二）、米雷（Edna St. Vincent Millay, 一八九二—一九五〇）、偉利（Elinor Wylie, 一八八五—一九二八）、凱塞（Willa S. Cather, 一八七六—一九四七）、泰特（Allen Tate, 一八九九—）、凡多倫（Mark Van Doren, 一八九四—）、貝內（Stephen Vincent Benet, 一八九八—一九四三）、休斯（Langston Hughes, 一九〇二—）、及麥克利西（Archibald Mac Leish, 一八九二—）。

美國的幽默家，顯示最健全的美國的特性之一，詼諧的意味，在此類人物廣泛的各種著作之中，像羅傑茲（Will Rogers, 一八七九—一九三五）、拉得諾（Ring Lardner, 一八八五—一九三三）、馬貴斯（Don Marquis,一八七八—一九三七）、瑟伯（James Thurber.一八九四—一九六一）、格洛斯（Milt Gross）、納西（Ogden Nash，一九〇二—）、吉布斯（Wolcott Gibbs，一八〇二—一九〇八）、班奇利（Robert C. Benchley，一八八九—一九四五）、及戴伊（Clarence Day，一八七四—一九三五）。著作中一種幾乎獨特的格式，大約略叫做文學，但屬於顯著的權威，是由報紙專欄作家所產生，像麥恩泰里（O. O. McIntyre，一八八四—一九三八）、布利斯班（Arthur Brisbane,一八六四—一九三六）、李普曼（Walter Lippmann,一八八九—）湯普生（Dorothy Thompson，一八九四—）、布安（Heywood Broun,一八八八—一九三九）、羅斯福（Eleanor Roosevelt，一八八四—）、皮爾生（Drew Pearson，一八九七—）、艾倫（Robert S. Allen，一九〇〇—）、及皮格拉（Westbrook Pegler，一八九四—）。在展望中，有些是復古的，有些是開明的．最多是保守的。

也許比任何其他出版物有更廣大的閱讀者是滑稽書（Comic Books）、低級趣味雜誌像眞實故事（True Story）與眞實的自白（True Confessions）、以及在各大型日報之體育欄作家。美國人或比任何其他民族似更爲雜誌之閱讀者，每星期或每月銷售以數百萬本計。雜誌範圍由短篇故事週報、新聞彙集、圖解的週報、及對於「高級」文學雜誌之社會意見與幽默的定期刊物。較著名的少數出版物是星期六晚報（Saturday Evening Post）、柯里爾雜誌（Collier's）、婦女家庭雜誌（Ladies' Home Journal）、美國人雜誌（American Magazine）、自由雜誌（Liberty）、時代週刊（Time）、生活雜誌（Life）、展望雜誌（Look）、讀者文摘（Reader's Digest）、文學文摘（Literary Digest）、新聞週刊、紐約客（New Yorker）、民族雜誌（Nation）、新共和（New Republic）、大西洋月刊（Atlantic Monthly）、哈潑雜誌（Harper's）、調查圖表（Survey Graphic）、全國地理雜誌（National Geographic）、幸運雜誌（Fortune）、耶魯評論（Yale Review）、南方評論（Southern Review）、及維吉尼亞季刊（Virginia Quarterly）。尚有其他數十種，每星期及每月充滿於報紙雜誌售賣攤與圖書館。

即使細查書籍的「較好」出版，巨型報紙像紐約時報與紐約前鋒論壇報（New York Herald Tribune），每開闢書籍評論欄。文學星期六評論（Saturday Review of Literature）維持書評之優等的性質，許多雜誌增加文學批評的產品。批評家在文學世界變爲著名的人物，此類人物的事例，像甘畢（Henry Seidel Canby，一八七八—一九六一）、維拉德（Oswald Garrison Villard，一八七二—一九四九）、布魯克斯（Van Wyck Brooks，一八八六—）、科里（Malcolm Cowley，一八九八—）、威爾遜（Edmund Wilson，一八九五—）、及希克斯（Gran-Ville Hicks，一九〇一—）。孟勤（H L Mencken，一八八〇—一九五六）是批評家最銳利者之一，由其「美國」語言著名的研究，獲得另外的注意。

語言的學者，對於語言傳達的任務，變爲有興趣的。語意學對於那些側重守義非固定的與不變的，而關於情節或其被用的上下文現出各種意義者，變爲一種俗語。在其他人們中，理查茲（I. A.

Richards，一八九三—）、奧格登（C. K. Ogden，一八八九—）、及柏克（Kenneth Burke，一八九七—）指出語言與字義關係的性質。美國的語言與美國的文字開始除去其對大傳統獨佔的順從，而反映其趨向於社會的改革與實驗主義的傾向。

藝術與音樂　二十世紀，美國的藝術與音樂亦開始脫離傳統的形式與傳統的主題，而對反映時代之社會的傾向一種新精神，予以表現。「形式應追隨作用」，對那些試圖在藝術形式中對時代的新生命給予一種更寫實的與更自由的表現者，變爲笑柄。一般來說，所努力者是使美術在實用的藝術中更有作用的與保證更優的設計。個別的表現，社會的諷刺，與社會的改革，是在歐尼爾（Eugene O'Neill，一八八八—一九五三）、安德生（Maxwell Anderson，一八八八—一九五九）、奧德斯（Clifford Odets，一九〇六—）、康尼利（Marc Connelly，一八九〇—）、萊斯（Elmer Rice，一八九二—）、格魯他斯（Rachel Crothers，一八七八—）、霍華德（Sidney Howord，一八九一—一九三九）、雪伍德（Robert E. Sherwood，一八九六—一九五六）、格林（Paul Green，一八九四—）、考夫曼（George S. Kaufman，一八八九—）、及哈特（Moss Hart，一九〇四—）的戲劇著作中各樣的扮演。戲劇之社會的方面反映於各種合作的投機像劇場協會（Theater Union）、聯合劇場企業（Federal Theater Project）、水銀戲院（Mercury Theater）、集體戲院（Group Theater）、及劇作家公司（Playwrights' Company）。舞臺設計依據塞門遜（Lee Simonson，一八八八—）及其他之作法。

現代建築繼續沿着索利凡（Louis H. Sullivan, 一八五六—一九二四）、萊特（Frank Lloyd Wright, 一八六九—一九五九）、格魯比亞斯（Walter Gropius, 一八八三—一九六九）、及薩里寧（Eliel Saarinen, 一八七三—一九五〇）所定發展的路線。不管對於無線電廣播城（Radio City）、一九三三年支加哥世界博覽會、一九三九至一九四〇年紐約世界博覽會之建築設計的爭論，這是清楚的，現代設計在事務所大廈、私人房屋、與公共房舍，獲得對抗傳統的進步。美國畫家開始脫離薩爾金特（John Singer Sargent, 一八五六—一九二五）的傳統派，試圖以表示美國個人主義者展望之「民俗的」精神，像在此類藝術家伍德（Grant Wood, 一八九二—一九四二）、邊頓（Thomas Benton, 一八八九—）、寇里（John Steuart Curry, 一八九七—一九四六）、薩維基（Eugene Savage, 一八八三—）、羅濱遜（Boardman Robinson, 一八七六—一九五二）、坡阿（Henry Varnum Poor, 一八八八—一九七〇）、及歐基菲（Georgia O'Keeffe, 一八八七—）的作品中。攝影術在史泰格里茲（Alfred Stieglitz, 一八六四—一九四六）、波亞基—懷特（Margaret Bourke-White, 一九〇六—）及羅素李（Russell Lee）的手中，變爲一種認可的藝術之風格。彫刻在曼施普（Paul Manship, 一八八五—）、聖高敦斯（Augustus Saint-Gaudens，一八四八—一九〇七）、及法蘭西（Daniel Chester French, 一八五〇—一九三一）之作品中，稍微脫離傳統。

美國的音樂，在哈德里（Henry Hadley, 一八七一—一九三七）、布洛克（Ernest Bloch,

一八八〇—一九五九）、韓遜（Howard H. Hanson，一八九六—）、泰勒（Deems Taylor，一八八五—）、卡賓達（John Alden Carpenter，一八七六—一九五一）、梅遜（Daniel Gregory Mason，一八七三—一九五三）、及吉柏特（Henry F. Gilbert，一八六八—一九二八）的樂曲中，亦開始在較大的或較小的程度中脫離歐洲的模範。更完全之美國的與現代的是哥普蘭（Aaron Copland，一九〇〇—）、布里利斯天（Marc Blilzstein，一九〇五—）、蓋許溫（George Gershwin，一八九八—一九三七）、格呂恩堡（Louis Gruenberg，一八八四—一九六四）、艾伍茲（Charles Ives，一八七四—一九五四）、西遜斯（Roger Sessions，一八九六—）、湯普生（Rondall Thompson，一八九九—）、哈利斯（Roy Harris，一八九八—）、及詹生（Werner Janssen，一九〇〇—）的作品。當然，黑人韻律與拍子的影響，在「良好」美國音樂的發展以及在爵士舞樂（Jazz）的節調中是非常強的。

交響曲音樂，美國在達姆魯斯克（Walter Damrosch，一八六二—一九五〇）、托斯卡尼尼（Arturo Toscanini，一八六七—一九五六）、考施維特斯基（Sergei Koussevitsky，一八七四—一九五一）、及其他的領導下，各大管絃樂隊中有一顯著的復活。跳舞，經過巴蘭貞尼（George Balanchine，一九〇四—）、鄧肯（Isadora Duncan，一八七八—一九二七）、大美里斯（Tamiris）、聖丹尼（Ruth St。Denis）、蕭安（Ted Shawn）、格蘭姆（Martha Graham）、霍姆（Hanya Holm）、洪非烈（Doris Humphrey）、威德曼（Charles E。Weidman，一九〇一—）、及蘇考勞（Anna Sokolow）等此類人物之影響，在其新演出與脫離歐洲傳統的歌舞之模範，是著名的。歌劇大部份保留傳統的式樣，但「輕歌劇」（Light Opera）與歌劇開始注意美國對於靈感的生活，例如，像鰊鱻魚與貝絲（Porgy與Bess）及俄克拉荷馬（Oklahoma）之各異的表現。

最重要方策之一，當經濟不景氣時，由新政緊急策略的產生，使美國藝術更接近於人民。原始的計劃給予無職業的作家、藝術家、劇員與音樂家以救濟，這計劃是這樣注意的設計與實行，表示對流行的嗜好與鑑賞而得到廣泛的裨益。聯邦藝術計劃（Federal Arts Project）是在作業發展局之下，於一九三五年組成。全部計劃首由貝克爾（Jacob Baker，一八九五—）領導，後由伍德華德（Ellen S. Woodward）繼之；其部份包括聯邦藝術計劃，由加希爾（Holger Cahill，一八九三—）主持，聯邦音樂計劃，由蘇考洛夫（Nicolai Sokoloff）主持，聯邦劇場計劃，由費拉那根（Hallie Flanagan）主持，與聯邦作家計劃，由亞耳斯堡（Henry G. Alsberg）主持。

不僅有數百人被僱用，而且全國更有數千人參加各種藝術的班級，及以廉價傾聽音樂會與觀看表演。美國的民間藝術，是在美國圖案索引（Index of American Design）中編入目錄，本土的美國音樂，是在全國各地受激勵，美國的民間傳說，是被蒐集，與對美國各州，河流，及全國資源極有價值的指導是撰著的。實在，所有創作並非屬於最高的才能，但美國人首次得到藝術之聯邦的贊助，能夠意味使藝術接近於人民的一種意識。這引起許多人驚奇，是否藝術之私人的贊助於擴張公共與藝術家之間，相差未有太遠？有些人開始詫異，倘若藝術與科學之社會的任務未會大大的改善，但倘若藝術之支持者是略循教育的路線，由是公共與私人的支持可並肩存在了。

第十一章　二十世紀美國的教育

在二十世紀，美國文化的衝突，是反映於美國教育關於組織、目的與課程的爭論。對於政治的、經濟的、與社會的改革之傾向，在教育上發現了反應，對社會改變的反抗，也和對教育改變的反抗一樣。因此，教育在許多方面比社會的改變落後，但其傾向是不會錯的。較新的哲學家與心理學家，在教育上各級之目的與課程，作斷然的改變，或許最顯然的是在學前與初等教育，中等教育次之，高等教育又次之。

第一節　教育機構的組織與管理

一、使教育平等的機會

在過去五十年中，面對教育行政最重要論點之一，是對所有美國兒童及青年，供給更平等的教育機會之問題。求學機會迅速發展的事實，無法蒙蔽關心的學生們，但在教育之質與量用於人口各集團中，有極不平等的繼續存在。更工業化的與因此較富庶的州，更多消費於教育，因此能供應較好的機會。例如：一九四〇年，全國每一學生平均用費約逾八十元；但南方九個州，每一學生用費不及五十元，而其他八州則每一學生用費超過一百元。密士失必州每一學生用費僅二十五元，不及全國平均數三分之一，若與紐約州的用費來比較，不及五分之一。

而且，這是明顯的，在各州之內，城市與工業區所處，比鄉村與農業區是較為有利的。歷來由地方單位供應學校給養的大部份，那些單位，以較稠密的人口與較富裕的，對於學校能耗費更多金錢與供給更好的學校。同樣，黑人兒童和白人兒童比較，在教育機會的準備中，顯然是極不平等；在南方各州，每一黑人兒童平均費用，比諸每一白人兒童是約佔四分之一至三分之一，而比諸全國平均數約佔八分之一。因此，一般來說，這不平等是極大的，一則因為有些社區沒有充分資財以維持適當的教育，抑或因為他們不願消耗相等數量的費用於人口的某部份，或屬於兩者。

冀圖使拉平此等差異採取有幾種方式。在各州之內，撥定相當的款項，分配於州助各地方的社區，以協助最貧窮的區域為基礎。州的全部財富應吸取以服務於全體居民，在這一般原則之下，發展各種方式使州的協助給予各社區，根據其需要與能力以為學校而籌款，許多兒童應受教育，與他們的願意盡可能課稅，以為學校的支持。許多州由州的入息稅及由其他課稅來籌款，以對那些如無協助則不能應付急需的社區，給予協助。

同樣，許多州發表合併各地鄉村學校區為較大的單位，以便以較少用費供應更有效的學校。以投資於一縣的基礎，各區能給養較少而且較良的學校，由學校交通的汽車服務，及由較好薪給而受優良訓練的教師來管教。這合併運動遭遇有力的反對，因爲許多熱心於地方的與分權的控制，誠恐縣或州要覇佔其權，雖然有此反對，但合併的傾向是繼續的。

對於黑人的不平等，在州級並未這樣有力地被攻擊，因爲州立法機構感受其選民中某些份子的壓力，遂堅持抵抗之故。許多努力以改善黑人學校是來自私人的基金會，像普通教育局（General Education Board）、皮巴蒂基金（Peabody Fund）、斯拉達基金（John B. Slater Fund）、眞尼斯基金（The Jeannes Fund）及魯生瓦德基金（The Julius Rosenwald Fund）。卽使南方各州意欲改善黑人學校者，但由於缺乏款項以應他們的需要，亦覺得礙難進行。

儘管靠縣、州與私人機構以獲得教育平等的機會，立卽變爲更清楚的，尤其當一九三〇年之初不景氣時期，除非聯邦政府在實質方面着手於學校支持之道，否則對於全美國兒童眞正的平等，尙無法達到。聯邦對教育協助的壓力，從各方面增加，一系列的法案在國會提出。無論如何，直至一九四六年末，對於美國一般教育的支持，並無聯邦協助的法案通過。教育家認識聯邦款的需要越來越多，但許多卻仍憂慮受聯邦的控制。

在政治的與經濟的範圍，顯然是對中央集權力量，在教育的問題中是特別恐懼。許多反對聯邦支助者，因爲他們覺得控制應仍在各州之手，而深信如果由聯邦資助則難免受聯邦的控制了。其他贊成聯邦支助而防備聯邦控制者，因此反對所提出的某些法案，因爲他們不願包括特殊的條款。南方各州與南方的國會議員，反對幾種法案，因其條款欲使款項平均分配於黑人與其他少數民族。其他反對若干法案者，因爲它們要求聯邦給予私立及公立學校的協助；羅馬天主教贊成此類法案，但反對任何聯邦協助法案之不肯對私立及教區學校的支助。由於所有這些集體在各異方向之拖來拖去，問題仍未解決，但壓力依然存在。

也許對於問題最確定的政策說明，是一九四五年在教育之聯邦—州關係（Federal-State Relations in Education）的小册子中發表，這小册子是由全國教育聯合會之教育政策委員會（Educational Policies Commission of the National Education Association）與美國教育評議會之問題與政策委員會（Problems and Policies Committee of the American Council on Education）共同編印。這些團體深悔聯邦政府之中央集權的傾向與其控制教育的意欲，但它們堅持聯邦政府必需參加對教育的支持。他們非難平民保護團、全國青年管理局，及爲退伍軍人之軍人重整法案（Serviceman's Readjustment Act；普通叫做G. I. Bill of Rights），作爲聯邦政府之永久機構，但它們注意，當各州對這緊急情勢不肯主理時，則由國會負責。

所提議的各種原則，是教育之主要的控制，仍保留在州與地方等級，而聯邦政府，在適當規定限制之內，應繼續行使確定的教育之功能。聯邦政府應根據學校的人口及各州的財富，對各州供應財政上協助。這應處理已設立之州機構，發給款項，祇有權以稽核及報告款項之使用。聯邦政府應亦運用激勵的領導權，但在調查、研究、會議與出版的形態，並非強迫的性質。教育受聯邦的控制應該限於某種特別的負担，像陸軍與海軍的學校。此等見解或許代表美國教育家大多數人的意見。

二、聯邦參與教育

由十九世紀開始聯邦供應教育的趨勢，於二十世紀時加速，但這是逐件進行，而非留心的設計與完全的服務。國會注意一種特別需要或負責對於特別的要求，因是制訂條款，對特別教育的協助。試就少許著名的發展，敘述如下。一九一四年，斯密—利威爾法案（Smith-Lever Act），供應農業的推廣服務，對全國各鄉村區，傳播關於農耕方法與家庭經濟之有用的智識。縣農業的代理人是授權給與農人及家庭主婦工作，以改善他們的操業及提高農業生活的水準。演講、聚會、會議、上課、出版及表演，是由聯邦款項供應，相等於由那些接納這法案條款之各州相對基金。

一九一七年斯密—休斯法案（Smith-Hughes Act），於中等學校設置職業教學，包括農業的、家政學、商業與工業的學科。聯邦職業教育董事會與州的董事會之組設，以管理聯邦款項。此款項與各州爲相對基金，是將用以支付農業教師的薪酬，在比例上，一州的鄉村人口比對國家全部鄉村人口；支付家政學、商業與工業的—技藝的教師之薪酬，在比例上，州之城市人口比對國家全部城市人口；協助各州準備在這些學科的教師，在比例上，州的人口比對美國的全部人口；及用以主持各學門的研究。一九二九年，對於職業教育的經費，是由喬治—列德法案（George-Reed Act）而增加。一九三六年，喬治—狄恩法案（George-Deen Act），推廣聯邦協助在中等學校教授分配或販售的職業。殘障的人之職業的善後，憑一九二〇年職業善後法案及一九三五年社會生活保障制度法案，亦得聯邦的支助。

當經濟不景氣的年份，新政對於專作教育之用的需要聯邦支助，作極大的策動。平民保護團於一九三三年組成，對於失業的青年，給予救濟、僱用及職業訓練。一種教育的與工作的計劃是設置各種露營，由是藉青年們協助以保存及發展國立公園、森林及其他資源。全國青年管理局於一九三五年成立，以供應失業青年的工作，專心協助其覓職，給予職業的訓練與財政上之幫助使其能入學校或學院肄業。此兩者於準備戰時工人方面有大效用，但於一九四二與一九四三年間備受漸增的批評，直至最後完全停閉為止。工作設計局（Works Project Administration）供應款項，以為失業教師作工作──救濟的工資，及推廣托兒所、職業訓練與善後、工人教育、成人教育及在美國居留之外籍人民歸化等教育計劃。公用局（Public Works Administration）對於各社區與各州供應大量的撥款與貸款，以為校舍的建築。在這以及許多其他方面，教育分享聯邦政府的努力嘗試，以應付緊急的經濟情勢。

由於一九三〇年之末國際情勢的惡化，聯邦政府開始主持國防的教育策略。一九三八年，民航當局始創訓練飛行員計劃。一九四〇年，大批聯邦款項開始由聯邦教育署分配為在學校與學院訓練國防工作人員之用。在五年之間，戰時訓練計劃給予約一千二百萬人之職業的準備，用費五億元。其中八百萬人係在二千五百間中等學校中訓練，一百五十萬人在二百三十八間學院與大學中訓練，其他二百五十萬人在一萬五千個農村社區中訓練。最通行的學科，是航空與汽車服務、廣播與電學、機械場、造船與鎔接工作。

由於一九四五年平民戰時—訓練計劃的走到顛峯，政府對於退役軍人之教育受惠的計劃，加速進行。一九四四年，軍人重整法案供給男女退役軍人於學校或學院修習，每學年學費與供應品共五百元。凡服役三個月的退役軍人可以享受一年教育，加以在學的長度照其服役的期限計，以迄於最高限度爲四年。除了學雜費之外，退役軍人的學生，單身漢每月另可享受五十元的津貼，如有贍養者則爲七十五元。由於一九四五年戰爭突然停止，數以千計的退役軍人，乘這些實惠之便，開始紛紛湧進學校與學院。一九四五年十二月，物質津貼每月由六十五元提高至九十元。殘廢退役軍人，享受其他恩惠，在物質總數上稍爲增多。

一九三九年，美國教育署由內政部轉而合併公共衞生署（Public Health Service）、社會生活保障制度局（Social Security Board）、全國青年管理局、平民保護團及其他機構，新組成聯邦生活保障制度處（Federal Security Agency）。從一九二〇年起，曾有設立聯邦教育部之議，以內閣一閣員爲部長，但這計劃並未實現。可是，如果國會無論何時通過一案，每年聯邦爲普及教育獎助，及由教育署分配款項，這會相當的提高這署的權力與聲望。無論如何，其作用經已增加，委員（Commissioner）史都貝克爾（John W. Studebaker，一八八七—）提議一種改組，使其對美國教育更有效的與有利的。

中央集權的傾向是進行中，但美國教育署並沒有指示這是意味擴展其對各州教育事權的控制。越來越多的教育家願意試行由聯邦政府對教育使合成一整體與設計支持之實驗，但並不受聯邦的控制。通常的模式曾分配教育職責於政府的各部門，以迄數十個正常的與應變的機構各有其自己的教育職務爲止。這引起許多教育家提議，美國教育署應該擴充與改組，以供應協調與領導力，適當地對於面臨將來美國教育的任務。

無論如何，這似乎清楚的，教育署不會有權請求美國教育參與國際的事務。一九四六年七月三十日，杜魯門總統簽署一項聯合國會的議決案，使美國正式加入聯合國教育科學及文化合作組織爲會員。這決議並規定設立全國教育科學與文化合作委員會（National Commission on Educational,Scientific and Cultural Cooperation），內設委員有一百名。國務院委任四十名及請求五十個團體每個選派一名；此等九十名委員於一九四六年九月首次會議時，然後再遴選十名。這派出的團體，不僅包括專門的教育，並且有科學、藝術、商業、勞工、及新聞、廣播與電影工業。這是可能的，美國教育經過政府與非政府機構合作的努力，在教育的以及國際教育的事務一種更一致的呼聲之下，會得到最後的成功。

雖然或許非預定要完全實現，一九四三年全國資源設計局（National Resources Planning Board）提議，要求戰後時期每年對教育全部經費支出，應比一九四〇年增加一倍以上。估計一九四〇年支出約二十八億元，倘若美國爲著民主政治的國家需要而實現這種教育計劃，每年應開銷六十億元。這要意味對於學前教育、初等與中等教育之經費應由二十億元增至三十億元；初級學院經費由二千六百萬增至四億元；學院、大學與技術學校，由四億六千萬增至十億元；成人教育由五千七百萬增至三億元；學生獎助金由六千六百萬增至三億元；公立圖書館，由五千萬增至三億元。在戰後五年間，爲着校舍及設備之資本支出，亦同樣增加，由三億八千二百萬增至二十億元以上百通。

這是指出，此等款項的大部份要來自聯邦的資金。這些計劃，雖似乎並未實現，但他們指出其需要的方面。戰時生產，曾表示美國爲着達到相當重要之目的而願意支付。這問題，說服了美國的議員和大衆，和平與安全的教育，對於國家利益與爭取勝利，同樣重要。

三、行政與管理上的趨勢

公共與私人的管理　美國教育上，教會與州各別的任務之問題，仍爲二十世紀中棘手事情之一。由州贍給各級教育由學前學校以至成人教育之權，是沒有疑問了。強迫入學的若干法律，至一九一八年各州皆已通過，即使對於在學時期的長短與規定入學年齡的限制，各州不同。各州已組設教育廳或州教育局，州立法機構之法律上權力是完全成立。可是，州對於私立與教區學校之權力問題，直至一九二〇年初，經一重要的司法判決，始告解決。

俄勒岡州於一九二二年議會通過一法律，規定凡該州由八歲至十八歲的兒童，一律要入公立學校。這打擊教區與私立學校制度的心坎，但在一九二五年，美國最高法院判決這法律是違憲的。該法院宣佈，兒童是受父母的支配，而非受州的支配，因此，父母有固有的權力，遣送子女入其認爲福利最好的任何學校，以教授其子女。而且，法院判定，州如非有法律上正當手續，實無權以毀滅私立學校產業的價值。法院再斷言，州規定所有兒童要受教育之權，但並非指明他們必需入公立學校以求得那種教育。它亦再斷言，州有監督與視察所有學校之權，像私立的、教區的與公立的，以了解它們在民主政治中適合教育最低限度的規定。如是，私立的與宗教的學校傍着公立學校而存在之權是被保證了，美國兒童大約似乎有十分之一仍入私立學校。

無論如何，宗教的問題繼續困惱教育家。羅馬天主教集團繼續努力，基於他們的學校減輕納稅人相當的負担，與羅馬天主教的家長們，既為公立學校而納稅，又支持其教會的學校，以爭取公款的一部份。同樣，各宗教集團中，有些份子力說在公立學校中，宗教的教學之條規，應予規定。各種提議與許多不同的常例，表明了宗教教學的問題。一般來說，表現的有四種不同的態度：

一、羅馬天主教態度，是理想上全部教育應該由教會控制下之宗教的教育，但它承認這不適用於非羅馬天主教的兒童，與州要繼續控制教育的大部份。

二、許多新教徒與猶太教徒，寧願世俗的與宗教的教學完全分離，使州學校完全世俗的，而宗教的教學則保留於教會。他們堅持教會與州完全分開，以如許分歧的宗教集團，在一國中是唯一眞正民主的辦法。

三、許多新教的集團贊成在公立學校中施行非教派的宗教教學，連同世俗的教學。他們爭論以為美國文化這麼多的共同基礎，在其起源中是基督教的，此等共同宗教的教義能夠構成非教派宗教的教學基礎。這大多常常帶有在學校讀經的性質。猶太敎徒與羅馬天主敎徒常常反對這種實施，因其所用之聖經是新敎的聖經，因此在他們的眼光中是敎派的。當一九三〇年之末，實行曾經顯示廣大的變化。一九三七年，十二州由法律規定在學校中讀經；六州由法律特別准許如地方學校願意的可使其讀經；十八州法律保持緘默，但暗示准許其讀經；在十二州中，根據法院解釋，讀經是不准許的。少數的州議會，由法律特別禁止讀經。

四、在最近年份，第四種提議，在所有宗敎集團中獲得依附者，即是，由公立學校週日開放的時間或下課的時間之規定，以便家長們有機會使其子女在學校或在敎會由敎師授與他們的優先信仰之宗敎的敎學。新敎徒與羅馬天主敎徒最贊成開放時間的辦法，由是在一週中劃定若干小時，准許兒童離開他們的正課，以上宗敎課。無論如何，發生相當的反對，因爲開放時間違反敎會與州分離的原則，歧視那些父母不願子女有宗敎敎導的兒童，而令此等兒童當其他學童離開正課時，感到不便的情況。最好的估計，約有一千八百社區採取開放時間的一些方式，只有兩州（新罕布夏、北狄高達）未能夠經由立法、法院判決、或總檢查官的意見，准許此類實施。許多猶太敎領袖寧取下課的時間，當全體兒童放學時，他們能上或不上宗敎課，而不參加者，不會有受耻辱的感覺。無論如何，下課時間並未證明像開放時間的受人歡迎。這應注意的，在所有宗敎集團之內，爲着各種計劃之合宜，每每意見分歧，因此，當提議提出時，爭論繼續搖動許多社區。許多敎育家堅持，在公立學校宗敎的敎學，是適合美國的民主政治及預防歐洲的經驗之最好方法，盡可能的分別爲二。

學校之民主的行政　由一九二〇年起，對若干教育家逐漸變爲淸楚的，藉一個普通平民教育局的公共管理之理論，在實行方面，對於全民最好的利益，並未努力獲致。研究表示，由市長委任的教育局與甚至由人民選擧的教育局，並非人口同一樣品的代表。教育局是包含最大的專門職業者（醫生、律師與敎士）與商業的人物，代表社區裏中上與富裕階級。有些增加的是在一九三〇與一九四〇年，因爲有組織的工會與弱小民族代表開始成爲教育局委員，他們的組合，於是更成爲全民的代表。

其他趨向於教育更民主的行政，在有些學校制度裏，當教師對於制訂學校政策開始獲得若干發言權之時，開始出現，大部份於一九三〇年後得到發展。十九世紀之固有行政的處理，是高度中央集權化與權力主義的，因爲學校於經營學校制度時採取商業的與工業的「效率」的方法。許多教育家逐漸的開始爭論，教育的機構並非類似工業的或軍事的編制。倘若教師們是啓迪學生民主政治的意識，自己必須由參加關於此類的決定，啓發民主政治的習慣。大多數學校行政人員以冷淡態度或實際的敵意來應付這意想，但有些開始盡力使其受考驗。

例如，在俄亥俄州莎卡岡（Shaker Heights），組成一個職員評議會，對那些學校的政策之有系統而確切的說明，負全部責任，這些政策由教育局正常的交與學校總監。學校總監同意受職員評議會決定的限制，這評議會包括四十八名委員。十五名委員是行政的人員，包括總監在內；及三十三名是教師。據總監羅美斯（Arthur K. Loomis，一八八八—）報告，教學人員參與對政策有系統而確切的說明，曾改善教職員的風氣，比諸其他方面可能的決定，終歸是較好的與賢明的。這並沒有造成與執行當局制訂混亂政策的錯誤。職員評議會的職責是共同決定政策，然後委託於適當的行政人員以全權，執行及實施這些決定。

民主的行政之運動緩慢地進步，但它似乎與最佳的展望一致，這展望開始滲入於課程設立、監督實行與教學實施。由於行政人員與教師同樣學習在教育事業上的共同工作，是增進有關最好的利益。有些學校甚至開始給予學生、家長與社區的人物，就有關這些事情發言。「社區學校」的辦法，密切的關於附近社區的需要與福利，在這世紀的中期，獲得更廣大的注意。

對學校的壓力　合作的與統一的專門職業人員包括行政人員與教師兩者的價值，是生於教育家漸增的數量，以其受各方面對學校所施的壓力。聰明的行政人員立卽獲悉，當權力流向兩方向時，他們的地位比諸當所有決定信任他們的主持或單獨信任教育局時，是更爲堅強。當經濟不景氣強迫學校預算刪削時，是著手強大的經濟運動。納稅人同盟與各種團體，施以壓力以裁減學校預算。行政人員覺得，全部職員一種合作的努力，以制訂預算的決定，公告學校計劃之教育的與社會的價值，與在社區中取得領導地位，比諸當行政人員單獨面對要求時，必能取得更大的勝利。

愛國的與退役軍人的團體要求對國旗致敬，教師的效忠宣誓，及著重於愛國主義。宗教團體要求在公立學校作宗教的授課，或對性教育、進化或其他問題教授的排斥。立法機關通過法律，要求美國歷史的教學並禁止德國語言的教授。在這些與許多其他方面，特殊利益的集團包圍各學校以適合其利益。無力的維持學校不過意欲以最有力的集團影響立法機構、教育局或總監。公共教育之有效的提供公衆有令譽的計劃，能極力協助教育家以對抗愚昧的壓迫。

聰明的教育家引導各團體贊成在社區中良好的教育，而其自己職員在公衆之前有系統而確切說明良好教育的政策，並加以辯護。似乎無疑的，這專門職業不能與不應自己脫離社區而孤立，但當制訂其決定時，寧可考慮社區的較大部份。這是合意的以應社區的需要，但以社區中最叫囂的與善組織的少數人簡單地劃定社區的範圍，這是危險的。學校制度，在社區中由向前展望的與民主思想的集團之溝通與商議，發展一種不斷的與合作的計劃，是最堅強的。

四、組織上的改變

美國學校制度的結構甚至其他各種結構，在二十世紀前半期，以應增加學生的註册、社區對學校的要求，與教育家應付新需要作不斷的改良計劃，曾經有許多變更。教育編制的組織，州與州之間以及在許多州的各地區，均有不同。這種變化給與適應性與能力使適合於各種情況，但亦意味在全國各地供應教育有不相稱之質與量的缺點。無論如何，一般傾向是在公共贊助下擴展教育的數量，由低年級以至高年級。當二十世紀伊始，組織之最普通方式是八年小學、四年中學與四年大學，以及供應小學以下學童的幼稚園，並除學院外之專門的、技術的與研究院的學校。當二十世紀肇始數十年間，略有重要的改變，即擴大與開拓這種組織。

學前的教育　這世紀的中葉，變爲淸楚的，大衆對教育負責，正在擴展至收容兩三歲兒童的托兒所，與收容四五歲兒童的幼稚園。托兒所運動在發展中稍爲遲慢，以迄一九三〇年之不景氣年份，由新政工作設計局聯邦所供應之托兒所成立爲止。直至一九三九年，約有三十萬兒童在一千五百間緊急托兒所註册，其中大部份設在公立學校校舍內。富有遠見的教育家力陳，由不景氣及戰時計劃所激勵之托兒所的緊急型，產科照顧，與父母教育，變爲大衆教育之永久性部份。這種傾向，是由一九四〇年白宮關於民主政治兒童會議（White House Conference on Children in A Democracy）及一九四三年全國資源設計局所推薦。

幼稚園於十九世紀經已發展，以供應比正常六歲開始入學年齡更低的兒童之教育設備。一九四〇年，約有六十二萬五千兒童入公立幼稚園，其他四萬人，在私立幼稚園。也許可以預料，此等大部份是在城市中心。托兒所與幼稚園兩者，大部份是應二十世紀城市與工業性質的生活，大多數母親開始將其照料兒童的精力，轉移至工商業。無論如何，此等機構被證明更急切的，因爲年幼的兒童需要團體生活的社會活動，與指導其心理上、道德上及情緒上發展。這指導可由有訓練的教師供應，以補充由家庭供應的教育。實在，此類教師與家長改進他們的智識與洞悉兒童發展及兒童照料的工作，能協助以改善家庭生活本身的性質。早期兒童時代教育與父母教育，對於教育工作者變爲一重要的領域。

初等教育　照已經注意的，一九〇〇年小學顯著的類型是一種八年制學校，兒童正常六歲入學，十四歲畢業。無論如何，即使這種方式變化，南方許多州仍有七年制小學，及新英格蘭許多州有九年制的小學。這種安排的批評，由一九一〇年起，開始增加聽聞，初級中學的計劃，由加利福尼亞州與俄亥俄州發軔後開始展布。這是爭論的，對十三、十四、十五歲發育型少年兒童要求特別注意，作為由初等轉至中等教育的方法。

因此，初級中學作為一分開的編制，包括第七第八第九年級，開始獲得推行。這種發展，變為六年小學、三年初級中學與三年高級中學，常稱為六—三—三制。在鄉村區，初級中學並未盛行，由於教師缺乏與學生太少，仍保留一種八年制或七年制的小學。合併的鄉村學校變為普通的，初級中學遂更為流行。

一九二〇年至一九三〇年間，所見初級中學之如此的迅速發展，小學是否包括六個學年抑或八個學年，這很難說。一般意見似乎是，小學應該為六年制學校，但許多教育家祇注意兒童在教育之一整個的與完整的計劃中接受適合其發育階段的一種教育，而很少考慮關於所包括的學年。主要考慮之一項，是小學的註冊人數，一九〇〇與一九三〇年間，由一千六百萬進至幾乎二千四百萬，迨一九三〇年，開始逐漸降低，以迄一九三八年降至二千萬以下。生育率降低與移民的限制，是很大因素。在戰時雖有輕微的增加，但在戰後年份小學註冊人數，將為相當的穩定。

中等教育　中等教育之編制上定義，甚至是更難的決定。一九〇〇年，這是較簡單的，普通以中等教育歸諸四年制中學，卽在八年制小學與四年制大學之間的一個階段。無論如何，由於初級中學的產生，許多教育家開始把初級中學包括在中等教育之內，卽在中等教育較低級增多兩年。其後，另有一新編制稱為初級學院者，於這世紀之初以後，立卽開始以突出的姿態出現。

初級學院運動，特別在西部於一九二〇年後迅卽擴展。一九一七年，約有初級學院四十六間，學生註册者四千五百名。一九四五年，約有初級學院五百八十間，學生註册幾乎有二十五萬名，有十九州設有十間或更多的初級學院。這對初級學院及技術學院的預期，在第二次世界大戰後一個時期，曾極大的發展。紐約州曾計劃創立二十間技術學院，以兩年課程，授給十萬學生在中學以外職業的、技術的與普通的教育。伊里奈、加利福尼亞與其他許多州也制訂同樣的計劃。

因是，對於中等教育之編制上模型，有許多不同的觀念。有些區域保持八―四制計劃；有些繼續六―三―三排列及認爲初級學院作爲高等教育；其他開始實驗六―六制排列，認爲從第七學年至第十二學年作爲單元的六年中學。有些以一個八年小學是想把中等教育作爲一個單元的六年編制，包括初級學院在內（八―六制）。仍有其他的是想六―四―四制計劃，第七年級至第十年級作爲初級中學與第十一年級至第十四年級作爲高級中學。

這趨勢確定的是引起預期的方向，大部份美國青年會容易的尋求教育的設備，以便於他們直至二十歲爲止。不論這預期要進行超過一般人所預定的年歲，但是無疑的，一百年來這預期已穩健的引起。這在十九世紀曾經力爭對所有兒童直至十三四歲要供給公共教育；甚至更艱難的以確定十七或十八歲的終限年歲（中學之末端）。這條路，在二十世紀以公共開始承認擴展學校之教育的價值，似乎較爲容易的。這事不久實現，是由於在公立中學註册人數的非常增高而顯示，從一九〇〇年五十萬至一九一〇年一百萬，一九二〇年二百萬，一九三〇年四百萬，一九四〇年約七百萬。

高等教育　規定美國高等教育的任務，完全變爲使人迷惑的。首先問題，學院最初兩年是否應屬於中等教育？有些教育家認爲應該這樣考慮。支加哥大學校長胡欽斯近年來就其所提議在第二學年之末授給學士學位，以表示普通教育的終結，因其被視爲中等教育的繼續。無論如何，許多人堅決的反對此種提議，是四年制文理學院的提倡者，他們堅持其應該完整保存的。

二十世紀伊始，四年制學院是高等教育之流行的機構。可是，由於最初兩年是屬於初級學院，最後兩年是屬於專門職業的及技術的教育，這開始失去其獨特的地位了。配合專門職業的、技術的與研究院的編制之巨型大學的產生，開始支配大學部學院的提供，這樣，對於高等專門學科的準備，變爲學院教學一種突出的目標，尤其當四年制學院之最後兩年。由於躐等的進展，其註册人數，一九〇〇年約由二十五萬人進至第二次世界大戰前夕，增加到幾達一百五十萬人。

高等教育管理上顯著的趨勢之一，是公款的增加成份，這於二十世紀撥爲學院與大學的給養。州立大學、政府撥給土地的學院、與市立學院，在學生的數量上變爲使私立大學黯然失色了。由一九三〇年初不景氣年份以降，供應學院基金之私有財產的來源，開始枯竭，許多學院本身感到財政上困離。第二次世界大戰的開始，使這問題依然更尖銳的。入息之高度課稅與男生註册之大量減低，使許多私人基金的學校，陷入災難的危機。但許多學院，由於女生註册的增加，及由陸軍特別訓練計劃、海軍V-12 計劃、工程、科學的、經理與作戰訓練計劃，以及其他作戰活動，獲得政府款項的補助，才渡過戰時的難關。

迨大戰結束，復員的退役軍人享受美國陸軍的權利法案對於教育的利益之便，開始湧進學院，使大多數高等教育機構的註册，突趨繁榮。一九四五年之末，約有十二萬五千名退役軍人，經已註册，其他二十萬人，辦妥申請，直至一九四六年秋季，估計約有五十萬或六十萬退役軍人將要註册。退伍軍人約有百分之三十至四十已結婚，百分之十有子女。由這些事實，遂發生住宅極端缺乏的現象，引起對聯邦緊急房屋計劃之要求。對教育的願望勝過許多的預期，及自戰時由於加速計劃的增加生產及保持許多學校經營一年的十二個月後，各學院始圖招回他們的教職員與囘復一正常的秩序。

五、教學職業的改善

教師的社會地位　二十世紀，教師的地位得到相當的改善；但與其他職業相比較，教學在經濟上報酬的等級是稍低的。所有公立學校教師之平均薪金，一九〇〇年由年薪約三百二十五元增至一九四〇年約一千三百五十元。哥倫比亞大學師範學院的克拉克（Harold F. Clark，一八九九—　）教授發現，一九二〇年與一九三五年之間，公立學校教師列於十五種職業平均每年所得的等級是第十一位，落於嫻熟的工藝匠、傳教士、圖書館員、新聞人員與學院教師之後，而略高於農人、無技藝的勞工、及護士。醫生、律師、工程師、牙醫、建築師所收入者比教師多達三至三倍半。這一千三百五十元的平均數並未包括一切說明全部情形。全國教育聯合會研究主任發現，一九四〇年初，密士失必州教師之平均年薪是五百二十六元，而在紐約州則在二千六百元以上。幾乎有二十萬教師一年收入不及一千二百元，二萬八千名一年收入不及六百元。這是無疑的，一九四〇年之初有千計的教師離開學校去參與一種較有利益的戰時工作。在戰爭結束之前，估計教師缺乏者約有七萬五千至十萬人。

教師低等經濟報酬變爲許多教育家之急切的顧慮，他們極力主張教師的薪金應根據生活費的要求，在與規定相等準備與資格的各種職業比較，以保證教師之生活的水準。傳統上中學教師薪酬較小學教師爲多，故他們並力說薪金應根據訓練與經驗，而非根據學級的程度或學科的教授。而且，特別津貼應給予結婚而有家庭的男教師，每年增加數量應給予歷一相當長期的時間，俾保持高度的進取精神與熱心。在最近幾年，教學證書的需要、任期的規定、病假與退休津貼，經已改善。所有這些，略有助於幾分的補償，對於經濟上報酬的缺乏，作更大的保障。無論如何，在這些方面，有許多尚要實行。

無疑，對於教學職業低級經濟地位之理由方面，是這事實，教師大部份是婦女，無論如何，她們是已被預料可能比男子需要較少的生活費。倘若她們是單身女子或有丈夫當職，這種假想，也許眞確。此外，女教師常未感覺到，這是「高貴的與可敬的」以鼓動要求較高的薪金，或促使她們幾乎好像所有其他有組織的集團所做的一樣，向議會或教育局要求。一九〇〇年，公立學校教師約有百分之七十是婦女；一九二〇年，跟着第一次世界大戰，當時許多男子要服兵役，故增加至百分之八十五。一九三四年，女教師的百分率再降至百分之八十，但當第二次世界大戰，又復升高了。

社會對教師有相當大的壓力。公衆會非常渴望，要教師們守着可堪尊敬的表率，及依照社區主要的習俗。研究會表示，教師的公私生活，除教士外，幾乎比那些在社區中任何其他集團更受公共之褒貶。吸煙、飲酒、紙牌戲、「幽會」、與跳舞，所受公共的鄙視，堪與急進主義相匹敵。然而對黑人、羅馬天主教、猶太人、反戰主義者、黷武主義者與離婚或再婚婦人之歧視，端視時代與居民之性質，在各個社區曾解除約束。

學術自由的全部問題，在二十世紀成爲一棘手的問題，蓋教師們受着廣泛而多樣的壓力，以支持某種運動或避免其他的。「激烈的」爭論種種問題的性質，因時因地而異。在一社區之中，反戰主義的教師，一時或陷入困境；但在其他社區，一個黷武主義者，將受懲罰。一九二〇年，絕對相信聖經上特創說而排斥演化論之宗教信仰與進化論的科學間之爭是劇烈的。一九三〇年，流行「紅色恐怖」，許多以開明自居或甚至傾向新政的教師，被視爲共產黨。直至一九二〇之末，教師之參加工會或直言無隱的同情工會者，是使受「黃狗」（Yellow Dog）的契約，訂明凡參加工會者將被解聘。這種態度，在全國許多方面依然流行，而且獲致實施。

一九四〇年，最激動的爭執點，集中於未成年的關係之各種族間與各集團間的問題。由於社會的勢力交互影響的結果，有些教育家提議，爭論的問題不要全部由教師來處理，但教師寧可教授由社區所普通接受者。其他教育家提議，教師要處理爭論的問題，但應公平的處理各方面及保持完全中立，讓其留交於學生以決定他們所採取的立場。這種見解常括以一言：「教授學生自動去想而非爲聽命去想」。仍有其他教育家力說，教師必須公開的與公平的面對爭論的問題，表示着社區各集團接承此等問題及教師自己所堅持的各種意見。他們主張教師必須由可能的資料之全部範圍，採取一種選擇以爲教授，而此類選擇難免的透露教師之基本的假定與觀點。因此，這是證明，更有助於教師陳述其優良教授的觀點，而非在企圖隱瞞它，且堅持謂他對學科本身並無意見。

倘若教師注意的想透此類問題及根據眞正的硏究與學識而採取他們的決定，然後他們應該自由的以教授照其所見民主政治的價值。在這最後的分析，當社區深信其教師們之正直與誠實時，學術硏究自由將會獲勝了。學術硏究自由，由改善教師的預備、由伸展任期法、及由建立堅強的教師職業上組織，就能增進，這職業上組織將幫助高尙的教學及防衞由自私集團施以壓力的攻擊。另一方面，有些頗値得相信的根據，經過公平聽審與公開的得到眞正證明的考慮之後，仍應爲有效的可罷免不合格的教師。

教師通常是由美國社會之農業的及低等中產階級來招補。這種教學職業之社會的組合，近年來稍有變更，但今日大體上是依然可靠的。在平常，教師未有使教學成爲一有組織之勞工的背景，鼓勵他們奮力的工作以求較高的工資，亦非他們有一富裕的背景，使他們能夠克服相當貧乏的薪酬等級。提高教學之社會的評價似乎是提高薪酬之事，欲吸引對此職業更多合格的人員，及提高對於教學之準備與資格的標準，要力致服務酬報較高的所得。

教師之服務前教育　未來的教師之服務前教育，在許多方面已擴大其目的及提高其標準。代替早期師範學校所定「訓練」的舊觀念，師資教育之新機構便在最後五十年中出現了。自從一九二〇年以來，這傾向業已脫離師範學校的辦法而趨向於師範學院的辦法了。一九二〇年，有州立師範學校一百三十七所；直至一九三三年，僅得五十所。師範學院通常規定中學畢業者方准入學，提供四年的大學課程，修業完畢，授予學士學位。由是許多新師範學院紛紛設立，而許多師範學校也變爲師範學院了。

一九二〇年，師範學院有四十六所；直至一九四一年，准予立案之師範學院有一百八十五所，其中大部份是州立的，分佈於四十二州。其中最重要之私立機構是哥倫比亞大學之師範學院及田納西州那士維（Nashville）的皮巴蒂師範學院（Peabody College for Teachers）。許多師範學院授給碩士學位，除學士學位外並有少數的博士學位。有些州是規定新敎師當開始在中學敎學之前，要領有碩士學位。

中學敎師通常在文理學院、師範學院與大學肄業，接受其服務前的敎育；小學敎師主要的是由師範學院、師範學校及大學爲之準備。敎師的服務前敎育，被承認包括有如下四種綱要：一般敎育、敎材的專門化、敎育原理及誘導敎學。

一般敎育，意欲給予未來的敎師一種廣博的智識，與熟習有組織的智識、及人類活動的各主要部門。在部門中，敎材的專門化，未來的敎師將學習的，除一般敎育外，通常是規定培養一種特殊的能力。這傾向是確定的以增廣何謂專門化部門的觀念；這種「廣泛—部門」方法通常應用於此種分類，像古典文學與語言技能、社會科學、科學與數學及藝術。

敎育原理或「敎育學」，通常是意欲給予未來的敎師在其各種社會的關聯中廣泛的熟習敎育的部門，及提供熟習敎育的問題，此等問題對於所有敎師無論所敎何種學科是共通的。基礎的機能通常是修完教育哲學或原理、教育史、教育心理學、教育社會學或教育之社會原理等學科。有些機構是冀圖將這些各別基礎的門徑之大綱，編入於教育的整個部門之一合成整體的定向。

誘導教學，是志在給予未來教師一機會，在實際教學情況中應用他們在其他作業中所得之原理與智識。因此，誘導是變爲被視作一種不變的程序，包括教學的觀察及參與教學的程序，與終至於實在的學生教學或實習教學。

教師在服務中的教育　除了改善服務前的教育之外，在過去五十年中，對於教師在服務中教育的機會，曾有很大的增加。教師通常在服務中教育最重要部門之一，有教學的監督。以前，監督被相信作爲由教師主持課室管理的行政人員之視察。發表精細的調查表，由是行政人員與監督員詳細注意以定教師之等級，又給予學生以標準化的測驗，作爲決定教師主持其教學是否優良之方法。由於此類方法之結果，監督人員要對教師明言怎樣來改善其教學。

在近年來，這趨勢已趨向於監督之更民主的與合作的觀念，在那裏監督員與教師，對於學生之個別學習及個性問題，與關於發展適當的課程資料及方法，共同工作。監督這種觀念的產生，可能追溯於全國教育聯合會之教學指導員與監督員部之逐漸擴展而來。

高等機構之夏令講習，對於服務中教師變爲另一種最流行與重要的職業上發展之直接方法。大多師範教育的機構亦有制訂特別條款，根據這些條款，教師於離開校舍的中心或在附近機構，能由上下午稍後或夜班課，或在家中自修，以作半時間的學習。在近年來，服務教育另一最重要發展爲工場運動，試圖使教師於其職業上發展中逐漸參與。尤其要者，工場原則是集中於特別注意教師在其自己情形中所面對個別問題。大量的個別會議工作、小集體工作、誦讀與研究，及娛樂的與藝術的出路之準備，表露大多數工場的特性。

除了這些方法之外，各種職業上組織對於教師供應服務中發展的直接方法。全國教育聯合會是美國最大教育的組織，包含許多專門性的附屬團體。美國教師同盟（American Federation of Teachers ，隸屬於美國勞工同盟）及美國教育同仁（American Education Fellowship，原爲進步教育聯合會）是較小的，但爲教師的有影響力教育團體，覺得在這些團體對他們的工作有相當職業上激勵。又有許多教師之全國性組織，專心從事於已承認的教材部門之一種或多種，像全國社會學科委員會（National Council for the Social Studies ）及全國英語教師委員會。最後，數以百計之區域的教師組織，註册許多教師，實行實際的職業上計劃。

師資教育之顯著的改善，對在過去五十年所發現廣大範圍之職業問題，曾作大量的研究與調查。在此進行的最前端，全國的專門的教育家在師範學院與師範學校曾用力一番。專門的組織像全國教育聯合會、進步教育聯合會、全國教育研究會（National Society for the Study of Education）、全國教育的大學師資會、美國師範學院聯合會（American Association of Teachers Colleges ）、杜威學社（John Dewey Society）以及其他的，曾領導這種進行。

廣泛的調查，亦有很大的影響。其中最早者之一，是由蘭納德（William S. Learned ，一八七六—）與巴格利（W.C.Bagley，一八七四—一九四六）所研究的卡內基教學促進基金會（Carnegie Foundation for the Advancement of Teaching），一九二〇年出版。第二種研究，稱爲共和教師訓練研究（Commonwealth Teacher Training Study），利用工作分析的方法，以發現對教師合意的活動與特徵之特殊的表册。這是由查達斯（W.W. Charters，一八七五—）與華浦利斯（D. Waples，一八九三—）從一九二五至一九二八年主持，而由紐約共和基金（Commonwealth Fund of New York）所資助。第三種更擴大的研究是全國師資教育的調查（National Survey of Teacher Education），由國會授權，在哥倫比亞大學師範學院伊溫登（E. S.Evenden，一八八四—）教授領導下，從一九二八至一九三一年經營。一九三三年由聯邦教育署出版，共分六卷。

對於師資教育之展望與研究方法的改善，其最重要新近的機構之一，有美國教育議會師資教育委員會（Commission on Teacher Education of the American Council on Education）。這委員會由哥倫比亞大學師範學院碧格勞（Karl W. Bigelow，一八九八—）教授領導，由一九三八至一九四三年五年間成立，從全國範圍全盤研究師資教育的問題。也許該委員會工作之最重要方面是實地研究計劃，在那裏約有三十五或三十六機構，被邀以合作的作業，對師資教育的改善。委員會的職員設置諮詢處、工場、學會與代辦，以分擔在合作的機構中之經驗。委員會之目的，並非規定特殊的式樣爲所有機構去依照，但協助各種機構以改善及評定其自己的計劃。

六、教育上不屬學校的機構

在二十世紀，教育之非學校的機構，在範圍上及種類上既這樣巨大的擴展，這僅有少數顯著的例證，可在這裏陳述。當然，在大多數兒童的生活中，家庭仍為最先與最重要的教育之機構，但家庭生活之性質曾受工業化、城市化、不景氣，與戰爭這麼巨大的影響，在戰時，產生特別的機構，以改善家庭照料的特性與兒童的養育。

對於兒童研究，心理衞生，與父母教育的運動，曾採取許多方式。由社區福利機構、醫院與學校所資助之兒童──指導診所，使精神病學家、心理學家、小兒科醫師，與社會的精神病治療工作者，有效的以協助兒童的照顧。美國兒童研究聯合會（The Child Study Association of America）曾經顯著的對這種進行。父母教育運動，歸於全國家長與教師會（National Congress of Parents and Teachers）的組織，亦有迅速的增長，這組織是家長──教師聯合會之一個聯合團體，分會遍設於各州，會員有二百五十萬人。大家承認，父母之社會的與感情的困難，對兒童常常引起情緒的煩悶，這種運動試圖由會議、出版物、討論與教學，來教育父母。

教會亦繼續為重要的教育之非學校機構。除了通常教會儀式與聖靈指導外，許多教會組織曾供應在性質上大多教育的種種活動。特別的在新教的各教派之中，包括有主日學，入學兒童約有二千萬名；青年人會社，約有會員三百五十萬名；暑期教會學校，及夏令營與會議。基督教男青年會、基督教女青年會，及猶太教與羅馬天主教團體，繼續實行推廣的教育計劃。

大批男女青年有組織的團體，集中於此類機構：像男童子軍、女童子軍、女子後備隊（Girl Reserves）、女子野火露營（Camp Fire Girls）、中學青年、青年紅十字會（Junior Red Cross）、青年招待所、鄰居中心（Neighborhood Centers）與居留所（Settlement houses）。至於非正式的與自主的志願團體，像紐約市之「盜黨」（Gangs）、俱樂部與「巢窟」，往往吸引許多男女青年之違抗父母與成人之監督者的注意，及得其忠實的助力。

學校外的青年　從不景氣的時期起，不在學校的青年變為美國生活最敏感問題之一。美國青年委員會（American youth Commission）由美國教育評議會（American Council on Education）於一九三五年設立，以研究美國青年之全部問題。最初在賴尼（Homer P. Rainey，一八九六—）其後在里化斯（Floyd W. Reeves，一八九〇—）主持下，便顯著的產生一連串的出版物、研究學科與調查。一九三七年，美國十六歲與二十四歲間的青年，估計約有二千萬名；其中約有百分之二十在學校，百分之四十被僱用，百分之十五已婚的女子，與百分之二十五是失業。失業的與那些感到絕境的工作者之百分率，在不景氣年份是更高的。為著解除這種挫折、憤世嫉俗與懶惰之絕望的情勢，平民保護團與全國青年管理局遂由新政所組設。

平民保護團是於一九三三年成立，一九四二年，當戰時工業、軍事服役，及政治上反對達到漸趨高潮時，遂致終止。從家庭中受救濟之失業青年，提供應徵之最大部份，其中大多為十餘歲者。一九三五年，在二千六百個營幕中，註册參加的青年多至五十二萬，平民保護團規定青年主要的工作，爲保護土壤森林及從事公用事業。在陸軍部監督下經營，這營幕所辦理者亦發展教育計劃，對文盲青年敎以讀寫，以及正常的在中小學程度授以學理的與職業的課程。由一九四〇年五月至一九四一年十一月之十八個月內，平民保護團的青年約有六十六萬五千名，在對於國防有用的四千學科中接受職業的訓練。此等學科，包括發動機、鐵工、木工、電器工、鎔接、飛機製造以及許多其他活動。

全國青年管理局於一九三五年成立，作爲工作設計局之一部，一九三九年轉移至聯邦安全處（Federal Security Agency），以迄於一九四三年撤消。全國青年管理局之主要目的：㈠對中等或高等學校之學生給予財政上幫助，俾其能半工半讀；㈡對失業青年給予工作經驗及訓練，以準備他們將來之正常職業。至一九四一—一九四二年之末，學生資助計劃曾澤被二百萬名以上的各種學生，爾後這計劃的局面宣告廢止。工作計劃授給十六歲與二十四歲之間的青年男女，以各種職業訓練，以及縫紉、音樂、藝術與娛樂的活動。一九四〇年至一九四一年，實際上所有全國青年管理局之努力爲國防工業而專心訓練青年，至一九四二年四月，每月訓練青年約有三萬人，做戰時生產。全國青年管理局主任威廉（Aubrey William）曾被國會攻擊，最後遂與平民保護團一同終結了。

由於平民保護團與全國青年管理局之廢止，及接近戰爭之結束，對於青年敎育之主要的爭論，是集中於強迫軍事訓練。在一九四四年之末以前，有兩項法案提入國會，設置對所有美國十七、八歲男子受普遍的軍事訓練一年。陸軍部、海軍部、美國退伍軍人會、美國遠征退伍軍人會、合衆國商會，與許多其他團體，皆贊成此舉。蓋洛普（Gallup）與福屯（Fortune）民意測驗，表示大多數民意，亦贊成這種訓練。

無論如何，另一方面，實際上所有教會組織本身表示反對普遍的征兵，而由全國教育聯合會之教育政策委員會、美國教育評議會，及全國家長教師會所代表之大多教育團體，力爭延緩這問題的決定，以迄於戰爭終結爲止。一九四六年之中間，這問題仍未決定，雙方繼續熱烈從事於爭論。聯合國組織的成立與原子彈對這情勢帶來新因素，許多的似乎使軍事訓練之傳統模式比其可能已有的效用爲少。羅斯福總統自己曾表示贊成某類普遍全國性服務，並非完全軍事性質，而略依平民保護團的模式專注於公用事業，但以軍事訓練的爭論掩蔽了此種建議。以順應時勢的措施及經許多爭論之後，國會延長兵役至一九四七年，故普遍軍事訓練的問題，因而拖延下去。

成人教育　除了有組織的教育活動經已敍述之外，成人教育各種活動，尤其自一九二〇年以來，有很大的發展。這逐漸變爲清楚的，數以百萬計成人之個人的、職業的、政治的、經濟的與文化的需要，未能由有組織的教育機構來應付。美國成人教育聯合會（American Association for Adult Education）於一九二六年成立，自一九四一年以來，在哥倫比亞大學師範學院設立其總部，其成人教育學會（Institute of Adult Education）作爲該聯合會與公共教育間聯絡的服務。這聯合會是對於成人教育計劃之研究、調查、出版與提倡、供應消息之票據交換所。

成人教育之最初的利益，曾經把文盲掃除及使外國生長者之美國化。這當一九三〇年是可見的，成年人有百分之四以上是仍為文盲，工作設計局從事一廣泛計劃以教授成人們的讀寫。一九四〇年，當五百萬外籍民被規定要向政府註册時，財政部與工作設計局合作，在師範學院院長羅素（William F. Russell，一八九〇—）主持之下，創設全國公民教育計劃（National Citizenship Education Program），以教授可成為適合美國公民之四百萬以上外籍民。新方法與新技術是由著名教育家啓發以使比簡單的閱讀寫作能力的教育更大，及提倡美國生活方式之社會的、政治的與文化的了解。

正常晚間及日間的成人班，在地方與州以及聯邦的贊助下，業已擴展。各種學校像社會研究新學校（New School for Social Research）、市鎮集會所（Town Hall）、桶匠工會（Cooper Union）、及布魯克林學院（Brooklyn Institute）已擴大其活動。公共群衆大會（Public — Forum）運動，像在得梅因（Des Moines）、支加哥、克里夫蘭、紐約及三藩市的，曾吸引大批人民。此類領袖們極力主張，社區議會的設立，由所有感到興趣的公私機構之合作，以配合成人教育活動之廣大的陣線。

許多種特別組織志在他們在社區特殊境地的活動。居留所、公共衞生護士、私人看護與社會工作機構，像在紐約之亨利街居留所與亨利街客座護士服務處（Henry Street Visiting Nurse Service），協助有病者與需要照料其兒童及老人者之家庭。美國農業部之合作推廣服務處（Cooperative Extension Service）、縣經理與四健會服務鄉村區，在各城市中，工會與其他團體擴大工人的教育。國際婦女服裝工人，早在一九一六年設置一教育的指導員。其後，在施達亞（Mark Starr）領導下，此種經營爲在世界上對於工人最廣泛的與有效的教育計劃之一。美國勞工教育局（Workers' Education Bureau of America）於一九二一年創立，許多其他工會亦紛紛發展教育計劃。工人的夏令學校，一九二五年在威斯康辛大學開始，經營對男女勞工一系列講習所，授以廣大範圍的學科，包括不祇特別的工會問題，並有政治的、經濟的、教育的、消費者、國際的、新聞事業的與公衆演講等論題。

圖書館與博物館開始想到它們的作用是廣泛教育的，採取步驟，在它們的活動範圍之內吸引更多人民，並伸展它們的影響超過其自己的界限。早在一九一〇年，美國紅十字會開始其教育的計劃，在戰爭時期，這計劃影響到幾十萬人，除了其志願隊特別服務與防備災難之外，並包括教授救急、家庭看護、營養、護士救助的工作、游泅、潛水、救命與預防意外。婦女的組織有時主持明確的教育計劃，此類計劃像由婦女選民聯盟（League of Women Voters）與美國大學婦女聯合會（American Association of University Women）所提供者。無線電廣播網給予意欲認眞的教育計劃；布利遜（Lyman Bryson，一八八八—一九五九）對於哥倫比亞廣播系統的工作，提供一良好的例證。在許多其他方面與經過無數之商業、勞工、市民與同志會性質的組織，美國大衆的教育是提倡了，有時爲着特別的熱心，但有時對一般福利的熱心。

第二節　教育的目的、課程與方法

一、目的之再解釋

二十世紀各種社會的與智識的運動之交互影響，美國對於教育計劃，引起種種新要求。在這世紀開首二十年，傳統上宗教的與哲學的展望繼續著重道德的啓迪與精神的陶冶，作爲教育之首要的目的。可是，科學的心理學與實在論的哲學之興起，開始著重教育之學識的與實用的方面，彼此有些少呼聲，開始力說對於教育之個別發展與社會必需的要求。

一九二〇年，由於個別差異的心理學增長的力量，及商業投資與資本主義的社會展望之最顯著個人主義，關心於個別發展的節拍遂加速了。因此，對特殊化教學之教育的整理，更加注意。一九三〇年至一九四〇年，不景氣與世界大戰的事變，強制地與漸增地令教育家注意於工業主義與技術的要求，及喚起努力於想起民主政治是在社會的而非在個人主義的條件。因此，更大注意的是專心從事於教育以培養學生在民主政治的社會中扮演他們的角色。

由一著重個別的發展使變爲至著重青年之社會的需要，在「進步的」教育家中，對於展望的轉變已善爲表明。由於一九一八年進步教育聯合會的組織，十五年或二十年最顯著的興趣，是在「兒童中心」學校中解開兒童之個別的智能。想出各種新方法與活動，以幫助個人的發展。當一九三〇年中期，在美國與在世界危急的社會情勢中，對於進步派教育家之「拓荒者」羣，使其明白的，學校與學院之目的及課程，應認爲全然社會的需要與應根據合意的社會制度一種完滿的觀念，這種制度，在美國應該完成了。進步派教育家之中卓著的發言人力辯，教育之傳統的目的，依照人類本性一種實驗主義者見解及民主社會一種工業的見解之較新觀念，應該再解釋的。

根據這種見解，品性與道德的發展是對教育之首要的需要。品性被表明，由於個人與其文化的環境交互作用所引起。道德的行爲所成就的，由宗教的教諭不及在民主政治的過程中逐漸地由有理智的參與。訓練（Discipline）依然爲教育目的之重要的方面，但其發展，由教師負責之權力的產生，不及由訓練的社會要求作爲個人參加團體活動的實現。見聞與智識仍視爲重要的，在其本身並非目的，但對於學者認爲更聰明的解決重要問題的方法。職業的與實用的目的，站在一最重要的地位，而非由其他目的所分離與區別之一類，祇密切地與品性、訓練及智識之一般發展相聯合—智識與動作常常密切相關。個人發展是民主的教育一最重要的特性，但這是漸增的要求，個人能力作爲社會的進行之主幹，是最有效的發展。

交互作用的程序，意味各個人了解他們進入與經過眞正民主社會的參與可能性。善爲啓發個人者，不能認爲離開一合意的社會秩序之考慮，在這社會秩序裏，個人的需要是靠一民主社會而滿足。所有優良教育端賴一優良的社會。由於教育目的這種再解釋，在美國教育中獲得進步，學校及學院各級的課程與方法，實行許多變更，但不無由教育上與社會上保守集團之有力的反對。無論如何，這傾向是不會錯的。

二、初等教育

當這世紀伊始，傳統教材的課程，在小學中是操實權的。最重要的側重讀寫拼音與算術的基本學習中對於智識與技術之獲得，而不甚重視初等科學、歷史、地理、音樂、藝術與體育的內容。最早努力以改革小學的課程者，採取各種嘗試的方式使特殊化的教學。這些改革之一，集中於「設計方法」（Project Method），這是從手工訓練、家政及農業之實用的部門，假借其理想。這設計構想，逐漸的轉移至幾乎所有其他設計，作爲給予學生一種機會，盡可能在性質上幾乎栩栩如生的以研究實際上實用的問題之方法。

設計常常變爲作業的單元（Unit），指定經過學生從事之出席者種種活動，授予智識之能理解的與一定的數量。在這世紀開始三十年，設計變爲盛行的。它們甚至變爲小學課程一種徹底改組的基本，此類「計劃」，像道爾頓（Dalton）計劃與溫尼卡（Winnetka）計劃。在麻州道爾頓中學，一九二〇年之初，巴克赫斯特（Helen Parkhurst，一八八七—一九五九）想出一連串的設計、單元或大問題，稱之爲契約（Contracts）。一個契約，宣佈誦讀、練習與書寫作業之定額，於特定時間，通常三或四個星期要完成。在伊里奈的溫尼卡，學校總監華斯班尼（Carleton W. Washburne，一八八九—）創立一種安排，由這安排，每一學級被指定若干的設計或單元，而學生們是容許根據其自己於精通這設計的教材個別的速度而進行。故各個使特殊化的教學，乃使合於兒童能力完成速度的事情，但教材之應精通雖然是不變的。在這方面，較聰明的學生能更快的進步，而遲鈍的學生於求得最低限度的標準時，要給予必需的協助。

對於使特殊化的教學之另外的甚至更流行的方法，是根據學生的能力，將其編入各小組。稱之爲「能力組」（Ability Groups）、「同類組」（Homogeneous Groups）及「XYZ 組」，這些安排，由於個別差異與智力測驗之心理學新發現的結果，一九二〇年，大部份風靡全國。最普通的，由智力測驗的量度，根據學業的才能，學生是被區分。因此，最聰慧的學生於一「充實」課程表中能夠給予額外的作業，而不致被遲鈍的學生所拖延；平常的學生操作略比最聰慧者爲少；而最遲鈍的或愚笨的學生，需要協助以成就最低限度的基礎。在這方面，使特殊的教學雖然保持增進率不變，但課程要使適應於使有變化的能力。

一九三〇年，許多小學覺得，更徹底攻擊小學課程應該進行。他們爭辯，設計、單元、契約、能力分組等等僅爲改善教材學識的方法。他們力陳，對於組織之眞實的基礎應爲學習者的經驗。因此，他們爭辯課程應該設想，並非作爲組成所學習教材的學程，祇作爲包含在學校活動之全部經驗範圍。「經驗」課程之觀念是根據「種種活動的運動」（Activities Movement）而動作。這種見解之領導的代表，是哥倫比亞大學師範學院的基爾柏特克。

動作計劃，意指對許多人的許多事，但這常常變爲這意思，學習者應該認爲「整個的」，而當各種動作對於學習者是有目的的與有興趣的時，學習是最好的。學習者是被認爲有動力的與有創造力的；他應與創始、設計、實行與重視其各種動作的有關。「由操作而學習」（Learning by Doing）成爲人們注意之詞，強調學習者的自由以從事於其所認爲重要的活動，及聰明地批評其自己學習的進行。

自從學習並非一特殊的事情，祇包含態度與習慣以及智識之獲得，學習者全部個性之完成是教育程序之終極的目的。學習的測驗並不在通過實際上考試的能力，而在隨後的經驗中個人行爲的方面；個人若僅學習其「從命做作」者，則他在瞭解、想像、與感覺中以致避開這種情形。許多注意是在動作節目中給與討論、旅行、做事、戲劇的與圖畫的表演及經過陳列與集合的節目，以及由讀書與寫報告而分享種種經驗。

一九二〇與一九三〇年間，注重動作計劃的極端之早期進步派，開始俯首，被保守派指控，謂他們簡直是嬌養學生與投合其短暫的所好。批評進步派的學生缺乏風紀與舉止不良，以及他們由傳統的與基本主義的（Essentialist）教育家所認爲必要的基本學識與技能，缺乏把握。早期進步派個人主義的方法，亦逐漸地受到進步派教育家同列內所批評，此等教育家開始注重現代美國青年之社會的需要。

一九三〇與一九四〇年間，曾有更大一羣教育家堅持整個教育的過程必須視爲一種社會的過程。

在學習上經過合作的努力而作集體活動，應付重要的社會問題而非在兒童之偶然興趣，而學校與社區間之重大聯繫，在他們的提議中是最重要的。尤其要者，此等更新的進步的批評家堅持，教育必須依賴社會之基本民主主義的哲學，課程由是組立與實行研究、討論、與合作之民主的方法，及圖得一明確的社會的綱領。有些進步派說，民主主義的哲學是祇在這過程（Process）中合用，由是教師與學生合作的努力做成種種活動；其他則說，民主的教育必須發動一社會改革的綱領，以及端賴民主的學校之處理。

由於這些批評的結果，課程開始基於社會的需要以及學生的興趣而構成。這變爲對許多人都明白的，兒童之需要不能脫離他們所賴以生活的一種合意的社會觀念。這似乎淸楚的，學校的經驗，不僅參考每個兒童之良好學習的活動，並且參考兒童所面臨及解決的問題之社會意義而應該設計的。在民主社會中「生活的領域」，對於學校計劃之合作的建立，變爲一主要的觀念；兒童不要容許在此類範圍像住宅與家庭生活、個人的關係、社會與公民的負責、經濟與職業生活、以及健康、娛樂與餘閒等活動，而忽略其能力的發展。可是，關於此類課程是否根據教育家所提議社會相當好的一種規定，教育家的展望，依然分歧。

不管這些爭論之結果，大多數進步的教育家是力陳小學服務的擴展，以包括更注意於此類活動，像兒童研究與心理衞生；教育的與職業的指導、顧問與人員的服務；醫藥的與健康的教育、娛樂與體育；與在體格上、心理上及情感上性質，從最遠超過正常的至最遠低過正常的特殊兒童之特別的處理。在兩次世界大戰與幾次不景氣，協助以刺激沿這些路線的種種活動。

第二次世界大戰，引起對學校許多直接要求，像救護運動、戰時公債運動、協助定量配給與物價統制、勝利園圃、紅十字會等活動；技術與職業的課程之發展，關於飛行前訓練、自動的機械、與數學及科學；與忠誠的教導，對戰爭的理智與傾向和平的態度。由於對這些活動，許多直接的需要因戰爭結束而減少，教育家再趨向於與民主社會中最適宜於兒童發展一教育方針相聯關之基本問題，專心從事於世界合作與和平之理想與實行。

三、中等教育

在二十世紀有幾個因素，引起許多教育家相信，中等學校課程之全部修正，應該舉行。這些因素之一，是在中學人數的性質中變化。一九〇〇年，約有中學年齡的青年百分之十是實際上就學；至一九四六年，約有百分之七十或七十五是實際上就學。這意味社會的與經濟的背景以及學者的器量之更廣大範圍，在中等學校中代表。這亦意味學院準備的目的是不要為中學之顯著的目的。一九〇〇年中學畢業生既有百分之七十五升入學院，及至一九四〇年，僅有中學畢業生百分之二十五升入學院。由於這些變化，變為對許多人都明白的，中等教育之傳統上貴族的與相當獨佔的性質，必須讓出一種以滿足學生需要的中等教育。

中等教育另一變化，是在中學裏學科與課程繼續加多。所有科目，由於新工業的、科學的、與博學的活動之結果而極大的擴展。各中學是充滿英語、社會科學、科學、數學、商業、家政、與職業的學科，藝術、音樂、外國語及體育。這種科目之增多，意味選科制度是按照標準的施行，而分開的、孤立的與各個的學科之科目課程，繼續維持。學生是似乎太過專門化或分散他們的努力，以應付那互相很少有聯繫之大量科目。鑒於這種「自殺的專門化」及「太過分散」，許多教育家開始力陳課程的改組，以對學生的方針，給予更連續性與一貫性。

在這方向中之一步驟，是由中等教育改組委員會（Commission on Reorganization of Secondary Education ）採取，於一九一八年發表其著名的中等教育主要的原理（Cardinal Principles of Secondary Education ）。這委員會力陳中等教育應經過選科的選擇預備專門化，及經過所有學生要從事的共同活動而規定一致。這些專門的與統一的作用，是有關於中等教育之七個主要的目標：健康、基本的程序之支配、可敬的家庭份子之地位、一種職業、公民教育、餘閒時間有價值的運用與倫理上的性質。從那時起，運用許多努力，完成教材之更大「互相關係」與「融合」，以克服專門的教材。

有些學校集合各科目爲智識的「廣大部門」，以表現學科組合之間的聯繫。最普通「廣大部門」是語言技能、社會科學、科學與數學、以及藝術與音樂。學生常常被規定在廣大部門每一種採取一定數量的作業，欲獲得有系統智識幾種基本部門之全部精熟。「鑑定課程」（Survey Courses ）是擴充以給予廣大部門之全部的明瞭，及指定於全部學生，代替更高度專門的學科，這學科僅適合於狹隘部門中專家的興趣。

「問題課程」（Problems Courses）是想出以給予學生機會，使能認識人類發展之基本的社會問題或廣濶的論題，它的瞭解規定依賴從傳統的科目部門中取捷徑之教材的廣大範圍。例如，全部文化的研究，要依賴文學、語言、歷史、政治、經濟、科學、藝術與音樂，因爲它們是被需要的。有時對這些問題下以定義：「失業」、「美國民主政治問題」、「運輸與交通」、「工業社會」，諸如此類的名詞。其他問題試圖超過此等改編與運用活動的計劃與經驗的課程之技術，像它們在小學發展一樣。社會科學常常在這些努力中採取領導，以使聯繫或完成學生學習的活動。

這傾向是明確地關於供應全體學生對前途展望、智識、與經驗的共同背景。這常常採取一種「中心課程」（Core Curriculum）或「中心學科」的方式，規定全體學生大部份授課時間。這全部傾向有時是被指定作爲「普通教育運動」（General Education Movement）。這是主張，選科的不善與分離的科目，因之能夠補救，而學生們對於社會發展，與在民主社會中他們自己的任務，會獲得更完全的瞭解。

這種程序，是由全國教育聯合會之教育政策委員會、美國歷史聯合會（American Historical Association）之社會學科委員會（Commission on Social Studies）、美國教育評議會、及進步教育聯合會之有影響力的出版物，給予教育之社會的目的支持，而獲得協助。相反的，由於要求回復對過去大遺傳的學習，作爲統一教育之經驗的方法，傳統派對於美國教育反應着種種困惑。

在二十世紀，中等教育最重要的發展之一，是由進步教育聯合會之學校與學院關係委員會（Commission on the Relation of School and College）所擔當之合作計劃，通常稱為「三十間學校的實驗」或「八年研究」。一九三三年開始，在艾金（Wilfred M. Aikin，一八八二—）主持下，該委員會登記三十間公私立中學以改編其課程，及安排約二百間學院，除了學校的校長介紹外，並沒有學院入學的規程，以收容此等學校畢業生。

這裏是廣泛的注意於這問題，「進步的」學校之中學畢業生，在學院能否像傳統的學校畢業生通常經過學院入學程度者一樣優良。每間學校在一般原則：學習之更大的精通與連續性、我們文明問題之更明白的瞭解、社會的負責之意識的發展、創作的精力之開放、師生的自由、與側重於學生之指導與顧問等體制之內，是任由其自己的策略進行。各學校提出方針，從「廣大部門」與接近作業之「問題」式至於一種「經驗」的課程，集中於個別學生之若干持久興趣、需要，或職業的目標。

進步學校首批畢業生，於一九三六年進入學院，是從事緊接學習，以觀察全體所做學術的科目、大學生活、與個人發展之程度。在泰勒（Ralph Tyler，一九〇二—）主持下，評鑑人員將進步學校一千四百七十五名畢業生與由傳統的學校相等數量之學生相比較。每一個進步學校的學生是與由傳統的中學而年齡、性別、種族、智力、在中學之教育的成就、與一般經濟的與社會的背景相等的學生匹配。

由於注意的分析、研究與觀察，評鑑人員發現進步學校的學生在學院獲得總平均分數略高，比諸傳統學校的學生領受更多學術的與非學術的榮譽。進步學校的學生是更常常被評判以賦有高度智慧的求知慾與驅策力，在他們想像中應爲正確的、有系統的，與客觀的，以表露一種高度機智而適應新情勢，以更常常分享鑑賞的與藝術的經驗，以及大多數學生活動，及以啓發對於擇業一更好的方向，與對世界上所發生的事情更實際的關心。

一種感覺與趣者，是六間最進步學校（改變它們的方針由傳統的方針改爲最急進的）的畢業生在學院中比六間極小進步學校（由傳統的方針改變極微的）的畢業生作業較優。在進步學校之社會的與經濟的背景之範圍，和平均的公立中學一樣大的，但低入息羣的比例是不及在全國的一樣大。無論如何，以相等學業的才能之兩種學生而論，覺得由較低社會經濟羣的學生，在學院中表現成績較優。

這些注意的與擴大的研究，以乎無疑的表示，中學方針轉變導向於非學院準備的動機，並不妨碍那些要入學院的學生，及無疑的給予所有學生一種更有用的教育，以應付他們個人的與社會的問題。學院入學資格的惡魔，卽使尚未埋葬，却已明確地逃跑了。

四、高等教育

當二十世紀伊始，選科制度，對於當日流行「主義」—工業主義、資本主義，與個人主義之要求，似乎是正當的答覆。顯然的，這曾解決困難的問題，一方面由自然的與社會的科學所成就，對智識巨大的增加；另一方面，由一新建立的民主政治之漸增的要求，越來越多青年應該給予高等教育的利益所引起。無論如何，由於學院與大學擴大以應這些實際的需要，許多批評家起而攻擊大學之所爲。就大體而論，批評家似乎把他們自己列入兩個相反的集團，無以名之，姑且名之曰保守派與進步派。

保守派者，以過去學問的傳統構成一種不可擊破的體系，欲盡力保存通才教育之傳統的觀念。他們認爲大學已退化，不過爲工業的、商業的，與農業的「服務站」。他們堅持大學必須恢復其大學訓練，以陶冶「智力的」性質之正當機能。另一方面，進步派說，現代社會是如此複雜而變化又如此迅速，學院必須授給學生一種完全的與統一的經驗，以更直接的準備其生活於一互相依賴的社會之中。

雖然選科制度，由對於課程增加技術的與「手─用心」（Hand-Minded ）的科目，可以迎合十九世紀美國生活之一定的需要，但現時表現，這以幾乎無意義的規定，像對於鐘點、學分、先決條件與學位，而變爲負累。自從選科制度這高度專門化與不相關聯的科目，不能對學生給予需要成全以來，進步派教育家便覺得，如果冀圖這樣做，新課程與新學院應該創設了。因此，這似乎選科的慣例，並非無可反對的。

保守派與進步派兩者均認爲自由的選科制度，像它以狹隘的教材之高度專門化學科來展開，是教育上缺點，但對於改革的提議，雙方不同。保守派與進步派兩者提出更多處方，但他們關於要規定之各種學科，基本上各異。他們兩者同意，教育與生活之共通的基本原理，應在規定學科中接受更大的著重，但什麼是共通的性質，他們的意見又不同。他們兩者贊成智識之更大的統合與關聯，但對於怎樣使這些能夠成就與什麼學科是最好表現智識之互相關係？他們也相左。例如，普通教育運動，這提議由強調智識的共通體準備更大的統合，即胡欽斯校長之保守的提議，以至從杜威哲學得到暗示之進步派教育家之實驗主義者的提議，排列所有方法。在這兩極端者之間，大多數學院的教育家，似乎現由保守派與現由進步派所啓示，試從選擇的與規定的原則之間來折衷，而制訂學院的課程。

主要的努力以改革選科制度，有三種普通的方式：㈠冀圖重整課程的規定；㈡努力對每個學生更大的注意；㈢努力以打破狹隘的教材部門，及以規定更重要的在智識之更大與更多相關的部門。

課程規定之行政上整理　改革選科制度最早的與最後的最普通方法之一，曾有行政上進行，根據這點，若干學科是被規定，其他則由學生自擇。最普通的，這種努力業已接受，作爲可貴的應付智識相當狹隘部份之教材課程的慣常方式，及其保留傳統上依賴於演講、分派工作、誦讀或「考問」的部門。

當羅威爾（Abbott Lawrence Lowell，一八五六—一九四三）於一九〇九年充當哈佛校長時，由其努力所滋生，以集中與分配的原則打擊規定與選擇之間的折衷。根據這方法，學生們被規定於智識之一門要集中幾個學科，同時分配他們的其他選科，如是，他們將略可精熟智識的其他重要部門。這種行政上耍把戲的變體是這方法，卽規定學生在一學系之中讀足學分作爲主系，然後在其他一個或多個學系選讀較少的學分，在這些部門中組成一個「輔系」或幾個「輔系」。

使具個性的教學　志在打破成績與學分之學術研究的密集步伐，其普通方法的第二種，包括特別的條規，由是每個學生對於他的興趣與學習需要，要接受更多的個別注意。對使具個性的學院教學種種努力之中，是導師的與訓導的計劃。此類大學，像普林斯頓、哈佛與瓦沙（Vassar）等，學生被分派於導師或訓導師（Preceptors），其作用是勸導及幫助他們的課業，或最後與有理解力的考試之準備。用這種方法，學生之個別的能力或無能可更容易發現，而採取適當的方法指導他們特別的作業，比諸可能的在大演講或誦讀的班級，使較適合於他們自己特有的需要。

使具個性教學之另一方式，是制定榮譽（Honors）計劃（通常認爲斯華茨摩Swarthmore學院）與獨立研究計劃（史丹佛大學）。在兩實例中，主要意向是給予更有能力的學生以一機會，對於他們自己擴充及循序進行比諸平均班級所容許之速度更迅捷的。連同一位教授會人員，學生被指定一個別的計劃去研究，他獨立的追求，並沒有被通常規定及班級束縛所壓制。

由讀書的榮譽計劃得一暗示，有些大學曾這樣安排他們的計劃，學生們當學年若干時期可以免除上課，集中於誦讀與研究一階段，而不受強迫上課所阻碍。其他大學則應用個別的會議或討論小組的技術，對全體學生而不在僅屬少數的需要。不依公式乃其主旨，鼓舞討論與集體活動，比諸閱讀室傳統上拘禮的與形式的氣氛，更有盛行的機會。大班級形式上的氣氛，由若干大學經過他們的著重於此類場面活動，像遊覽於附近的社區，外國學習一年與其他旅行計劃，及在社區活動之工作與研究的階段，亦已歸消散了。

對使具個性的教學最徹底的努力，在幾間進步的大學可以見到，這些大學自覺地試圖從學生自己的興趣開始，對其啓發一種研究的適當課程，這起源於其自己的經驗與意向。因此，在賓寧頓（

Bennington)、塞拉(Sarah)、勞倫斯(Lawrence)與巴德(Bard),學生們有很大自由隨從他們的教師努力作成自己研究的計劃,與在一盡力鑑定他們爲對他人與對自己的作業之價值中,批評他們自己的努力與活動。儘管由進步的大學極著重於個人的興趣,這是顯然的一增長中的傾向,認爲學生的興趣,不祇作爲經驗的課程一出發點,而且亦爲它們對其顯示,對社會福利之活動,有非常廣泛的涵義。

更大的規定 改革選科制度第三方法是幾種新規定學科的構成,指定以打破教材之通常的褊狹部份,對於智識與社會準備一較成全的方法,與給與學生在現代社會中對於智力活動所需普通豐富的智識。

有些大學放棄範圍狹小的學系,代之以創設一相當少數之廣大的部份,供應研究之較少數的與較廣博的學科。典型的廣大部門,是社會科學、自然科學、語言與文學、哲學與宗教,以及美術。學生們當時是被規定成爲合理的精通這些主修範圍之每一種。在這方面,前者各系之間顯明的界線是被根除,而各部份有時試以不僅迎合在那部門欲成爲專家之學生的需要,而且亦爲其在其他部門正在探究或其已決定使專門化者的需要。一九四五年哈佛的報告,表彰哈佛的努力脫離選科制度,而轉移於這個方向。

在大學課程中,對於獲得規定一較大程度最流行方法之一,有鑑定課程。鑑定課程,由在意見中許多不同的趨向與附著它們許多不同的名稱,因而構成。過去二十年,曾見有「定向的課程」(Orientation Courses ）、「調整的課程」（Coordinated Courses ）、「統合的課程」（Integrated Courses ）、與「合作的課程」（Cooperating Coures ）之大崛興。有些意欲給予大學一年級生一定向以進入學院研究或進入智識的各部門。有些意欲給予初學者於任何特別部門做一鳥瞰的概覽。有些特別的想出對於從未用功於那部門的學生，給予一導言。有些規定對於所有學生在那部門更求專門化者作爲最初的學科。時常地，所有這些目的曾經結合，一個單獨的學科，對紛歧的學生達成這些各異的目的，負擔其責任。

雖然改革選科制度之有限的流行，但也許是更有效的技術，在一全文化世紀或文明中，已爲研究的中心。當全體人民從其努力以解決政治的與社會的控制、工業、科學、財富、戰爭、失業、餘閒、與基本的世界前途等大問題被考慮，學生有一良好機會以完成其智識與集中它於社會的活動。也許這種進行最好的例證，是由一九二七至一九三二年，在威斯康辛大學由密克爾江（Alexander Meiklejohn，一八七二—一九六四）主持之實驗學院（Experimental College ）。其他技術曾包含注意個人需要的學習，這需要面對個別的，像體格健康、性別、結婚與家庭關係、職業、餘閒、社會的與公民的關係，及宗教的態度。對於規定的問題之最後步驟曾經訂立，特別的是聖約翰學院，由集中課程規定對列舉名著的閱讀。

無論何種給予此類修正與改革的名稱，與無論何種他們藉以精細設計之特殊的目的與細目，在這些實驗的學院與課程之較進步的，通常地支持，至少有兩個目的。一種比諸選科制度，是可能在大量的與個人無關之課程與演講，對個別的學生之需要更爲注意，且對於他的學院學習，有更大意義。另一種比諸由選科制度所授給的，是有關於學院學習對於現代社會的需要更密切的，與給予學生對現代生活之研究與參加，更使完整地接近。因此，因爲各學院試圖達到確實，所有學生要獲得一更普遍明瞭一般人類、社會、與世界的問題，規定的課程，遂復獲支持。

因爲美國的學院與大學，根據戰時經驗轉而計劃其將來的方針，仔細推想戰爭對它們的意義是什麼。倘若它們是聰明的，自會認知對於職業的、技術的與科學的訓練之緊急要求，不祇反映一國在戰時的需要，而且在平時一個工業國的需要。它們認知既然不能維持關於「實用教育」之舊時勢利行爲，而「文化的」與「實用的」目的，兩者必須綜合成爲適應於現代生活的展望。另一方面，它們認知，倘若它們的全部方針，近於社會責任的目標定其方向，以維持在美國與在世界一民主社會，則並無智識的、或文化的、或職業的訓練之結果，視爲合意的。

學院經驗必須這樣的，美國青年人經過學院畢業後，會知道怎樣民主地在彼此依賴的世界過活，及會在那世界支持與創立一個眞正民主政治的社會。倘若我們訓練大量專業的工匠、工程師、技術專家與教師，但未有根深蒂固的願望與能力，以使其技能貢獻於一個民主政治社會之創造與維持，則對於美國或對於世界，祇得很少利益。授給他們以專業的與職業的能力，連同對民主政治之社會責任的意識，是美國全部教育的基本目標。

中華社會科學叢書

歐美近代教育史

作　者／R.Freeman Butts　著
劉伯驥　譯
主　編／劉郁君
美術編輯／鍾　玟

出 版 者／中華書局
發 行 人／張敏君
副總經理／陳又齊
行銷經理／王新君
地　址／11494 臺北市內湖區舊宗路二段181巷8號5樓
客服專線／02-8797-8396　傳　真／02-8797-8909
網　址／www.chunghwabook.com.tw
匯款帳號／兆豐國際商業銀行　東內湖分行
067-09-036932　中華書局股份有限公司

法律顧問／安侯法律事務所
製版印刷／百通科技股份有限公司　海瑞印刷品有限公司
出版日期／2017年7月再版
版本備註／據1978年12月初版復刻重製
定　價／NTD 500

國家圖書館出版品預行編目（CIP）資料

歐美近代教育史 / 巴特斯(R. Freeman Butts)著;
劉伯驥譯. -- 再版. -- 臺北市 : 中華書局,
2017.07
面 ; 公分. --(中華社會科學叢書)
ISBN 978-986-94909-0-0(平裝)
1.教育史 2.西洋史

508　106008364

NO.F1015
ISBN 978-986-94909-0-0（平裝）